BUDDHA

Coleção
O MUNDO DO GRAAL

BUDDHA

Série Mestres do Oriente

ORDEM DO GRAAL NA TERRA

Título do original em língua alemã
Buddha

Traduzido sob responsabilidade da
ORDEM DO GRAAL NA TERRA
Rua Sete de Setembro, 29.200
06845-000 – Embu das Artes – SP – BRASIL

www.graal.org.br

1ª edição: 1966
6ª edição: 2017 (revisada)
6ª edição: 2022 • reimpressão

Dados Internacionais de Catalogação na Publicação (CIP)
(Câmara Brasileira do Livro, SP, Brasil)

Buddha / [traduzido sob responsabilidade da Ordem do Graal na Terra]. 6ª ed. – Embu das Artes, SP: Ordem do Graal na Terra, 2022. (Coleção O Mundo do Graal. Série Mestres do Oriente)

Título original em língua alemã: Buddha

ISBN 978-85-7279-072-7

1. Budismo 2. Espiritualidade 3. Filosofia de vida 4. Literatura budista I. Série.

22-107013   CDD-294.3

Índices para catálogo sistemático:
1. Romances: Budismo 294.3

Maria Alice Ferreira - Bibliotecária - CRB-8/7964

Impresso no Brasil
Papel certificado, produzido
a partir de fontes responsáveis

As ocorrências até agora desconhecidas da peregrinação de Gáutama-Buddha sobre a Terra, a preparação para sua missão, suas atividades terrenas e suas vivências espirituais são narradas neste livro.

INQUIETAÇÃO agitava o palácio de Kapilawastu. Aguardava-se o regresso do príncipe de uma caçada.

Dez dias já eram passados de sua partida. Dele que, na verdade, representava o centro de atração dos seus íntimos, da corte e de todo o reino. O que lhe teria sucedido, nessa prolongada ausência, eis que nunca se demorara tanto, em suas costumeiras excursões.

— Quando é que papai volta? perguntava Rahula, várias vezes todos os dias, ora se aconchegando ao colo da mãe, ora buscando abrigo nos braços da velha ama.

Ambas, porém, emudecidas, não sabiam o que responder, cuidando logo em distrair a atenção do menino com mimos e guloseimas. A mãe, por sua vez, a bela princesa Maya, frequentemente se dirigia aos vastos pórticos do palácio, de onde se descortinava o panorama de todo o vale.

"Siddharta, querido, por que te demoras tanto?" balbuciava Maya, de coração oprimido.

Mas os clamores e as incessantes lágrimas não lhe traziam de volta o esposo. Os dias se escoavam sem notícias do príncipe distante.

Maya, de cabeça formosa e bem talhada, de longas e negras tranças, tão negras que espelhavam azulados reflexos, tendo envolvido a cabeça com espesso véu branco, já se dispunha a recusar alimentação quando foi impedida pela sua ama Watha, mulher idosa e experiente, que lhe falou assim:

— Não deves, em absoluto, perder o ânimo, princesa, minha flor, minha filha! Põe de lado, sem demora, o triste véu de viúva, porquanto ainda não é tempo de o suportares, como teu coração enganosamente supõe.

E Watha, que a havia criado com extremo carinho, desde criança, atirou-se a seus pés, em prantos, implorando que não deixasse de se alimentar.

Nesse momento, fizeram-se ouvir brados de alegria e ressoaram altissonantes trombetas! Gongos retumbaram pelo vale afora, e as mulheres escutando tudo isso não tiveram mais sombra de dúvida: era o príncipe que regressava!

Alvoroçada, Maya correu até o mirante, mas dali conseguiu divisar apenas o majestoso cortejo que avançava pátio adentro. Também irrequieto, Kápila, velho e dedicado servo, correu para junto dela, cruzou os braços sobre o peito e, curvando-se, reverente, assim falou:

— O príncipe, mui senhora minha, chegará ainda antes do pôr do sol. Envia, porém, na dianteira, toda a presa de caça e apenas parte do séquito, visto que ainda pretende se demorar, a fim de percorrer um dos desvios do caminho.

Redobrou, então, de atividade a intensa vida do palácio. A caça foi descarregada, apreciada e discutida. Falcões e montarias foram levados a seus respectivos abrigos, debaixo de grande algazarra, visto que, na verdade, poucos não eram os assuntos para conversas, depois de dez longos dias de ausência, inteiramente desprovidos de notícias. Além disso, tudo tinha de ser preparado, da melhor maneira possível, para condigna recepção ao príncipe. Mais do que nunca, o palácio deveria resplandecer de glória.

Belo, de fato, era o palácio, maravilhosamente belo, construído todo ele de pedras brancas sobre um dos contrafortes da escarpada cordilheira recoberta de neve, denominada Himalaia, voltado orgulhoso sobre o vale, em cuja planície de terras férteis o grande rio deslizava para o longínquo mar.

Avistava-se, de longe, aquele palácio branco, que se destacava, luminoso, do fundo escuro, quase lúgubre. Situava-se em meio a jardins magníficos, zelosamente cuidados, nos quais flores de grande porte, de alongadas e elegantes hastes, se enroscavam pelo dorso de altíssimas árvores, lançando-se de uma fronde a outra, formando arcos de perfumada folhagem, debaixo dos quais era uma verdadeira delícia caminhar.

Frutas soberbas nasciam, também, naqueles pomares, de onde o olhar vigilante de abundante criadagem sabia afastar as serpentes venenosas e toda espécie de bichinhos nocivos.

D ESDE épocas imemoriais havia sido esse palácio a residência senhoril da dinastia dos Tschakja, cujos domínios se estendiam desde as vastas planícies do Ganges até para muito além, Cordilheira do Himalaia acima. Em todos os tempos, a felicidade e o bem-estar haviam sempre cumulado os príncipes Tschakja, que honrosamente se denominavam Gáutama, os quais haviam transformado a prosperidade em opulência e a felicidade em bem-aventurança terrena, sob o império da casa reinante, sob o domínio de Siddharta, o bem-amado de todos.

Eis que agora retornava ele a casa. No céu ainda se avistava o Sol, já, porém, com a tonalidade característica que precede a hora do entardecer.

O alegre chilrear dos pássaros, também, já se enternecia em suaves gorjeios, quando a comitiva se aproximou dali. Montados em cavalos ágeis e pequenos, lacaios tomaram a dianteira do cortejo e, apeando de suas montarias, surgiam envoltos em largos e brancos albornozes que, ao sopro do vento, teimosos, velejavam em torno deles. Cingiam-nos faixas de vistosas cores e, assentados com gosto, alvos turbantes, ricamente bordados, guarneciam suas cabeças. Assim, pelo aspecto dos servos, difícil não era avaliar a opulência do príncipe.

A seguir, com cadenciados e pesados passos, aproximou-se o elefante, o grande elefante predileto de Siddharta. Sobre a suntuosa sela, de vermelho vivo, erguia-se uma espécie de dossel, um baldaquim dourado, que protegia o príncipe dos ardores do sol. Nesse instante, a luz do ocaso, incidindo sobre as saliências das peças de metal e dos ornatos, arrancava reflexos de fogo dos magníficos arreios ornamentados de ouro.

Atrás do elefante, saracoteava o cavalo branco do príncipe, animal raro, de longínqua procedência estrangeira, as crinas de um louro alvacento, a cauda longa e espessa.

A cavalo vinha, mais atrás, a escolta e, por último, os escudeiros, com faixas de cor verde e de turbantes brancos entretecidos, também, de verde.

O cortejo aproximava-se cada vez mais. Maya conseguiu, afinal, distinguir tudo claramente, correndo dali ao encontro do marido. De outro lado apontou, logo, o príncipe Rahula, que havia conseguido escapar dos braços da ama. Quase sem fôlego, esta desatou a correr desordenadamente no encalço do menino.

Por mais que se apressassem, porém, chegaram os três ao mesmo tempo junto aos portais dourados do palácio, justamente no instante em que o príncipe descia do elefante, apoiando-se sobre o dorso de criados, uns acocorados, outros de joelhos. Alegremente se dirigiu Siddharta ao encontro dos seus.

Era homem ainda bem moço, com propensão para engordar, pouco acima da estatura média, de belos traços. A cabeleira longa e encaracolada caía-lhe suavemente sobre os ombros, a barba crespa brotava negra e espessa, acentuando, ainda mais, a palidez do rosto.

Mãos estreitas, afiladas, estendeu ele em direção aos seus, arrancando exclamações de júbilo e de carinho. Entrando com eles no palácio, ia transpondo recintos magníficos, regiamente enfeitados.

Servos vieram recebê-lo, acompanhando-o, mais adiante, a um compartimento no qual uma torrente de água perfumada jorrava de encontro a uma concavidade rasgada nas pedras finas que guarneciam o pavimento da sala.

Findo o banho, foi o seu corpo untado com bálsamo odorífero e longamente friccionado, até que os membros, cansados, cederam à doçura da lassidão. Estendido, em seguida, sobre finíssimos cobertores, tomou ligeira refeição, indo dali para o jardim, à procura da esposa e do filho, que ele foi encontrar repousando sobre grandes tapetes, à sombra de altas e frondosas árvores.

Só então foi chegado o momento de discorrer sobre a caçada, na qual, além de presas de menor monta, conseguira subjugar um tigre e dois leopardos de grande porte.

— Dessas peles, uma irá enfeitar a cama de Rahula, comentou ele, dirigindo-se ao menino.

Este, porém, sacudindo a cabeça contestou logo:

— Rahula pouco se interessa pelo que os outros caçam. Bem logo, ele mesmo há de saber arranjar uma pele para si.

O príncipe sorriu.

— Meu filho é bem diferente de mim, disse. Na sua idade eu absolutamente não cogitava ainda de quaisquer conquistas futuras e me contentava em receber, de bom grado, o que os criados me servissem, o que meu pai me desse. Quero só ver o seu desenvolvimento. Tenho a impressão de que não dá a mínima importância a esta suntuosidade toda que o rodeia.

Maya confirmou a suposição, acrescentando:

— É sério demais, muito mais sério que as crianças da idade dele. Ao que parece, vai ser um estudioso.

O menino, contudo, tinha desaparecido dali, momentos antes, saltando por sobre canteiros floridos, em direção de umas moitas espessas, de emaranhada vegetação. Os pais, enlevados pela conversa, não deram pela sua falta. Eis que ele reaparecia agora, as pernas trêmulas, o rostinho banhado em lágrimas, tombando ao chão, aos pés do pai, em inconsolável e convulsivo pranto.

Deixou sem resposta as perguntas aflitivas da mãe sobre a razão de ser do seu descontentamento e foi-se acalmando, aos poucos. Ergueu, depois, a cabeça e perguntou apreensivo:

— Por que foi, então, que a cobra grande devorou o passarinho? Ele estava cantando, tão satisfeito da vida, ela veio vindo, veio vindo e zás.

Maya ergueu-se de um salto e, alvoroçada, bateu palmas, chamando pelos criados, a toda pressa.

— Uma cobra, uma enorme cobra venenosa no jardim! Não podemos continuar aqui! exclamou, cheia de irritação, para as pessoas que acudiam ao seu chamado.

Siddharta, porém, tranquilizou-a:

— Não te incomodes com isso, minha flor. Deixa que eles a procurem. Nada nos sucederá.

Voltou-se para o menino que, ainda cheio de espanto, tinha os olhos indagantes fitos nele, e comentou despreocupado:

— A cobra deveria estar em jejum; devorou o passarinho para matar a fome.

— Ora essa! contestou com veemência o menino. Pois que coma ratos, baratas e outros bichos nocivos. Por que há de atacar justamente pessoas e animais inofensivos?

O príncipe vacilou, durante alguns momentos, sem saber ao certo o que responder, mas continuou:

— A cobra é companheira de Wíschnu*. Sabes quem é Wíschnu?

— Sim, isso eu sei, respondeu Rahula, com altivez. Watha já me disse: Wíschnu é um deus tenebroso e mau, que odeia a tudo quanto vive.

— Está bem, meu filho, está bem. E, nesse caso, qual é, então, o deus luminoso e bom, que ama a natureza inteira? indagou, carinhosamente, o pai, afastando dos olhos do menino os cabelos encaracolados que lhe caíam sobre o rosto corado.

— Schiwa** é o nome dele, desse deus bom e amoroso. Mas existe outro ainda. Watha me contou que há um terceiro deus, que está acima dos dois e os completa. Como é possível isso: unir o bem e o mal? Será que ele é meio bom, meio mau?

---

*   Vishnu
**   Shiva

— Queres saber tudo de uma só vez... Muitos dizem que Brahma está acima de Schiwa e Wíschnu. Mais tarde, muitas outras coisas decerto ainda hás de ouvir a respeito dele.

Rahula não se deu por satisfeito com a resposta, mas nada mais conseguiu obter sobre o assunto. Watha, chegando ali, levou-o para o palácio. Maya reatou a série de perguntas que o menino vinha fazendo:

— Mas quem é Brahma, afinal de contas? indagou ela, dirigindo-se ao marido, em tom circunspecto. Acabas de afirmar que "muitos dizem". E tu, o que dizes? Crês ou não crês em Brahma?

— Não, Maya, não creio nele, foi a inesperada resposta. Brahma é apenas um conceito que os sábios e eruditos idealizaram, a fim de explicar ao povo o que ele, de si, não está em condições de compreender. Desde que o povo acredite que um deus supremo sustém em suas vinte mãos os fios que regem o mundo, deixará de continuar perguntando a razão de ser do destino diferente de cada um.

Com o olhar absorto, de quem está inteiramente alheio ao ambiente que o cerca, o príncipe tinha os olhos fitos ao longe.

Maya ficou perplexa, visto que, até ali, havia acreditado piamente na existência de Brahma. E agora, seu marido, que lhe parecia o máximo em sabedoria e bondade, lançava ao pó, com poucas palavras, a imagem da divindade. Ela não podia se conformar com isso.

— E tu, Siddharta, não acreditas, também, em Schiwa nem em Wíschnu?

O interpelado vacilou, por uns momentos, e volveu o rosto para a esposa. Um quê de vívida compreensão cintilava em seu olhar. Num relance percebera que, em dizendo a verdade, iria, fatalmente, roubar a segurança daquele espírito, tão suave e desprevenido como a alma de uma criança.

— Como não, Maya? Creio neles, sim, embora de um modo inteiramente diferente do teu.

Maya respirou aliviada.

— E em Brahma tu não acreditas mesmo?

— O que posso dizer é que nunca o encontrei, conquanto jamais o tenha procurado. Estás satisfeita, minha flor? Agora levanta a cabeça e deixa de cismar nesses assuntos. Distraia-te, trata de cantar, que é melhor.

Sorrindo, Maya concordou e, tomando de um pequeno instrumento de cordas, que estava junto dela, começou a cantar uma canção suavíssima, com voz enternecida e bela.

O príncipe, reclinando-se, contemplava o azul do céu e se julgava o mais feliz dos homens.

A LGUNS anos se passaram dentro de uma imperturbável felicidade. Outro filho, que trazia o nome do avô, Suddhôdana, brincava ao redor dos felizes pais. Rahula gostava muito do irmãozinho e, assim, para lhe ser agradável, procurava tomar parte em todos os seus folguedos, embora muitos desses lhe parecessem rudes e demasiado estranhos. Quanto ao mais, Rahula continuava o mesmo, apenas mais calado e pensativo.

Todas as vezes que surpreendia o pai com disposição de contar histórias, assaltava-o com uma torrente de perguntas, curioso em saber coisas de sua infância ou do passado longínquo da família. Certo dia, havia insistido de tal maneira com o pai, que este acabou cedendo em prestar as informações que o menino desejava.

— Meu irmãozinho tem o nome do meu avô. Era o teu pai? Ouço falar que o povo tem grande respeito pelo príncipe Suddhôdana, mas, de minha avó, nada sei até hoje. Era bonita como mamãe?

— Sim, era bonita como tua mãe e tinha o mesmo nome dela: chamava-se Maya. Pertencia a uma estirpe de príncipes, do outro lado do Himalaia. Nunca cheguei a vê-la. Morreu poucos dias depois que nasci.

— Então, tu ficaste sem mãe? E quem tratou de ti?

— O velho e devotado Kápila, nosso servo, que, naquele tempo, ainda era moço, e Kusi, sua mulher. Meu pai não dispunha do necessário tempo para cuidar de mim: os seus vizinhos davam-lhe muito que fazer. Pretendiam arrebatar-lhe as terras, de sorte que ele se via sempre forçado a se ausentar em expedições militares, a fim de enxotá-los das fronteiras. Nunca, porém, me faltou nada. A dedicação dos dois me rodeava de tudo quanto uma criança tem necessidade.

— E de amor também? perguntou Maya, interferindo na conversa. Não podia ela imaginar que uma criança sem mãe de nada sentisse falta.

— Como não?! Com amor e carinho também, reafirmou, com ênfase, o príncipe. E, quanto mais eu crescia, mais ia reconhecendo aquela desvelada abnegação, nascida não de conveniências sociais, mas capaz de dar a vida pelo ente querido, se preciso fosse. Esse, sim, é o verdadeiro amor. Até os animais sentem o amor materno. O desvelo com que fui tratado na infância e na mocidade, só é próprio de espíritos altamente esclarecidos.

— Kápila é, então, um espírito altamente esclarecido? Ele não passa de um simples criado, objetou o menino, a quem o caso parecia estranho.

Explicou-lhe, aí, o príncipe, que Kápila pertencia, efetivamente, a uma família nobre, que, devido a certas vicissitudes, caíra na desgraça, tendo de viver na dependência alheia.

— Quer dizer, nesse caso, que a nossa cidade de Kapilawastu tem esse nome em homenagem a ele?

— Não, propriamente, a ele, mas a antepassados seus, que a edificaram, explicou o pai.

— E os nomes, continuou o menino, têm sempre um significado especial? Por que sou chamado Rahula? Rahula não quer dizer aquele que é prometido? Prometido, então, a quem?

— Tu, meu filho, deves o nome a um homem sábio que chegou a nossa casa no dia em que tu nasceste. Pediu-me ele que te desse esse nome. Que, muito mais tarde, tu hás de saber a razão desse acontecimento. Pois, vê: eu me chamo Siddharta, isto é, aquele que atingiu a meta. Por enquanto o meu nome não se ajusta à minha pessoa, mas um dia, mais tarde, atingirei a meta, e o significado do nome se cumprirá.

— Por que nos denominamos Gáutama? É coisa absolutamente sem explicação aparente.

— Tal sobrenome provém de épocas imemoriais e teria sido usado por um cantor ilustre que abrilhantara a nossa estirpe. Eis porque usamos esse nome.

Muitas outras coisas teria ainda Rahula perguntado, mas o pai queria sair e, junto ao portal, já o cavalo branco do príncipe escavava o chão, impaciente pelo seu dono.

Maya contemplava o esposo que saía galopando, dominada por uma indefinível impressão de tristeza que, há muitas semanas, pesava sobre a sua alma. Nessa impressão, recriminava a si mesma pelo que sofria, pois tinha ao alcance das mãos tudo quanto pudesse querer ou imaginar. Sinistros pressentimentos, contudo, enchiam-na de angústia, como que adivinhando que essa felicidade não haveria de durar muito.

Crédula e devota não se deixou abalar pelo que o marido havia dito sobre os deuses, nem mais o havia interpelado a esse respeito. Em compensação, redobrando no fervor de suas preces, prosseguia fiel ao seu modo de sentir, apresentando oferendas. Pois, para além, muito acima de Schiwa e de Wíschnu, seus sentimentos intuitivos afluíam até Brahma, em cuja onipotência, grandeza, bondade e amor, depositava inabalável fé.

Quantas vezes não tivera comprovação disso! Sim, quantas vezes, ferida pelas adversidades do mundo exterior ou interior, adversidades que jamais faltam, mesmo nas existências mais favorecidas pela fortuna como a sua, não havia procurado apoio na divindade, que dava ouvidos às suas ardentes súplicas. Ou os seus rogos se cumpriram, ou vozes baixinhas lhe segredavam que perseverasse, ou então lhe sugeriam uma saída.

Não fazia muito, porém, contava ela, agora, com um amigo, que, sem dúvida, lhe havia sido enviado pela divindade: disso estava absolutamente certa. Sim, tão logo se visse sozinha no jardim, aproximava-se dela um homenzinho, mas de aspecto já velho, muito velho, e só ela o via.

Vestia-se como um brâmane, e deles parecia possuir toda a ciência. Com ele podia conversar tudo quanto lhe passasse pela mente ou lhe inquietasse a alma: ele estava sempre disposto a lhe propiciar bons conselhos e a instruí-la com sabedoria. Porém, havia-lhe proibido, terminantemente, de falar a respeito dele com quem quer que fosse. Assim sendo, mal alguém apontava perto, já o homenzinho, que se denominava "o velho do castelo", desaparecia de sua presença, o que, a bem dizer, não era necessário fazê-lo, porque era naturalmente invisível ao comum das pessoas.

Certo dia, Maya, estando sozinha, começou a ouvir um risinho meio abafado, que atraiu logo a sua atenção. Era, nem mais nem menos, o velhote que estava de pé, diante dela, sobre o parapeito da janela pela qual ela estava olhando.

Pela primeira vez o homenzinho chegava até ali, dentro, no palácio. Dirigiu-lhe, amavelmente, a palavra e perguntou logo a causa do seu aborrecimento.

"Eu mesma não sei explicar a razão de ser dos meus receios, respondeu ela. Tenho medo do amanhã, medo inexplicável de coisas que estão para acontecer, apesar de eu viver sempre afirmando, para mim mesma, que nada temos a temer do futuro."

"Pois, bem justo é o vosso pressentimento, princesa, ponderou o homenzinho, com toda a austeridade. Vosso marido é por demais despreocupado. Ofendeu profundamente o ânimo a um dos poderosos príncipes vizinhos e, ao invés de dar ouvidos às sábias e justas ponderações de seus ministros, zomba do que lhe dizem. Sim, ao invés de ordenar que os seus guerreiros marchem, sem perda de tempo, para a fronteira, a fim de prevenir qualquer ataque do adversário, toma rumo contrário e vai para a floresta, à procura de caça. Minha missão é prevenir-vos quanto aos acontecimentos. Procurai reunir todos os vossos valores, joias, enfeites, vestidos e, depois de acondicioná-los, devidamente, em vários volumes, deixai tudo de prontidão, para que vos seja possível, a qualquer momento, fugir do palácio, com vossos filhos e com Kápila, vosso servo de confiança."

A princesa ficou atônita.

"Consente-me, suplicou ela, que participe a meu marido tudo quanto me acabas de dizer? Talvez seja possível, ainda, afastar esse golpe, que paira sobre nossas cabeças."

"Sim, podeis, naturalmente, transmitir a ele a notícia, tão logo vos seja possível encontrá-lo. Porém, enquanto isso não se verifica, é preciso, quanto antes, sem perda de tempo, cuidar dos preparativos. Vou, agora mesmo, mostrar-vos uma passagem secreta que conduz do palácio até as fraldas da cordilheira. Pessoa alguma se lembra mais da existência de uma tal saída. Deveis utilizá-la, sem receio, para a vossa fuga junto com vossos filhos."

"E Watha pode ir junto, também? Nada me disseste a respeito dela."

Sacudindo a cabeça grisalha, o homenzinho estendeu as mãos, num gesto de constrangimento, e ponderou:

"É velha demais. Nada terá de sofrer se ficar."

"E meu marido? Se é que é inevitável o desastre, devo mesmo abandoná-lo? Não poderá ser salvo, também, conosco, pela passagem secreta?"

"Não e não! Pelo amor de vossos filhos, que ainda têm necessidade da mãe, deveis deixá-lo. A vida é que precisa de vossos filhos e, portanto, têm de ser poupados, de um modo ou de outro. Quanto ao príncipe, há de aprender, pela renúncia, o que hoje ainda ignora: que existe acima dele um ser supremo, um Deus eterno. Intercedei por ele, em vossas preces, para que chegue, quanto antes, ao conhecimento da verdade e encontre a verdadeira sabedoria. Por ora, é só: vinde comigo!"

O homenzinho conduziu-a, então, para baixo, por uma escada extensa, de incontáveis degraus. Parecia um sonho. Sentia arrepios ao se ver, de repente, dentro daquela estranha galeria, da qual, antes, nunca ouvira falar.

Afinal, chegaram a uma câmara escura, a uma espécie de antro, sem portas nem janelas. Ao lado de um amontoado de pedras, que ali pareciam estar ao acaso, o homenzinho apontou para uma saliência que havia na muralha. Maya tocou nela e, com áspero ruído, uma parte da parede se arrastou para o lado, deixando abertura suficiente para dar passagem a uma pessoa. Apontou, então, o velho, para um feixe de archotes oculto dentro da muralha.

"A entrada é por aqui", disse. "É preciso sempre trazer fogo, para acender as tochas! Agora, podemos avançar sem receio. O caminho oferece perfeita segurança e penetra montanha adentro, tão longe, que inimigo algum poderá descobrir-vos. Nada mais resta senão observar bem a maneira de voltar e está tudo garantido para uma eventualidade qualquer."

Ao retornar para casa, quando a princesa se viu de novo em seus aposentos, ergueu preces a Brahma, para que a ajudasse a ser verdadeiramente forte na hora do perigo. Bem sabia ela que coisas terríveis estavam por se desencadear, acontecimentos impossíveis de serem evitados. Mãos à obra, portanto, a fim de providenciar tudo quanto fosse necessário à fuga.

Quando terminou os preparativos, era tão grande o seu desassossego que sentia necessidade de agir, de se ocupar em alguma coisa que dominasse o seu estado de alma. Para tanto, foi arrastando, um a um, escada abaixo, todos os volumes preparados, enfronhando-se, cada vez melhor, do caminho a percorrer. A muito custo, conseguiu levar o último volume. Siddharta, o príncipe, porém, não havia retornado ainda ao palácio. Ele se teria extraviado, ou algo estranho lhe acontecera?

Quando chegou a hora de dormir, a princesa ordenou que os meninos fossem conduzidos para o quarto dela. Sentia-se inteiramente sem sono. Sem tirar o vestido do dia, sentou-se à cabeceira dos filhos, que dormiam a sono solto, e começou a orar fervorosamente.

Cansada que estava, sem se aperceber, dormiu também. Indescritível tumulto, contudo, fê-la despertar de um salto. O aposento se achava inteiramente tomado por enorme clarão, que vinha do lado de fora. Um eco estranho e rude do embate de armas em luta reboava pela amplidão dos corredores. Gritos lancinantes de dor sobrepujavam os brados dos guerreiros e, antes mesmo que ela se desse conta do que vinha sucedendo, Kápila surgiu no quarto, veloz como uma flecha:

— Salva-te, princesa! Salva-te, quanto antes, com as crianças! A cidade e o palácio caíram em mãos inimigas.

— E o príncipe?

— Nada sabemos! Não regressou ao palácio, nem os homens de sua comitiva. Salva-te, quanto antes! Já estão atacando os aposentos reais.

Arrebatando, pela mão, os filhos atônitos, Maya ordenou que o servo a acompanhasse e correndo desceu em direção à galeria.

Ainda não tinha alcançado os últimos degraus, quando se lembrou de que havia esquecido de trazer fogo para os archotes. Sentiu ainda um ímpeto de retroceder, mas o ruído impressivo de passos acelerados, ressoando pelas escadarias do palácio, fê-la apressar a marcha e correr em desesperada fuga. Haveriam de se arranjar, de qualquer maneira, mesmo sem os archotes.

Atingiram, por fim, a câmara escura e eis que ali ardia, tranquilamente, como alvissareira e salvadora chama, uma acha de lenha, espetada numa saliência da muralha.

"Graças, mil graças, por tanta bondade, velhinho!" exclamou a princesa, num arrebatamento de alegria.

Abriu a passagem da muralha, fez entrar as crianças, o servo Kápila e fechou, cuidadosamente, após si, a abertura secreta. Através de longo e sinuoso conduto, a muito custo, ao meio-dia do dia seguinte, ganharam, de novo, o ar livre.

Ali, onde terminava o caminho, jorrava uma vigorosa vertente de água límpida e fria da cordilheira. Ao lado ficava uma tapera, habitada outrora, talvez, por pastores montanheses, que se serviam desse abrigo, agora muito estragado.

Cheios de gratidão os fugitivos tomaram conta do abrigo, sem se preocuparem como iriam encontrar o alimento de que necessitavam.

Apenas uma coisa preocupava o espírito de Maya: o destino do marido, que ficara tão longe.

KAPILAWASTU caíra em mãos do inimigo. Incendiando, trucidando e saqueando, haviam arrasado tudo. A cidade, até ali pacata e ordeira, vivera dias de verdadeiro terror.

A região restante, temerosa de ser submetida a tratamento idêntico ao da capital, entregou-se sem oferecer resistência. O príncipe vizinho anexou logo o pequenino reino como província de seus domínios e passou a senhor absoluto de tudo.

Até aquele momento, porém, o príncipe Siddharta não havia regressado ainda da excursão. Qualquer acontecimento muito grave o teria, forçosamente, surpreendido em algum lugar, a ponto de abandonar seu povo desse modo, no mais duro transe de provação.

Tinham razão os que assim pensavam. Naquela tarde, tão funesta para o país, o príncipe e seus poucos companheiros, na cavalgada de regresso, foram assaltados por um bando de inimigos bem armados.

Defendiam-se com bravura até que um golpe de espada derrubou Siddharta, deixando-o como morto.

Repetidas vezes voltou ele a si, durante a noite, retornando sempre ao estado de inconsciência, em que persistia.

Afinal, depois de ter atravessado ainda mais uma noite nessas condições, recuperou outra vez os sentidos, combalido pelo sofrimento, pela perda de sangue, pela fome. Achava-se, contudo, perfeitamente lúcido. Viu, então, estendidos a seu lado, mortos, seus abnegados companheiros, que com a vida haviam pagado o preço de sua irrestrita fidelidade. Mas por terra jaziam também corpos de inimigos, sendo possível que nenhum deles tivesse escapado dali com forças suficientes para sobreviver.

Siddharta lutou para se levantar, mas não conseguiu. O ferimento doía demais e ele temia provocar nova hemorragia. Que fazer nessa contingência? Perecer, miseravelmente, naquela solidão? Já há muito que devia estar longe de casa. Por que motivo, então, ninguém vinha procurá-lo? Assim, dentre todos os pensamentos que torturavam o seu cérebro exausto, um, especialmente, se mostrava, sempre, com redobrado vigor:

"O que devo fazer para salvar minha vida?"

Não encontrava resposta. Se ao menos acreditasse nos deuses, poderia, agora, orar. Porém, os deuses eram, para ele, meros e vagos conceitos, não verdade transcendente. De novo chegou a noite. Os padecimentos de Siddharta se tornavam insuportáveis. Bem poderia tentar obter auxílio por meio da prece. Mas...

Começou a invocar os deuses, porém, como ao lado de suas súplicas pairava ainda a sombra da dúvida – será que adianta alguma coisa? – faltava a esses rogos impulso para se erguerem.

Fios luminosos baixavam sobre ele, fios provenientes das preces ardentes de sua esposa, que nele, pelo seu vacilante modo de pensar, não podiam jamais encontrar a devida ancoragem. Retornavam sempre ao ponto de partida, retornavam para quem ardentemente os havia emitido.

Nessas condições, começou ele a dirigir imprecações contra os deuses, porque pensava: tinha-se rebaixado tanto a ponto de implorar o auxílio deles e eles, no entanto, impassíveis, não lhe davam ouvido. Era fora de dúvida que estava com a razão:

"Não existem, mesmo, os deuses!"

A noite parecia não ter mais fim. Se ao menos pudesse morrer! Mil vezes melhor deixar sem mais demora este mundo, que ser torturado assim, para afinal sucumbir. Outras ideias, todavia, começaram a turbilhonar em sua mente: deixar o mundo? E depois? Para onde conduziria o seu caminho? Se não existem deuses, é lógico, não existiria, também, o Além. Haveria de se dissolver em nada?

Se, em outros dias, em dias melhores, tais ideias alguma vez lhe ocorreram, sempre soube como afastá-las de si. Podia dar tempo ao tempo, até mais adiante, até a velhice, quando perdesse de todo as forças. Agora, porém, tinha de se haver, inevitavelmente, com elas e não obtinha uma resposta. Que horror!

Amanhecera: o sol enviava brandos raios de luz por entre a espessura da selva, onde o príncipe agonizava. Um desses raios brincava sobre o dorso furta-cor de um besouro, que, no chão, ao lado do príncipe, procurava encontrar caminho através da folhagem. Siddharta acompanhava-o com o olhar e em suas entranhas combalidas começou a sentir inveja ao ver o pobre animalzinho:

"Por que razão, mísero bichinho, hás de viver, se eu, aqui, estou perecendo?"

Fez esforço, mas, ao erguer o punho exausto para esmagar o besouro, sentiu que alguém, invisível, prendia-lhe o braço. Fraqueza não havia de ser, pois, se assim fosse, a mão teria tombado. Um poder estranho certamente lhe impedira o golpe. Que significava isso? Foi quando ouviu uma voz:

"Não maltrates criatura alguma!"

De onde provinha aquela voz? Era como se tivesse partido de dentro dele mesmo. Mas quem detivera o punho alçado contra o animalzinho? Forçosamente, outros seres existiriam invisíveis, com esse poder. E um raio de esperança reacendeu o ânimo do príncipe.

"Ó entes invisíveis, quem quer que sejais", implorou ele contritamente, "ajudai-me! Não me deixeis perecer assim. Se podeis salvar até mesmo um pequeno besouro, apiedai-vos também de mim, que me vejo nesta triste situação."

Por várias vezes repetiu a súplica, redobrando-a sempre de fervor. De repente, um triturar de galhos, um ruído de pedras que rolavam, denunciou a aproximação de algo, que vinha naquela direção.

Antes mesmo de Siddharta poder verificar se era um animal ou pessoa que se avizinhava dali, surgiu diante dele um homem pobremente vestido, pertencente a uma casta inferior, cujo contato, outrora, o príncipe sempre evitara, com nojo. No entanto agora, via nele alguém capaz de salvá-lo.

— Ajuda-me, por favor, balbuciaram seus lábios empalidecidos. O homem fitava-o, impassível.

— Quer me parecer que alguém ainda conseguiu escapar com vida. Pensei que todos tivessem morrido e esperava fazer por aqui uma boa pilhagem, com o que, naturalmente, não estás de acordo. É melhor, portanto, dar também cabo de tua vida.

— Vós que tendes o poder para salvar a um simples besouro, valei-me! clamou, com grande esforço, o príncipe.

O homem, impassível, ainda riu cinicamente.

— Não salvei besouro algum, disse, mas vou te poupar a vida, uma vez que não me impeças de tirar dos mortos coisas de que eles, afinal, não têm mais necessidade alguma.

O príncipe ficou horrorizado com o cinismo do tal, visto que a profanação de cadáveres era considerada crime odioso, previsto com duras penas nas leis daquele país. Mesmo assim, não estando em condições de impedi-lo, deixou que o ladrão carregasse o que bem entendesse.

Tendo juntado, numa das mantas que encontrou por ali, tudo quanto lhe pareceu de valor, o ladrão fez menção de se retirar. O príncipe suplicou:

— Não me deixe abandonado nesta situação! Arranja-me um pouco d'água para beber e lhe darei tudo quanto tenho comigo.

Ouvindo passos de alguém que se aproximava, o salteador não esperou mais nada: fugiu dali. A pessoa que apareceu em seguida não parecia de melhor espécie que a primeira. Começou a examinar os cadáveres nus, tocando-os com a ponta do pé, a fim de averiguar se ainda estavam com vida e, dando com os olhos no príncipe, voltou-se para o seu lado:

— Ao menos um, me deixou aquele patife! comentou em voz baixa.

E, sem mais cerimônias, pôs-se a despir o ferido.

De repente, cruzando o olhar com o olhar do príncipe, notou nele uma tal expressão de súplica, que se conteve. Assustado, deixou tombar sua vítima e já ia fugir, como o outro fizera antes, quando um raio de sol, batendo em cheio nos olhos do ladrão, ofuscou de tal modo sua vista, que ele cambaleou no lugar.

O que se teria passado naquela alma, nesse instante, ninguém sabe. O certo é que o ladrão se voltou imediatamente para o príncipe e perguntou:

— Queres que eu te leve para um abrigo qualquer, onde possas receber alimento?

No modo de olhar do ferido, o homem adivinhou a resposta e, erguendo em seus possantes braços o corpo quase inanimado do príncipe, carregou-o para fora da mata.

Quando Siddharta voltou a si, viu-se deitado sobre uma pele, dentro de uma caverna pouco espaçosa. Junto dele havia uma vasilha grande com chá e vários alimentos, espalhados sobre uma pedra, a seu alcance. O príncipe, porém, sentia-se tão fraco, que sequer podia alcançar o que comer e o que beber.

Novas e incríveis provações. O tal homem devia tê-lo despojado de suas vestes, pois tiritava de frio. Passou os olhos pelo corpo e viu que estava, efetivamente, coberto apenas de míseros, sórdidos andrajos.

"Ó invisíveis, acaso me salvastes da morte imediata só com o fito de me fazer sucumbir lentamente à míngua?" clamava o príncipe em tom lamentoso, não mais com aquela arrogância de antes. "Ajudai-me, sim, ajudai-me ainda, vós a quem não conheço nem consigo ver, mas em quem acredito, porque agora sei que vós existis!"

Do fundo da gruta, que ele não podia alcançar com a vista, surgiu, nesse instante, uma menina, ainda bem pequena, que se pôs a contemplar, cheia de curiosidade, o estranho que ali estava, que havia dormido até aquele momento, mas que agora começava a se movimentar.

— Homem, quereis beber um pouco d'água? perguntou ela, com doçura.

Muito compenetrada de seu papel, a menina se ajoelhou no chão e aproximou dos lábios do príncipe uma pequena taça, que havia enchido com um pouco de chá da vasilha grande. Que delícia! Depois disso, fez também com que ele provasse uns bocadinhos de pão.

Durante dias e dias, era essa menina a única e viva alma que aparecia por ali. Tratava-lhe as feridas da melhor maneira, trazia-lhe de comer e de beber, tantas vezes quanto ele o desejasse, mas não proferia uma palavra a mais, além do estritamente necessário. Isso fazia crer que essa discrição era, naturalmente, coisa imposta por alguém à enfermeirazinha.

Aos poucos, os ferimentos foram sarando e as forças principiaram a voltar. Certo dia o príncipe sentiu ânimo para se levantar de novo e tratou logo de andar alguns passos. Agora só lhe restava saber, de sua pequenina companheira, onde é que se encontrava. Ela, porém, sacudia a cabeça, em sinal de negação, e persistia em seu mutismo. Era, portanto, necessário aguardar ali, até que pudesse ele mesmo, inteiramente restabelecido, deixar a caverna.

E esse dia chegou. Perguntou ele à pequena se lhe era permitido ir para onde quisesse. Ela acenou, com a cabeça, que sim. Com reiteradas palavras de reconhecimento ele agradeceu a hospedagem e quis saber o seu nome. Ela teimou em não dizer.

— Sou um príncipe, minha filha, falou Siddharta à menina. Quando eu estiver de volta, em meus domínios, poderei recompensar os teus serviços.

Em resposta, a menina apontou para os seus andrajos e riu gostosamente. Ele guardou consigo algum alimento e se dispôs a atravessar a mata. Qualquer coisa lhe dizia que tomasse determinada direção: ele assim o fez, uma vez que não sabia ao certo que resolução tomar.

Depois de alguns dias de caminhada, viu que tinha atingido o extremo da mata. Ao cair da tarde achou-se em pleno campo, no cume de um monte, de onde se descortinava Kapilawastu.

Cheio de emoção, procurou, imediatamente, localizar o seu palácio. Estaria sonhando? Por mais que procurasse, nada, absolutamente nada conseguia avistar daquele vasto monumento branco. Ficou, então, por ali, decidido a esperar pelo dia seguinte, quando, então, poderia observar melhor. Mas o dia seguinte não alterou a situação: o lugar onde havia existido outrora o soberbo monumento estava reduzido a um montão de ruínas.

Surpreso, procurou descer, montanha abaixo, o mais depressa que suas forças o permitiam, porém, quanto mais se aproximava do local, mais reconhecia que as pedras alvacentas do palácio jaziam ruídas, enegrecidas pela fumaça. Pavoroso incêndio devia ter consumido a sua habitação.

Onde estariam, nesta hora, sua esposa e filhos? Com o coração pesado de angústia subiu entre as pedras da montanha, onde um pastor de ovelhas dirigia um rebanho de animais lanosos, que esgaravatavam, a contragosto, as ervas recobertas pela poeira das cinzas do incêndio, que o vento havia carregado para ali.

Siddharta dirigiu a palavra ao homem, que se afastou, com nojo, do sórdido maltrapilho. Mesmo assim, logo depois, o pastor resolveu dar ouvidos às súplicas insistentes do mendigo, e se pôs a dar informações, embora não pudesse, de modo algum, compreender a razão pela qual um miserável pária demonstrava tamanho interesse pela família do príncipe.

Narrou-lhe, então, o guardador de ovelhas, a história da noite da catástrofe e dos dias de terror subsequentes. Informou, também, que agora era outro príncipe que dirigia o país, não pior do que o outro que o precedera. Quanto ao destino de Siddharta e da família, nada sabia dizer. A princesa e os filhos, provavelmente, teriam sucumbido nas chamas do incêndio. O príncipe Siddharta, porém, não havia mais retornado de um passeio que havia empreendido, justamente no dia dos terríveis acontecimentos.

Além disso, concluiu o pastor, é bom mesmo que vá ficando longe, se é que ainda está vivo, uma vez que o novo príncipe pôs a prêmio a cabeça do outro, prometendo alta recompensa a quem o trouxer, vivo ou morto, à sua presença.

Siddharta sentiu uma vertigem. Não sabia mais o que pensar. Banido, sim, definitivamente banido, das paragens de sua desmedida ventura. Mendicante, sem nome, limitava-se, agora, a percorrer, desolado, a faixa de terra que separava o seu país do reino vizinho pelo lado do nascente.

Conquanto não pudesse também se dar a conhecer por ali, visto ignorar se o príncipe reinante era ou não amigo do príncipe adversário seu, nada mais tinha, porém, a temer quanto à possibilidade de vir a ser reconhecido. Por onde quer que passasse, ninguém mais queria saber dele, atirando-lhe aos pés, com desprezo, o que pedia. À noite, buscava abrigo num recanto qualquer.

Seu aspecto era, nada mais nada menos, o de um pária, mísero representante da mais baixa classe social, da classe desprezada e maldita. Nisso não tinha de que se surpreender: a sujeira em que jazia, acumulada de muitas semanas, as crostas de sangue pisado que se espalhavam pelo seu corpo inteiro, os cabelos em desalinho, a barba sem trato, escorrendo das faces flácidas escaveiradas pela fraqueza; tudo isso lhe dava, com efeito, fisionomia selvagem.

Nenhum vestígio mais do antigo esplendor de apresentação pessoal, daquela beleza de trato de outros tempos, nenhum vestígio sequer da exuberante alegria e da despreocupação de antigamente. Solitário e triste perambulava, agora, como um desditoso, pelas ruas sem fim, ansioso de encontrar algo, à procura de qualquer coisa que nem mesmo ele sabia dizer bem o que fosse. Aqueles a quem ele tanto prezava tinham, naturalmente, sucumbido, tragados pelas chamas devoradoras do incêndio do palácio.

Quem numa tal contingência poderia, pois, formular a mais leve possibilidade de um feliz reencontro com os seus, sob outro aspecto, numa outra situação de vida? Pequenas demais eram ainda as crianças para que pudessem ter já acumulado, sobre si, o peso de faltas a serem purgadas em outra encarnação. Quanto a Maya, flor da ternura e da delicadeza, teria sido arrebatada inocente, também, para a morte e para o nada.

Ele, somente ele, restava de toda a gloriosa estirpe da velha casa reinante. Por que ele somente? Tinha de haver uma razão para isso. Nada no mundo acontece sem determinada finalidade, disso estava absolutamente certo. Assim sendo, pôs-se a refletir na possível causa de sua estranha sobrevivência. Uma razão, ao menos, haveria de existir, necessariamente!

Perguntava para si mesmo por que, afinal de contas, havia necessidade de viver. Pois, se tudo, em outros tempos, lhe correra às mil maravilhas, como preciosa dádiva de invisível potestade, agora, a existência nada mais lhe parecia que uma interminável sucessão de angústias. Para onde quer que olhasse, não via mais que provações, provações e desilusões, um padecer sem fim.

A adversidade levou-o a conhecer os baixios da vida, em seus mais impressionantes aspectos. Gente oprimida e seres humanos torpemente comprometidos, de mil modos, era o que encontrava, por toda parte. Com vinte e nove anos feitos, não havia tido ainda noção exata de quanta miséria existia por este mundo afora, mundo que, ao redor dele, se havia mostrado, outrora, tão belo.

Sim, ele que tanto gostava do sol, só agora começava a reconhecer com que impiedade a força do calor arrancava ondas de suor da face daquele que se exauria na dureza do trabalho, e que o trabalhador cansado muitas vezes mal podia levantar do chão os pés enegrecidos pela poeira candente das estradas.

Sua maior felicidade consistia, até ali, em correr, à rédea solta, montando um corcel de raça, ou em viajar, firmemente, sobre o largo dorso de lerdos elefantes, de marcha cadenciada e segura. Agora, porém, via-se obrigado a engolir quanta poeira outros viajantes levantassem ao passar, saltando de lado, num ímpeto, a fim de não ser pisado pela tropa, que desaparecia em desabalada corrida.

Com que pouco-caso não havia recebido, até ali, um copo d'água! No entanto, como isso agora lhe fazia falta, tendo de vencer longas distâncias, cansado, ardendo em sede. Reconhecia agora, também, a persistência impressionante com que míseras pessoas se viam obrigadas a trabalhar tocando bombas d'água, atreladas a varais de enormes rodas que elas faziam girar ininterruptamente noite e dia até que, afinal, entontecidas pelo exercício, cambaleavam extenuadas! Que horror! Que tortura!

Ao longo das estradas, ia encontrando homens, mulheres e crianças, largadas pelo chão, inchadas e cianóticas, com todos os indícios de gravíssima enfermidade. Bolhas purulentas recobriam-lhes os corpos combalidos de exalação pestilenta.

Havia, porém, outros mais: os membros que haviam ficado brancos como a neve e meio corpo em decomposição – a lepra. Diante desses quadros horripilantes, procedia ele como os demais: fugia deles, não lhe ocorrendo, por um instante que fosse, a ideia de tentar, de algum modo, minorar o padecer inexprimível daquelas míseras criaturas.

Por seis longos meses vagou ele assim, de um lugar para outro, preocupado sempre com duas ideias: "Como garantir hoje minha subsistência?" era uma. "Afinal de contas, qual a razão de ser de minha vida?" era outra.

Nessa altura aconteceu de ele encontrar, na rua, um encantador de serpentes que se sentia extenuado, sem forças para alcançar a cidade vizinha, tendo, além disso, de carregar consigo os pesados cestos que abrigavam os répteis.

As cobras eram, até aquele momento, para Siddharta, coisa abjeta, abominável. Mesmo assim, algo na fisionomia daquele homem atraiu a sua simpatia. Aproximou-se dele, prontificando-se a carregar os cestos. Cheio de alegria, o encantador aceitou o oferecimento.

— Não tens medo de te tornares imundo, já que me tens na conta de um pária? inquiriu Siddharta, cautelosamente.

O outro respondeu que não.

— Não sou adepto de Brahma, disse. Pouco se me dá essa questão de castas, ou coisa que o valha.

Siddharta tomou, então, a seu cuidado os pesados cestos de serpentes e se pôs lentamente a caminho, seguindo ao lado do encantador. Ao cair da tarde entraram numa povoação, onde o homem parecia ser conhecido. Exclamações de júbilo saudaram sua chegada ali, e logo lhe indicaram o galpão onde pernoitasse com os seus animais.

— O meu servo pode, também, dormir ali? perguntou o encantador.

Como as pessoas da casa cuidassem que o serviçal era da mesma condição que o patrão, sem mais delongas, deram consentimento.

O meu servo! Como uma chibatada essa expressão feriu o ânimo de Siddharta. Sim, ele que estava habituado a governar servidores de toda espécie, a açoitar relapsos e a condená-los a seu bel-prazer, ele não passava agora de um simples "servo". Apesar disso se sentia contente, muito contente ainda, sendo, como era, a primeira vez, depois de seis longos meses de peregrinação a esmo, que se via, de novo, debaixo de um teto, e justamente pelo fato de estar "servindo".

Sem mais tardança Saríputta, seu patrão, ordenou-lhe que saísse à cata de ratos, por ali.

Siddharta, que sentia verdadeiro horror por essa espécie de bichos, não obstante, pôs-se em atividade com toda a desenvoltura, conseguindo agarrar apreciável quantidade deles.

Era chegado o momento de dar alimento às serpentes. Ao fazê-lo, Saríputta começou a narrar uma porção de fatos relacionados com a vida dos animais, de modo que Siddharta pudesse ir compreendendo que até mesmo eles não foram criados sem determinado fim.

Que eram belos exemplares de répteis tinha de reconhecer, depois de haver relutado consigo mesmo e de se dispor a observá-los mais de perto. Cada um deles apresentava desenhos e coloridos diferentes e nenhum, coisa curiosa, se mostrava hostil para com ele, o que muito alegrou a Saríputta.

— Nunca tive, antes, esta sorte de ter um auxiliar que fosse simpático às minhas serpentes, comentou o encantador. Vou, dentro em pouco, deixar a alimentação delas inteiramente a teu cargo.

Quem poderia jamais, em outros tempos, ter predito que Siddharta, alguma vez, viesse a ficar satisfeito por estar a serviço de um encantador de serpentes e mais de se encher de alegria pelo simples fato de não ser antipático a elas? No entanto, tal era a realidade, nua e crua. Depois da terrível catástrofe de que fora parte, agora é que Siddharta readquiria novamente noção de si como responsável por uma obrigação no desempenho da qual tinha a oportunidade de se mostrar útil; isso o enchia de uma grande e profunda sensação de bem-estar.

Logo no dia seguinte, antes de prosseguirem viagem, o encantador tinha de fazer uma demonstração pública, com as serpentes, na praça do mercado da cidade. O modo que aqueles corpos vigorosos e elásticos se equilibravam ao som monótono da música, ora espetando no ar a cabeça irrequieta, ora baixando o porte em obediência à toada alta ou baixa da misteriosa flauta, que o encantador tocava, foi para Siddharta um espetáculo emocionante.

Terminada a exibição, quando o encantador, já livre das serpentes, familiarmente se aproximou dele, uma impressão sem-par de contentamento, jamais sentida antes, agitou o coração do príncipe.

Na próxima cidade em que Saríputta ia passar, sua primeira preocupação foi comprar uma roupa decente para seu empregado. Isso representava, na verdade, um grande passo no árduo caminho da elevação que Siddharta tinha a percorrer. Uma vez que assim se livrava do ambiente humilhante da mais desprezada das castas, conseguiria certamente abrir caminho para frente. Manifestou o seu reconhecimento para com Saríputta, que, rejeitando qualquer espécie de agradecimento, falou assim:

— Foi por mim, não por ti, que procedi desse modo, visto que não posso estar viajando de terra em terra com um empregado repulsivo. Além disso, já percebi muito bem que não és um pária. É possível que, mais adiante, me contes como sucedeu isso, de estar procurando tua sorte, metido nesses miseráveis andrajos.

Agora era um nunca cessar de ocupações. Saríputta estava longe de ser um mero encantador de serpentes. Penetrava nas casas aonde era chamado, para curar doentes e expulsar demônios. Para isso, todo o seu arsenal consistia simplesmente num feixinho de penas de pavão, que ele mergulhava na água, a fim de benzer os enfermos.

Através da conversa de outros é que Siddharta ficou sabendo disso. Quanto a ele, era encarregado de montar guarda junto aos valiosos cestos de serpentes, enquanto seu patrão se ausentava, não lhe sendo permitido acompanhá-lo nessas visitas. Em compensação, já percebia que não era mais o ente desprezível de antes. Outros serviçais, até mesmo artífices, procuravam entabular prosa com ele, obsequiando-o com mantimentos e frutas.

Decorridos alguns dias, recomeçou a peregrinação. Saríputta se sentia, agora, mais descansado e disposto a tagarelar. Nessa disposição de ânimo, começou a interpelar Siddharta sobre quais as ideias que mais o preocupavam no decorrer das horas e não revelou estranheza quando este lhe respondeu que a sua preocupação máxima era descobrir a razão de ser de sua vida.

— E sabes, acaso, o que é a vida? replicou o encantador.

— Viver é sofrer, foi a imediata resposta.

— Pois, bem: se sabes disso é sinal que já avançaste bastante no conhecimento da vida, comentou o patrão, elogiosamente. Viver é, sim, sofrer. Logo, a vida nos foi concedida a fim de que superemos o sofrimento.

Siddharta emudeceu. Não lhe foi possível apanhar, de pronto, o sentido dessas palavras. Assim, perguntou:

— Que nos adianta superar o sofrimento, se ele está sempre presente? Cada nova fase da vida é novo padecer. Uma vez que tenhamos superado as provações que nos foram destinadas, completa-se a carreira, encerra-se a vida. E depois? Qual o objetivo, daí por diante?

— É o que precisas descobrir por ti mesmo, Siddharta, falou Saríputta. Por enquanto, posso te dar apenas vagos indícios da solução do problema. A resposta definitiva, porém, a que interessa verdadeiramente à tua íntima inquietação, é assunto que compete exclusivamente a ti: nada tenho a dizer. Achando-a, terás encontrado também a razão de viver que torna a existência agradável e digna de ser vivida.

Em outra ocasião, Siddharta, tendo perguntado a seu patrão se acreditava ou não nos deuses, obteve a surpreendente resposta:

— Que é que entendes por "deuses"?

— Wíschnu e Schiwa, penso eu, comentou o príncipe, com certa atrapalhação.

— Sim, creio em Schiwa, o destruidor da vida, exclamou Saríputta solenemente.

Mas não pôde prosseguir, porque o outro logo o interrompeu, com certo espanto:

— Estás enganado: Schiwa é o deus bom, o deus sábio.

— Interpreta como quiser. Eu o considero destruidor da vida. Bom não será ele quando põe termo a algo que julgamos não poder suportar mais? Não será, também, bom, quando faz cessar o sofrimento que pelas nossas próprias forças não teríamos o poder de superar? Não será?

Siddharta calou, mas não se convenceu. Justamente agora que estava na iminência de acreditar em Schiwa, este lhe era apresentado sob um ponto de vista inteiramente novo. O encantador de serpentes chamava-lhe bom e, não obstante, "o destruidor". Os sacerdotes em Kapilawastu ensinavam que era o animador e o conservador de todas as coisas. Com quem estaria a razão?

JÁ FAZIA muitos meses que Siddharta caminhava com aquele homem. E havia-se dado muito bem com o seu sistema de vida. Certo dia, porém, Saríputta lhe comunicou que era chegado o momento de se separarem.

— Recebi instruções para deixar-te a fim de que prossigas sozinho em tua caminhada e assim possas conquistar um degrau a mais na escala da evolução. Ficando em minha companhia, não poderás progredir. O que me competia fazer, pela tua vida, já fiz. Mais, não é preciso.

Quem teria ordenado isso ao encantador? Quem, porventura, estaria assim interessado em sua melhoria de vida? Era o que Siddharta muito desejava saber.

Saríputta acomodou-se diante dele e começou a falar. Contou-lhe que ele, Saríputta, era um iogue, isto é, um homem que procura, através de uma série de ações piedosas, destacar-se da massa dos seres humanos.

Nesse propósito contava com o auxílio de um guia que lhe indicava claramente o rumo a seguir. Disse-lhe mais: que esse guia lhe daria os exercícios espirituais a serem praticados e as preces que deveria proferir. Contudo, não havia atingido ainda o grau máximo da evolução, embora, na luta pelo aperfeiçoamento, tivesse alcançado já a escala do "corvo", isto é, o plano da prestação de serviço, o grau de auxiliador.

— É preciso que saibas, informava ele ainda ao seu dedicado interlocutor: todos os planos têm designações próprias, pelas quais nos reconhecemos. Na qualidade de "corvos" temos por obrigação ajudar um irmão a prosseguir em seu caminho. Tu, por exemplo, foste conduzido a mim para que eu te ajudasse a aliviar o peso de tua experiência, o que realmente consegui. Ficaste livre dos andrajos imundos de um pária e ganhaste reconhecimento, podendo conduzir-te para diante. Agora, pede ao Supremo dos deuses, o qual não posso mencionar, que te envie também um guia, porquanto, desde o instante em que tenhas encontrado a finalidade da tua vida, grandes coisas poderás fazer em benefício de muitos.

A despedida foi rápida.

Siddharta se sentia tão atordoado com o que acabara de ouvir, que lhe fugiu o ânimo para perguntar a respeito de muitas outras coisas, que bem desejaria saber. Agradeceu a Saríputta o auxílio que lhe havia prestado e ainda, pela derradeira vez, deu alimento às serpentes, que, nessa altura, já tinham conquistado sua estima. Depois se separaram, indo cada qual para seu lado.

"Afinal de contas", perguntava Siddharta a si próprio, "que espécie de ensinamentos adquiri eu? Bem sei que a vida é sofrimento, mas, na verdade, não senti que esse sofrimento fosse lá tão grande coisa assim, enquanto eu caminhava, trabalhando ao lado de Saríputta. Quer dizer, então, que o sofrimento é uma consequência direta da ociosidade? Claro que sim. A ociosidade brota da ânsia pelos prazeres, pela luxúria, nasce do egoísmo e do comodismo. Portanto, o sofrimento é consequência das nossas cobiças. Extirpemos de dentro de nós as cobiças e teremos aniquilado o sofrimento. Será exato isso? É o que preciso pôr à prova."

Com ânimo alegre foi caminhando sozinho estrada afora. Qualquer coisa lhe dizia que aquilo que havia descoberto já representava, por si só, um precioso ensinamento para a vida.

Saríputta lhe havia dado algum dinheiro para que não se visse na contingência de mendigar, enquanto não encontrasse nova ocupação, o que realmente não tardou a achar. Prontificava-se a prestar auxílio onde quer que reconhecesse necessidade disso, sempre de boa vontade, não rejeitando serviço; por isso, era com satisfação que aceitavam seus préstimos. Não se detinha em localidade alguma; caminhando, sentia-se impelido a prosseguir.

Sucedeu aí encontrar, numa das estradas pela qual seguia, um negociante, que levava consigo grande quantidade de volumes de mercadorias, principalmente tecidos de alta qualidade, negociante esse que se via ali em grandes apuros: o boi de tração havia quebrado a perna e, por isso, tinha de ser sacrificado. Não existia, por toda a redondeza, ninguém que pudesse lhe vender outro animal.

Nessa contingência, Siddharta ofereceu-se para que os dois, ele e o negociante, puxassem o carro até a próxima povoação, o que fizeram melhor que ambos haviam imaginado.

O mercador agradecido, que se chamava Amuruddba, achou que o prestimoso Siddharta seria um companheiro bem-vindo. Indagou de onde vinha e para onde ia e, embora o príncipe se mostrasse demasiado lacônico nos informes, não obstante conquistou as boas graças do comerciante, que o convidou para viajarem juntos, até que encontrasse coisa mais rendosa.

Siddharta concordou prazerosamente. Sentia grande vontade de trabalhar e, além disso, simpatizou com Amuruddba. Perguntava a si próprio, se sempre encontraria na estrada pessoas que o ajudariam.

Com o dinheiro recebido de Saríputta comprou roupas bem melhores e, de um salto, deixou para trás toda uma casta de pessoas, a casta dos artífices. Já há muito havia cortado a barba e as maçãs do seu rosto começavam a se arredondar de novo.

Era uma figura imponente de negociante, que prontamente despertava confiança. Amuruddba logo começou a notar que fazia mais negócios desde que o novo companheiro lhe havia aparecido. Haviam adquirido outro boi de tração, e ora um, ora outro, guiava o carro, indo sempre um deles a pé, acompanhando o veículo. Durante o trajeto da viagem conversavam animadamente.

Amuruddba era um homem que meditava muito no decorrer de suas viagens. Havia-se preocupado, também e seriamente, com a finalidade da vida, embora tivesse chegado a conclusões diferentes das do seu novo companheiro.

— Eu creio, argumentava ele, que nós emanamos da alma universal e temos de procurar o nosso retorno para lá, haja o que houver. Como essa alma universal, porém, é o suprassumo do bem, a nossa única preocupação, neste mundo, deve ser a de atingirmos a maior perfeição possível. Para mim, consequentemente, a finalidade da vida é a conquista da perfeição. Assim sendo, compreendo muito bem que uma só vida não baste para isso, motivo pelo qual, também, creio na migração das almas.

Novo elemento de instrução para Siddharta, que se sentiu atrapalhado com o argumento, sem saber o que dizer. Nessa contingência resolveu dirigir novamente o seu pensamento no rumo das ideias de onde havia extraído as suas conclusões, que não eram outras senão aquelas de que é preciso aniquilar as cobiças para evitar o sofrimento.

Amuruddba ansiava por se tornar perfeito, a fim de poder retornar ao ponto inicial da vida. Sim, se era mesmo verdade que todas as coisas viventes emanam da alma universal, não haveria mais dúvida de que a visão espiritual do negociante estava a muitos degraus acima da sua. Mas, estaria mesmo ele com a razão? Quem poderia garanti-lo?

Começava Siddharta, aos poucos, a se integrar nas ideias do negociante quando, inesperadamente, se viu forçado a outra separação. Amuruddba, pretendendo adquirir novas mercadorias, teve de retornar à sua cidade natal, indo encontrar ali seu irmão mais moço, já crescido e disposto a acompanhá-lo em suas futuras excursões. Tornava-se desnecessária a companhia de Siddharta. Com grande pesar para ambos, tiveram de se separar, eles que a despeito de todas as divergências de ideias haviam se entendido tão bem.

Siddharta logo tratou de esquecer o pesar da separação. Acalentava a íntima convicção de que algo de muito interessante o aguardava.

"Basta que eu entre na estrada", pensou, "já encontro novo patrão. Assim sendo, cada um me ajudará a dar novos passos para frente."

Já dois anos haviam sido decorridos do dia em que havia perdido a sua afortunada posição no palácio. Com saudades se recordava, às vezes, de Maya e de seus filhos, mas sua antiga vida havia ficado como que submersa no passado e não desejava retomá-la, ainda que para isso se apresentasse uma oportunidade.

"Que foi feito do meu sofrimento?" perguntava a si próprio.

"Dissolveu-se na vida e nas atividades da vida. Não tenho mais tempo de me aborrecer com ideias tristes" era o que dava como resposta à sua própria pergunta, a fim de, a seu modo, poder deduzir dessa contingência novas conclusões.

Nessa disposição de espírito perambulou sozinho, durante vários dias, sempre curioso em saber o que a sorte lhe reservava e que espécie de pessoa haveria de ser o seu próximo companheiro.

De repente, teve de se surpreender consigo mesmo:

"Já estou acreditando que os meus companheiros me são enviados. Se assim é, tenho de admitir, por conseguinte, também a existência de um guia, de que Saríputta falava. Parece que sem mesmo dar conta do que está acontecendo comigo, estou passando por uma série de transformações."

Caminhava, assim, ensimesmado em profunda meditação, quando altos brados o chamaram de novo à realidade. Olhou e viu o vulto de um brâmane curvado sobre o corpo de um homem, que estava largado por terra.

— Se és na verdade aquele que pareces ser, exclamou o brâmane, vem ajudar-me! Aqui está alguém que precisa de nós.

Aproximando-se, Siddharta deparou com um homem em mísero estado de vida: sangrava em vários pontos do corpo e estava com as roupas em frangalhos. Como estivesse desacordado, não estava em condições de informar o que lhe havia acontecido.

Nem cogitou o brâmane de saber qual a causa dos ferimentos. Cuidou logo de tratá-los, do melhor modo possível, ajudado por Siddharta. A este pediu que se dirigisse a toda pressa até a povoação vizinha, a fim de providenciar uma carroça para o ferido. Siddharta prontamente se pôs a caminho, pensando consigo:

"Se tiveres, desta vez, a sorte de conseguir este brâmane como patrão, então passarás bem. Parece ser um homem sábio e de sentimentos nobres."

Não havia ainda o ferido voltado a si dos padecimentos e já o transportavam para cima de um carro de bois, conduzindo-o ao pequeno povoado vizinho, a poucas léguas dali, onde o deixaram aos cuidados de um sacerdote, a quem o brâmane fez uma série de recomendações. A seguir, voltando-se para Siddharta, interpelou-o sobre que destino pretendia tomar.

— Estou à procura de colocação, respondeu, jovialmente, o interpelado. Caso queiras utilizar meus préstimos, o prazer será todo meu.

— Pelo teu modo de vestir, bem pareces um comerciante, comentou Maggalana – assim se chamava o brâmane. Pelo teu modo de falar, porém, vejo que és de uma casta superior. Sabes ler e escrever?

Siddharta confirmou que sim.

— Nesse caso, com muita satisfação vou te tomar por companheiro e aluno, concluiu Maggalana. Vem comigo e ajuda-me, como fizeste hoje. Terás sempre garantido o teu sustento; mais que isso dificilmente poderei proporcionar.

— E é quanto basta, concordou Siddharta, muito satisfeito.

Com isso havia ele avançado mais um trechinho em sua caminhada espiritual, tanto externa como internamente falando e, desta vez, foi ainda na estrada que conseguiu encontrar novo patrão.

Tinham de fazer agora uma longa peregrinação a pé. Felizmente o itinerário se desenvolveu todo ele debaixo da mais viva troca de ideias, revelando todo o mundo da fé brâmane ao estupefato Siddharta.

Com trinta e um anos de idade, tendo vivido sempre junto do seu povo, que adotava essa crença, nada sabia daquilo tudo. Sim, porque, quando era menino, tendo tido oportunidade de estudá-la, não quis fazê-lo, opondo sempre irônicas objeções aos preciosos ensinamentos que um velho sacerdote lhe proporcionava.

Maya conservou a crença de sua meninice durante todo o tempo em que viveram juntos, crença essa que ele evitava destruir, embora no seu íntimo sempre zombasse dela. Agora, no entanto, reconhecia: que tolo, que louco havia sido então!

Maggalana se pôs logo a convencê-lo de que Amuruddba tinha razão crendo numa alma universal, apenas com uma ressalva quanto à denominação: para ele, Maggalana, essa alma tinha o nome de Brahma.

Brahma, Schiwa e Wíschnu formavam uma trindade, ensinava ele, trindade que encerrava tudo que poderia proporcionar o bem à humanidade. Logo abaixo desse triângulo estariam outros deuses que Siddharta mais tarde haveria de reconhecer. O principal é que o aluno tivesse uma ideia exata a respeito da trindade formada pelos deuses supremos.

Brahma formaria o ápice do triângulo. Ele, por assim dizer, soprava seu hálito a tudo que fosse vivo, estaria vivificando e dirigindo tudo. Ele é a suprema bondade, ele o supremo amor, de onde derivaria qualquer manifestação de bondade do ser humano.

Abaixo dele, mas indissoluvelmente ligados a ele, estão Schiwa e Wíschnu. O primeiro é o propiciador da alegria, o executor da vontade de Brahma, ao passo que Wíschnu é o destruidor de toda espécie de adversidade que se oponha ao triângulo dos deuses.

De tal maneira estariam os três ligados entre si, que, muitas vezes, até um sábio não poderia dizer, de pronto, qual dos três estaria em ação num determinado momento. O que Brahma principia, Schiwa executa e Wíschnu defende.

Em oposição aos três, porém, estaria Maro, o princípio do mal, o tentador do homem. Seria ele quem despertaria cobiças más, ele quem lançaria os homens uns contra os outros, destruindo a paz e a felicidade, atiçando a guerra, fomentando as desavenças, arrastando à perdição. Ele provocaria a morte violenta.

Com a mais viva compenetração, Siddharta ia acolhendo esses ensinamentos, já não mais podendo compreender que tivesse zombado da divindade, que tivesse designado Brahma como simples conceito religioso. Agora, um novo sopro de vida despertava nele, enchendo-o de alegria, dando-lhe novas forças, fazendo brotar, inesperadamente, dentro dele, a certeza de que sua vida sobre a Terra tinha realmente uma finalidade, uma razão de ser.

Siddharta, cheio de emoção, conversava com Maggalana sobre esses assuntos.

— Cada vida tem o seu objetivo, a sua finalidade, disse o mestre, com firmeza. No que toca ao teu destino, porém, isso tem um sentido mais elevado, maior que das demais pessoas. Não estarás disposto a me contares a tua vida?

Siddharta, que até aquele momento havia sistematicamente guardado inteira discrição quanto a isso, concordou em fazê-lo. Coisa curiosa: à medida que ia relatando, com a maior simplicidade, o que lhe havia sucedido desde a sua infância, notava que os acontecimentos pareciam tomar um novo e importante sentido. Transparecia por toda a sua vida como que um fio vermelho, aquilo que Saríputta denominava de "condução" através de todo o vivenciar.

Terminada a sua narrativa, Maggalana quedou-se ainda longo tempo em silêncio. Depois, ergueu-se e, colocando a mão direita sobre a cabeça de Siddharta, abençoou-o.

— Brahma pretende algo maravilhoso de ti, disse, solenemente. Tu deves pertencer ao número das suas criaturas prediletas. Seria um erro deixar que perdesses teu tempo perambulando pelas estradas, quando possuímos muitas e boas escolas, estando a melhor delas no sul do país. Para lá é que te quero levar, a fim de que aprendas tudo quanto está ao alcance dos sacerdotes poderem te ensinar. É possível mesmo que venhas a ser um deles, como podes também estar destinado a outras coisas. Isso não sei. Seja como for, ainda tens de aprender muito e não há tempo a perder.

Siddharta declarou estar de acordo, vendo até com certa satisfação a ideia de ingressar numa escola. Havia, finalmente, percorrido quase todas as castas, desde a mais ínfima. Só lhe faltava, se é que lhe faltava, a dos guerreiros, a que em outros tempos já havia pertencido. Que estranho destino o seu!

Maggalana continuou viajando. Alugou um elefante que os transportava sobre o dorso, dentro de um compartimento tipo liteira. À frente, sentado no pescoço do animal, ia o indiano que o conduzia. Nessas condições, podiam os dois viajar despreocupados e tratar dos assuntos que quisessem, sem interrupção.

Siddharta desejava obter outros informes sobre a questão dos demais deuses, a fim de não parecer tão ignorante na escola que ia frequentar. Maggalana, sorrindo, concordou com o pedido, vendo que esse desejo era movido mais pela ambição que pela devoção do interlocutor.

Revelou-lhe, então, a existência de um Guardião do Universo, cuja função é velar para que todas as ordens emanadas de Brahma sejam cumpridas à risca e que a roda que dirige todos os astros sempre gire com regularidade. O nome desse deus seria Lokapales, que jamais se mostra aos homens, visto nunca lhe restar tempo para isso.

— Podemos, então, ver os três supremos deuses? perguntou Siddharta, demonstrando surpresa.

— Ao comum dos mortais não é dado vê-los. A determinadas pessoas, porém, a sábios privilegiados, abre-se excepcionalmente a visão interior para que possam ver os deuses e dar testemunho de sua existência aos homens.

— Quem é Indra? indagou Siddharta. Minha esposa às vezes falava nele, acrescentou, em tom de desculpa.

— Ia justamente falar a respeito, atalhou Maggalana. Lá pelo sul nós o chamamos de Schagra, o poderoso. Ele é quem dirige os guerreiros, quem lhes fortalece o braço, quando a causa que os arrasta à contenda é justa. Mas ele proporciona, também, força e coragem a todos que lutam intimamente a fim de se tornarem vencedores sobre as cobiças más e reencontrarem o caminho certo, quando um engodo de Maro os tenha deixado perderem-se num falso caminho.

Q UANTO mais se aproximavam do fim da viagem, mais se modificava a paisagem. Surgiam outras árvores, frutas maiores e flores de colorido mais vivo.

Até as pessoas pareciam ser diferentes. Enquanto que no norte predominavam os corpos avantajados, prevaleciam aqui, em maior número, os tipos descarnados, quase ressequidos, de porte menor. O sol era quentíssimo e o ar, sufocante. Só à noite é que soprava, às vezes, uma aragem suave, refrescando o ambiente.

Maggalana explicou que essa aragem provinha do mar. Oh! O mar: Siddharta não tinha tido ainda oportunidade de vê-lo, mas já formava bem uma ideia da sua grandeza. Devia ser maravilhoso, com as suas ondas revoltas e bramantes, bem mais vasto que o rio sagrado, o grandioso Ganges.

A arquitetura, por sua vez, diferia das construções de sua terra natal. As residências das pessoas abastadas, que pareciam ser de número muito reduzido, eram semelhantes a templos enormes e bem arejados. A habitação dos pobres, pelo contrário, dava a impressão de montículos de terra, colocados lado a lado, na maior desordem possível. Não dispunham de janelas, mas de simples aberturas de entrada fechadas por esteiras ou uns pedaços de pano, muito ralo. Notava-se, também, a ausência de chaminés que dessem saída à fumaça vinda dos fogões.

Siddharta começou a pensar sobre essa condição de vida, sem que, todavia, conseguisse chegar a uma explicação satisfatória. Achou melhor perguntar a Maggalana.

— Essa gente não morre sufocada pela fumaça? Por essas aberturas tão baixas e tapadas como estão, pelas cortinas, parece que não sai quase nada. Em nossa terra, por toda parte, as chaminés são colocadas o mais alto possível.

— Acredito, concordou o brâmane, uma vez que lá é costume, também, acender dentro de casa os fogões. Com a nossa gente, aqui, não se dá isso: é hábito cozinhar ao relento. Observando bem, hás de notar ao lado de cada casa algumas pedras amontoadas, que servem de fogão, dado que raramente cozinham alguma coisa. O leite e as frutas são ingeridos crus, tão só o pão é que é assado, de quando em quando.

— E por que motivo a tua gente não constrói verdadeiras casas? inquiriu Siddharta, cuja atenção se voltava para todos os lados.

— É que o calor, por estas bandas, é forte demais: não comporta a moradia em casas de pedra nem de madeira. Só mesmo a habitação como é feita, de terra, é que conserva os cômodos frescos, cômodos esses que, por sua vez, só são ocupados à noite ou na estação das chuvas. Essas choças de terra, por sua vez, não representam, em absoluto, índice de pobreza extrema, como parece, tanto assim que muitas famílias as possuem em grande número. A preocupação toda é não morar demasiado juntos, em aglomerados, devido ao excesso do calor. Portanto, é preferível construir choças em grande número, umas perto das outras.

Noto que te admiras, também, desses abrigos não apresentarem nenhum enfeite, o que, talvez, encontre igualmente sua explicação no calor. Não se tem prazer algum na casa; a casa não passa de mero recurso de emergência. A maior parte do tempo, a gente vive fora das habitações, à sombra das árvores. Toda necessidade de expansão do gosto, toda ânsia de beleza, se esgota na decoração dos templos. Desde o momento em que tiveres entrado em contato com os nossos recintos de adoração, não pensarás mais que nossa gente não tem o sentido do belo.

Fazia tempo que vinham viajando. Siddharta chegou a perder a conta: calculava que tivessem decorrido já algumas semanas.

Ao lado direito dos viajantes, tornavam a surgir montanhas muito altas, agora já revestidas de vegetação, sem a agressividade do Himalaia, perenemente recoberto de neve. Tomaram a direção daquela cordilheira, alcançando-a finalmente, depois de alguns dias de jornada. Ali tinham de deixar de lado a valiosa ajuda do elefante, tão calmo e paciente.

Em lugar dele foram alugadas umas mulas desgrenhadas, ficando o indiano encarregado de aguardar a volta de Maggalana, que pretendia seguir rumo ao norte, tão logo deixasse Siddharta no destino visado.

— E agora, vamos contratar outro guia indiano para a nossa marcha? inquiriu Siddharta.

— Não, foi a resposta. Por aqui não existem guias indianos. Os naturais da região se chamam drávidas. São aqueles homenzinhos escuros e cabeludos que já viste, com certa estranheza, por várias vezes, nestes últimos dias. Eles têm lá sua crença especial nos deuses, são de uma submissão infantil e mui suaves no trato. Conquanto não gostem de trabalhar, o que de alguma forma encontra sua razão de ser no excessivo calor que faz por aqui, são serviçais ao extremo, sempre dispostos a ajudar.

— Quais são os seus deuses? indagou Siddharta.

Maggalana prontamente se dispôs a explicar.

— Encontram-se numa fase infantil de desenvolvimento, por conseguinte sua visão da vida é ainda muito curta. Quanto mais desenvolvido o povo, assim também os seus deuses, por isso tende sempre a procurá-los acima de si. Quando sucede, porém, de existir uma tribo tão atrasada como os nossos drávidas, encontra também perto de si mesma, na própria natureza, as entidades que adoram.

Os drávidas são estreitamente ligados aos entes que animam as flores, as árvores, os rios caudalosos, os ventos e o fogo. Tais entes são seus amigos, seus auxiliadores, seus instrutores e guias. Em sinal de reconhecimento por tudo quanto deles recebem, oferecem sacrifícios e adoram seus benfeitores. Com isso se sentem muito felizes e creio que nem mesmo Brahma se opõe a essa condição de vida, sendo mantidos nesse estado de bem-aventurança até que alcancem melhor compreensão das coisas. Só então será chegado o tempo de conhecer os verdadeiros deuses.

Siddharta ouviu tudo atentamente, mas seu pensamento ficou preso àquela frase de que "quanto mais desenvolvido o povo, assim também os seus deuses". Que expectativa!

— E acaso não achas, Maggalana, que, se prosseguirmos em nosso gradual desenvolvimento, chegaremos também ao conhecimento dos deuses mais altos?

— Ah! Isso não sei, Siddharta, embora eu mesmo já tenha, muitas vezes, meditado sobre o assunto. Creio e espero que nosso povo também venha a se desenvolver para cima. A que nível, porém, atingirá esse desenvolvimento, a ponto de não mais ter necessidade de voltar à Terra, podendo continuar no Além sua evolução ou se, contrariamente, terá de retornar para uma gradual evolução aqui na Terra, é coisa que não posso discernir ainda. Tampouco poderei dizer de que modo se processará essa evolução e como será a maneira de crer nos deuses correspondentes a esse desenvolvimento.

Brahma é, para mim, o mais elevado, o mais perfeito, que jamais será superado. Talvez isso não seja também assim, podendo existir acima dele um ainda mais elevado, o qual um dia chegaremos a alcançar. Contudo, não será o bastante para nós nos contentarmos tão só com os deuses que podemos reconhecer, que podemos compreender, servindo-os com todas as nossas forças, procurando atingir essa perfeição?

Siddharta procurou se dar por satisfeito com a explicação recebida, mas, na verdade, o problema não o deixou sossegar mais, pelo resto da vida.

Os ANIMAIS de montaria, de aspecto insignificante, porém muito úteis, iam ganhando as alturas. A trilha era estreita, cheia de pedras e, o que é pior, verdadeiro ninho de cobras, serpentes enormes que se espalhavam por ali. Mal uma se desenrolava imprevistamente por detrás de alguma pedra ou se dependurava galho abaixo em alguma árvore, já as mulas, a despeito de todo o seu carregamento, saltavam de lado, pondo em risco a vida dos viajantes.

Começavam depois a tremer de tal modo que nada, nem palavras nem gritos de incitamento conseguiam movê-las a seguir para diante, enquanto não perdessem de vista as cobras. Maggalana começou a contar que muitas e muitas pessoas já haviam perecido por ali, vítimas da picada desses répteis, cujo veneno era mortífero.

Siddharta pôde distinguir logo, com toda a clareza, o desenho traçado na cabeça chata dos bichos. Estes eram exemplares iguais aos mais vigorosos que havia conhecido, quando ainda trabalhava com Saríputta. Não sentiu, assim, o menor receio ao vê-los, assaltando-o desde logo o desejo de pôr à prova se realmente dispunha do dom de ser simpático às serpentes em seu ambiente natural, nas selvas.

Sem dizer nada de seus propósitos a Maggalana, apeou e foi seguindo na dianteira das mulas, com os olhos atentos para todos os lados.

Rente ao caminho via-se uma cobra enorme, enrodilhada. Parecia estar dormindo, fazendo a digestão, sendo, portanto, inofensiva nessas condições ainda mesmo que quisesse atacar. Com toda a cautela, Siddharta foi-se aproximando, com os olhos fixados nela, ao passo que produzia baixinho, por entre os dentes, um silvo singularmente fino.

A cobra, de cabeça triangular, ergueu-a como que para escutar o estranho silvo. As mulas, recuando instintivamente, estancaram no lugar e Maggalana, tomado de espanto, num misto de admiração e de pavor, contemplava a façanha de Siddharta.

Este começou a conversar tranquilamente com a cobra, dirigindo-lhe estranhas palavras, estranhas e misteriosas falas. Vagarosamente, aquele dorso magnífico foi-se desenrolando, lindamente desenhado, pondo-se em movimento, deslizando sossegadamente para o lado cerrado da mata, deixando livre a estrada, dando passagem às mulas.

Uma impressão de profunda felicidade se apossou da alma de Siddharta, impressão que não ousaria traduzir em palavras. Não, não era presunção nem arrogância de possuir o dom de dominar a criatura, foi muito mais, foi a consciência intuitiva de ligação com enteais, tornando-o alegre.

Por três vezes ainda, durante a viagem, pôde ele repetir a mesma façanha. Siddharta dirigia a palavra às serpentes, pedindo-lhes que poupassem as pessoas e os animais que desejassem subir a montanha. Sem mais demora, era atendido. Mais ainda: sem saber como, nem por quê, adivinhava o momento preciso de reatarem a marcha, certo de que nenhuma outra cobra lhes embargaria o passo dali por diante.

Quando contou essa particularidade a Maggalana, este o encarou, absorto, sem dizer palavra. O drávida, porém, aproximando-se dele, beijou a barra das vestes de Siddharta com uma tal expressão de infantil arrebatamento na fisionomia, que seu rosto, habitualmente tão feio, se iluminou, transfigurado.

Começavam a surgir agora pontas alvacentas de torres, de altas e redondas cúpulas, de telhados achatados. Uma cidade, talvez.

Maggalana, estirando o dedo indicador, exclamou: Utakamand! Tal foi a inflexão de alegria e de orgulho manifesta nessa exclamação, que Siddharta, que antes nunca tinha ouvido falar nesse nome, viu logo que estavam diante da cidade em que se localizava a tão famosa escola.

Era situada num planalto, entre rochas. Casas brancas, muito brancas, batidas de claridade, reluziam ao sol ofuscando a vista.

Em inúmeras quedas um riacho da montanha descia ruidosamente para o vale, espirrando em jatos e gotas. Era encantadoramente lindo. Onde o sol atingia as gotas, elas brilhavam em maravilhosas cores.

Sobre tudo isso flutuava, porém, uma tênue névoa, dando a Siddharta a impressão de que vultos brancos e translúcidos se destacassem dela, e que ouvisse sobre o bramir d'água sons de grande encanto. Todo o seu sentimento intuitivo se constituía em devoção e adoração. No entanto, não sabia a quem se dirigiam.

Prosseguiram na marcha e, logo mais, o gigantesco portal do edifício de entrada era aberto para recebê-los: uma espécie de passagem, através da qual ganharam o interior de um pátio. Entregaram os animais à guarda de serviçais, que também pareciam ser drávidas, e entraram num dos edifícios claros que havia por ali.

Siddharta se espantou: era mesmo uma escola?! Sim, porque nem seu próprio palácio, de outros tempos, era tão bem enfeitado. Esteiras de cores vistosas, tapetes esplêndidos, cortinas e painéis, por onde quer que se voltasse a vista.

Sobre colunas de madeira escura, quase de cor negra, viam-se, por toda parte, ídolos de ouro, maiores ou menores, e outros, também, de bronze. Junto de cada obra de arte – pois eram verdadeiras obras de arte – via-se, de cada lado, um vaso de bronze cheio de flores.

Atravessaram vários compartimentos: por toda parte a mesma coisa. Por fim chegaram à presença do superior dos brâmanes, que, no momento, se achava curvado sobre uns manuscritos, rodeado de alunos. Era um ancião respeitável, de cabeleira branca, a quem Maggalana gentilmente cumprimentou. Depois de ouvir que Siddharta tinha vindo para se tornar um aluno, examinou-o demorada e repetidamente com os olhos, para só então tomar a palavra, revestida de plena serenidade:

— Recebemos realmente a comunicação da vinda de um aluno. E a ti, Maggalana, é que competia trazê-lo. Até aí, está certo. Mas, o nome, não. O nome devia ser outro.

Decorridos, porém, alguns momentos de silêncio, iluminou-se a fisionomia do ancião, e ele indagou, em tom mais vivaz:

— Dize-me uma coisa: tens algum outro nome, além deste?

— Chamo-me Gáutama, respondeu o interpelado, que quase já havia esquecido esse sobrenome da sua estirpe.

Acercou-se, aí, o brâmane cheio de júbilo e exclamou:

— És, então, aquele que nos foi anunciado! Com que satisfação imensa havemos de te proporcionar a instrução e a ajuda de que careces, a fim de te preparares, como deves, para tua grande missão sobre a Terra. Permita Brahma que nós te ensinemos, segundo a vontade dele.

Poucos dias foram o suficiente para que Siddharta, que de ora em diante só era chamado de Gáutama, se integrasse perfeitamente bem no seio da comunidade que o havia acolhido. Maggalana podia, pois, sem receio algum, deixar ali o seu protegido e retomar o caminho de volta para as regiões mais frias do Norte.

A VIDA ali na escola era levada com extremo rigor sem, contudo, perder de vista as necessidades dos alunos. Levantava-se muito cedo. Os primeiros raios do sol tinham já de encontrar, necessariamente, todos os moradores da cidade-escola vestidos e prontos para a reunião matinal de oração.

Esta oração era feita sob a cúpula, numa ala especialmente destinada a esse fim, oração essa que consistia numa sequência de preces. Qualquer um dos brâmanes se dirigia diretamente a Brahma, rendendo graças pela proteção da noite. Depois todos os presentes exclamavam em coro bem ensaiado:

"*Graças te rendemos, ó Brahma, fonte de todo o bem!*
Consente que a nossa gratidão se expresse através de alegre ação, pois que, somente assim, terá realmente valor."

A seguir, outro brâmane pedia ajuda e forças para as tarefas do dia. Os demais ali presentes pediam em coro:

"*Misericordioso Schiwa, tu que executas os pensamentos de Brahma, concede-nos uma parcela de tuas forças, para que possamos agir consoante a vontade dele!*
E tu, Wíschnu, destruidor de todo o mal, destrói também em nós toda tendência maléfica."

Em complemento a essa reunião, eram expedidas, algumas vezes, ordens especiais para o dia, ou advertências, quase sempre de caráter espiritual, prevenindo a respeito de perigos que porventura estivessem ameaçando algum dos alunos ou toda a comunidade escolar.

Terminada a reunião matinal, saíam dali em fila, dentro da máxima ordem, para um terraço, onde drávidas serviam o lanche, que era ingerido numa atmosfera alegre de risos e pilhérias.

A despeito da alegria que sistematicamente reinava ali, não era permitido elevar a voz nem rir com estardalhaço. Se um noviço qualquer, inadvertidamente, incorresse nessa atitude, os veteranos mais próximos delicadamente chamavam a sua atenção. Se teimasse em não obedecer, o superior dos brâmanes enviava logo um empregado incumbido de chamar o transgressor para ir tomar a refeição à mesa dele. Finda a refeição da manhã vinham as aulas, distribuídas pelas várias alas do estabelecimento. Era sempre um número muito diminuto de alunos que se congregava em torno de cada brâmane, encarregado de instruí-los.

Logo percebeu Gáutama que era permitido escolher os professores do período da manhã, não se dando o mesmo quanto aos da tarde, que eram impostos pelo regulamento.

Quando acontecia de o calor aumentar demais, ecoavam logo pelos amplos corredores sinais de gongos, anunciando o "encerramento da manhã". Alunos e professores se recolhiam, então, aos seus respectivos dormitórios, que eram bem arejados e protegidos dos raios solares por meio de toldos brancos. Acomodavam-se todos em seus alojamentos, podendo ler, conversar ou dormir, a gosto de cada um.

Drávidas punham incessantemente em movimento, no teto, uma espécie de ventilador, feito de plumas, que refrescava os compartimentos. Outros borrifavam fartamente o chão, com água proveniente de um regato espumante e frio que rolava da montanha. Não obstante, o calor, às vezes, era tal, que afastava desde logo qualquer disposição para o estudo.

Pela altura do meio-dia, vinham empregados trazendo cestos de frutas, que eram oferecidas aos que estavam repousando.

Assim ficavam até o declinar do dia, quando o sol, já meio escondido por detrás dos montes, abrandava o calor, e os gongos ressoavam de novo convidando ao banho nas piscinas, que eram alimentadas pelo riozinho da montanha, mas já haviam acumulado bastante calor durante o dia, de modo a não prejudicar os banhistas. Esses banhos nas piscinas, ao relento, tomados até mesmo nos dias de chuva, eram uma das coisas mais deliciosas do programa do dia.

Depois do banho, servia-se farta refeição num vasto alojamento, refeição essa que, a despeito de tudo, decorria muito menos animada que a primeira, na suavidade da manhã.

Refeição feita, vinham os divertimentos, toda sorte de jogos e de desportos ao ar livre, em que as corridas eram a parte predileta. Depois, retornava-se ao trabalho. Os brâmanes faziam preleções que eram livremente debatidas ou até mesmo atacadas, às vezes, pelos alunos. Em casos tais, outros alunos tinham de assumir a defesa e tudo se desenvolvia num ambiente da mais ampla cordialidade e contentamento.

Os brâmanes, que estavam muito acima dos alunos, em conhecimentos e idade, pretendiam, contudo, ser como irmãos mais velhos, bons camaradas, capazes de ajudar os mais novos a progredirem. Essa era, precisamente, a nota que caracterizava todo o movimento da escola.

A despeito da alegria que ali reinava sempre, não se podia, contudo, por um instante sequer, perder de vista o fim por que se achavam ali, a saber, a busca do caminho espiritual de cada um. Cada um tinha, assim, por objetivo, achar a sua própria orientação, a sua própria diretriz, e não descansava enquanto não tivesse a certeza de estar de posse dela. Uma vez definida a orientação certa, cada qual podia continuar o seu aperfeiçoamento junto daqueles que tivessem chegado às mesmas conclusões.

Quem se conservasse à margem não era admirado nem desprezado. Admitia-se que tivesse de chegar à meta pela experiência do isolamento. Tão só os que nada encontravam, porque não se dispunham mesmo a procurar, sumiam despercebidamente da comunidade.

Gáutama recebeu com grande entusiasmo o novo sistema de viver. Não se preocupava mais em indagar quanto à razão de ser ou da finalidade de sua vida. Contentava-se simplesmente com o momento presente, sentindo-se satisfeito como jamais o fora antes.

Certo dia o superior dos brâmanes, chamando-o de lado, interpelou-o quanto ao que havia aprendido até ali. Cheio de satisfação Gáutama prestou a desejada informação, enumerando os conhecimentos adquiridos e as dúvidas de espírito que ainda acalentava.

O brâmane sacudiu a cabeça.

— Em absoluto, não é para adquirir conhecimentos terrenos que vieste ter aqui conosco, Gáutama. Brahma pretende de ti outra coisa. Pelo que vejo terei de eu mesmo tomar a cargo a tua orientação. A partir de amanhã, na hora do estudo, deixa de lado os teus companheiros e vem ter comigo.

Meio atordoado com o que acabava de ouvir, Gáutama voltou de novo para junto dos colegas; nenhum deles, porém, indagou do motivo da interpelação. Na manhã seguinte, notada a sua ausência, a primeira impressão dos companheiros foi de surpresa, suspeitando alguns que ele houvesse deixado a escola. Ora, como já tivessem em grande estima o colega, tão inteligente e jovial, seria uma pena perdê-lo.

Principalmente Ananda, um dos estudantes mais velhos, que estimava muitíssimo a Gáutama, não sossegou enquanto não conseguiu uma explicação para o caso.

Em seguida levou o fato ao conhecimento dos colegas, despertando entre eles a maior admiração. Que um aluno merecesse ser instruído à parte, e, ainda mais, pelo superior dos brâmanes, era coisa realmente sem precedentes na história do estabelecimento. Gáutama tinha de ser, necessariamente, um eleito dos deuses.

No decorrer dos jogos todos competiam para lhe demonstrar simpatia.

Ele, no entanto, se esquivava, cada vez mais, de partilhar dos divertimentos escolares. Desde o momento em que principiara a receber instrução em separado, sofrera uma visível transformação. Desde sempre fora um incansável pesquisador, tanto que nunca deixava de analisar, sob todos os ângulos possíveis, as opiniões dos outros, sempre cauteloso e ponderado em aceitar pontos de vista alheios.

Agora, porém, o brâmane punha diante dos seus olhos um fato inteiramente novo para ele: o conjunto das leis de Brahma para a construção e conservação do Universo, através de toda uma série de acontecimentos e de disposições da vida; e exortava-o a meditar sobre como ele mesmo poderia se adaptar a essas leis.

Diante disso, a sua própria vida era posta também sob uma luz inteiramente nova. Quis aí o ancião saber se ele já havia afinal compreendido o motivo pelo qual tinha caído da mais alta para a mais ínfima casta social, de onde, então, se operou o seu reerguimento.

Fiel à verdade do seu modo de sentir, Gáutama respondeu que não achava inteiramente satisfatória sua interpretação a respeito. Não se achava, porém, em condições de formar uma outra ideia sobre o caso, senão a da necessidade de ficar conhecendo a realidade de cada uma das castas, à custa de sua própria experiência.

O brâmane sacudiu a cabeça, num ar de bondade, e comentou:

— Com uma explicação tal, bem longe estás ainda da meta. Dentro de alguns meses voltarei de novo a fazer a mesma pergunta.

Nesse ínterim o brâmane continuou infatigavelmente a instruir o aluno, consentindo que Gáutama tomasse parte na discussão dos problemas que iam surgindo, com frequência, na educação dos mais jovens. Quando o ponto duvidoso girava em torno de coisas meramente terrenas, Gáutama acertava sempre, dando opinião e conselhos muito exatos. No momento, porém, em que se tratasse de esclarecer assuntos mais profundos, era uma negação.

Essa circunstância advinha do fato de ele viver constantemente procurando e cismando sobre a divindade. Quantas e quantas vezes já não estivera a ponto de reconhecer acima de si um deus, qualquer que ele fosse, como guia e dirigente, até de adorá-lo e agradecer a ele. Sempre de novo, porém, algo o afastava desse caminho.

O ancião, entretanto, não perdia a paciência. Ele não doutrinava o aluno, mas apresentava-lhe a sua crença com o vivenciar, na firme esperança de que um dia o moço viesse a abrir seu coração naquele sentido.

Belos e serenos meses decorreram. Por fim, o brâmane voltou a perguntar ao aluno quanto aos motivos causadores da queda repentina que sofrera.

— Pai, tenho a impressão de que havia em minha vida muito que aprender: humildade, boa vontade de servir, a bênção que o trabalho representa, a felicidade de sentir ligação com todos os seres. Tudo isso aprendi com os meus patrões, durante as minhas longas e extenuantes caminhadas.

— Estás vendo, meu filho? Agora já principias a enxergar mais claro, comentou o brâmane, sorrindo. Dentro de alguns meses, voltarei ao caso.

Na maioria das vezes, enquanto os demais se divertiam, Gáutama passeava de um lado para outro, junto do pátio de recreio, o que, aliás, faziam todos quantos não tomavam parte nos jogos desportivos.

Numa tarde de um dia extraordinariamente quente, alvoroço impressionante de gritos e de vozes veio arrancá-lo de suas profundas reflexões. Erguendo os olhos, viu que os jogadores corriam, a toda pressa, para o lado oposto do campo de esportes. Que teria acontecido?

Com passos largos, a despeito das reiteradas exclamações de advertência, que se faziam ouvir de vários pontos, transpôs o trecho do campo que os colegas haviam desertado, indo deparar com uma cobra enorme, que demonstrava estar fortemente irritada. Era um belo exemplar da espécie, de pele singularmente bem desenhada.

Silvando, furiosa, ela soerguia o corpo e armava o bote para atingi-lo. Ele, porém, ficou impassível no lugar, começando a emitir, em tom bem baixo, um assobiozinho esquisito, ao passo que fixava na cobra o seu olhar, imperturbável. Sem mais demora o animal foi cedendo em sua irritação. O assobio, vibrando mais alto, foi indo, foi indo até atingir uma toada nitidamente cadenciada.

Nessa altura, a serpente, erguendo a cabeça, começou a bambolear com o corpo, fazendo como fazem as cobras dançarinas.

Como que petrificados em seus lugares, imobilizados, os alunos contemplavam aquele estranho quadro. Perpassava de novo pela alma de Gáutama, naquele instante, a delícia de se sentir uno, irmanado com todos os seres da Criação. Ao doce influxo dessa impressão, deixava ressoar ainda suavemente a inflexão sonolenta da toada, enquanto devagar, baixinho, ia, por entre os dentes, ciciando carinhosas palavras, com que aos poucos subjugava a venenosa serpente.

Esta, deixando cair o corpo, rastejou para mais perto dele, para, depois, traçando uma larga curva de afastamento, deslizar e desaparecer por fim no emaranhado da mata, de onde havia saído.

Um grito triunfal e estridente de alegria estremeceu o ar, grito ainda mais ruidoso que o outro com que antes haviam dado o alarme, atraindo para ali todos os brâmanes da comunidade, curiosos de saber o que havia acontecido. Inutilmente vozes apaziguadoras tentavam impor silêncio, restabelecer a calma no ambiente. Até os mais comedidos pareciam não saber expressar de outra maneira seu contentamento pela maravilha que acabavam de presenciar.

Um dos brâmanes mais moços perguntou-lhe, então:

— Uma vez que tens poder sobre ela, por que consentiste, Gáutama, que ela escapasse daqui com vida, em vez de matá-la?

— Para que matar o animal cuja amizade mal acabamos de conquistar? contestou o interpelado, mostrando indignação. Essa cobra nunca mais voltará aqui. Assim ela me prometeu.

À vista dessa declaração o tumulto recrudesceu.

— Não ouvimos a cobra dizer nada! exclamaram alguns. Que foi que ela disse? indagaram outros.

Gáutama deu de ombros e entrou no alojamento, deixando aos brâmanes a tarefa de explicar o fato. E, com isso, pelo rumor que se fez em torno do caso, lá se foi a melhor parte de sua alegria.

À tarde, quando foi ter com o superior dos brâmanes, este logo lhe dirigiu a palavra e Gáutama pôde verificar que o caso em absoluto não o havia impressionado, nem lhe parecera miraculoso ou enigmático. Era algo muito diferente o que preocupava o sábio.

— Gáutama, disse pensativamente, como é possível sentires em tão alto grau essa integração, essa unidade com os seres da natureza e, contudo, não reconheceres Aquele que é o Criador dessas mesmas criaturas? Como é possível isso?!

— Não sei, meu pai, confessou Gáutama. Dê-me um tempo. Não existe nada que eu mais deseje que atingir essa meta.

— Talvez a criatura possa ensinar-te isso, opinou o ancião.

O caminho, tal como se apresentava, era do agrado de Gáutama. Começou ele, daí por diante, a conversar com os pássaros, que vinham voando ao encontro dele, tão logo aparecesse sozinho nos jardins ou bosques. Perguntava-lhes se acaso era dado a eles ver os deuses ou, se era verdade que existiam mesmo os deuses. Era como se ouvisse a pronta resposta:

"Abre os olhos, vê ao derredor, estão sempre a teu lado!"

Por mais que olhasse e tornasse a olhar, nada percebia, porém.

Em uma de suas solitárias caminhadas encontrou, ferida, no ermo de um bosque, a fêmea de um tigre. Gemia impressionantemente, deitada no matagal, para o qual ele foi atraído pelo rastro de sangue que escorria da fera. Seus uivos de dor eram como o miado de um grande gato.

Gáutama pareceu entender os lamentos do animal, causados menos pelos ferimentos que trazia, que pela impossibilidade em que se achava de retornar à sua toca, onde, sem ela, os filhotes morreriam de fome.

— Tu, boa mãe, disse Gáutama com ternura, espera um pouco que hei de encontrar teus filhotes.

Em resposta, a fera bateu com a cauda no chão, como se quisesse, dessa maneira, manifestar sua satisfação e reconhecimento. Gáutama, porém, se pôs logo a caminho, guiado pelo som de vozes que iam cochichando ao seu ouvido: "Segue por aqui! Não sigas por ali. Vai para diante que a direção está certa."

Obedecendo aos seus invisíveis guias, logo achou a toca dos tigres, onde dois mimosos gatinhos se embolavam satisfeitos. Dirigindo-lhes a palavra, com doçura, apanhou um deles em suas mãos e o levou consigo.

O outro, rosnando, investiu do seu lado, mas ele o afagou dizendo que logo em seguida viria buscá-lo. Tornou a ouvir, nesse instante, as vozes cochichadas dirigindo-se ao bichinho, que se aquietou prontamente.

O contentamento da velha fera ao rever de novo junto de si os dois filhotes, mamando com disposição, manifestava-se tão claramente em seus olhos que Gáutama não sentia vontade de ir-se embora dali. Depois de os bichanos terem mamado, foi buscar água, lavou e tratou os ferimentos da fera, dando-lhe de comer uma porção de carne que havia arranjado com o cozinheiro da escola.

Durante vários dias passou ainda tratando dela e dos gatinhos, adquirindo cada vez mais familiaridade com a fera. Um dia, porém,

Gáutama, inesperadamente, topou com o possante e majestoso tigre junto dos seus protegidos. Ao perceber sua aproximação, o animal ergueu-se de um salto, prorrompendo num rugido aterrador. O tigre fêmea, porém, amainou imediatamente a bravura do companheiro, e os gatinhos puseram-se a saltar festivamente ao redor de Gáutama. O tigre deu-se por satisfeito, mas, no dia seguinte, desapareceu dali com toda a prole, sem deixar vestígios.

Pôs-se, então, Gáutama a refletir sobre aquelas misteriosas vozes, cochichadas junto dele. Abrigando-se à sombra de uma frondosa árvore, sentou-se e começou a perguntar em voz baixa:

— Quem sois vós, pequeninos seres, que vos mostrais tão solícitos toda vez que procuro prestar auxílio aos animais? Sois criaturas como nós mesmos? Quem vos criou?

Nesse instante começou a ouvir um risinho abafado, sentindo como que uma leve carícia afagando sua mão. Ver, nada via. Em compensação passou a ouvir uma voz, muito sumida e suave, que lhe falava assim:

"Seu tolo, sim, grandíssimo tolo! Pensas que sabes muito e não conheces sequer a natureza que te cerca. Nós somos os guardiões de todos os seres. Ser nenhum existe, grande ou pequeno, que possa viver sem nossa assistência. Planta alguma subsiste ou sequer uma pedra, pela qual não zelemos. Somos servos dos deuses. Nada mais que isso sabemos quanto à nossa própria existência."

— Mas quem vos criou, pequeninos seres? indagou Gáutama, em cuja alma começou a se manifestar o amor também por essas criaturas.

"Existimos sobre a Terra desde épocas imemoriais, quando ainda não existia o homem. É mesmo possível que os deuses nos hajam criado, ou talvez tenhamos surgido ao mesmo tempo que eles. Não o sabemos, nem procuramos entrar nessas indagações. Servimos aos deuses e zelamos pelas criaturas."

— E qual o motivo de eu não conseguir enxergar-vos, se estais junto de mim? perguntou Gáutama, ansiosamente.

"Oh! Isso não sabemos, grande homem! Abre os olhos, abre bem os olhos e verás. Caso não o consigas, pelas tuas próprias forças, pede então a Wíschnu que destrua no teu ser aquilo que ainda age como empecilho."

— Como sois espertos! exclamou Gáutama, cheio de admiração.

Novo risinho abafado se fez ouvir.

"É o que, no entanto, ainda não conseguiste ser, ciciou de novo a delicada voz. Não importa; és bom e isso vale muito mais que ser esperto. Queres bem aos animais, como provaste há pouco, socorrendo Maina, a fêmea do velho tigre. Não tens também medo das cobras. Eis por que te ajudamos. Basta que nos chames e logo estaremos junto de ti; o que é preciso é que não nos deixes de chamar, pois só em casos extremos é que intervimos sem sermos chamados."

Gáutama tinha de voltar para a escola, mas sua alma transbordava de satisfação e de felicidade. Se ele estava, então, tão identificado com os seres da Criação, por certo também todos os seus segredos lhe haviam de ser também revelados e dela receberia os meios de como encontrar e reconhecer os próprios deuses.

Não era do seu propósito ir contar o sucedido ao seu professor, este, porém, ainda que sem palavras, percebeu perfeitamente a grande transformação que se havia operado no espírito de Gáutama.

TENDO decorrido alguns meses, o sábio doutrinador retornou ao problema. Desta vez Gáutama, estando já devidamente prevenido, foi direto ao assunto:

— Ó meu pai: conquanto eu fosse um príncipe de alta estirpe, era mais ignorante que o mais miserável dos párias. Assim, foi necessário que eu aprendesse pela vivência e que eu passasse pelas várias castas, elevando-me pelo sofrimento. Agradeço ao meu destino por me haver concedido a possibilidade de alcançar esse resultado em tão poucos anos, em vez de ser obrigado a obtê-lo por via de repetidas encarnações, aqui na Terra.

— Desta vez, meu filho, acertaste o alvo, comentou o instrutor, elogiosamente. Só não me conformo em ouvir que te sintas agradecido ao teu destino. O que quer dizer "destino"?

— Também não sei, concordou Gáutama. Há de ser, talvez, o caminho que tenho de seguir. Quem estabelece esse caminho é que não consigo perceber.

— Pois, então, dirige uma prece a Schiwa, para que te abra os olhos, prosseguiu o instrutor.

Os homenzinhos recomendavam-lhe Wíschnu, o instrutor indicava-lhe Schiwa. Diante disso, Gáutama tomou a firme resolução de começar as suas orações dirigindo-se a Brahma, em quem se acham ligados ambos aqueles deuses.

Firmemente decidido a agir assim, pôs em execução o seu intento. Orar, já havia orado muitas vezes na companhia dos demais colegas, mas era coisa puramente formal.

Agora, no entanto, quando assim se dirigia conscientemente a Brahma, começava a sentir que grande bênção já é o simples fato de o nosso íntimo querer entrar em contato com entidades de um plano superior. Nem era de grande importância que sua prece fosse ou deixasse de ser ouvida, contanto que pudesse sentir o aprofundar-se cada vez mais nessa inefável comunhão.

Embebia-o uma impressão sem-par de felicidade, em nada comparável a situações precedentes. Se o simples fato de estar unido a seus semelhantes já o enchia de indizível satisfação, que dizer agora desse lançar-se para o Alto, a um estado de absorvente plenitude?

Só assim é que chegava realmente a perceber o sentido profundo que existe por detrás das coisas terrenas, vendo a superficialidade em que vivera até o presente momento, embora tivesse sido constantemente agitado por uma multidão dos mais estranhos pensamentos, nem sempre dos mais razoáveis.

Não bastava, por certo, pensar em Brahma, mas esforçar-se e lutar para conseguir o contato com ele, único meio de poder reconhecê-lo e vivê-lo dentro de si próprio. Nisso não poderia ser ajudado por ninguém.

A figura de Gáutama que comumente se mostrava curvada para o chão, pois que trazia a cabeça habitualmente voltada para baixo, ergueu-se, num repente, conservando-se ereto daí por diante. Seus traços fisionômicos perderam aquela expressão de perene mutabilidade que os dominava, passando a irradiar uma satisfação íntima que a ninguém passava despercebida.

Seus movimentos, até então algo frouxos e desordenados, tornaram-se harmoniosos e disciplinados. Seus atos demonstravam estar em consonância com seus pensamentos e estes pareciam vibrar em íntima conexão com as leis do Universo.

Poucos dias depois, ele foi ter com o instrutor e assim lhe falou, com toda a singeleza, mas com profunda convicção:

— Encontrei um Deus. Se é Brahma, não sei. Eu o chamarei assim porque de outro nome não disponho para designá-lo. Wíschnu e Schiwa, contudo, não são seus iguais em essência, mas seus servos. Disso estou absolutamente certo.

O brâmane se regozijou com ele, mas interrompeu com toda a firmeza:

— Está, assim, encerrado o teu aprendizado entre nós. Nada mais temos para te ensinar. O que há de melhor em teus conhecimentos, tiveste de aprender sozinho, pelo teu próprio esforço. Zela bem pelos teus conhecimentos e não os abandones, para que se espalhem cada vez mais, produzindo sempre novos frutos.

— Terei, então, de deixar-vos, meu pai? perguntou Gáutama, tomado de profunda emoção. Não poderei, nesse caso, continuar aqui na escola, até que eu me capacite inteiramente do que Brahma pretende de mim? Por enquanto, não formo a menor ideia do que devo fazer ou deixar de fazer no mundo, nem sei como possa servir a esse supremo Deus.

O brâmane, todavia, persistiu no que havia dito.

— Quando tu nos foste anunciado, recebemos a incumbência de instruir-te em tudo quanto estivesse ao nosso alcance. Isso feito, deves seguir pelo mundo. Tua missão, irás achá-la, assim como te foi dado encontrar todas as demais coisas, até o presente momento.

— Devo, nessas condições, retornar à minha peregrinação pelas estradas? indagou Gáutama, sorrindo. Nelas é que aprendi muita coisa boa.

— Pois tenta fazê-lo, sugeriu-lhe o instrutor.

Não voltaram a tocar no assunto. Passados alguns dias, Gáutama descia a montanha ao encontro da nova vida.

P ENSAMENTOS contraditórios povoavam a mente do peregrino. Vendo-se, pela primeira vez, sozinho em plena estrada, tinha de preocupar-se com a sua subsistência, coisa que, por ora, não era tão premente: a escola havia providenciado tudo com a maior largueza, de modo que dispunha do suficiente para viver, durante muito tempo.

Por isso mesmo sentia como que uma falta de estímulo para prosseguir na caminhada. Era-lhe de todo indiferente tomar esta ou aquela direção, indiferente continuar viajando ou recolher-se a alguma sombra, para dormir. O tédio começava a atormentá-lo. De si para consigo mesmo, tinha a impressão de estar sobrando, sem saber o que fazer com sua vida.

Em meio a esse tédio entristecedor, porém, ressoou um brado de despertar, como um grito de guerra:

"Coragem! Ergue-te, Gáutama! Por certo que hás de encontrar tua missão. Já perdeste demasiado tempo, não poderás perder mais um dia sequer!"

E assim, o homem, que se sentia profundamente insatisfeito com tudo e procurava encontrar refúgio no sonho e em devaneios, sacudiu seu marasmo, aprumou-se resolutamente cônscio já de que sua vida tinha por certo um objetivo, uma razão de ser.

Não longe de uma povoação, deparou com uma criança banhada em lágrimas. Parecia da mesma idade de seu filhinho Suddhôdana, quando o viu pela derradeira vez.

E assim, a lembrança dos seus entes queridos, decorridos tantos anos, vinha agora, de novo, estremecer sua alma. Bem sabia que todos deviam estar mortos, tragados que haviam sido pelas chamas, na espantosa derrocada do palácio. Mas onde se encontrariam agora? Quem poderia dizê-lo?

Aproximando-se, afavelmente, da criança que chorava, tomou-a ao colo, indagando a razão de ser de seu choro.

Soluçando muito, o menino informou que se havia extraviado de seus pais, por ter-se afastado de casa, sem que eles o soubessem.

Gáutama, bondosamente, conversando com o menino, que continuava soluçando, dirigiu-se com ele ao próximo povoado, a fim de averiguar o caso. Tanto não foi preciso: vieram logo ao seu encontro uma mãe desesperada, que, sem mais rodeios, arrebatou-lhe o menino dos braços, e um pai agradecido, que o convidou para ser seu hóspede, na cabana em que moravam, proporcionando-lhe algo de bom por lhes ter trazido o filho de volta.

Gáutama entrou no casebre daquela gente simples, partilhando de sua refeição. Aproximou-se, então, deles um cãozinho malhado, de orelhas compridas, tão compridas que quase lhe cobriam os olhos. Gáutama jamais tinha visto um animalzinho como esse. Acariciou-o ternamente, muito embora o contato com cães fosse tido na conta de coisa imunda. Começou a conversar com o bichinho e os olhos dele, de tão vivos e inteligentes que eram, pareciam dizer:

"Deixa-me ir contigo!"

— Quereis me vender este cachorrinho? perguntou Gáutama ao casal.

Em sinal de gratidão ambos se dispuseram desde logo a dar-lhe de presente o animalzinho, ao que Gáutama se opôs, terminantemente. Deixando-lhes certa importância em dinheiro, tomou para si o pequeno malhado, que sacudia festivamente a cauda. Indagou pelo nome do cachorrinho, mas até ali ninguém o havia achado digno de um nome.

— Pois te chamarei "Consolador", disse Gáutama; serás, de ora em diante, o companheiro de minha solidão, o dissipador dos meus pensamentos de melancolia.

O cãozinho mostrava-se muito contente. Rodeava festivamente seu novo dono, que dentro em pouco recomeçava a sua peregrinação.

Chegaram a uma encruzilhada. Gáutama ia tomar a trilha da esquerda, ao passo que o cãozinho corria para a direita, indo e vindo, latindo e puxando Gáutama pelas vestes, dando a entender, tanto quanto podia, que o caminho à direita é que devia ser tomado.

Gáutama, com toda a paciência, terminou concordando.

— Olá! Consolador, você está mesmo querendo ser meu guia? perguntou Gáutama, sorrindo.

Ao dizer essas palavras, lembrou-se de Sarípputta, que lhe havia asseverado que sempre contava com o auxílio de um guia. Pois, não podia ele, Gáutama, contar também com um, desde que o pedisse a Brahma? Nesses pensamentos, ali mesmo no lugar, mergulhou em profunda prece, pedindo a ajuda de um guia, achando-se como se achava, sem saber como realizar sua missão. Feita a prece, ergueu-se mais encorajado, retomando a marcha pela estrada com muito mais disposição que antes. Estava com plena certeza de que o guia se apresentaria no momento oportuno.

Passou o dia e não tornaram a encontrar nenhuma outra povoação.

— Consolador, falou Gáutama ao cãozinho, em tom quase amargo, vais me arrastando para a solidão.

"Solidão..." respondeu uma voz dentro dele. "Sim, tens necessidade da solidão, homem, para que possas meditar sobre tudo quanto te aconteceu nestes últimos anos. Quanto, de tudo isso, terá ficado em tua existência como experiência vivida? Reflete sobre tudo isso, peneira bem os fatos e analisa todo o sucedido, sem deixar de orar e de meditar, pois, tão só por esse meio, hás de chegar ao perfeito conhecimento de tua missão. Prepara, em primeiro lugar, o instrumento para depois poderes usá-lo. Ajuda-te, primeiro, e só então estarás apto para ajudar a outrem."

— Quem é que assim me dirige a palavra? Por certo que não sois vós, meus pequenos invisíveis. Será porventura o guia que tanto almejo?

Semanas se escoavam, em que Gáutama raramente conseguia encontrar alguém pelo caminho e muito menos ainda o abrigo de um teto para passar a noite. Consolador, o cãozinho, parecia ter um faro especial para descobrir estradas ermas. Aqueles que o haviam considerado imundo é que o levaram a isso: evitava encontrar pessoas em sua caminhada.

Gáutama, no entanto, tudo fazia para dar cumprimento às instruções recebidas. Em pensamento, ia passando em revista todos os acontecimentos de sua vida pregressa, chegando aos poucos à conclusão de que sua verdadeira vida principiara no palmilhar das estradas. Sim, tinha sido ao longo das estradas que aprendera as primeiras e altas realidades, tinha sido ali que firmara as suas primeiras experiências duradouras da vida, ali onde aprendera a dar verdadeiro valor à sucessão das horas e dos dias.

Em sua mente surgiam as figuras de seus antigos "patrões" a perguntar:

"O que foi que te ensinei?"

Cada um deles lhe tinha proporcionado algo, justamente aquilo que era capaz de assimilar em dado momento de sua evolução.

"Se algum dia me for dado dirigir pessoas, procederei de semelhante modo", pensava consigo mesmo, sem imaginar o alcance que se ocultava nesse pensamento.

Uma vez firmada uma ideia, não mais podia afastá-la. Espraiava-se, não raro, em outras meditações, mas, fosse lá como fosse, as ideias mestras retornavam e estavam sempre presentes, mas não da mesma forma.

Gáutama fazia tudo para entrar em conversa com seu guia. Não obtinha resposta. Em compensação todas as vezes que se concentrava, para apresentar-lhe este ou aquele problema, sentia-se senhor de uma grande clareza de ideias.

Foi-se convencendo, aos poucos, que este era efetivamente o melhor caminho para se assenhorear daquilo que pretendia dominar mais adiante. A todas as perguntas, o guia não dava resposta. Desde que, porém, procurasse uma solução qualquer dentro do seu próprio mundo interior, infalivelmente terminava encontrando o que queria.

Nessas condições, visando conseguir captar cada vez melhor as vozes que vinham "de dentro", ele, o pesquisador, teve de se afastar também dos pequenos invisíveis, não olhando nem para os animais que se aproximavam dele. A única exceção era o Consolador.

Tão só depois de algum tempo é que começou a abrir-se de novo para o meio circundante, sentindo, então, que forças vigorosíssimas convergiam para ele, vindo de todas as direções. As estranhas vozes ciciadas se manifestavam de novo; os animais se aproximavam dele cheios de confiança: sua vida se tornara rica e digna de ser vivida.

UM DIA excepcionalmente lindo declinava. Qual imenso, dourado disco, o Sol se pôs. No céu azul da noite, estrelas despontavam vívidas, brilhantes.

Gáutama, buscando repouso, abrigara-se sob uma árvore imensa, insulada em pleno campo, contemplando a paisagem circundante, com penetrantes e compreensivos olhos. Como tudo aquilo era maravilhoso! Como seria possível que em tempos idos tivesse duvidado da existência de Deus, diante dessa maravilhosa ordem na Criação?!

Consolador acomodara-se junto a seus pés. A Gáutama fazia bem aquela demonstração de confiança da parte do animalzinho. Suavemente, delicadíssimos fios dourados principiavam a descer pelo espaço. Gáutama jamais os vira antes nem sabia agora de onde poderiam provir. De uma coisa, porém, estava certo: os fios baixavam sobre a sua cabeça.

Por sua vez também as vozes ciciadas começavam a manifestar-se:

"Ouve, Gáutama: Os fios te encontram, afinal! Por sete longos anos andaram à tua procura. Sim, por sete anos baixaram sobre ti, sem, todavia, conseguirem firmar contato, uma vez que teu envoltório os repelia. Tão somente hoje é que te abriste para a Luz e, de tal modo, que eles puderam enfim baixar sobre ti!"

— Mas de onde vêm esses fios? perguntou Gáutama aos invisíveis.

Deles, porém, não surgiu resposta, senão do próprio guia de Gáutama que, pela primeira vez, respondia à inquirição do homem:

"Partiram de pensamentos devotos e de preces de alguém que intercede pela tua salvação. Não te recordas, acaso, de alguém que te quer profundamente bem, a ponto de por sete longos anos interceder por ti, junto a Brahma?"

— Maya, minha esposa! exclamou Gáutama com toda a firmeza. Ela, sim, que era devota, bondosa, e me amava sinceramente.

"Exatamente, Gáutama. Tua mulher jamais cessou de pedir por ti. Às suas constantes preces é que deves agradecer a circunstância das forças do Alto haverem se aproximado de ti, pois a princípio mal conseguias captar esses fios. A ela deves render graças: ela bem o merece."

A Gáutama não ocorreu perguntar onde se achava Maya. Imaginou naturalmente que estivesse no Além e regozijava-se de que lá existisse alguém que, com ternura bastante, pudesse se lembrar dele. Rendeu-lhe, assim, ardentes graças, como se fosse para uma pessoa falecida, desligada deste mundo.

O céu nessa hora parecia um cintilante mar de estrelas. Gáutama não desprendia os olhos dessa visão.

— Estrelas, exclamou então, acaso sois também servas de Brahma?

Elas nada responderam. Gáutama mergulhou em profunda meditação. Tudo no mundo obedece a determinada marcha, tudo segue uma norma, visa a um objetivo. Necessário era, assim, que ele também se submetesse às leis universais, a fim de que sua vida não decorresse vazia.

Como jamais o fizera antes com tamanho fervor, começou a suplicar a Brahma que houvesse por bem erguer finalmente o véu que encobria seu caminho. Sim, que Brahma lhe concedesse a graça de revelar qual a sua missão na Terra. Procurava para suas preces as mais vívidas expressões, que levava ao Alto com tal veemência, como se com elas pretendesse alcançar o céu impetuosamente.

Extenuado, silenciou afinal. Seu corpo se sentia traspassado pelas forças com que seu espírito se debatera.

Foi então que começou a ouvir ressonâncias estranhas, supraterrenas, que, como ondas suavíssimas e ternas, aproximavam-se dele. Era como se todas as coisas da natureza ao redor estivessem vibrando, como se todas as árvores, em conjunto, e flores se curvassem, reverentes, à celeste melodia, e todas as estrelas começassem a bailar no ritmo da delicadíssima harmonia.

Num momento viu-se envolvido por uma luz rosada, que se espalhava em redor, como se fossem pétalas de uma enorme e desmedida flor-de-loto nascida no Ganges sagrado, achando-se ele mesmo no centro da imensa corola.

Outros e outros acordes ressoaram. O rosado das pétalas foi-se transformando lentamente em azul-claro, em amarelo, até que a flor resplandeceu plenamente de um branco imaculado. Sua alma sentia-se como que suspensa. Já não pensava mais, procurando absorver com sentimentos puros aquele esplendor que nesse momento se lhe revelava.

Uma voz maravilhosa começou a falar:

"Conserva, Siddharta, a pureza que te envolve! Deixa-te enlevar por ela, como as pétalas submissas do loto se voltam para dentro da flor. Como o loto se deixa mansamente levar ao sabor do rio sagrado, deixa-te, igualmente conduzir pela corrente da vida. Assim como o loto irradia perfume e, pela suavidade de seu aspecto, refrigera os olhos humanos, espalha tu, também, a sabedoria que recebeste de Brahma, conforta e fortalece a todos quantos se aproximem de ti. No entanto, assim como a flor-de-loto tem as suas raízes fortemente ancoradas no fundo das águas, assim também lança tuas raízes no Além, donde incessantemente procedem as bênçãos e a nova sabedoria que Brahma te há de enviar. Jamais te separes dele."

Silenciou a estranha voz. A doce melodia foi morrendo e a flor imaculada desapareceu. A alma de Gáutama estava aberta para haurir toda essa magnificência, como se estivesse bebendo de uma límpida e cristalina fonte.

Novas ressonâncias ecoaram, mas desta vez já não eram vibrações tão suaves como antes. Sons possantes enchiam o espaço, como que prenunciando algo de elevado e de prodigioso. Assim o sentiu Gáutama, pondo-se de joelhos, curvando-se até tocar o chão com a testa.

Junto dele a voz tornou a falar: "Olha para cima, homem!"

Gáutama obedeceu e, erguendo os olhos, deparou com um quadro estupendo: acima dele parecia que o céu se abrira. De lá surgia uma abundância de luz e esplendor. Era como que amplas vias luminosas expostas aos olhos da alma do espectador, que as contemplava com os olhos do espírito, elevando-se mais e mais.

Então ele viu um Templo, reluzindo em puríssima alvura. Torrentes de água límpida pareciam jorrar do seu interior, espalhando-se Universo afora, refrescando-o.

Abriram-se nesse instante os portais do Templo, que eram guardados por seres translúcidos, de asas brancas, que abriam uma cortina de ouro. Gáutama, transportado em espírito, via diante de si um santuário. A voz, junto dele, começou a falar:

"Dentre milhares de criaturas és um privilegiado, podendo contemplar essas maravilhas. Guarda em tua alma esta visão Siddharta, e não te esqueças dela jamais: é o Templo do Senhor dos Mundos, muito embora seja esse, que aí vês, o mais baixo em sua categoria. Esforça-te com toda a tua alma, para que possas chegar a contemplar um outro situado mais alto."

A visão esplêndida esvaiu-se, a melodia silenciou, tão só a voz prosseguiu dizendo:

"O Senhor dos Mundos, que te mandou preparar e conduzir, chama-te agora para Seu serviço. Estás disposto a consagrar-Lhe toda tua vida, Siddharta? Queres realmente ser o Seu servo fiel e digno de confiança, pronto a servi-Lo a todo momento?"

Respondeu, então, Gáutama:

"Quem quer que tu sejas, que assim me convocas em nome do Senhor, respondo expressamente: Sim, eu quero!"

"Se assim é, eu te convoco em nome do Senhor dos Mundos, de Quem igualmente sou servo, a fim de prestares serviço em benefício de teu próprio povo! Vai pelas terras por onde peregrinaste através destes últimos sete anos, reúne discípulos em redor de ti e trata de instruí-los. Ao transmitires a Palavra que o Eterno houve por bem confiar-te, terás de aparelhar teus conhecimentos de tal modo que teu povo possa compreendê-la e aceitá-la. Ensina a todos como levar uma vida pura, a viver pelo trabalho, em atividade incessante. Sobre tudo o que deves ensinar, ensina-os a adorar ao Eterno, Senhor dos Mundos, com sinceridade de coração!

Organiza por toda parte, pelo vasto império, comunidades esparsas daqueles que O reconhecem e desejam servi-Lo. Prepara-os para ensinar a outros que, por sua vez, se juntem em torno deles. Assim a sã doutrina aos poucos se propagará, como raízes de uma grande árvore. Ricos frutos produzirá esta árvore cujas sementes o Senhor hoje faz baixar sobre ti, para que as recolhas e faças com que germinem.

Siddharta, grandes coisas espera de ti o Senhor dos Mundos! Esforça-te, com todas as tuas energias, para ouvi-Lo, como deves. Um grande perigo pesa sobre o teu caminho: o risco de seres dominado pelo comodismo, pela ociosidade. Agora, que já estás prevenido, trata de evitá-lo."

Calou-se a voz. Profunda impressão de alegria, de louvor e de gratidão traspassava todo o seu ser. Passou a noite em preces, aguardando o amanhecer.

De um modo bem diferente, sob uma nova luz, brilhava agora o Sol, para aquele que agora tinha finalmente encontrado sua missão na Terra. Estava a par de tudo que tinha de fazer. Cônscio estava de como conduzir-se a fim de bem cumprir a ordem recebida do Senhor dos Mundos.

Enquanto Gáutama rememorava as palavras do servo do Senhor, a fim de jamais esquecê-las, lembrou-se de que a voz o havia chamado de "Siddharta". Devia, de ora em diante, ser chamado assim, não mais de "Gáutama"? "Siddharta" quer dizer: "Aquele que atingiu a meta!"

Assim era efetivamente: havia alcançado o primeiro alvo que lhe era proposto, havia encontrado a sua missão. De "Gáutama", qualquer pessoa da estirpe dos Tschakja poderia ser chamada; Siddharta, porém, era seu verdadeiro nome!

"No centro da flor-de-loto é que será o meu lugar, rodeado da maior pureza, se assim me conservar", suspirou ele. "Brahma, vem em meu socorro, para esse fim!"

Consolador, o cãozinho, veio festejá-lo, sacudindo a cauda e latindo baixinho. Curvou-se ele para junto do animal e, afagando-o, comentou:

— Agora não ficaremos mais muito tempo sozinhos. Seremos logo rodeados de alunos, segundo determinou o Senhor dos Mundos.

De olhar atento, o animalzinho fitava-o.

— Naturalmente, observou Siddharta sorrindo, você não sabe como vai ser isso. É preciso esperar, pois a ordem que recebi falava em "reunir discípulos", não em "procurar discípulos". Aguardarei o que der e vier: os discípulos hão de vir.

Bem-humorado, ergueu o braço segurando galhos da árvore sob a qual recebera tão auspiciosa revelação durante a noite. Frutos magníficos pendiam dos galhos e ele começou a saboreá-los.

— Eu te agradeço, ó árvore, por tudo quanto me deste, exclamou Siddharta, transbordando contentamento. Irei chamar-te de ora em diante "a árvore de Brahma".

Quando se predispunha a continuar em sua caminhada, viu que se aproximava dali um homem. Uma figura estranha naquele lugar ermo. Cheio de curiosidade, pôs-se a observá-lo. O que pretenderia ele, a que casta pertenceria?

Muito antes de chegar perto e poder reconhecer-lhe as feições, viu, pelo modo de vestir, que se tratava de um sacerdote. O vulto vinha trajado de um tecido de seda azul-escuro, e o trazia tão colado ao corpo, como se tivesse sido enfaixado pelo pano. Esta impressão era ainda agravada pelo cinturão largo, ricamente bordado, que ostentava como enfeite. Justamente assim é que se vestiam os discípulos mais antigos com quem Siddharta convivera nos últimos meses. Com redobrado interesse cravou o olhar no estranho vulto.

Este, em inesperada manifestação de alegria, adiantou-se, correndo, aos gritos:

— Gáutama! Gáutama! Finalmente te encontrei! Há semanas e semanas que ando à tua procura. Às vezes tinha a impressão de que já estava me aproximando de ti; de repente essa impressão fugia, e era como se estivesse longe, muito longe. Esta noite, porém, recebi uma comunicação muito clara: "Hoje, sem falta, hás de encontrá-lo!"

Era ele, era Ananda, que vinha correndo, o colega ao qual Siddharta estava mais estreitamente ligado. Este ficou radiante em revê-lo, sem, todavia, atinar com o motivo pelo qual o amigo vinha procurá-lo.

— Quero ser teu aluno, foi logo dizendo. Sim, aqui estou no firme propósito de ser teu discípulo, Gáutama. Não me mandes embora! O superior dos brâmanes me declarou que tal é a vontade de Brahma.

Ao invés de uma resposta, para disfarçar sua profunda emoção, Siddharta voltou-se com ar brincalhão para o cãozinho e exclamou:

— Você está vendo, Consolador? Nem foi preciso esperar tanto. Não era procurar alunos, o que me competia, tão somente reunir. Onde estiver um, outros se juntarão.

Passou, então, a contar os episódios de sua vida ao amigo, consentindo que ficasse em sua companhia, sob duas condições, porém: não considerar como imundo o seu cãozinho, porque nada é impuro das coisas que o Senhor dos Mundos criou; e não continuar a chamá-lo de "Gáutama", mas de "Siddharta".

— Sim, porque agora eu me tornei um "Siddharta!", disse com ênfase, enlevado por uma exaltação de orgulho.

Trocadas mutuamente as impressões do encontro, ambos prosseguiram na marcha de peregrinação, e Siddharta, sem mesmo perceber, começou a ensinar, à medida que ia relatando suas experiências de vida.

Ananda era um ouvinte exemplar, que sabia ouvir atentamente, só se dispondo a perguntar no momento oportuno, de forma que tudo quanto Siddharta havia assimilado da vida se transfigurava e adquiria novo encanto, de modo a poder transmiti-lo assim aos outros da melhor maneira possível.

— Achas, ainda, que a vida é apenas uma sucessão de sofrimentos?

Siddharta conservou-se pensativo durante uns momentos e depois respondeu:

— Segundo a vontade de Brahma, não é; disso tenho a certeza. O Senhor dos Mundos não fez as criaturas para fazê-las sofrer. Não menos certo é, também, que o sofrimento é o nosso quinhão neste mundo. Mas entrou nele contra os desígnios de Brahma. Nós mesmos é que o atraímos para nós, como consequência lógica do nosso mau proceder.

Ora, se temos já o conhecimento disso, temos por isso mesmo em nossas mãos os meios para reagir: mudemos a nossa maneira de viver e automaticamente a nossa vida se transformará!

Ananda interrompeu-o:

— Como dizes? A nossa vida se transformará?

— Está claro! interpôs Siddharta, imediatamente. Mudemos de vida e não mais continuaremos atraindo funestos efeitos contra nós. Em vez de uma sequência de provações, a vida se encherá de satisfação.

— Quer dizer: com isso a vida não se transformou, nós é que lhe imprimimos uma outra direção pelo nosso novo proceder, insistiu o aluno. Agora estou entendendo!

— Podes, também, interpretá-lo desse modo, concordou Siddharta.

E prosseguiu:

— Se é, portanto, meu propósito banir do mundo o sofrimento, que nele entrou sem a vontade de Brahma, devo procurar tornar os homens melhores. Eis minha tarefa. Como, porém, um só homem seria insuficiente para tal, tenho a necessidade de reunir alunos em torno de mim, para que compartilhem da minha experiência. Terão, assim, de ajudar a espalhar a ideia entre os seus semelhantes, ensinando-lhes o que poderá torná-los melhor.

— E o que poderá torná-los melhor? perguntou Ananda, mergulhado em pensamentos.

— O reto conhecimento de Brahma, o Senhor dos Mundos!

Siddharta ia prosseguir, mas foi interrompido pelo aluno, o qual, como que movido por um estranho poder, perguntou:

— E Brahma é realmente o Senhor dos Mundos?

Perplexo, Siddharta encarou seu interlocutor. Depois replicou:

— Como podes ainda duvidar, diante de tudo quanto te disse?

Ananda, contudo, não se deixou intimidar:

— Já tínhamos conhecimento de Brahma antes mesmo de te dispores a procurá-lo. Creio que Aquele que encontraste está muito acima de Brahma.

— Eu sei que Aquele a Quem achei é realmente o Senhor dos Mundos! Todavia, não encontro para Ele uma denominação. Chamo-O de Brahma.

— Não deves fazê-lo, Siddharta! disse Ananda, exaltado. Provocas, com isso, uma confusão nas interpretações. Lembra-te especialmente daqueles que até agora têm tido conhecimento de Brahma. Se lhes disseres que esse deus é o Senhor dos Mundos não darão a isso a menor importância. Não conseguirás tocar o coração deles, como não consegues tocar o meu coração, porque... porque... porque isso não é verdade!

Percebeu, aí, Siddharta, que estava utilizando mal os conhecimentos sagrados que lhe tinham sido revelados. Sentia, também, que, ao proferir o nome de Brahma, isso não repercutia tão bem dentro dele como chamá-lo "Senhor dos Mundos". Devia ficar reconhecido a Ananda, que havia contribuído para que melhorasse os seus conhecimentos.

Sentia, porém, agora, que o aluno que caminhava a seu lado se fizera importuno. Se estivesse só, com todo o prazer poderia ter se dirigido ao seu guia e perguntado como deveria chamar o Senhor dos Mundos. Mas, nesse instante, o Consolador se precipitou para junto dele e parecia dizer:

"Olha, não quero de modo algum te atrapalhar! Deixa que Ananda vá seguindo a teu lado, como uma coisa que te pertence, assim como me apresso em te atender. Mas sabe que ele só poderá modificar o rumo dos teus pensamentos se assim tu mesmo o consentires."

Mergulhando em seu mundo interior, Siddharta conversava com seu guia, como estava habituado. A única palavra que recebeu como resposta foi esta: "Espera!"

Ao cair da tarde, chegaram a uma localidade, resolvendo pernoitar ali. Foi fácil achar acomodação. A gente do lugar era alegre e receptiva, quase como os drávidas, mas pertenciam a outra tribo. Ao deitar-se, Siddharta orou com todo o fervor, pedindo esclarecimentos do Alto.

Durante o sono, apareceu-lhe um quadro maravilhoso. Viu a Terra estendendo-se diante dele como imensa planície, recortada de montes, de rios, de cidades e aldeias, cheia de animais, de plantas e de pessoas.

Em meio a tudo isso andavam, pairavam ou deslizavam seres luminosos, transparentes, de todas as formas e tamanhos. Pareciam estar cuidando de todas as coisas vivas, pelos mais variados modos. Nenhum desses vultos, porém, parecia agir destacado do todo. Como correntes suspensas do alto, eles eram a extremidade inferior de uma delas. Cada uma era formada por seres semelhantes uns aos outros. Bem no alto fundiam-se num único elo, de considerável dimensão. Siddharta contemplou o ente que formava esse elo, ao passo que uma sensação de profundo respeito o dominava.

"Será esse o Senhor dos Mundos?"

Uma voz sonora e profunda exclamou: "Brahma!"

Acordou, então, Siddharta, sabendo que aquilo que lhe fora dado contemplar não era um sonho, mas realidade, realidade ainda mais palpitante que sua própria vida de todos os dias. Percebia, também, que a despeito daquilo que vira não estava ainda terminado tudo quanto lhe devia ser revelado. Motivo pelo qual nada transmitiu, naquele momento, a Ananda. Este, porém, notando que algo de grande se passava na alma de Siddharta, propôs ir à cidade, comprar provisões. Só de noite estaria de volta.

Durante o dia inteiro Siddharta passou e repassou em mente o que tinha visto em sonho.

"São as entidades invisíveis que me foi dado contemplar", dizia para si mesmo. "É Brahma, então, quem conduz e dirige os invisíveis. Neste caso, realmente não pode ser o Senhor dos Mundos. Ou será mesmo? Mas, onde estão Wíschnu e Schiwa?"

Esperava a noite com indizível ansiedade, erguendo ardentes preces em que suplicava novos esclarecimentos.

Apresentou-se-lhe, aí, um outro quadro:

Via, na margem inferior de um espaço imenso, a figura de Brahma, de quem partiam as correntes enteais que vinham do alto. Pouco a pouco seus olhos foram se acomodando na contemplação daquela planície imensa e de desmedida altura.

Começava a ver seres magníficos e luminosos, que se congregavam em movimento circular, numa constante alegria. Esses círculos eram coloridos das mais delicadas tonalidades, acompanhados em seu movimento por sons muito harmoniosos.

Em direção ao alto rejuvenesciam os círculos, se bem que parecesse que as entidades que se formavam tornavam-se cada vez maiores e mais majestosas. Siddharta viu, então, que o ponto central de todos os círculos era uma cortina azul, diante da qual pendiam rosas vermelhas.

O vidente reconheceu logo que a cortina encobria a visão do Sagrado Mistério. Tão só quando esse vívido e ondulante véu fosse descerrado é que poderia manifestar-se o Senhor dos Mundos.

"Não posso ver ninguém", falou a voz profunda, já bem conhecida de Siddharta.

"Como poderei chamá-Lo, a Esse que é tão altamente elevado, que Dele sequer os anjos ousam se aproximar?" perguntou o homem.

"Chama-O de Eterno", respondeu a voz.

Ao proferir esse nome, torrentes da mais esplendente luz fulgiram por trás do véu. A alma de Siddharta foi tomada de uma grande força e exultaram as vozes daqueles a quem ele inconscientemente havia chamado de "anjos".

Uma impressão de profundo reconhecimento e de grande alegria encheu a alma do privilegiado, por muito tempo ainda depois do quadro haver se desfeito, esmaecendo em leves tons.

Ao amanhecer, porém, tornou a ouvir a voz do seu guia, que agora parecia bem outra, diferente da voz profunda, ouvida durante a noite.

"Levanta-te, Siddharta! Não fiques a devanear sobre aquilo que te foi concedido, mas trata de transformar tudo em ação! A dois dias de jornada daqui chegarás ao Reino de Magadha. O rei Bimbísara precisa de ti."

Siddharta achava-se tão predisposto a obedecer à ordem, que imediatamente despertou Ananda, partindo eles dali, antes mesmo de o Sol surgir detrás dos montes. O discípulo pôs-se a resmungar por saírem assim, ainda com o escuro, mas como Siddharta estivesse seguro do que estava fazendo, foi seguindo, imperturbável, para diante.

Sua alma exultava de satisfação e tornava a encontrar encanto na paisagem. Que coisa extraordinária: já não eram mais invisíveis os pequeninos seres que tantas vezes lhe haviam prestado auxílio. Desde que lhe tinham sido revelados em sonho, podia vê-los, também agora, a todo momento.

Atarefados se agitavam em torno dele, como que querendo mostrar quantos serviços tinham por obrigação prestar ao Senhor da Criação. Siddharta pôs-se a olhar como os pequeninos enteais ajudavam os passarinhos a construir ninhos; como reerguiam as plantas trepadeiras derrubadas pelo vento; como sacudiam o orvalho transbordante do cálice das flores.

Faziam tudo isso com grande alegria, prontos a repartir o seu contentamento com tudo quanto se mostrasse receptivo e aberto à sua presença. Siddharta, contando o que via, procurava despertar no ânimo de Ananda a mesma felicidade de que era possuído com essa sua nova capacidade de ver. O discípulo, porém, que nada via nem percebia de tudo isso, achava que seria muito melhor restringir-se apenas ao conhecimento dos deuses, que ele podia compreender.

— Compreender os deuses! exclamou Siddharta, contrariado. Não sei o que mais devo fazer para conseguir fazer raiar a luz no teu íntimo.

O aluno, porém, chamou a atenção de Siddharta para o fato de que ele, aluno, é que lhe havia sacudido a sua falsa interpretação no tocante a Brahma. Concordou com isso o mestre, pedindo-lhe, entretanto, que daí não concluísse que já sabia tudo e não tinha mais necessidade de aprender.

— Para aprender estou eu aqui, interrompeu Ananda. Mas deves reconhecer que só posso aceitar aquilo que entendo. Se a minha meta é chegar à convicção da existência desses pequeninos seres de que tu falas, certo é, também, que um dia receberei a devida revelação.

Siddharta deu-se por satisfeito, tão seguro estava de que Ananda viria a ter confirmação da operosidade dos pequeninos servidores do Eterno.

TINHAM caminhado dois dias já, indagando, de ponto em ponto, onde ficava Magadha. Tão só no decorrer do terceiro dia é que chegaram às portas de uma imponente cidade fortificada. Os portões estavam fechados e todos os chamados foram inúteis.

Não aparecia ninguém. Era um curioso portão de bronze encaixado na muralha.

Siddharta pôs-se a examiná-lo detidamente. Estavam ali gravados muitos e variados desenhos, sendo que alguns aplicados sobre a prancha, com grande mestria. Com toda certeza tinham que ter um significado especial. Imerso nesse pensamento deixou os seus dedos deslizarem sobre os tais desenhos. O portão, então, inesperadamente cedeu, como que abrindo por si. Nesse mesmo instante, grupos de homens armados se precipitaram para fora, exclamando, exaltados:

— Quem, porventura, está em condições de abrir nosso portão?

Siddharta confirmou que o havia feito, visto que ninguém quis atender ao seu chamado, sendo urgente a necessidade de falar com o rei Bimbísara.

Cheios de espanto, os homens se entreolharam e logo fizeram um cerco em torno de Siddharta e de Ananda. Antes de conduzi-los para dentro, advertiram que o cão tinha de ficar fora dos muros.

— Do Consolador não me separo, declarou Siddharta, e, dizendo isso, chamou o animal e o segurou nos braços.

Com isso os homens se deram por satisfeitos, visto que haviam receado que o cão pudesse investir contra alguns deles e torná-los impuros, pelo contato.

Com grande acompanhamento os dois peregrinos foram conduzidos para o centro da cidade, onde se erguia uma espécie de palácio, no meio de um largo. Um dos guias entrou no palácio ao passo que uma turba cada vez maior de curiosos se comprimia em torno dos dois forasteiros.

— Eles abriram o nosso portão, confirmavam os homens armados. Sabem até mesmo o nome do nosso rei!

Ambas as afirmativas eram recebidas com grande espanto pelos presentes. Para Siddharta tudo isso parecia um sonho, de tão inverossímil que era.

Finalmente, abriu-se o portal do edifício. Apareceram guardas que, cruzando os braços sobre o peito, se curvavam, repetidas vezes, em sinal de respeito. A seguir, convidaram os forasteiros para entrar. O cão tinha de ficar fora novamente; Siddharta, porém, levou-o consigo. Bem sabia que com isso dava, possivelmente, uma prova de falta de consideração para com o rei, mas algo, que era mais forte que suas ponderações, obrigava-o a proceder assim.

Num aposento meio escuro achavam-se presentes algumas pessoas, estando uma delas acomodada num assento dourado. Devia ser o rei.

Siddharta ficou parado, aguardando ser cumprimentado. O rei levantou-se. Era um homem de meia-idade, de corpo redondo, de traços flácidos e olhos pequenos, mas de olhar muito vivo. Estavam agora firmemente voltados para Siddharta, que os fitou, tranquilamente.

— Abriste nosso portão, estrangeiro? perguntou o rei sem fazer qualquer saudação.

Siddharta manteve-se calado.

— De onde sabes meu nome?

Novo silêncio de Siddharta.

— Peço-te que fales, estrangeiro, insistiu o rei. Muita coisa para mim, como para nosso país, está dependendo disso.

— Como queres que eu fale, rei de Magadha, se tu mesmo não respeitas a mais simples das gentilezas? respondeu Siddharta, em tom de indiferença.

— Dispensa-me, ó estrangeiro, do cerimonial da saudação pediu o rei. Não temos tempo a perder. Compensarei depois o que agora deixo de fazer, mas responde ao que te pergunto!

— Pois bem, respondo ao que me perguntas: fui eu que abri o portão, e o teu nome me foi indicado através de uma revelação.

Siddharta falou assim como que compelido por uma força estranha. Nem mesmo podia compreender por que não dizia logo que abrira o portão por acaso. Algo o impedia de fazê-lo.

O rei, porém, encarou-o, visivelmente alegre, e perguntou:

— Dize-me, então, uma coisa: viajando pelas estradas, passaste pelas castas?

— Tu o dizes, respondeu Siddharta, com espanto, vendo que o rei parecia conhecê-lo.

Bimbísara, porém, ficou contente e procurava por todos os meios possíveis manifestar esse seu contentamento.

— Sê bem-vindo, príncipe ilustre! exclamou, curvando-se reverentemente. De há muito esperávamos tua vinda. O príncipe do grande reino vizinho, de quem um dos meus antepassados se tornou devedor, por ter sido derrotado na guerra, está, cada vez mais, oprimindo o nosso povo. Agora exige que todas as meninas de dez anos lhe sejam entregues, e é o que temos de fazer dentro de poucos dias, levando-as fronteira afora. Acontece que dentre essas meninas está também minha filha, a princesa real.

Surpreso, Siddharta continuava escutando. Por que motivo não se defendiam? Mas o rei prosseguiu:

— Foi-nos, contudo, profetizado que quando a arrogância desse príncipe chegar ao auge, um príncipe estrangeiro virá em nosso auxílio, passando por todas as castas, viajando pelas estradas. Abrirá o nosso portão fechado, cujo segredo tão só alguns dos nossos leais servidores conhecem, e saberá o nome do rei.

Sabes agora por que não me contive em esperar para saber se eras ou não o enviado. Agora, ajuda-nos!

— Sim, príncipe, ajuda-nos! disseram, também, os conselheiros e os servos ali presentes.

Siddharta, porém, perguntou:

— E nada mais vos foi dito a respeito desse auxiliador?

— Sim, ele nos levará a conhecer as entidades divinas, sem as quais sempre e de novo cairemos nas mãos de príncipes das trevas, disse o rei, depois de rápidos momentos de reflexão.

— E o que sabeis vós a respeito dos deuses? perguntou Siddharta, apressadamente.

— Nada, meu príncipe, respondeu Bimbísara. Nada sabemos a respeito deles.

— E a quem adorais? foi a pergunta seguinte de Siddharta.

— Não encontramos ninguém, meu príncipe, digno disso, foi a resposta.

Compreendeu então Siddharta que estava ali o ponto de partida do seu trabalho. O sofrimento das pessoas lhes abriria os corações. Via tudo com muita clareza. O mesmo não acontecia com Ananda que, emudecido de espanto, havia escutado tudo.

— Mestre, vamos embora, disse com insistência. Na verdade, este povo, em sua incredulidade, atraiu contra si a ira dos deuses. Se ficarmos aqui, pereceremos juntos.

— Estás enganado, Ananda. Se formos embora, seremos castigados pelo Eterno; se ficarmos, ajudaremos este povo a sair das trevas para a Luz.

Este breve diálogo decorreu em voz baixa. Ansiosos, os presentes encaravam os forasteiros. Qual seria a decisão deles?

Siddharta voltou-se, então, amavelmente, para o rei e disse:

— Vou ajudar-vos!

Um suspiro de alívio percorreu a multidão.

— Sim, vou ajudar-vos, porém não com minhas próprias forças. Chamarei em meu auxílio o Senhor dos Mundos, que me enviou a vós. Se Ele me conceder forças, ajudarei a todos. Agora conta-me, ó rei, o que acontece com o teu vizinho; dize-me quando terão de ser entregues as meninas e em que lugar se dará isso.

Informou então, o rei, que de dois em dois anos era exigido um pesadíssimo tributo do seu povo. Da última vez tinha sido obrigado a enviar, para além das fronteiras, montarias e armas para cem guerreiros. Exigiam agora o envio de suas próprias filhas menores.

A arrogância do vizinho era, aliás, desmedida. Antes mesmo de receber o pagamento do tributo, impunha a realização de um duelo de que participaria um dos mais ilustres guerreiros do adversário. Ele prometia, no entanto, suspender desde logo a cobrança do tributo, bem como devolver a arrecadação a ser feita no momento, se o representante do rei escravo conseguisse vencer.

A ninguém, no entanto, era dado vencer o tal príncipe, uma vez que combatia maliciosamente, protegido pelas forças do mal. Trazia para o campo de luta serpentes e tigres, chacais e hienas, que costumava açular contra o adversário.

Ao ouvir isto o coração de Siddharta sentiu um grande alívio. Tinha agora plena certeza de que sairia vencedor da luta. Nem o Eterno o teria investido nessa missão se não fosse para assisti-lo.

Nessas circunstâncias, o rei fez com o que auxiliador fosse muito bem armado, protegido com um esplêndido escudo. Queria oferecer-lhe, também, um cavalo de guerra bem adestrado, mas Siddharta não o aceitou. Enfrentaria o inimigo a pé.

Quando chegou o dia fixado, partiu um enorme cortejo de aguerridos combatentes, encabeçado pelo rei, a fim de acompanhar Siddharta. Por sua ordem as meninas não vieram, pois o rei confiava de tal forma no prometido auxiliador da profecia, que se entregava sem discutir às suas determinações.

Na hora marcada atravessaram a fronteira, alcançando uma grande clareira da mata. Ali, Siddharta, diante de todos, curvou-se e por três vezes tocou o chão com a testa. Depois, ficando de joelhos, orou:

— Ó Todo-Poderoso Eterno, Tu existes, embora os homens nada saibam a Teu respeito. Tu me enviaste para que desperte para Ti o coração deste povo. Dá-me forças para libertar esta gente da escravidão das trevas e do mal!

Cheios de admiração os presentes ouviam a oração, que procuravam interpretar a seu modo. Desprendia-se dela uma tal vibração de certeza e uma tão profunda impressão de respeito, que os corações que até ali estavam possuídos de medo e de pesar, sentiram-se emocionados.

Era o primeiro grão de semente que caía dentro dèles.

Aproximou-se, então, do outro lado da clareira, um grupo de homens armados, tendo à frente um príncipe gigante, empunhando armas de ouro reluzentes. Vinha de cabeça erguida e os seus olhos, faiscando ódio, contemplaram as tropas adversárias.

— Onde estão as meninas que nos deviam ser entregues hoje, para com elas fazermos o que bem nos aprouver? perguntou ele ao rei, em altos brados.

Em vez de ele responder, respondeu Siddharta, com toda a calma, mas com voz firme e clara:

— Não as trouxemos porque só nos daria trabalho levá-las de volta.

Resposta tal o príncipe não tinha esperado. Rugiu de ódio e desafiou o atrevido que se apresentasse para a luta. Com toda a calma Siddharta deu um passo à frente.

— Antes de lutarmos é preciso dar a tua palavra de que as condições que prevalecem são estas: se eu sair vencedor este povo estará para sempre livre do pagamento do tributo. E tu serás meu prisioneiro!

— E se eu vencer? bradou o príncipe.

— Jamais o conseguirás! Responde, portanto, ao que proponho.

O príncipe ia rir e zombar de Siddharta, mas a sua língua como que ficou travada, vendo-se tomado de grande medo diante de uma tal convicção de vitória. Mas, lembrando-se dos seus protetores ocultos, que estavam à retaguarda, aceitou as imposições de Siddharta.

Siddharta desembainhou a espada e com o espírito voltado para o Alto, em oração, segurou-a com toda a firmeza, aguardando o adversário. Foi quando viu, na sua frente, um pequenino enteal que, vigilante, olhava em torno de si.

"Defende-te, homem!" segredou-lhe com voz sumida e, com o indicador espetado, apontava para a orla da mata, de onde saíam, naquele instante, duas enormes serpentes, enovelando-se.

Siddharta começou a rir, todo satisfeito, pondo-se a assobiar entre dentes, como costumava fazer. As serpentes permaneceram à escuta. Ele dirigiu-lhes a palavra e ordenou-lhes que se retirassem dali. Imediatamente, as serpentes obedeceram.

Seu antagonista espumou indignado e gritou com as serpentes que cumprissem suas ordens. Elas não deram a menor importância e desapareceram dali.

Disse, então, Siddharta:

— Sabei, ó homens: os animais são criaturas do Eterno. Obedecem de preferência à Luz, não às trevas!

O inimigo deu um brado de comando para atiçar os animais e dois vigorosos tigres, que acabavam de ser soltos da corrente, investiram contra Siddharta.

Siddharta encarou-os, sem dizer palavra. Afastaram-se dele voltando-se agora contra o rei Bimbísara, que se achava indefeso à frente de seus homens. Uma exclamação de Siddharta fê-los parar no lugar.

— A esse também nada fareis de mal, ele é dos meus. Mas, estais com fome. Bem, permito que busqueis para vosso alimento aquele que vos pôs a ferros e vos tornou famintos!

Antes mesmo que algum dos presentes se desse conta do que estava acontecendo, os tigres pularam sobre o chefe inimigo e o despedaçaram. Os companheiros do chefe evadiram-se, gritando, como se temessem que a mesma coisa pudesse acontecer com eles.

Siddharta, porém, de rosto iluminado, estava de pé no meio do campo de luta. Tendo os inimigos desaparecido dali, chamou Bimbísara e os seus homens armados, convidando-os a se ajoelharem, para com ele render graças ao Eterno, que os havia protegido de modo tão especial.

Ninguém deixou de fazê-lo. Dos corações transbordantes, a prece de gratidão subiu a Deus, que diante deles Se manifestara, para que Nele cressem daí por diante.

Siddharta permaneceu na corte, ensinando a todos que o procuravam. Ananda percorria o reino fazendo o mesmo. Decorridos três anos o povo de Magadha não sabia de coisa melhor que servir a Deus e obedecer aos Seus desígnios.

Com essa orientação, a felicidade e o contentamento começaram a reinar no país. Pessoas que antes já se esforçavam para viver dignamente destacavam-se, agora, pelos bons costumes, pela pureza de vida. Bimbísara, por sua vez, desfez-se de sua posição de rei, tornando-se o sumo sacerdote de Deus no reino de Magadha, que ele começou a percorrer, cheio de zelo, pregando a verdade e admoestando.

Embora Siddharta estimasse muito o povo em que vivia, que era muito caro ao seu coração, sentia a necessidade de ir para diante, no cumprimento de sua missão. Outra pessoa qualquer poderia preencher seu lugar. Contudo, Siddharta não sabia ainda que direção tomar.

CERTO DIA apareceu ali um grupinho de pessoas do reino vizinho, a fim de pedir a Siddharta que fosse levar ao povo deles a bem-aventurança de que gozava a gente de Magadha.

Bimbísara, ao ter conhecimento dessa notícia, lembrando-se de todas as perversidades que o seu povo havia sofrido da parte dos seus cruéis vizinhos, advertiu seriamente:

— Não deves ir, Siddharta! É uma gente de costumes bárbaros e de coração duro. Quando vieste para nós, não adorávamos deuses; eles adoram deuses, deuses medonhos, a quem oferecem sacrifícios de vidas humanas.

— Justamente por isso, Bimbísara, é que preciso procurá-los, argumentou Siddharta, cheio de convicção. Vou consultar o meu guia. O que ele disser, farei de boa vontade.

O sábio, tendo elevado suas dúvidas ao Alto, obteve apenas uma curta resposta:

— Achas, então, que ainda é caso de perguntar?

— Não, absolutamente! exclamou Siddharta. Já previa que o caminho a seguir era esse.

Ordenou ele aos delegados do povo vizinho que o esperassem. Em seguida, fez as suas despedidas e partiu dali, acompanhado de Ananda. Estavam ainda nas proximidades quando percebeu que alguém vinha correndo atrás deles. Voltou-se e viu que era um sacerdote de graduação inferior de Magadha, que corria no seu encalço.

Siddharta ficou parado à espera, aguardando com paciência até que o homem pudesse tomar fôlego, concluída a sua esforçada corrida. Perguntou-lhe, então, o que desejava.

— Mestre, implorou o sacerdote, aceita-me como teu aluno! Uma voz dentro de mim não cessa de dizer que devo me juntar a ti. Leva-me contigo!

— Se a voz assim o diz é porque tem motivos para fazê-lo, concordou Siddharta, com toda a bondade. Qual o teu nome?

— Dá-me o nome que quiseres, um nome que de ora em diante eu possa usar pela glória do Eterno, sugeriu o sacerdote.

Brilhou, então, na mente de Siddharta uma ideia: inverter a ordem da seriação dos nomes. Seus alunos, daí por diante, seriam chamados pelos nomes dos seus antigos "patrões".

— Então, chamar-te-ei Maggalana, meu amigo. O primeiro Maggalana que passou pela minha vida era um brâmane, como tu mesmo. Esforça-te para seres tão puro e luminoso quanto ele o foi!

Maggalana agradeceu ao mestre e juntou-se a Ananda, que ficou muito contente com esse novo companheiro. Bimbísara tinha mandado homens armados para completarem o cortejo de Siddharta, a fim de que a comitiva não se apresentasse tão pobremente guarnecida em terra estranha. Cada componente de uma casta superior fazia jus a dois guardas.

Mal haviam transposto a fronteira e já uma enorme diferença de paisagem se descortinava ao olhar. O país era cortado por cadeias de montanhas, afastando toda ideia de unidade.

Nos vales não se praticava agricultura, conquanto fossem férteis, pois eram entrecortados de rios e de regatos. Rebanhos, principalmente de cabras, pastavam pelas encostas dos montes, não animais de trato, mas semisselvagens.

Vigorosos bois, servindo de animais de tração, viam-se pelos pequenos currais, próximos das habitações, dando a impressão de grande desleixo, semelhante ao do aspecto das casas: casebres miseráveis, feitos de uma amálgama estranha de barro, palha e madeira, mesclada e desaprumada, não revelando o mínimo cuidado.

Junto a cada uma dessas habitações havia uma prancha de madeira, colorida, rusticamente trabalhada, representando uma figura humana, terrivelmente deformada. O Consolador, ao deparar com essas figurações monstruosas, pôs-se a latir, e Siddharta achou que tinha razão, porquanto ele mesmo sentia um aperto na garganta ao passar a cavalo diante desses monstrengos.

Os guias da terra, porém, curvavam-se cada vez, explicando, quando perguntados, que eram os seus deuses.

— E é permitido fazer uma representação tal de vossos deuses? inquiriu Siddharta, horrorizado com o que via.

A resposta veio, com indiferença:

— E quem nos proíbe de fazê-lo?

Nessas condições, o mestre resolveu não perguntar mais, preferindo esperar até que pudesse dirigir-se ao próprio príncipe, o que se verificou na mesma tarde. Antes do pôr do sol a cavalgada deu entrada na capital do reino que, em grande parte, era também constituída daqueles casebres de barro, que se viam espalhados por todo o país.

Muralha alguma, nem portão de entrada. Avançava-se indiferentemente a cavalo por qualquer uma das ruas que se cruzavam até o ponto central da capital.

Viam-se ali alguns edifícios construídos de pedra. Tortos e desajeitados, mostravam, não obstante, já um determinado esforço no imitar povos vizinhos mais adiantados. O próprio palácio dos príncipes era uma imitação planificada do palácio de Bimbísara.

O novo príncipe foi ao encontro de Siddharta com mostras de grande submissão. Sabia que o mestre doutrinador tinha ocasionado a morte de seu antecessor e lhe era muito grato por isso. Já há muito teria com prazer se tornado o soberano dos *wirudas,* para o quê se julgava com mais direito que o príncipe, que por suas próprias mãos usurpara o direito de todos os demais, tomando posse do trono e ali se firmando.

Contudo, se o príncipe antecessor era um governante nato que sabia dirigir o povo com mãos de ferro, este agora, Wiruda-Sawa, como se chamava, era um fracalhão, sob cujo domínio tudo ameaçava ruir.

Ele bem que percebia isso e, assim, andava à procura de uma escapatória. Cheio de inveja, olhava o desenvolvimento do povo vizinho, atribuindo isso à nova fé que dominava o país. Era o que almejava para os *wirudas.*

Siddharta compreendeu imediatamente do que se tratava. Por mais que o príncipe procurasse encobrir sua verdadeira intenção, o mestre traspassava-o com a sua vidência. Era a alma do príncipe como uma fonte impura da qual fluía a ambição de conhecimento das coisas do Eterno. Poderia daí resultar uma bênção para o povo? Siddharta respondeu evasivamente, mas consentiu em permanecer como hóspede do palácio.

Sujeiras e imundícies por onde quer que se voltasse o olhar.

— Vede, dizia Siddharta a seus dois acompanhantes, a alma cria seu próprio ambiente, de acordo com seu estado. Uma alma limpa não pode viver numa desordem destas!

Expediu ordens para que os aposentos, separados para si e para os seus, fossem arranjados pelos seus próprios serviçais. Com olhares de admiração os empregados do palácio acompanhavam os preparativos.

Quando os aposentos ficaram mais ou menos em condições de ser habitados, os homens todos do palácio se precipitaram para ver, para apreciar a maravilha, principalmente o próprio príncipe Wiruda-Sawa, que veio logo na frente. Não podiam compreender que tudo se fizera naturalmente, sem a mínima intervenção de forças supranormais. Demorou muito até que os curiosos fossem repelidos dali e Siddharta pudesse recolher-se, para repousar.

Nutria um forte desejo de entrar em conversa com seu guia, a respeito de seu trabalho, junto a esse povo tão atrasado. Tinha a firme convicção de que receberia ordens para seguir adiante. Mas o guia não pensava assim.

"Siddharta, é preciso que empregues nisso tuas melhores forças", disse o guia, em tom firme e sério. "Esta gente não deve continuar sendo um perigo para os povos vizinhos."

"Deixa que eles se defendam pela força das armas!" exclamou Siddharta. "Como poderá surgir um movimento de purificação no meio de tanta treva?"

"Não é da tua alçada decidir sobre o valor ou a falta de valor daqueles que te são confiados", admoestou o guia. "Nem se trata aqui de repelir perigos de ordem externa. Enquanto esse povo continuar adorando imagens feitas pelas próprias mãos, irradiará maus pensamentos ao redor. As trevas são de uma operosidade incrível. Agem sem cessar nem titubear, quando se trata de conquistar adeptos. Nisso podes aprender com eles. Trata de reunir diariamente novas forças e trabalhar como nunca na vida, a fim de que ao menos algumas pessoas desse povo sejam salvas. Porque é dos desígnios do Eterno que as coisas aqui não continuem como estão!"

Conscientizado, agora, de que sua missão era mesmo agir ali nesse meio, Siddharta, já logo cedo, no dia seguinte, pôs mãos à obra, com toda a disposição. Animava-o um impulso para a luta e sentia que ali importava menos pregar que trabalhar pelo nome do seu Senhor.

Quando Wiruda-Sawa lhe perguntou outra vez se estava disposto a ajudar o povo, confirmou que sim. Radiante de alegria o príncipe exclamou que, nesse caso, queria ser o primeiro a adorar o novo deus. Siddharta podia mandar preparar o sacrifício, que ele estava pronto para oficiar.

— Que sacrifício?! perguntou o mestre, cheio de espanto.

Muito naturalmente veio a resposta:

— O que o novo deus vai exigir. É só falar. Ainda há pouco tivemos o ensejo de selecionar dez prisioneiros, que foram muito bem tratados e devem estar gordinhos. Se quiseres, podem já ser mortos em homenagem ao novo deus.

Horrorizado e com asco do que acabava de ouvir, Siddharta não pôde proferir palavra durante longos momentos. Wiruda-Sawa, porém, interpretou o silêncio como um descontentamento pela insignificância da oferta.

Solícito em conquistar as boas graças do doutrinador, afirmou:

— Tens razão: gente estrangeira não é o que se presta para um deus tão ilustre quanto esse que tu nos vens trazer. É preciso que sejam homens de nosso povo para o holocausto. Vou providenciar a apresentação de dez dos nossos guerreiros.

Aí foi preciso Siddharta usar de violência. Não diria uma palavra mais a respeito do Eterno, enquanto Wiruda-Sawa persistisse com semelhantes ideias.

Wiruda-Sawa, porém, ficou perplexo diante da ira que desencadeara sem a menor dose de má intenção. Queria se desculpar, mas Siddharta se pôs a gritar com ele, mandando que se calasse, e queria continuar a desabafar seu mau humor. Nesse instante apresentou-se diante dele uma entidade luminosa, cerrando os seus lábios com o dedo, e falando em tom muito brando:

"Siddharta, tua ira não é própria dos eternos desígnios. Como pretendes exigir deste homem melhores conhecimentos, uma vez que nunca antes teve notícia a respeito destas coisas? Mostra-lhe que o Eterno é de uma espécie bem diferente da dos seus impotentes ídolos. Mostra-o, porém, com toda a brandura, do contrário como há de acreditar na bondade do Senhor dos Mundos? Pelo modo de ser dos servos é que se pode formar uma ideia da grandeza do seu Senhor. Lembra-te disso!"

Siddharta ficou muito envergonhado. Voltou-se, com toda a amabilidade, para o príncipe, que estava diante dele, e explicou:

— Wiruda-Sawa, não sabes ainda que o Senhor dos Mundos não deseja sacrifícios: prefere conservar a vida a vê-la sacrificada em Sua homenagem. Por enquanto ainda não tens a capacidade de te dirigir a Ele, em oração. É preciso que antes O conheças, sentindo quanto é sublime; só então, poderás te aproximar Dele por meio da prece.

Wiruda-Sawa muito pouco pôde compreender do sentido dessas palavras, mas sentiu, no íntimo, que algo de diferente, de extraordinário, havia com relação a esse novo Deus. Uma impressão de respeito, como nunca provara antes, apossava-se agora do seu "eu" e fazia-o emudecer de compenetração.

Siddharta, porém, começou a ensinar. Desde logo verificou que o príncipe era inteiramente estranho à concepção de um deus. Não formava a menor ideia a respeito.

— Que deuses foram até agora objeto de vossa adoração? inquiriu o doutrinador, na esperança de conseguir por esse meio um ponto de partida para sua missão restauradora.

Em vez de dar uma resposta, por simples que fosse, Wiruda-Sawa bateu palmas, ordenando a seus criados que trouxessem para ali os seus deuses. Duas figuras pavorosas, feitas de pranchas de madeira, grosseiramente pintadas, foram trazidas para o recinto e Wiruda-Sawa explicou:

— Este aqui é Hagschr, e aquele, Schuwi.

Ao dizê-lo, o príncipe curvou-se instintivamente de modo que Siddharta pôde assim verificar que ele era dotado de um certo respeito inato, que se manifestava até mesmo diante daqueles monstrengos. Calmamente, Siddharta prosseguiu perguntando:

— Costumavas dirigir orações a esses deuses?

— Não, oferecíamos apenas sacrifícios.

— Mas, de que maneira eram feitos esses sacrifícios: regularmente, todos os dias, ou apenas quando deles pretendias alguma coisa?

— No momento oportuno, foi a resposta insatisfatória do príncipe.

Pediu-lhe, então, Siddharta:

— Conta-me alguma coisa a respeito dos teus deuses.

Pausadamente Wiruda-Sawa começou a falar:

— São exatamente assim como parecem: feios, cruéis, sedentos de sangue. Se não lhes ofertamos sacrifícios, fazem-nos toda a sorte de males. Assustam-nos durante a noite a fim de nos atrapalhar o sono e açulam contra nós os animais ferozes. Provocam enfermidades, trazem a morte e todo o seu empenho é conseguir que os nossos empreendimentos sejam malsucedidos.

Por esses motivo precisamos sempre oferecer sacrifícios, no intuito de evitarmos todos esses males, principalmente quando estamos planejando expedições guerreiras ou de caça. Mas, nisso usamos sempre de uma esperteza: não oferecemos os sacrifícios antes da guerra fazendo aos deuses apenas a promessa de lhes ofertarmos os prisioneiros bem nutridos, desde que nos concedam a vitória. Assim, eles têm todo o interesse em nos proporcionar o maior número possível de prisioneiros.

Respirando aliviado, o homem deu por finda sua arenga. Parecia mesmo que nunca havia falado tão longamente em toda sua vida.

Siddharta sentia-se profundamente impressionado com tudo quanto acabava de ouvir. Eram, pois, os drávidas um povo inocente e puro, que se preservara do mal por via de uma concepção ingênua da vida. Ao passo que os *wirudas* haviam-se entregado de corpo e alma ao reino das trevas.

Não via Siddharta como principiar, como deixar entrar luz nessas pobres almas, mas, ao repetir, cheio de horror, os nomes dos deuses que acabava de ouvir, percebeu que não lhe eram de todo desconhecidos, senão denominações rudemente deturpadas de outros termos. Assim, Schuwi não seria outro senão Wíschnu, e Hagschr a forma deturpada de Schagra.

— Os teus deuses, falou Siddharta com toda a firmeza, dirigindo-se a Wiruda-Sawa, não te podem fazer mal algum, desde que não tenhas medo deles. Fabricados por mãos humanas, mãos humanas podem destruí-los.

— Sim, apressou-se em dizer Wiruda-Sawa, essas são apenas imagens deles, mas também contra elas nada devemos intentar, do contrário se vingarão.

— Se essas são somente suas imagens, onde estão eles próprios? respondeu Siddharta, contente por ter encontrado um ponto de conexão.

— Por toda parte, respondeu o outro, timidamente. Estão sempre em redor de nós.

— E que me aconteceria se eu destruísse essas imagens? perguntou o pregador.

— Não sei. Provavelmente serias fulminado por um raio, ou o próprio deus te estrangularia.

— Asseguro-te, Wiruda-Sawa, que nada disso sucederá. Presta atenção!

Antes mesmo que o outro pudesse impedi-lo, Siddharta empunhou a arma do príncipe, que pendia da parede, e atravessou com ela um dos ídolos, traspassando-o lado a lado.

Num grito de horror, Wiruda-Sawa tapou os olhos com as mãos. O aposento continuou em silêncio. Nada aconteceu.

— Olha aqui! exclamou Siddharta. O ídolo está destruído mas deus algum se manifestou. Sabes por quê? Porque deus nenhum existe que se pareça com este monstro. Há poderes das trevas que talvez se assemelhem a estes ídolos, não os conheço. Nem os tais se atrevem a aproximar-se de mim, porque eu sou servo do Senhor dos Mundos!

Wiruda-Sawa lançou ainda uns olhares cheios de medo para os pedaços de madeira espalhados pelo chão e perguntou:

— E estarei também seguro por me achar junto de ti?

— Sim, protegido já estás, só pelo fato de haveres reconhecido que o teu ídolo nada é. Porque estás no firme propósito de seres um aprendiz da nova fé. Pensa só nisto, Wiruda-Sawa: se os vossos deuses tivessem realmente poder, teu antecessor não teria sido despedaçado pelos tigres, como eu consenti que o fosse. Quem imaginas tu, então, que tenha dado a mim o poder sobre as feras?

Sem visar resposta a esta última frase, Wiruda-Sawa antecipou-se:

— Nem merecia coisa melhor, aquele truculento!

Percebeu Siddharta que essa alma procurava fugir novamente de suas mãos. Preciso era uma demonstração de força mais positiva. E assim foi. Com toda a resolução deu cabo do segundo ídolo, sentindo-se bem em dar, de algum modo, livre curso à íntima indignação que ainda guardava. O próprio Wiruda-Sawa começava a ter menos medo. Não mais temia que um acontecimento qualquer estarrecedor pudesse sobrevir.

— Agora, propôs Siddharta, é bom que os criados lá fora acendam uma fogueira, na qual lançaremos estes cacos inúteis.

Siddharta por certo que esperava uma reação da parte do outro, mas Wiruda-Sawa estava bem satisfeito. Quando a chama se ergueu, viva e fulgurante, Wiruda-Sawa mesmo ajudou o mestre a arremessar na fogueira os velhos ídolos e, inesperadamente, em tom de triunfo, pôs-se a cantarolar:

— Ardem agora, aqui, Schuwi e Hagschr, falsos deuses, fracos demais e covardes para se vingarem da destruição de suas imagens. Sentem medo do grande e estranho Deus. Vinde, minha gente, vinde ver como eles ardem na fogueira!

Cantarolava e dançava em torno do fogo vivo. Outras pessoas vieram compartilhar. O tumulto foi avultando cada vez mais, porquanto os demais também passavam a entoar a cantilena, se é que podemos chamar de cantilena uma série de vozes sem entoação regular de canto, proclamando que ali ardiam para sempre as imagens de Schuwi e de Hagschr.

Quando a fogueira ameaçava de se apagar, foi um corre-corre de todos, para irem buscar em suas casas outras medonhas imagens, a fim de lançá-las também para a destruição nas chamas. E tais como eram, de horrível aspecto, arremessavam-nas às labaredas que cresciam, a cada momento, com o novo lastro. Um após outro, desapareciam os ídolos.

Mulheres e crianças contemplavam a cena a distância, tendo vindo ali na suposição de que se ofertava um sacrifício a seus deuses. Vendo, porém, o que na verdade acontecia, punham-se a bater palmas e a rir gostosamente. Meninos, por sua vez, munidos de uma espécie de tamborzinho, muito barulhentos, produziam uma algazarra ensurdecedora.

De coração agitado pela emoção, Siddharta e seus dois alunos contemplavam aquelas repulsivas imagens, na convicção íntima de que verdadeiramente um grande passo para a frente tinha sido dado. Siddharta, contudo, ainda via mais.

Via como surgiam, por entre o crepitar das chamas, figuras de um aspecto horrível, a saber, todos os malignos pensamentos de que estavam impregnados aqueles ídolos!

E essas formas ainda teimavam em recair sobre aquelas pessoas agitadas que gritavam. Outras figuras transpareciam, também, dentre as chamas, minúsculas figuras, não formações de espectros, como as outras, mas entes, seres luminosos, coloridos e claros que enfrentavam aquelas formas, afugentando-as até serem aderidas à fumaça, desvanecendo.

"Rendo-te graças, Senhor da Eternidade, pelo dom de poder enxergar essas coisas!" orava Siddharta, profundamente impressionado com tudo quanto via. "Que felicidade sabermos que, a todo o momento, somos envolvidos por teus servos, que são nossos auxiliadores."

Finalmente, decorrido longo tempo, a fogueira deixou de ser alimentada, foi-se desfazendo aos poucos e, estalando, apagou-se. O ambiente, ao redor, era quase tétrico. Tomando fôlego, os agitados dançarinos foram voltando à calma. Chamou-os, então, Siddharta e, ordenando que se acomodassem junto dele, disse-lhes que tinha algo para contar.

— Contar!

Como não? Pois não se mostravam radiantes como crianças que vão ouvir uma linda história? E jamais poderiam ouvir algo melhor. Começou, então, a lhes contar como tinha visto saírem das chamas aquelas figuras de mau aspecto, que afinal foram dissipadas pelos servos do Senhor dos Mundos, que as impeliram para o lado da fumaça, com a qual se misturaram e desapareceram. A fumaça, por sua vez, foi desfeita pelo vento.

Siddharta, além do mais, estava-se revelando um contador de histórias de mão-cheia. Nem ele mesmo supunha como sabia descrever tudo com precisão, de modo vivo e atraente.

Todos ficavam como que presos a seus lábios, e ninguém ousava pôr em dúvida o que ele dizia.

Mesmo porque, nenhum dos ouvintes meditava suficientemente sobre o que acabava de ouvir, de modo a poder levantar objeções. Aceitavam tudo passivamente, como quem ouve um conto de fadas. Concluída a narrativa, pediam-lhe que no dia seguinte contasse novamente.

— Quando é que tornaremos a acender outra fogueira? era só o que desejavam saber.

— Nós já queimamos todas as imagens, disse Siddharta, aliviado.

Mesmo assim, diante dos insistentes pedidos dos ouvintes, prometia-lhes que tão logo achassem outros ídolos estaria disposto a improvisar nova fogueira.

Extenuado, cheio de repugnância, não obstante com o coração transbordando gratidão, Siddharta recolheu-se à noite, para descansar. Tinha completado mais um dia de excelentes resultados.

Na manhã seguinte apareceu Ananda, muito preocupado.

— Senhor, os sacerdotes estão muitíssimo exaltados contigo. Queimaste as imagens com que faziam milagres e querem, por isso, matar-te.

— Crês, tu, então, Ananda, que eles me possam fazer algum mal? perguntou Siddharta, com a maior serenidade. O Senhor dos Mundos tem ainda necessidade de mim para Sua grande obra e, assim, enquanto eu esteja em condições de servi-Lo nada me acontecerá, ainda que todos os sacerdotes de Wiruda tramem para me prejudicar. Eu te agradeço, contudo, pelo teu aviso, que talvez me sirva para quebrar de vez o prestígio dos sacerdotes.

Ao meio-dia, aproximadamente, Siddharta foi chamado. Grande massa popular se achava reunida em praça pública, no mesmo lugar onde se achava a extinta fogueira da tarde anterior.

O fogo já estava aceso. Um amontoado enorme de imagens, consideravelmente mais malfeitas que as do dia anterior, ali estava para ser queimado. Siddharta aproximou-se. Sobre o monte de imagens corria de cá para lá um homenzinho vestido de vermelho, que só a ele era dado enxergar. Rindo-se, o homenzinho comentou:

"Esses *wirudas* não são nada tolos. Prepararam tudo isso durante a noite e hoje de manhã, para terem com que alimentar nova fogueira."

Desagradável surpresa. Em primeiro lugar Siddharta agradeceu ao saltitante homenzinho pela informação que lhe dera, depois pôs-se a refletir na melhor maneira de impedir isso. Brotou do seu íntimo um apelo de angústia:

"Senhor da Eternidade, nosso intuito não é certamente promover espetáculos: ilumina-me para que eu saiba o que devo fazer, na situação em que me acho."

Depois desta prece seu espírito se tranquilizou. Vagarosamente, tomou algumas daquelas tábuas em suas mãos e, sacudindo a cabeça, dirigiu-se aos maravilhados ouvintes, nos seguintes termos:

— Se lançarmos ao fogo estas tábuas é claro que somente maus pensamentos é que aparecerão nas chamas, uma vez que estas imagens foram feitas oculta e sorrateiramente durante a noite e hoje de manhã. Mas estai certos de que os servos de Deus não dispersarão esses maus espíritos, porque vós mesmos é que os atraístes sobre as vossas cabeças.

Como verdadeiras crianças envergonhadas diante de uma repreensão, ali estava o povo, de cabeça baixa, sem saber o que responder, sem ter mesmo qualquer desculpa para dar.

Extinguiu-se a desnutrida chama. Siddharta, porém, tornou a chamar as pessoas para junto de si, a fim de lhes dirigir de novo a palavra. Agora, mais aliviados, todos se aproximaram, sentando-se em torno dele.

Siddharta tomou a palavra; ia agora falar sobre o que são os servidores do Senhor dos Mundos. Descreveu-lhes minuciosamente como cumprem com solicitude todas as tarefas de que são incumbidos e como prestam auxílio aos seres humanos e os instruem, quando as pessoas se mostram dignas, cheias de pureza e prontas para receber esclarecimentos.

Ao redor dos homens, ouvindo a pregação, formou-se um círculo de mulheres e crianças. Ouviam em fervoroso silêncio. Siddharta foi falando, falando, até que o escuro da noite os compeliu a retornarem para as suas casas.

Ao dispersarem as pessoas, Siddharta pediu a Wiruda-Sawa que mandasse recolher dali o monte de tábuas e mandasse queimá-las. Não eram ídolos, propriamente, mas nem por isso deviam ser objeto de qualquer abuso. Dito isto, pretendia voltar para casa.

Foi quando uma mão grosseira o segurou por trás, ao passo que outra procurava agarrá-lo pela garganta.

Com a rapidez de um relâmpago, porém, Siddharta se voltou para trás e, com uma força que ninguém havia de esperar, repeliu o agressor. Este vociferou um insulto e desapareceu no meio do povo. Ninguém chegou a perceber o incidente e Siddharta, por sua vez, também guardou silêncio sobre o caso.

No dia seguinte, prosseguiu em suas pregações e narrativas. Enquanto eram só narrativas, todos se mostravam prontos a aceitar tudo. Quando, porém, se pôs a anunciar o Senhor dos Mundos, e que todos os que desejassem realmente servi-lo tinham de ser puros e de reta conduta de vida, a turba começava a mostrar-se aborrecida com o que ouvia. Ficavam irrequietos, cochichavam e riam, terminando por se retirar do local.

Apenas um reduzido grupo se havia chegado mais perto dele, grupo esse formado por alguns homens cuja fisionomia não era tão animalizada como a dos demais do povo. Seus olhos brilhavam quando o pregador lhes falava do Eterno, chegando mesmo, certas vezes, a interrompê-lo com exclamações de júbilo. Dentre eles, porém, não se encontrava Wiruda-Sawa.

Resolveu, então, Siddharta agir de outra maneira. Convidou os homens que tinham permanecido com ele até o fim a comparecerem no dia seguinte no pátio do palácio, sem que os demais viessem a saber disso. Não falaria mais na grande praça. Conforme havia determinado, assim foi feito. Dia após dia vinham os mesmos homens ter com ele e, quanto mais os ensinava, mais interessados ficavam em saber. Costumavam já levantar objeções a que ele prazerosamente respondia. De vez em quando traziam para ali uma ou outra pessoa que também desejava tomar parte nas reuniões, e Siddharta a todos recebia com bondade no círculo dos interessados.

Fazia alguns meses que vinha doutrinando na capital, já era tempo, pensava, de estender o seu trabalho pelo interior. Conclamou os homens que haviam-se tornado seus alunos a acompanhá-lo e eles, com satisfação, se mostraram dispostos a segui-lo.

Assim, certo dia partiu dali. Pretendia fazer com que voltassem os homens armados, mas tanto Ananda como Maggalana o convenceram que não o fizesse. Nessas circunstâncias, terminou levando-os consigo.

Nessa caminhada passavam por terras férteis, mas negligenciadas. Onde quer que encontrassem uma localidade, ali permaneciam. Siddharta dirigia a palavra aos habitantes, ao passo que os *wirudas,* que o acompanhavam, entravam pelas casas adentro em busca das horríveis figuras de ídolos, lançando-as ao fogo.

Nisso tomavam todo o cuidado para não promover tumultos. Siddharta já os havia prevenido de como eram terríveis as danças rituais.

Se acontecia de o pregador achar alguma alma que manifestasse desejo de conhecer melhor as coisas do Eterno, prolongava a sua permanência no lugar. O comum, porém, era prosseguir desanimado em sua caminhada, decorridos que fossem dois ou três dias de demora.

Às vezes, novos adeptos nas localidades visitadas se juntavam ao grupo. Eram, então, incluídos dentre os que primeiro haviam aderido, deles recebendo instruções.

DESSE modo o tempo passou num sopro. Nem mais sabia há quantos meses vagava nessa peregrinação. Dois anos, talvez? Ninguém poderia dizê-lo. Tinha percorrido o país dos *wirudas* em todas as direções, acompanhado de um grupo de alunos que orçava, talvez, por uma centena. Assim se viu um dia chegando ao pé de uma cordilheira de regular altitude, que era a fronteira do reino. Apesar de todos se sentirem fatigados, encorajou-os a subirem a montanha. Resolutamente assumiu a dianteira, palmilhando as estreitas trilhas abertas pela passagem das cabras. Mas tudo aconteceu melhor do que esperava. Mesmo aqueles que o seguiam avançaram sem reclamar.

Antes mesmo do pôr do sol, atingiram o alto e olharam para baixo. Como um tapete desenrolava-se o verde da fértil planície dentre as elevações maiores ou menores da cordilheira. Lá embaixo as vagas ondulantes do rio de Krischna rolavam para o mar, que se divisava ao longe, como uma fita azul.

— Como é linda a terra dos *wirudas,* falou Siddharta dirigindo-se a seus adeptos; o seu povo, porém, ingrato, não tomou conhecimento dessa dádiva grandiosa, nem reconheceu a graça que lhe oferece o Eterno, fazendo-se anunciar por estas paragens. Eis aí a razão que vai trazer o extermínio completo deste povo, com exceção daqueles que estão comigo. Necessário é que desapareça inteiramente com todos os seus pecados, para que não fique rastro sequer de sua existência na Terra.

Assim falou Siddharta, em êxtase como um visionário, compelido por uma íntima e estranha força, nem mesmo estando ele consciente do que acabava de proferir. Seus adeptos, porém, o encararam, perplexos. Como poderia ser isto e de que maneira poderia acontecer?!

Maggalana aproximou-se do mestre, dirigindo-lhe a palavra. Siddharta voltou a si como se despertasse de um sonho, e quando o discípulo lhe narrou o que acabava de anunciar, uma nuvem de tristeza cobriu a fisionomia do pregador.

— Certo é que eu não tinha noção do que dizia, explicou Siddharta, mas Aquele, que falou por meu intermédio, sabe o que diz. É chegado o tempo de o julgamento do Eterno recair sobre o povo dos *wirudas*. Não é justo que esta gente a serviço das trevas se transforme em instrumento de perdição para os povos vizinhos.

Vós, que estais comigo, porém, nada tendes a temer, porque já vos tornastes servos do Eterno. Presenciareis, comigo, o perecimento de vosso povo, para que vos torneis testemunhas dos acontecimentos junto de outros povos.

Ao cintilante clarão das estrelas a noite passou; já se esboçava o amanhecer. Subitamente uma trepidação estranha, um estrondo pavoroso se fez sentir nas entranhas da Terra.

— São os servos do Eterno em atividade nas rochas, comentou Siddharta.

Uma lufada de vento, vento de tempestade, erguendo-se do mar em marcha vertiginosa, uivando e vociferando envolveu imediatamente as pedras sobre as quais se comprimia o grupo de Siddharta, uns fortemente agarrados aos outros.

— Atirai-vos ao chão! ordenou o pregador. Do contrário seremos todos arrebatados pelos servos do ar.

Desabou o temporal, a chuva jorrou impetuosa, a escuridão envolveu tudo. De vez em quando, fulguravam violentos relâmpagos. Esta cena durou horas. Para que os seus rostos não fossem fustigados pelos jatos da água que jorrava impetuosamente, os homens tiveram que ocultá-los de encontro ao chão, mas, nessa posição extremamente forçada, mal conseguiam manter a respiração.

Finalmente, a chuva foi cedendo, o ribombar dos trovões emudeceu, cessando a retumbância e os tremores que reinavam sobre a região.

O primeiro deles a erguer-se foi Siddharta, porém, mal tinha percorrido o ambiente com o olhar, quando um grito de horror irrompeu de sua garganta. Os demais se ergueram logo e, vendo o que tinha acontecido, prorromperam, também, em gritos de espanto.

Ali, onde horas antes terras férteis existiam, rolavam agora as ondas do mar, destacando-se apenas umas raras pontas de montanhas, formando ilhas insignificantes. A terra dos *wirudas* havia desaparecido por inteiro!

Profundamente emocionados, os sobreviventes olhavam para baixo. Ninguém ousava proferir palavra. Siddharta começou, então, a orar, rendendo graças ao Eterno, que os livrara de serem tragados naquele juízo final de adeptos das trevas. A seguir ordenou a seus seguidores que descessem a cordilheira pelo lado oposto, rumo a um novo reino que iriam encontrar. Todos concordaram plenamente com a ordem recebida.

Haviam-se tornado instrumentos úteis nas mãos do Eterno diante da pavorosa experiência que atingira a todos e a cada um em particular. Suas habitações, suas mulheres, seus filhos, seus rebanhos e utensílios de trabalho, tudo, tudo jazia lá, mergulhado sob as águas.

Só agora começavam a ver como a criatura humana nada é, e quão possante o Senhor dos Mundos reina sobre tudo e sobre todos. Uma palavra Sua basta para reduzir a nada todas as nossas maquinações. A primeira coisa que Siddharta fez foi manter reunidos consigo todos aqueles homens fortemente abalados pelos acontecimentos. Continuavam ajudando-o como faziam antes. Verdade é que estes que haviam sido doutrinados ultimamente não tinham sido tão dominados pelas trevas como os *wirudas* em geral. A maioria deles aderiu de boa vontade e com satisfação à mensagem que Siddharta e seus discípulos lhes trouxeram.

Siddharta começou, então, a distribuir seus discípulos em grupos pelo país afora. Por toda parte anunciavam o Senhor dos Mundos, despertando a compreensão da necessidade de se levar uma vida mais digna.

Siddharta, porém, tomou a resolução de aperfeiçoar sua doutrina, aprofundando-a quanto possível, com o objetivo de fixar residência no centro do país. Já há muito que vinha perambulando sem ter sossego. Adquirira nessas peregrinações não pouca experiência, parecendo-lhe que agora já era chegado o tempo de escalar outros para a realização dessas viagens.

Aos alunos que partiam, a fim de espalhar a doutrina, determinava que de tempos em tempos, a intervalos regulares, voltassem a ter com ele para ouvir coisas melhores e mais novas para as suas pregações.

Por seu lado, eles se comprometiam a relatar tudo a respeito de suas atividades e trazer notícias relativas ao progresso que porventura notassem entre as populações, no tocante ao conhecimento das coisas do Eterno.

É claro que, por sua vez, haviam de fazer novos alunos, desde que se mantivessem fiéis ao espírito da doutrina. Deviam trazer consigo esses novos alunos, que ele havia de mandar instruir, tão logo lhe fossem apresentados.

Flutuava em sua imaginação a ideia de fundar uma escola, semelhante à de Utakamand. Isso dependia apenas de encontrar o lugar adequado, o local que já se esboçava em sua imaginação.

Numa viagem a cavalo para o lado norte, entrou na região situada entre os dois gigantescos rios, o Ganges sagrado e o Indo, que os primitivos habitantes da região acreditavam ser o seu pai.

Imaginavam eles terem sido feitos da lama desse rio, tendo recebido o sopro da vida que Brahma lhes havia insuflado através dos raios da constelação do dia. Assim, consideravam sagrado também esse rio, com o qual sentiam a mais íntima conexão.

Entre as duas correntes estendia-se um deserto imenso, chamado Thar.

Este foi contornado a cavalo por Siddharta, com os seus companheiros, a conselho de seus pequeninos amigos, os enteais.

"Por toda esta região só encontrarás areia, por onde quer que andes. É uma região tristonha: procura evitá-la. Contornando-a, porém, mais para o lado norte, hás de encontrar uma paragem radiosa, opulenta e fértil. Edifica ali a tua cidade.

Não te deixes persuadir pela atração de te instalares numa localidade já formada. Bem sabes que com isso penetrarias na aura de irradiações impuras, num ambiente de ideias desfavoráveis. A cidade, porém, que tens de edificar, será consagrada ao Senhor dos Mundos, e desde o começo será toda brilho e pureza, clarificada por pensamentos inspirados pelo Eterno. Lembra-te disso!"

Inaudita alegria encheu o coração de Siddharta, encarregado que estava de edificar uma cidade consagrada ao Senhor dos Mundos. Forças para o trabalho não lhe haviam de faltar, visto que aprendizes, provindos de todas as castas, juntavam-se a ele. Dentre esses vinham operários dos mais variados ofícios.

Contou a alguns deles o que pretendia fazer. Todos se sentiam muito honrados e satisfeitos em partilhar de tal obra.

Enquanto ia tocando seu cavalo pelas estradas intermináveis, Siddharta muitas vezes punha-se a pensar como era isso possível, que em pleno centro do país existisse um deserto tão grande, e, logo ao lado dele, uma esplêndida região, ampla e fértil. Como esse pensamento retornasse a cada passo a torturá-lo, tratou de perguntar a seus pequeninos amigos enteais a razão de ser dessa desigualdade. Talvez pudessem eles informar como se haviam formado solos tão diferentes.

Estavam a par do assunto e com prazer o transmitiam:

"Há muitos, muitos anos passados, antes mesmo de esta parte do mundo ser habitada por criaturas humanas, tudo era estruturado de modo bem diferente. O mar, que agora se estende desmedidamente de ambos os lados das terras dos filhos do Indo, era antigamente fundido num só. Partindo da Cordilheira do Vindhja, que com muita dificuldade há poucos meses transpuseste a cavalo, até os mais altos píncaros do Himalaia, que agora já conheces, rugia o alto-mar. A terra que existia ao sul era uma vasta ilha."

"Não estou compreendendo", atalhou Siddharta atrapalhado. "E onde ficavam o Indo e o Ganges?"

Riram-se os homenzinhos que contavam a história.

"O sagrado Ganges não existia ainda, naqueles tempos! O Indo, vosso pai, como hoje ainda, descia Himalaia abaixo, lançando suas impetuosas águas diretamente no mar, visto que não tinha pela frente terras a percorrer."

"E os senhores já viviam aqui, naqueles tempos?" perguntou Siddharta. "Viram tudo isso com os próprios olhos?"

"Não, isso não. Antes de nós existiam por estas paragens seres mais fortes, mais possantes, encarregados de colaborar na transformação das montanhas e dos vales, no deslocamento dos rios e dos mares. As sereias do mar nos narraram, através de suas canções, como por determinação do Senhor dos Mundos, tiveram de abandonar a planície situada ao sopé das montanhas, que eram cobertas de neve. Houve, então, grandes deslocamentos das entranhas da Terra, rochas vieram para a superfície, terras surgiram das águas do mar e o mar foi obrigado a cindir-se para ambos os lados. Mas foi deixando atrás de si muita areia, vastas extensões de solo árido.

Também isso foi feito por determinação do Senhor dos Mundos, a Quem todos servimos. Sabe o Senhor por que assim o quis. Ali onde o mar deixou depositada a lama gordurosa da invasão, ali, onde resíduos de plantas e restos de animais apodreceriam no solo, formou-se a porção de terra fértil para a qual te conduzimos agora.

Desse modo o Indo pôde estender-se, recolhendo numerosos cursos de água que vinham de todos os lados, velozes, lançar-se em sua correnteza. Formou-se assim também o Ganges, que atravessa toda a vasta planície."

"Posso edificar em suas margens a Cidade do Senhor?" perguntou Siddharta, que havia acompanhado com vivo interesse a descrição dos acontecimentos feita pelos homenzinhos.

"Não", foi a resposta; "não deves situá-la perto demais das águas; estas costumam transbordar, inundando toda a redondeza. Para os campos será uma bênção, mas a cidade sofrerá com isso."

Levantou-se uma onda forte de vento, arrebatando consigo grãos de areia, como se fosse uma saudação do deserto de Thar. Só então pôde Siddharta compreender, claramente, a razão de ser da advertência dos homenzinhos, ao aconselharem que evitasse a edificação da cidade naquele ponto. Os grãos de areia irritavam a pele, escorregavam pela roupa adentro, entrando por todo canto. O nariz inchava, os olhos se inflamavam, e os ouvidos começavam a doer.

Afinal, não durou muito essa tortura, coisa de algumas horas. O que não teriam mais tarde de suportar, se os homenzinhos não lhes tivessem servido de guias? A gratidão de Siddharta era cada vez maior para com eles.

Quanto mais avançava para o norte com o grupo sempre crescente de adeptos, mais bela se tornava a paisagem, de uma indescritível opulência. Campos cobertos de árvores frutíferas de toda espécie, de uma proliferação superabundante, ligadas entre si pela ramagem de flores odoríferas de inebriante perfume.

Pássaros dos mais variados, de majestosa plumagem, povoavam a região, onde não se viam cidades, mas simples povoações, núcleos isolados.

— Quem quiser cultivar estas terras terá de ficar sozinho, observou Siddharta, dirigindo-se aos alunos que o interrogavam.

Quanto mais avançavam planície adentro, mais crescia o número de macacos, que iam surgindo aqui e acolá. Algazarra quase insuportável perturbava de vez em quando o sossego dos viajantes, que estudavam pelo caminho, sentindo mais do que nunca a necessidade do silêncio para suas meditações.

Esses bichos de longas caudas, irrequietos e parecidos com gente, importunavam os viajantes sem cessar, furtando, sem o menor medo, gêneros alimentícios e até peças de vestuário que lhes chamassem a atenção ou lhes despertassem a cobiça. Com mãos de agilidade impressionante agarravam tudo, tudo estraçalhavam ou tentavam usar o objeto surrupiado, usando-o naturalmente de modo inteiramente contrário aos seus fins.

Certo é que os viajantes já conheciam macacos de toda espécie, grandes e pequenos, mas, na quantidade que proliferava nessa região, jamais tinham visto. Hordas inteiras desses bichos tumultuavam nas matas, cada bando separado do outro, cada grupo rigorosamente segundo suas peculiaridades.

Não viviam em paz. Tão logo elementos pertencentes a outra tribo se aproximassem, desencadeava-se a luta e começava a guerra. Isso triplicava a algazarra reinante, de modo que os discípulos, com tristeza, comentavam:

— Como, então, haveremos de edificar aqui uma cidade dedicada ao Senhor dos Mundos, se os macacos virão logo roubar nossa paz, quebrar nossa harmonia?

Siddharta procurava levantar o ânimo de todos. No momento adequado haveria de aparecer, por certo, um recurso para isso. Bem sabia ele que bastava entrar em contato com os bichos e logo aprenderiam a respeitar a Cidade do Eterno.

Por enquanto, porém, não pretendia cuidar disso. Os seus companheiros tinham ainda muito e muito que aprender com os bichinhos.

Era só observarem como é detestável a tagarelice e como são inúteis as brigas contínuas, os contínuos desentendimentos.

Um dia os homenzinhos conduziram Siddharta para uma elevação de onde se descortinava, em espetáculo deslumbrante, toda a região. Terras férteis se estendiam de ambos os lados, banhadas, a curta distância, pelas águas do rio sagrado. Pela altura do meio-dia rebrilhava ao longe a coloração amarelada do deserto, ao passo que o olhar, voltando-se para trás, avistava altíssimos píncaros recobertos de neve.

O coração de Siddharta bateu mais forte: o Himalaia! Embora não se pudesse ver claramente, era, no entanto, possível perceber que lá estavam os montes sobranceiros de seu torrão natal.

Oh! a terra natal. Há quanto tempo já não havia mais Siddharta pensado nela. A lembrança da felicidade terrena como que se desvanecera no árduo desenrolar de sua peregrinação. Era como se estivesse revivendo um sonho. Agora, porém, palpitava de novo em seu íntimo uma saudade imensa de tudo aquilo que falava tão de perto ao seu coração.

E a voz, há tanto tempo calada, do seu guia, ecoou de novo em seu mundo interior:

"Siddharta, eis aqui o lugar apropriado onde deverás edificar a cidade consagrada ao Senhor dos Mundos, ao Eterno e Altíssimo Senhor! Será a cidade da sabedoria e do estudo, da pureza e do esforço para o Alto. Portanto, hás de fazê-la toda de pedras brancas, que lembrem sempre os grandes objetivos que dirigem sua edificação. A cidade deverá ser denominada Indraprastha."

"E aonde iremos nós achar pedras brancas?" perguntou Siddharta, profundamente emocionado com a ideia da construção. "Tudo quanto existe acumulado aqui pelas redondezas é cinzento ou avermelhado."

O guia ficou calado.

Siddharta comunicou a seus companheiros que iam permanecer ali e construiriam uma cidade. Para isso, era necessário que descessem a montanha e edificassem suas moradias ao sopé, ou a meia encosta. Feito isso, retornariam para ajudar nas obras, lá em cima do monte. Dominados pelo contentamento de terem, afinal, chegado ao fim da longa peregrinação, atiraram-se todos, de corpo e alma, à execução de suas tarefas. Foram, então, surgindo as mais diversas construções, de acordo com a índole de cada um. Lá no alto do monte, porém, colaboravam os enteais.

Em primeiro lugar foi construída a casa da escola. A planta foi transmitida em sonhos a Siddharta, de modo que, no dia seguinte, já estava perfeitamente a par do que devia fazer, realizando-o sem qualquer esforço de reflexão.

Na primeira manhã de trabalho, já o mestre deparou ali com uma quantidade enorme de macacos, fuçando nas pedras brancas. Os auxiliares enteais estavam de um lado, aparentemente gozando a curiosidade irrequieta dos bichos, que farejavam e mexiam em tudo.

A Siddharta, porém, isso parecia uma profanação. Pediu intimamente auxílio de cima, dirigindo-se em seguida ao irrequieto bando, calmamente, mas com toda a firmeza:

— O que vamos construir aqui é feito em honra ao Senhor dos Mundos e para dar testemunho Dele. Não compete a vós andar por aí, tocando e sujando a brancura das pedras. Bichos inteligentes que vocês são, devem compreender isso.

Alguns dos macacos acenaram prudentemente, outros arreganharam os dentes, mas todos, sem mais demora, foram largando o que seguravam com mãos sujas. Com isso, Siddharta encheu-se de coragem e continuou:

— Nós, homens, temos ainda de aprender como melhor servir ao nosso Senhor. Para isso temos necessidade de absoluto silêncio. Peço a vós que no futuro abandoneis de uma vez para sempre esta montanha, para que a algazarra de vossos gritos não venha a perturbar nossa meditação.

Siddharta falou com tamanha solenidade, quase não se lembrando que se dirigia a bichos, não a pessoas. É de se admitir, também, que os macacos tenham ouvido a palavra de Siddharta como simples ruído, como uma ressonância qualquer que passasse pelos ouvidos deles, captando, no entanto, o sentido da exortação: em respeito ao Senhor dos Mundos deviam abandonar a montanha!

Bem difícil era para eles isso, visto que estavam cheios de curiosidade em ver o que ia ser feito ali.

De repente, Siddharta compreendeu o que estava se passando e, contra a vontade, teve de rir de tamanha curiosidade inata. Pôs-se, então, a imaginar um outro modo de se fazer entender. Mas, um dos grandes enteais tomou a palavra:

"Agora, vês, ó homem, o motivo por que nos retraímos interrompendo o trabalho, deixando que os ágeis bichinhos ficassem à vontade. Há pouco, chegando aqui no alto, não o compreendeste imediatamente. Não deves pretender que os serelepes se afastem definitivamente daqui, que isso seria muito triste para eles. Deves, sim, estabelecer certas épocas em que poderão vir, simplesmente para espiar, sem tocar em nada. Eles respeitarão o silêncio, isso sabemos."

Siddharta curvou-se diante da prudência do enteal e concordou com ele. Encheram-se, então, de tamanha alegria os serelepes, como há pouco tinham sido chamados, que se puseram a grunhir fortemente, sendo preciso que o macaco-chefe desse um sinal agudo, impondo silêncio.

A construção progredia desembaraçadamente. Quando ficou concluída a casa da escola, com outras dependências necessárias, foi levantado um casarão para dar abrigo a mais ou menos cem pessoas, em acomodações separadas.

Siddharta não sabia ainda que destino dar a esta habitação, mas, como havia recebido a planta e instruções do seu guia, pouco se incomodava com o resto. Continha este prédio aposentos extraordinariamente pequenos e dois salões grandes, mas estreitos.

Essas duas construções ficavam próximas uma da outra. Pouco mais distante foi localizado o abrigo dos hóspedes, para dar acolhimento a visitantes. Seus aposentos eram espaçosos e arejados, rodeados de um vasto jardim. Mais adiante ficavam as dependências da cozinha, padaria e abrigo para o gado.

A princípio, Siddharta pensou que deveria transferir para o alojamento de cima o grupo que, provisoriamente, havia sido acomodado embaixo. Isso, porém, não parecia constar, por enquanto, das determinações do Eterno.

Edificadas as casas, Siddharta convocou todos os seus discípulos e adeptos numa larga esplanada que existia mais para o lado e ali, debaixo de altas palmeiras, rendeu graças ao Senhor dos Mundos pelo apoio que todos tinham recebido até aquele momento. Invocou bênçãos para a nova cidade, declarando que tudo quanto ali tivesse de ser ensinado, pensado ou realizado, o seria para a glória do Senhor, prometendo que era propósito de todos viver honestamente e em comunhão de espírito.

Passou, depois, a selecionar, dentre os adeptos, aqueles que deviam figurar na categoria dos primeiros alunos.

Eram ao todo mais ou menos setenta, entre jovens e mais velhos que, radiantes de alegria, desejavam abeberar-se na fonte do saber.

Em seguida, escolheu Siddharta os que deviam ocupar posições administrativas. Reservou para si a direção da casa, mas precisava ainda de professores que, sem dificuldade, encontrou dentre os seus discípulos.

Tinha necessidade agora de encontrar um comerciante, que quisesse assumir a direção dos negócios da cidade. Apresentou-se um aluno, já meio idoso, que disse estar disposto a ficar para sempre a serviço de Siddharta.

Deu-lhe o mestre o nome de Amuruddba, em recordação a um comerciante, seu antigo patrão. Assumiu Amuruddba o encargo de todo o movimento externo da casa. De comum acordo com Siddharta, competia-lhe determinar tudo quanto se referisse à acomodação de alunos e de hóspedes, prestando constante vigilância nesse setor, zelando, também, pela manutenção de víveres suficientes e frescos para a alimentação de todos.

Com toda a solicitude, assumiu o cargo. Imaginou logo que seria vantagem adquirir terras nas baixadas, para plantar cereais e preparar pomares. Sem demora, apareceram em quantidade, dentre as pessoas simpatizantes da causa, lavradores ali da região dispostos a colaborar. Cozinheiros, artífices, jardineiros e outros serviçais capazes de tomar conta da rouparia, do gado e demais ocupações foram sendo chamados, também aqueles que se sentiam habilitados a cuidar do banho diário para todos.

Restaram, afinal, apenas vinte homens mais idosos, para os quais não havia ocupação. Pertenciam todos à casta dos eruditos e contritamente imploraram que os deixassem ficar na Montanha.

Siddharta os acolheu por enquanto na qualidade de hóspedes. O que fazer depois, isso lhe seria revelado. Foi o que aconteceu: de repente, durante uma noite, Siddharta teve a intuição de como poderia ser aproveitada a casa grande, de aposentos minúsculos. Recolheria ali aqueles homens, que desejavam consagrar toda sua vida à adoração e ao culto do Senhor. Tinham de ser experimentados e submeter-se a determinados preceitos.

Antes, porém, de chegar a estabelecer que preceitos eram esses, deixou, sossegadamente, que os homens continuassem em dúvida quanto a seu futuro.

Não obstante, sentia-se impelido a ver logo solucionadas todas as questões terrenas e de ordem externa da casa, a fim de poder se dedicar desembaraçadamente à estruturação da doutrina. Tinha já refletido ponderadamente sobre isso; já havia descoberto muitas coisas novas, tendo já encontrado expressões melhores para situações surradas, vendo tudo sob outra e nova claridade. Disso tudo, todos poderiam partilhar com ele.

Quando a instalação interna da escola ficou pronta, os estudantes entraram. Com isso, ficaram vagos vários abrigos na encosta da montanha, que serviriam para acolher noviços.

A inauguração da escola devia ser marcada por uma grande festa da comunidade.

Um dia antes, chegaram de surpresa Ananda e Maggalana com um grupo de companheiros e noviços.

Por toda parte a alegria foi enorme. Enquanto os recém-chegados se enchiam de admiração vendo aquele esplendor em pleno topo da montanha, Siddharta deixou-se inteirar de tudo quanto haviam feito e sofrido. Tinham prestado bons serviços e chegavam justamente na hora certa de receber novos estímulos para prosseguirem na luta.

EM ESPLENDOROSA manhã, reuniram-se todos que, de alguma forma, faziam parte dali. Na vasta esplanada, Siddharta pediu ao Senhor dos Mundos que abençoasse a escola. Na presença do Eterno, apresentava, agora, uma série de determinações, para serem rigorosamente seguidas:

"Soberano Senhor da escola, como do núcleo colonizador, é o Senhor dos Mundos, o único Deus.

Ninguém, de forma alguma, poderá ser igualado a Ele, seja de que modo for, nem em pensamento.

Todas as criaturas do Eterno são, porém, iguais. Não há diferença de castas.

Todas as criaturas, sejam homens, animais ou plantas, merecem igual consideração. Contra elas, ninguém cometerá delito."

Tais preceitos se destinavam a todos os adeptos, indistintamente.

Para a escola, em especial, estabeleceu ele ainda:

"Não tomareis bebidas embriagadoras. Elas vos deixam abobados, desviando-vos ao pecado.

Vivei em castidade e disciplina. Banhai-vos todos os dias e cuidai de vosso corpo por gratidão Àquele que vô-lo concedeu.

Não mintais. Mentir é uma coisa abjeta: rebaixa tanto a vós como àquele que enganais. Todos nós temos o dever de falar a verdade. Não mintais sequer pelas ações, agindo em desacordo com o vosso modo de pensar e de sentir.

Ninguém tome de outrem o que a outrem pertence."

Tendo Siddharta apresentado estes preceitos, perguntou a todos se estavam dispostos a reconhecê-los. Uma aclamação jubilosa foi a resposta.

Mas estava também programado que os alunos, acompanhados de seus professores, deviam se reunir em uma das grandes salas da casa, a fim de ouvirem, em separado, a palavra de Siddharta. Acontecendo, porém, de terem chegado muitos hóspedes, além das pessoas que já ali se encontravam, todos desejosos de ouvir a aula inaugural, foi resolvido que ficariam todos naquele mesmo lugar, ao ar livre, visto que o sol ainda não estava tão quente.

Siddharta tomou a palavra:

— Amigos meus, meus alunos, visitantes e vós também, amigos enteais, que vos achais reunidos conosco, eu vos saúdo! Eis aqui a primeira palestra que vos dirijo sobre a doutrina do Eterno. Escutai bem e dai-lhe guarida em vossos corações. Espero proferir ainda muitas outras, mas de suma importância é esta primeira, de hoje.

Quando vos falava sobre a vida, dizia eu que é uma sucessão de sofrimentos, embora não pareça assim aos mais jovens que se encontram entre vós. Tais sofrimentos somos nós mesmos que os atraímos contra nós, principalmente através dos nossos desejos errados. Precisamos, portanto, destruir, afastar esses maus desejos, e o sofrimento não terá mais força de nos ferir profundamente como fere.

Agora, uma novidade, que tenho ainda para vos dizer. Escutai!

Se for nosso propósito expulsar os maus desejos, temos de nos transformar. Como, então, haveremos de fazer isso, principalmente nós, os mais idosos, que já vivemos a maior parte de nossa vida?

Longamente andei meditando sobre isso e de cima recebi o desejado auxílio. Achei o caminho da completa transformação do homem. Consiste em oito tópicos, sendo que cada um deve ser primeiramente vivido, antes de podermos entrar no item seguinte. Não podemos, também, saltar nenhum deles, porque um decorre do outro.

Se quiserdes, mesmo, palmilhar comigo esse caminho, então entrai primeiramente no setor em cujo portal se encontram as seguintes palavras:

Fé Verdadeira

Tendes de proferir com a mesma entonação ambas as palavras. Porque tudo depende da fé, e que seja verdadeira. Sem fé, estareis desarvorados. Tão só da fé é que nasce o saber. Mas preciso é, também, que a fé seja a fé verdadeira: tendes de vos firmar, inabalavelmente, na convicção de que o Eterno é o Senhor dos Mundos.

Todos os demais, como Schakra, Wíschnu, Schiwa e Lokapales são seus servos, que somente vos podem prestar auxílio, se com eles estiverdes servindo ao Eterno. Maro é o Maligno: fugi dele!

Se acreditardes nisso de maneira firme, com toda a vossa alma, atingireis o segundo degrau, acima do qual está escrito:

Resolução

A fé no Senhor dos Mundos deve ser tal que tomeis a resolução firme de servir unicamente a Ele, de considerar que individualmente sois insignificantes e de abrir mão de todo erro vivido até agora.

Tendes de começar uma nova vida, o que a maioria de vós outros já conseguiu fazer. Abaixo com os velhos erros! Abaixo com tudo o que ameaça acorrentar-vos ao passado! E alcançareis assim, quase que imperceptivelmente, o degrau seguinte, que se chama:

A Palavra

O Eterno repele os servos tagarelas. Deveis ser comedidos com as palavras, e, mesmo a palavra, que ides proferir, deve ser bem examinada se é ou não de verdadeiro conteúdo. Aqui se impõe o preceito: não mentireis! Meditai sobre isso. Coisa fácil é pecar por palavras; coisa impossível consertar a integridade partida.

Das palavras, porém, nasce:

A Ação

Eis o passo seguinte. O resultado é indiferente, se as vossas palavras vos levam diretamente ou conduzem outros para agir. Se forem boas palavras, hão de gerar boas ações; se não tomais conta de vossas palavras, surgem as más ações, que prejudicam a vós e a outros; tomai cuidado! Assim, empregai todas as vossas forças no sentido de não deixar passar um dia sequer sem que tenhais feito pelo menos uma boa ação. Exercei domínio, disciplinando a vós mesmos! Exercitai-vos em realizar tarefas que vos pareçam difíceis. Se o fizerdes, com muito mais facilidade vos tornareis senhores deste grau de realização.

E agora, tendo de anunciar o item seguinte, muitos de vós hão de esboçar um sorriso. Chama-se ele:

Viver

Sim, haveis de dizer, é coisa tão natural, pois todos nós vivemos. Se fosse para tocar nesse assunto, devia, então, ter sido mencionado em primeiro lugar. Não, meus amigos, vós ainda não viveis! Viver não é atender, como os animais ou plantas, somente às necessidades naturais. Viver é mover-se, movimentar-se, mostrar que estamos vivos. Viver é aproveitar ao máximo todos os momentos, seja no trabalho, seja na meditação. Esse modo de viver é que nos tira da rotina e nos prepara para um verdadeiro viver no Além, quando chegar a hora oportuna, a nossa hora de partir daqui. Eis por que o degrau seguinte é denominado:

Esforçar-se

Esforçai-vos, esforçai-vos em viver de tal maneira que possais encontrar de novo o vosso ponto de partida. Viemos do Além e para o Além é que devemos voltar as nossas vistas. Sabeis perfeitamente que isso não se conquista através de uma única existência. Temos de nascer muitas vezes neste mundo.

Uma coisa, porém, quero esclarecer-vos: voltaremos, sim, outras vezes, mas como pessoas, jamais como animais ou plantas. Eles pertencem a uma outra espécie. Uma e outra jamais podem ser amalgamadas. Os brâmanes ensinam que os coléricos renascem tigres e os tímidos como ratinhos. Pergunto-vos: que adianta isso? Farão, com isso, algum progresso? Absolutamente: não!

Voltaremos, mas como pessoas, como seres humanos. E voltaremos tantas vezes quantas forem necessárias para alcançarmos a dignidade de nossa origem, e isso acontece de modo que nós, em cada existência terrena, nos esforcemos, elevando-nos sempre mais e mais. A isso é que chamamos "Esforçar-se".

No momento em que tivermos atingido aquele grau do viver que torna a nossa vida um esforçar-se contínuo na direção certa, a nossa existência se converte em:

Gratidão

Gratidão para com Aquele que nos deu essa possibilidade. Sim, uma profunda sensação de reconhecimento domina nosso ser, ao passo que nos torna felizes e contentes. Quem é grato não tem tempo para lamuriar-se, e todo aquele que é grato o quanto deve ser, converterá em ação esse reconhecimento. Terá prazer em ajudar os outros, assim como foi ajudado.

Assim chegamos ao último degrau que só se oferece àqueles que conseguiram fielmente, passo a passo, transpor e vivenciar os anteriores. Chama-se:

Introspecção

Quando tiverdes atingido esse ponto, ser-vos-á dada a faculdade de mergulhardes dentro de vós mesmos e de ali ouvirdes a voz interior. Grandes coisas vos serão aí reveladas. Não o que porventura imaginais, senão aquilo que o Eterno fará anunciar-vos. E é no silêncio que envia Seus mensageiros para falar conosco. Assim, todo aquele que já atingiu esse ponto de mergulhar em si mesmo, seja em meditação, seja em oração, ouvirá vozes e saberá que mesmo aqui, neste mundo, já está em conexão com o Além.

Chegando a esse ponto já se tornou um novo homem: conseguiu superar todos os desejos e sofrimentos.

Uma coisa resta, ainda, para dizer-vos. Logo de começo, chamei a vossa atenção para o fato de que teríeis de percorrer passo a passo cada um dos itens de aperfeiçoamento. Bem claro ficou que não poderíeis saltar de um grau para outro, sem primeiro ter realmente cumprido o grau anterior. Com isso não quero dizer que o grau anterior fique, para sempre, excluído. Não deveis deduzir isso de minhas palavras.

Pelo contrário: o que adquiristes no grau anterior deve ficar ligado à vossa individualidade, tão adstrito ao vosso eu, que vos siga nos graus subsequentes como a mais inalienável das conquistas!

Profundamente emocionados todos ouviram as palavras do mestre, não havendo entre os assistentes um sequer que deixasse de entendê-las e que não saísse dali no firme propósito de palmilhar o caminho das oito etapas.

ÀS FESTAS sucedeu um período de imensa atividade. Siddharta se viu obrigado a dispensar mais atenções aos recém-chegados que aos demais. Ananda, principalmente, tinha muito que perguntar.

Preocupava-o o fato de não existir um templo na cidade consagrada ao Eterno.

— Não recebi incumbência alguma para construí-lo, informou Siddharta. Existe na escola um salão de devoções, como em Utakamand. É o bastante para os estudantes. Na casa grande, também, que eu chamaria de convento, existe, igualmente, uma sala de devoções. Os demais devem se reunir ao ar livre para orar. Além disso, cada qual pode orar onde achar melhor. É uma coisa que me repugna, fixar um lugar para isso.

É preciso que nos habituemos ainda uma vez a nos libertarmos dos templos consagrados a deuses. Então, talvez o Eterno nos conceda que Lhe ofereçamos um templo dos templos, um templo como deve ser.

Maggalana chegou. Tinha passado e repassado em mente o conjunto todo das construções do núcleo e estava ansioso para conversar com Siddharta.

— Mestre, disse com toda a timidez, consente que eu faça uma pergunta: qual a fonte de renda para o sustento de tudo isto?

— Pergunta a Amuruddba, que eu não me interesso por isso, foi a resposta tranquila que recebeu.

— Já perguntei, mestre, e a resposta me aterrorizou. Não me tenhas na conta de prepotente se ouso fazer esta advertência: o dinheiro está no fim. O que iremos fazer depois?

— Já adquirimos terras de cuja produção extrairemos o nosso sustento.

— Mestre, o que os campos produzem só dá para o gasto da casa. Se chegar mais gente de fora é preciso fazer compras. Além disso, temos necessidade de panos de toda a espécie para roupas, temos de comprar pergaminhos, tintas para os copistas e tantas coisas mais. E o dinheiro para pagar tudo isso?

— Não sei, Maggalana, respondeu Siddharta com toda a franqueza, sem perder a calma, em vista do que o discípulo procurava colocar impressionantemente diante dos seus olhos. Quando chegar o momento oportuno o Eterno também determinará o que devemos fazer nesse sentido.

— Mestre, mestre, o Senhor dos Mundos terá, então, de nos mandar orientar sempre e sempre nestas coisas terrenas? Temos que nos mexer e achar soluções.

— Tens alguma em vista, Maggalana?

— Sim, mestre. Penso que as pessoas que acolheste no convento, e que pretendes sustentar sem qualquer retribuição de trabalho, podem perfeitamente se encarregar de conseguir o dinheiro de que necessitamos. Faze-as andarem pelas redondezas com a sacola de esmolas, que recolherão em abundância, como fazem os brâmanes. Toda a gente dará alguma coisa, de boa vontade, podendo eles também lhes falar da doutrina, na medida em que estejam preparados para fazê-lo. Mesmo porque, pedir esmolas não é vergonha, acrescentou Maggalana, como se desculpando.

A sugestão obteve franco acolhimento, não só por parte de Siddharta, que assim via solucionada a desagradável questão de arranjar dinheiro, como, principalmente, por parte de Amuruddba, encarregado dos negócios da casa.

Tomou-se a resolução de preparar uns cofres de barro para as esmolas, semelhantes aos que os brâmanes usavam. Ananda, por sua vez, se ofereceu para providenciar o tecido necessário para vestir os irmãos mendicantes, ou irmãos pedintes, como deviam ser chamados.

Siddharta determinou que esses irmãos usassem uma batina amarela, como símbolo de que desejavam propagar a luz entre as trevas. Sob essa batina, numa dobra de pano azul, seria feita uma bolsa, suficientemente ampla para conter todos os objetos de uso pessoal: palitos para os dentes, navalha com que deviam aparar a barba e parte dos cabelos, agulha e linha.

Como deviam tomar banho diariamente, não lhes seria difícil lavar também essa peça do vestuário, que rapidamente secaria ao sol. Onde quer que estivessem, deviam dormir no chão, não sobre estrados.

Esse o motivo de seus quartos, no "convento", serem de tamanho tão diminuto, não podendo conter móvel algum. Uma simples esteira revestia o chão, mais nada.

Esses irmãos pedintes eram mantidos quase que em absoluta pobreza. Não obstante, Siddharta exigia que se mantivessem em perfeito asseio, de irrepreensível decência no vestuário, para assim se distinguirem dos mendigos comuns, envoltos em farrapos.

Não admitia o menor rasgo ou mancha na batina amarela. Tudo devia ser consertado a tempo. Quando não era mais possível fazê-lo, a roupa velha era substituída por um hábito novo.

Não era permitido, também, que todos saíssem ao mesmo tempo, em grupo, para pedir esmolas. Alternavam-se, obedecendo a um plano predeterminado, de modo que dispunham sempre de maior tempo para ficar no convento meditando sobre as coisas eternas, do que andar a esmo, pelas ruas.

Siddharta fazia questão de evitar que os irmãos se acostumassem a pedir esmolas e a viver perambulando pelas estradas.

Depois de tudo pronto e instalado, no momento em que ia começar a atividade normal da organização, aqui e acolá, tornaram a aparecer os macacos. Portavam-se, contudo, de maneira pacata, parecendo aguardar a oportunidade de chamar sobre si a atenção de Siddharta.

A oportunidade chegou. Certo dia, Siddharta estava no jardim, passeando de um lado para outro. Ia de tal modo absorto em meditação que havia perdido o almoço. Sentiu fome e começou a procurar pelo arvoredo alguma fruta madura para comer.

Subitamente surgiu, dentre a folhagem verde-escura de uma árvore, um bracinho peludo, oferecendo-lhe, na palma da mão, uma esplêndida manga madura.

Cheio de gratidão recebeu ele a fruta, prendendo, ao mesmo tempo, a patinha do animal, puxando o bichinho para fora. Não teve como deixar de rir, gostosamente, da divertida careta do macaquinho, que o encarava num misto de confiança e de encabulação. Imediatamente compreendeu Siddharta o sentido daquele afetuoso presente do animalzinho.

— Vós estais querendo é licença para andar por aqui, não é isso?

O macaquinho acenou depressa com a cabeça, afirmativamente.

— Vinde, então, antes do pôr do sol. Podeis ver tudo, uma vez que se portem decentemente e sem barulho. Por aqui não se tolera algazarra, nem furto de espécie alguma. Se quiserdes alguma coisa, tendes de pedir antes.

O macaquinho saltou árvore acima e desapareceu.

Siddharta, porém, comunicou aos da casa que havia consentido numa visita dos macacos. Ficaram todos contentes com a notícia, até mesmo aqueles que antes haviam se irritado com a algazarra e a peraltice dos bichinhos. Era um prazer recebê-los como hóspedes, restando saber quantos e em que quantidade viriam.

Vieram, e eram incontáveis os bandos que ali se apresentavam em determinadas horas. O desejo deles de se aproximarem dali e espiar tudo quanto existia era tal, que nem sequer pensavam em brigas: chegavam sempre em boa paz uns com os outros.

Ágeis, espalhavam-se por toda parte, subiam nas construções, corriam pelos telhados, espiavam pelas frestas, apareciam nas janelas e de pés macios corriam pelos aposentos.

O Consolador farejava-os, cheio de desconfiança, embora tivesse entendido que eram hóspedes do seu patrão. Os macacos, porém, pouco se importavam com o cão. Sentiam-se seguros, sob a proteção de Siddharta.

Não se ouvia um som da parte deles. Era um espetáculo ver como os bichinhos conseguiam dominar seu natural temperamento, dado ao barulho e à algazarra. Um dos alunos mais novos apontando para o lado deles, disse ao professor:

— Que vergonha para nós; conseguem ter um domínio sobre si como nós ainda não conseguimos.

Tendo Siddharta verificado que os bichinhos já tinham visto tudo, chamou-os para junto de si e elogiou-os pelo seu bom comportamento. Em seguida, deu licença para que fossem até as mangueiras, podendo cada um colher uma manga madura para si, para que, na qualidade de hóspedes, não se retirassem dali sem ser presenteados. Um grunhido de satisfação foi a resposta. Mesmo assim, alguns olhares suplicantes de alguns macacos davam a entender que desejavam algo mais. Siddharta compreendeu:

— Sim, podeis voltar aqui depois de a Lua ter ficado duas vezes redonda.

Sob grande demonstração de júbilo, os macacos bateram em retirada. Os moradores da Montanha, porém, por muito tempo ainda guardaram a lembrança divertida da visita dos irrequietos hóspedes.

Novos grupos de pessoas vieram pedir acolhimento. Como Siddharta tinha o costume de falar com cada um dos pretendentes antes de destiná-los à escola, ao convento ou às moradias, vivia sempre sobrecarregado de obrigações.

Desta vez o acesso ao convento foi maior que para a escola. Siddharta ficou admirado e perguntou a um dos homens mais idosos por que fazia tamanha questão de se tornar um irmão mendicante.

— Porque é um dos modos que temos de praticar o bem com mais frequência, foi a resposta.

Interrogado mais minuciosamente, o homem explicou que os irmãos mendicantes eram sempre bem-vindos lá embaixo. Serviçais que eram, não escolhiam espécie de trabalho, conhecendo toda uma série de remédios tanto para pessoas como para o gado em geral. Além disso, eram conversadores admiráveis: sabiam contar as suas histórias.

Toda gente se alegrava ao avistar um "amarelo", todos davam com generosidade, pois o que recebiam em paga era muito mais valioso que a diminuta contribuição da esmola.

O caso era uma novidade para Siddharta. Perguntou aos seus "amarelos" e veio a saber que eles, efetivamente, como retribuição às dádivas recebidas queriam de todo modo se tornar úteis para a população, tanto espiritual como materialmente falando. O que em nada vinha a ferir a ordem da comunidade.

Dentre os novatos, havia alguns que eram imbuídos de tal forma da ideia de sacrifício, que imaginavam estar servindo mal e imperfeitamente ao Senhor dos Mundos, enquanto não Lhe prestassem algum sacrifício.

Inutilmente procurou Siddharta convencê-los de que a quebra do eu já é o maior e único sacrifício, sacrifício por excelência, que alguém possa oferecer ao Eterno. Mas eles teimavam em apresentar algo de visível.

"Não sejas tão renitente", exortou o guia de Siddharta, ao notar a incompreensão da parte dos novos.

Depois, continuou:

"Dá-lhes algo para fazer, algo que seja muito difícil de realizar. Isso há de enchê-los de contentamento, não prejudica a ninguém e ajudará o progresso de suas almas."

Propôs, então, Siddharta que duas vezes por mês se abstivessem inteiramente de tomar qualquer alimento, durante o espaço de um a outro nascer do Sol. Isso os encheu de satisfação. E era um verdadeiro sacrifício.

Daí por diante, praticavam sempre o jejum por ocasião da mudança da Lua, mostrando-se extraordinariamente bem-dispostos nesses dias. Esse procedimento fez escola. Outros começaram a imitá-los. Pediram a Siddharta que convertesse o jejum em prática obrigatória da comunidade. Mas ele se opôs a isso, dizendo:

— Os homens jejuam porque desejam prestar um sacrifício a Deus. Todo sacrifício, porém, há de ser voluntário, resultante de uma íntima necessidade, do contrário não tem valor. Se quiserdes jejuar, fazei-o, independente de qualquer imposição regimental.

Todos acharam justa a ponderação. O jejum na Lua Cheia e na Lua Nova tornou-se então hábito geral. Mas se alguém entendia de quebrar o jejum, ninguém tinha nada a ver com isso.

N UMA atividade incessante, em esforço contínuo, corriam os meses, passavam os anos. Ninguém se apercebia disso. Os dias de jejum e as visitas dos macacos eram, de alguma forma, os únicos marcos do tempo para aqueles que assim não tinham necessidade de trabalhar na natureza. Notava-se ali, tão somente no ir e vir dos acontecimentos, que mais um ano havia decorrido nos reservatórios do tempo.

C ERTO dia, achava-se Siddharta recolhido em seu aposento. Amuruddba havia conseguido de um mercador na planície um manuscrito que lhe parecia de valor. Trouxera-o para o mestre, e este estava empenhado em decifrá-lo.

De repente, sons cortantes feriram seus ouvidos, sons que lhe eram familiares há muitos anos passados. Escutou. Não havia mais dúvida: um encantador de serpentes aparecera ali na comunidade da Montanha. Tinha de ir vê-lo.

Apressado, dirigiu-se ao jardim, onde foi encontrar, no meio de um círculo de estudantes e de professores, um velho que fazia três belas serpentes dançarem ao som da flauta. Interessando-se, vivamente, tanto por pessoas como por animais, Siddharta rompeu o grupo de espectadores e entrou na roda. O velho ergueu os olhos, os olhares se cruzaram e, num grito, quase de espanto, o mestre exclamou:

— Saríputta!

Era, em verdade, seu antigo e primeiro patrão, em fatigante caminhada, pela poeira das estradas. Sim, era Saríputta, que o havia instruído a pôr-se em contato com os animais. Podia, agora, dar-lhe o seu testemunho de gratidão, por tudo quanto contribuíra para valorizar as experiências por que passara, pela elevação e enriquecimento do seu teor de vida.

O domador de serpentes também o reconhecera, embora houvesse uma grande diferença entre o desprezível pária e o mestre, ricamente vestido. Nem se admirou, sequer, de encontrar aqui o seu empregado de outrora, no luxo e na opulência.

— Bem sabia eu, Siddharta, que devias subir na vida, sem o que não teria recebido a incumbência de instruir-te, disse com toda a naturalidade.

Alternadamente, começaram, então, a trocar impressões sobre tempos idos, diante dos alunos espantados, tempos em que haviam se conhecido e peregrinado, conduzindo serpentes.

— Não são mais as mesmas, explicou Saríputta.

Mesmo assim, o mestre se sentiu no desejo de verificar se ainda dispunha da habilidade de governar os belos animais segundo a sua vontade. Tomou da flauta e começou a tocar. Os tons que arrancava do instrumento, porém, nada tinham de comum com os tons estridentes que Saríputta produzia.

No primeiro momento, as serpentes se assustaram, depois se ergueram a meio corpo, fazendo com que os espectadores, com medo, recuassem bem para trás; depois, balançaram-se no ar e se enlaçaram, espetáculo nunca visto, sem igual.

Decorridos uns momentos, Siddharta deixou de tocar a flauta e se pôs a conversar com as serpentes. Pareciam estar à escuta. Dando toda a atenção, foram lentamente se aproximando e estendendo a cabeça triangular, aconchegando-se e subindo nas vestes de Siddharta. Ele passava a mão delicadamente sobre as serpentes, acariciando-as. Elas foram criando coragem, foram subindo cautelosamente pelo seu corpo, enlaçando-o, mas com tamanha doçura que ele mal sentia o peso delas. Como outrora, uma sensação de grande felicidade encheu a alma de Siddharta.

— Voltai agora para o vosso cesto, amigas minhas, ordenou Siddharta, amavelmente. Destes-me uma grande alegria com a confiança que em mim depositastes.

As cobras obedeceram. No grupo de estudantes, porém eclodiu uma exclamação de júbilo. Era extraordinário, nunca visto, o poder do mestre! O Eterno, sem dúvida alguma, deu-lhe poder para sujeitar homens e animais.

Saríputta, que nos primeiros momentos perdera a fala de susto, de admiração, confessou, afinal, o objetivo de sua vinda à comunidade. Tinha visto os "amarelos" lá embaixo, na povoação, e ouvido que estavam muito mais instruídos que ele a respeito dos deuses. Tinha vindo para pedir ao sábio mestre que o tomasse como aluno, para aprender.

Siddharta o aceitou imediatamente, podendo repartir o seu saber com quem lhe havia dado o primeiro apoio para consegui-lo.

— Não entrarás na escola, não, Saríputta, disse, com bondade; vais aprender comigo mesmo, quando quiseres. Também não receberás outro nome, porquanto todos os demais nomes de meus antigos patrões já se acham aqui reunidos, apenas o de Saríputta me faltava. Tu o conservarás aqui, para sempre.

E o que seria das serpentes? Saríputta não sabia realmente o que fazer com elas. Siddharta, porém, disse com toda a naturalidade:

— Elas mesmas é que devem resolver o que quiserem.

Aproximou-se delas e com elas começou a conversar.

— Minhas amigas: Saríputta resolveu ficar aqui na Montanha do Eterno. Nunca mais tereis necessidade de mendigar, dançando. Escolhei, vós mesmas, agora, que destino tomar. Vede: lá se estende a mata. Podeis estabelecer lá o vosso ninho, apenas sob a condição de não matar ninguém nestas redondezas da Montanha, exceto os ratos, que são nocivos. Se não quereis sujeitar-vos a estas condições, ide então para muito mais longe.

As serpentes ouviram com toda a atenção. Uma delas, como que num gesto de despedida de Saríputta, saiu em sua direção. Depois, deslizou para uma vegetação rasteira das proximidades e desapareceu imediatamente. As outras não fizeram o mesmo. Foram de um lado para outro e terminaram, afinal, entrando no alpendre de um depósito de material, manifestando, claramente, que haviam escolhido aquele lugar como seu futuro abrigo.

Siddharta ficou pensativo.

— Bem, estou vendo que fazem questão de ficar aqui conosco, disse, amavelmente. Aceito, pois, com prazer, a colaboração, podem ir vivendo por aí, ajudando no extermínio dos ratos. Nos pássaros é proibido tocar; já sabem disso. Mesmo assim, podendo acontecer de pretenderem se defender picando alguma pessoa menos precavida, é preciso que nos deixem extrair as presas, desde já.

Assim foi feito e, durante muitos anos, as cobras viveram tranquilamente, à vista de todos, ali na Montanha. Entre elas e o Consolador formou-se a maior camaradagem. Ajudavam o cão a afastar dali visitas indesejáveis. Passados dois meses, reapareceu a terceira serpente, deixando, também, sem relutância, que as venenosas presas lhe fossem arrancadas.

Aos poucos, escola e convento foram-se tornando pequenos para conter o grande número de pessoas que ali vinham pedir acolhimento. A pedido dos alunos e de acordo com o guia, resolveu Siddharta fundar outras escolas e outros conventos em vários pontos do país e ir colocando os seus discípulos na direção deles.

Onde quer que fosse viável, escolhia uma montanha para edificar sobre ela um convento ou uma escola. A parte externa da construção era sempre feita tendo por modelo a da Montanha do Eterno, não consentindo, porém, Siddharta, que, para isso, se empregassem pedras brancas. Surgiram, assim, conventos de cor vermelha, de cor cinzenta, bem como escolas de várias cores. A escola de que Ananda se tornou o diretor era toda feita de umas pedras moles, de tonalidade pardo-amarela, sendo chamada de "A Amarela".

Todas essas edificações eram, pelo próprio Siddharta, consagradas ao Eterno; embora ficassem distantes da Montanha, com elas mantinha incessante contato. Mensageiros iam até elas, visitas vinham até a Montanha, mas eram principalmente os enteais que, frequentemente, traziam notícias.

Um dia apareceu por ali Maggalana, acompanhado de numeroso grupo de cavaleiros. Dentre eles um havia que sobrepujava os demais e chamava a atenção pela sua fisionomia.

— Siddharta! exclamaram alguns veteranos moradores da Montanha, ao vê-lo.

Maggalana sorriu.

— Percebeis, também, a semelhança? perguntou, certo de uma resposta afirmativa. Desde o primeiro dia de sua entrada no convento vi que era parecidíssimo com nosso mestre. Por isso resolvi trazê-lo até aqui para que o próprio mestre veja do que se trata.

Logo apareceu Siddharta para recebê-los e, ao cumprimentá-los, ficando junto do outro, a semelhança ficou ainda mais patente. O próprio Siddharta ficou admirado. Era como se estivesse vendo a si mesmo, no tempo em que ainda era príncipe em Kapilawastu.

Estranhamente impressionado, Siddharta acenou ao hóspede que entrasse em seu gabinete de trabalho. Lá começou a interrogar o moço quanto ao seu nome e lugar de origem.

O estranho, que se achava tão emocionado quanto Siddharta, respondeu:

— Chamo-me Rahula.

— Rahula! exclamou Siddharta, quase fora de si, de alegria. Tu és, então, meu filho, que eu tinha na conta de morto. Que é feito de Maya, tua mãe, e de teu irmão Suddhôdana?!

O outro fitou-o, estupefato.

— Conheces, então, minha mãe, meu irmão? Quem és tu?

— Sou teu pai, Rahula; teu pai, que vos perdeu de vista, quando ainda eras criança!

Só agora é que Rahula compreendeu que havia encontrado o pai, por quem tantas vezes havia chorado, considerando-o morto. Pergunta sobre pergunta, cheias de ansiedade, que nem sequer davam tempo para responder, sucederam-se. Lentamente se foi acalmando a agitação dos dois homens, lentamente se foi restabelecendo a ordem nas ideias.

Siddharta ficou, então, sabendo da maneira miraculosa por que haviam escapado com vida e como conseguiram se arranjar depois.

Por longo tempo ficara Maya com os filhos refugiada nas montanhas, acompanhada de Kápila, o servo fiel. Rahula nem sabia dizer quanto tempo durou isso. Alimentavam-se de frutos silvestres.

Uma vez ou outra o enteal, amigo da mãe, providenciava alguma ave, que comiam assada, visto que nunca lhes faltou fogo, arranjado pelo mesmo enteal. Os meninos também conseguiam vê-lo, e terminaram querendo muito bem a ele. Chamavam-no "o nosso auxiliador", e o era, de verdade.

Um dia, homens piedosos, vindos do outro lado da montanha, chegaram ali. Disseram que um deus os havia enviado, a fim de buscar as pessoas que ali se achavam refugiadas e socorrê-las. Fizeram com toda a segurança o transporte de sua mãe e de Kápila no lombo de mulas, que haviam trazido. Às vezes, consentiam que Suddhôdana e ele também montassem.

Decorridos longos dias de viagem, chegaram a uma campina lindíssima, em que havia um convento. A mãe, Suddhôdana e Kápila foram acomodados numa cabana, muito bem instalada, nos jardins do claustro; e arranjaram trabalho para ela.

Sua tarefa era zelar pelas plantas medicinais do convento e conservar tratado o jardim, com a ajuda de Kápila.

A ele, Rahula, aqueles homens piedosos levaram para a escola do convento e ali o instruíram. Lá recebeu as primeiras notícias a respeito do Altíssimo e lá fizera os votos de servi-lo o resto da vida. Suddhôdana, também, foi levado para a escola, quando ficou mais crescido.

Há poucos anos, morrera Kápila e depois a mãe. Alegrava-se ela em ir tornar a ver na Eternidade o seu marido, que o destino lhe roubara. Jamais se deixou persuadir de que o príncipe havia sido arrebatado do lado dos seus por determinação do Alto.

"Brahma é incapaz de exigir de nós coisas absurdas", era o que sempre dizia. "E absurdo é um príncipe ter de abandonar sua pátria e sua família."

Os homens piedosos haviam prevenido Rahula que não aborrecesse a mãe, discutindo, querendo convencê-la de saber melhor. Ela se sentia feliz em suas convicções, que brotavam de uma fé sincera. Para o Eterno, não é preciso mais.

Foi dolorosa a notícia da morte da esposa para Siddharta, pois, desde o momento em que reconhecera o filho, avivou-se no seu íntimo a saudade que sentia de Maya.

Coisa curiosa: supunha que ela estivesse morta e agora, vindo a saber que Maya tinha vivido até há pouco, era como se a perdesse pela segunda vez.

— E depois da morte dela, como vos arranjastes, Rahula? perguntou Siddharta ao filho.

— Suddhôdana já há muito tinha sido levado pelos homens piedosos à corte de um príncipe, onde podia aprender tudo o que ele como tal precisava saber. Pouco antes da morte de nossa mãe, ele retornou para junto de nós e, a conselho dos irmãos piedosos, seguiu a cavalo para Kapilawastu, onde foi festivamente recebido pelo povo, como teu sucessor. O povo já andava farto de suportar o usurpador.

Era da vontade do Altíssimo que Suddhôdana assumisse o trono e, para isso, foi ajudado. Meu irmão conseguiu expulsar os inimigos e fazer-se soberano do país.

O nome "pai" soava para Siddharta de modo maravilhoso.

Coisas vividas, laços há muito tempo partidos começavam a querer ligar-se de novo em torno dele.

— E por que motivo tu, na qualidade de filho mais velho, não te fizeste meu sucessor? perguntou Siddharta.

— Não te lembras, meu pai, que fiz voto de consagração ao Altíssimo? Servi-Lo, parece-me muito mais belo do que tudo o mais. Quero ser servo e não rei.

Começou, então, Siddharta a narrar ao filho, em traços gerais, as peripécias por que tinha passado, ficando ambos admirados da maravilhosa proteção que havia guiado suas vidas.

— Deixa-me, pois, entrar em algum dos teus conventos, meu pai, pediu o filho. Eu havia-me apresentado a Maggalana, antes de ter notícias de ti. Se assim o desejares, retornarei com ele. Prefiro, porém, ficar a teu lado e aprender contigo.

— Hoje não podemos ainda resolver isso, disse o pai. Vamos deixar o caso nas mãos do Eterno, a Ele é que compete resolver quanto ao lugar onde tu deves servir.

À noite durante o sono, Siddharta foi plenamente esclarecido no tocante aos amáveis e sedutores laços que procuravam prendê-lo de novo, todas as vezes que ouvia mencionado o nome de "pai" ou simplesmente ao olhar para o filho.

O Eterno o teria, então, desligado de todas as coisas terrenas, para que ele, na primeira oportunidade, se ligasse de novo aos laços rompidos? Lutou tenazmente contra as forças que queriam afastá-lo de seu papel; de manhã, sentiu-se já aliviado da provação, afirmando ao filho que seria melhor retornar com Maggalana para o convento.

Rahula compreendeu a disposição do pai e curvou-se diante da sua grandeza. Passados alguns dias, montou a cavalo e foi-se embora, retornando a vida na Montanha à sua rotina.

Mas, isso não havia de durar muito. Chegou ali uma mensagem de Utakamand, comunicando a morte do superior dos brâmanes, que havia indicado Siddharta para ser seu sucessor. Suplicavam os brâmanes que fosse, ainda que pelo prazo de um ano, pois que eles mesmos pretendiam também se aprofundar na nova doutrina. Era seu dever atendê-los, dado que havia recebido na escola deles os primeiros conhecimentos.

Utakamand era uma das recordações mais gratas do mestre. Atendeu ao chamado com muito gosto, conquanto lhe fosse muito doloroso deixar a Montanha e Indraprastha. Animava-o a possibilidade aberta de anunciar a Mensagem do Eterno àqueles que já se achavam preparados, quase prontos para recebê-la. Devia ser uma coisa esplêndida trabalhar com eles, pensar com eles e com eles praticar o silêncio.

Levou tudo, porém, aos pés do Senhor e pediu a seu guia que lhe transmitisse a vontade do Senhor dos Mundos.

"Escolheste bem, Siddharta" foi a resposta. "No longo trajeto de viagem para Utakamand poderás visitar as escolas e conventos que foram edificados nestes últimos tempos. Hás de descobrir muitas falhas e de corrigir muitos erros. Mais que tudo, porém, vais aprender muitas coisas que te serão úteis e úteis, também, aos outros."

Como Ananda tivesse chegado ali há poucos dias, Siddharta encarregou-o da direção de Indraprastha e partiu dali, a cavalo, na companhia de uns raros e fiéis amigos, em direção ao sul.

A CAVALGADA durou semanas, embora ele quase não se detivesse em lugar algum. Sua preocupação era ir para diante. Quanto mais se aproximava do destino, mais crescia a sua ansiedade. Muita coisa estava diferente, novas localidades haviam surgido; de pequenos núcleos haviam brotado cidades.

Por toda parte encontrou o bramanismo vivendo em paz ao lado da doutrina do Senhor dos Mundos. Enquanto os adeptos de Siddharta, como eles diziam, não tinham templos, eram considerados inofensivos. A Siddharta, porém, os discípulos de Brahma representavam apenas um degrau abaixo da verdadeira doutrina. Convencido estava de que não seria difícil remover-lhes da vista o véu que lhes impedia a visão clara da espiritualidade.

Uma tarde, percebeu que ia passando numa região muito sua conhecida. Olhou para um lado, olhou para outro e, finalmente, compreendeu onde estava. Anoitecendo, mandou que os companheiros se acomodassem, ao passo que ele ia para diante, até uma enorme mangueira, onde certa vez já havia pernoitado.

Ali tinha tomado conhecimento de sua missão, ali se formara a convicção firme de sua crença! Desceu do cavalo, deixando que fosse pastar. Não tinha o hábito de amarrar animais que estivessem a seu serviço. Conversava com eles e aconselhava-os a não se afastarem muito dele, jamais tendo acontecido que algum houvesse se extraviado ou sofrido acidente.

Agora estava de novo ali, debaixo da árvore, sob a luz cintilante das estrelas. Concentrou-se, profundamente, e só achou palavras de reconhecimento para o Senhor dos Mundos que havia dirigido seus passos pela vida, de modo tão maravilhoso, que o havia socorrido sempre, dia após dia.

A essa manifestação de reconhecimento juntava os seus votos de bem servir, suplicando: "Senhor da Eternidade, faze com que eu me compenetre cada vez mais de ti!"

Do mesmo modo que em tempos idos, viu-se outra vez envolvido por uma onda de sons, da qual, em irradiações coloridas, se formou uma figura, semelhante a uma flor-de-loto. Mas ele não se via no centro dessa figuração. Um desenho cor de ouro, de uma beleza jamais vista, mostrava-se nas pétalas do loto, de um branco fulgurante.

E esse desenho falava à sua alma, ele o sentia nitidamente. Falava de um mundo que estava infinitamente acima de sua cabeça, não obstante preso à sua alma através de quase imperceptíveis fios dourados.

Escutava aqueles sons estranhos, procurava entender o que eles lhe diziam, absorvia aquelas cores em perene mutação. Não sentia mais a si mesmo. Era apenas um vaso no qual o Eterno vertia a Sua Graça, para que a administrasse e a transmitisse a outros. Ondas da divina força o traspassavam.

Sentia-se como criatura do Eterno, una com o ambiente todo, para o qual a força inteira fluía, por seu intermédio. Ao mesmo tempo sentia-se, também, puxado para cima, pelos tenuíssimos fios de ouro.

Subitamente pôde perceber a vibração concêntrica do Cosmos, da qual a ele era dado ser uma parte infinitesimal. Admirado, em êxtase, pôs-se em adoração.

Fluiu, então, vindo do Alto, aquele feixe de raios que já uma vez lhe fora dado ver, o qual, baixando, envolveu-o, conduzindo sua alma um pouco mais para cima. Novamente, conseguiu ver o Templo do Eterno "que é o mais baixo em sua categoria", como disse, de outra vez, a voz esclarecedora. Mas, agora, podia também entrar, não apenas contemplá-lo à distância. Podia entrar no Santuário e ali logo se achou no meio de uma comunidade de almas, às quais a sua pôde exclamar, jubilosa:

"Meus irmãos!"

Com elas começou a orar diante do Santuário, mas, inclinando a cabeça para o chão, não viu mais nada. Os olhos de sua alma estavam por demais ofuscados diante daquele esplendor.

Viu-se, em seguida, imerso num mar de sonoridade, debaixo da árvore. Diante dele fulgurava em sua maravilhosa pureza a flor-de--loto, com os seus magníficos desenhos. Ansioso, estendeu a mão para apanhá-la.

Sentiu, aí, como se a flor fosse colocada sobre seu coração e depois sobre sua testa. A impressão era como se estivesse penetrando fundo nesses dois pontos, despertando sensações inexprimíveis.

E a voz do mensageiro do Alto, sonora e vibrante, falou:

"Leva sempre contigo o Signo do Senhor. Guardá-lo-ás sempre em sua pureza e incessante brilho. Com ele terás o dom de conservares em plena luz a alma e os pensamentos, uma vez que não o empregues levianamente."

Depois disso, Siddharta nada mais percebeu, até que os raios do sol, de manhã, o despertaram, e seu cavalo o empurrou com o focinho.

Siddharta, porém, cheio de alegria, pensava: "O signo do meu Senhor, portanto, do Senhor dos Mundos? Posso, então, usá-lo? Quer dizer que com isso me assinalou para ser Seu servo?" Pensava ainda: "Por que, então, ainda desta vez não me vi no centro da flor-de-loto? Certamente, porque outra coisa qualquer ali se achava. A essa outra coisa eu devia ceder o lugar. Agora compreendo, o que isso significa: em outros tempos eu me tinha na conta de muito importante, cônscio de que tudo devia girar em torno de minha pessoa, agora aprendi que devo retrair-me. Agora sei, finalmente que tudo deve ser em consideração ao Senhor dos Mundos. Feliz de mim, de ter podido chegar a essa conclusão."

AGORA contemplava Utakamand do mesmo modo como outrora a havia avistado, em companhia de Maggalana. Mas hesitava ainda em entrar na cidade, pensando em gravar melhor, mais profunda e imperecivelmente no íntimo, todas aquelas impressões recebidas.

Pernoitou mais uma vez ainda ao relento e só no dia seguinte é que montou a cavalo, com desenvoltura, seguindo para o alto com seus fiéis, em direção à cidade.

A estrada tinha sido alargada até o cimo da montanha e assim, sem dificuldade, puderam continuar montados até lá.

Sua aproximação foi percebida: professores, alunos e brâmanes se apressaram em correr ao seu encontro. Foi acolhido com extraordinárias demonstrações de alegria.

Já não estava mais acostumado a uma barulheira dessas. Em Indraprastha talvez se trabalhasse um pouco menos, mas tudo era mais moderado e solene. Seria talvez pelo fato de os moradores da Montanha já terem recebido a Mensagem do Senhor dos Mundos?

Alguns dias decorreram em atividades ligadas à posse da direção da casa e assuntos conexos, só depois é que Siddharta começou a reunir diariamente o pessoal da escola para anunciar-lhes a palavra do Eterno.

Daí em diante era permitido a qualquer pessoa procurá-lo em seu gabinete de trabalho e perguntar o que quisesse. Só aí percebeu que não era tão fácil, como havia imaginado, fazer de um brâmane um crente em Deus. Havia sempre de permeio uma porção de ideias que atrapalhavam.

Os adeptos do bramanismo eram, por demais, aferrados a sua crença na reencarnação, segundo a qual cada pessoa precisava viver, pelo menos uma vez, como pedra, planta ou animal, aqui na Terra. Só atingindo a categoria de ser humano é que se libertava da sucessão dos nascimentos.

Siddharta mergulhava em meditações e orava para descobrir o melhor modo de demonstrar a total inconsistência da falsa doutrina. Finalmente, encontrou o que desejava.

Perguntou aos brâmanes qual seria o objetivo da reencarnação. A resposta foi arrasadora:

— Mestre, não ousamos dizê-lo. Em muitos casos é um castigo, em outros, consequência inevitável daquilo que nós mesmos semeamos.

— O que adianta, nesse caso, que eu na próxima encarnação venha a nascer como flor?

Tentaram de novo defender-se, alegando não sabê-lo; ele, porém, compeliu-os a que respondessem, como costumavam fazer quando um aluno fazia perguntas. Afinal, um deles tomou a palavra:

— Mestre, penso que, tendo de nascer como flor, isso servirá para me tornar mais suave, mais delicado.

— Sabes, porventura, o que já foste alguma vez? Não? Que adiantam, nesse caso, as sucessivas reencarnações?

Começou, aí, a mostrar-lhes que a reencarnação é uma graça do Senhor dos Mundos, que dá aos homens a possibilidade de trabalharem pela sua elevação. O aperfeiçoamento, porém, só se verifica em linha direta. Um vaivém contínuo, ora como homem, ora como animal, como pedra ou planta, não adianta nada, apenas desvia do caminho certo. Uma vez homem, homem sempre! Mas sempre na vontade firme de melhorar, de elevar-se em direção à origem.

— E qual a nossa origem? desejavam saber.

— No Além, foi a resposta. Mais, não vos posso dizer. Sei que viemos do Alto e que os nossos caminhos, quando certos, nos reconduzem para o Alto. Isso não é bastante?

Em outra ocasião, queriam saber qual o conceito de "pecado".

— Tu falas, mestre, de pecado e de culpa, ao passo que nós, até agora, só conhecíamos "erros". Existe uma diferença?

— Erro é aquilo que nos leva ao pecado, respondeu Siddharta, depois de breve meditação. "Pecado", todavia, é tudo quanto pelo nosso próprio proceder, nos separa do Eterno.

— O pecado pode ser perdoado?

A resposta de Siddharta foi um simples e lacônico "não"!

Eles se assustaram.

— Pois como, mestre: se alguém, então, te fizer um mal hás de condená-lo para todo o sempre? E se ele reconhecer o erro, arrepender-se e procurar sanar o que fez, não lhe perdoarás? O Eterno não é, acaso, muito mais generoso que nós, homens? Por que, então, não há de perdoar?

— Sim, perdoar ele perdoará, pois que é a Bondade, a Graça, mas é também a Justiça! Ele perdoará por certo, mas nós é que não perdoaremos a nós mesmos. Temos de nos salvar a nós mesmos, salvar-nos dos laços que nos querem enredar, salvar-nos do pecado que estende os braços para nos prender. Ninguém, senão nós mesmos, poderá fazer isso por nós.

Não conseguiam compreender isso. Havia, para eles, uma contradição nas palavras do mestre. Siddharta percebeu bem isso e sentiu logo que só conseguia exprimir de modo imperfeito aquilo que guardava com toda a clareza dentro de si. Se dissesse às pessoas que poderiam obter perdão para os seus pecados, não se esforçariam mais para melhorar seu teor de vida; disso estava certo.

Seria mil vezes preferível que continuassem suspirando, remoendo suas culpas. Assim conservavam-se alerta. Cada vez lhe parecia mais claro que seu povo era constituído de sonhadores, que se comprazia mais em divagações amáveis, que se sujeitar a uma disciplina rígida de trabalho. Daí o haver se formado o conceito do Nirvana, do grande Nada, no qual a alma purificada podia, afinal, dissolver-se, a fim de repousar de suas peregrinações terrenas.

Teve de combater essas ideias com todas as forças. Como é que tinha formado um juízo tão errado sobre os brâmanes? Teria sido talvez pelo fato de ter passado pelo crivo da crença deles para chegar à descoberta da verdadeira fé; era possível que com todos acontecesse assim. Esses moles e fantasiosos adoradores de Brahma não lhe facilitavam alcançar suas almas.

"Ó Eterno, Senhor dos Mundos, ajuda-me! Não peço para mim, para minha glória, quero, apenas, que os homens Te reconheçam e Te sirvam!" assim suplicava, frequentemente.

O prazo de um ano que havia separado para Utakamand passou num sopro. Não havia conseguido ainda metade sequer do que achava necessário fazer antes de abandonar a escola. Pretendia deixar Maggalana em seu lugar. Ele, que ainda fazia lembrar tanto o antigo Maggalana, que o havia trazido para ali, ele é que viria dirigir Utakamand.

Mas, antes era preciso preparar o terreno. E Siddharta continuava em grande operosidade, não se cansando de agir. Todos se agarravam a ele, tanto velhos como moços, ouviam reverentemente suas palavras e as repetiam entre si. Era, porém, um escutar absolutamente infrutífero, as almas não se mostravam tocadas pelo seu ensino.

Siddharta procurou ainda mostrar a todas as pessoas dali o caminho dele mesmo e induzi-los a covivenciar cada grau de desenvolvimento. Também isso nada adiantou: não iam mesmo para diante. Escutavam, sim, mas era como quem ouve contar um conto de fadas.

Certa noite teve um sonho simbólico. Viu um menino que havia construído um curral com pedras de cor. Cada uma das pedrinhas era um touro ou um búfalo, uma cabra ou carneiro.

Brincava com tudo aquilo e não queria coisa melhor.

Um homem, aproximando-se dele, tomou-lhe as pedras.

"Material sem valor, disse-lhe o homem; tens aqui esses animais, que eu fiz, talhados em madeira; brinca com eles."

O menino, porém, começou a chorar, fazendo questão de suas pedrinhas, atirando fora os brinquedos de madeira.

"Que imprudente foi o tal homem", comentou Siddharta ao acordar.

"Devia primeiro ter brincado com o menino e com suas pedrinhas, para depois mostrar os animaizinhos de pau, que possuía. Aí, sim, o próprio menino haveria de querê-los."

E uma voz no íntimo de Siddharta falou:

"E tu?"

Como escamas que tivessem caído de seus olhos, ele viu o que havia feito de errado! Apesar de sua grande boa vontade, tudo estava errado. Tomara que já não tivesse estragado demais!

A partir desse dia começou a conversar com os brâmanes sobre Brahma e Schiwa, Wíschnu e Maro, Schakra e Lokapales. Ouviam com grande satisfação e com entusiasmo aceitavam tudo quanto ainda lhes dizia da atividade desses deuses, além do que até ali conheciam.

Contou-lhes muita coisa a respeito dos enteais, chamando-os de semideuses, para ficar na altura da compreensão deles. Eis que agora as almas se abriam, confiantes e receptivas, as mesmas que antes haviam se encolhido, temerosas de perder suas sagradas convicções.

Só então perceberam que não pretendia tomar nada deles, pelo contrário, queria oferecer-lhes mais coisas ainda, instruções que eles recebiam com mostras de grande alegria. E, assim, dentro de um prazo incrivelmente curto, já lhes pôde falar outra vez do Senhor dos Mundos, que é também o Senhor dos deuses.

Agora compreendiam tudo. Daí em diante era, então, um incessante dar e receber, uma convivência de estudos tão viva e alegre enchendo Utakamand, que até os velhos muros da escola pareciam querer estalar, sob a pressão dessa força.

Chegava ao fim o segundo ano, obtendo-se agora o que a princípio parecia ser impossível conseguir. Mandou, então, Siddharta uma mensagem a Maggalana. Semanas decorreram até que ali apontasse o leal companheiro de lutas, acompanhado de Rahula. Foi um encontro de indescritível alegria do pai com o filho, que estavam cada vez ficando mais parecidos.

— Deixa que Rahula fique como teu substituto aqui, pediu Maggalana. Ele bem o merece, e está mais adiantado que eu. Tem um dom todo especial para ensinar e compreender os outros. Quanto a mim, retornarei a minha esfera de trabalho.

— Sim, mestre, deixa Rahula aqui, teu outro eu. Quando nos dirigir a palavra, será como se fosse tu mesmo, pediam os brâmanes.

Rahula mostrou-se perfeitamente disposto a assumir a incumbência, quando o pai lhe ofereceu o cargo. Durante breve tempo pai e filho ensinaram ainda lado a lado, depois Siddharta despediu-se da escola, que agora lhe era duplamente querida. Via que, com a chegada de Rahula, entrava ali um espírito de grande operosidade, de ideias muito firmes, não encontrando mais acolhida ali qualquer tentativa de inquietação ou de desordem.

Siddharta pôs-se a caminho de volta, percorrendo, a cavalo, as longas estradas já tão conhecidas suas. Mais uma vez ainda pernoitou debaixo da mangueira, rendendo graças, enchendo-se de contentamento, orando e pedindo forças para seu trabalho. Desta vez, porém, nada iria ver. Não ficou imaginando "o porquê" dessa circunstância, preferindo fortalecer-se e meditar sobre a riqueza espiritual já acumulada através de experiências anteriores.

No trajeto de volta, foi visitando todas as escolas e conventos existentes pelo caminho. Agora dispunha de tempo, mesmo porque tinha recebido boas notícias de Indraprastha, por intermédio de Maggalana. Por toda parte, se revelavam proveitosas as experiências acumuladas durante sua estada em Utakamand. Havia-se tornado mais tolerante e mais bondoso.

A uns poucos dias de viagem, longe da Montanha, chegou a um convento onde, com grande espanto, foi encontrar mulheres em recolhimento. Vestiam-se do mesmo modo que os irmãos, a saber, uma batina amarela sobre vestido azul. Cobrindo a cabeça e os ombros, traziam um pano branco que mal deixava ver o rosto.

De momento, Siddharta não proferiu palavra, limitando-se a guardar as impressões recebidas. Sentia-se ali um ambiente de muito maior bem-estar que nos demais conventos, visto que as irmãs cuidavam não só do asseio como do enfeite da casa. Nos quartos, havia vasos com flores.

Seria possível isso?

— Que ideia foi essa de permitires o ingresso de mulheres? perguntou ao diretor.

— Mestre, foram elas que pediram. Bem sei que as mulheres são consideradas seres inferiores, porém, como tu aboliste as castas, declarando que todas as pessoas são iguais, deduzi daí que homens e mulheres estão, também, no mesmo pé de igualdade.

— Não, meu caro: estás misturando coisas certas com coisas erradas, observou Siddharta, pensativamente. Não há dúvida que diante do Eterno o que vale é o estado da alma, quer seja homem quer seja mulher. É possível até que as mulheres pertençam a um nível mais alto, porque têm sensibilidade mais fina. Certo é, porém, que desenvolvem uma vibração diferente da dos homens, tanto assim que, onde quer que elas tenham de permanecer durante algum tempo, logo cuidam de fazer seus arranjos para embelezar e tornar mais refinado o ambiente.

Isso é o que não podemos fazer em nossos conventos. Não é sem propósito que prescrevemos não só a maior simplicidade possível como até a abstenção de qualquer comodidade. É impossível homens e mulheres viverem no mesmo recolhimento.

Com grandes passos, Siddharta pôs-se a andar pelo aposento. Sentia necessidade de concatenar de novo as ideias. Afinal, o que sabia ele de mulheres? A única mulher que havia conhecido mais de perto fora Maya, que para ele era o suprassumo da perfeição terrena. Seria possível formar a ideia de Maya vivendo no convento?

Quanto mais imaginava, tanto mais se via forçado a responder com um "sim". O espírito profundamente piedoso de Maya se adaptaria a uma regra de disciplina, fosse qual fosse, e prontamente se submeteria a qualquer espécie de renúncia, mas – só agora começava a ver as coisas com clareza – havia de, forçosamente, opor-se a viver junto com homens estranhos, na estreiteza de um convento.

Esse é que era o ponto da questão. Se as mulheres se dispunham, mesmo, a viver vida conventual, que o fizessem sozinhas, para si. Seria, então, o caso de organizar-se um estatuto próprio para seu teor de vida, sendo uma atrocidade sujeitá-las a dormir no chão. Seu físico, delicado por natureza, não suportaria isso.

Nem era propósito do Eterno destruir invólucros terrenos. Queria apenas que os homens se tornassem rígidos para consigo mesmos, para que assim se fizessem instrumentos mais úteis.

Interrompendo esses pensamentos, Siddharta voltou-se, de repente, dirigindo-se ao diretor:

— Podes me dizer, meu caro, de que se ocupam essas mulheres que recebeste aí? Elas, também, saem para esmolar?

— De minha parte não mando que façam isso: vão de livre e espontânea vontade, apenas não levam consigo os recipientes para esmolas. Apesar disso, frequentemente trazem dádivas para casa. É melhor que perguntes a Anaga, que ficou encarregada de dirigir o departamento de mulheres. Não me entendo bem com essas criaturas, disse, meio envergonhado.

— Então, manda chamar Anaga.

O dirigente saiu, apressado, contente de se ver livre da prestação de contas. Ele de fato deveria ter perguntado antes de ter iniciado algo tão novo, mas é que Siddharta se achava em Utakamand. Assim procurava desculpar-se.

Apresentou-se a Siddharta uma senhora de aspecto delicado, de estatura média, curvou-se diante dele e ficou parada na porta. Tão pouco habituado estava a tratar com mulheres que nos primeiros momentos nem sabia como lhe dirigir a palavra. Mas seu cavalheirismo terminou superando o opressivo silêncio.

— Teu nome é Anaga, pois não? perguntou, amavelmente.

— Sim, senhor, disse, com timidez, num agradável tom de voz.

— Aproxima-te e conta-me o que tu e tuas companheiras tendes realizado aqui no convento. Por que deixastes vossas famílias? Por que foram inventar essa novidade que até agora nunca passou pela cabeça de ninguém?

Cada palavra que proferia soava mais alto e denotava maior animosidade da parte dele. As mulheres que vivam consigo mesmas, não é possível aproveitá-las no serviço do Eterno!

"Não mesmo, Siddharta?" inquiriu uma voz tênue, dentro dele.

Mas ele não quis dar ouvidos. Mandou que a mulher falasse:

— Vamos, dize o que tens de dizer! ordenou, não levando em conta que desse modo desencorajava completamente aquela humilde criatura.

Forte rubor anuviou a fisionomia da mulher, fisionomia deveras delicada, na qual dois olhos azuis sobressaíam brilhantes, quais pedras preciosas. Olhos azuis? Era coisa que nunca tinha visto antes. Fitou-os novamente e seu brilho sem igual tocou seu coração. Ele, que sabia entender a mudez dos animais, compreendia, também, agora, a alma que lhe falava através destes olhos.

E, assim, com muito mais delicadeza e bondade que antes, pôs-se a falar com a mulher que, trêmula e humilde, estava diante dele como uma flor de ternura.

— Anaga, senta-te aqui nesta esteira e vê se podes responder às minhas perguntas.

A mulher sentou-se, cruzou suavemente as mãos sobre o peito e baixou os olhos. O pano de seda que lhe cobria a cabeça e os ombros era de uma brancura imaculada.

— Vós, mulheres, ouvistes de alguma maneira falar a respeito do Eterno, não é isso?

Anaga inclinou a cabeça e balbuciou:

— Sim, senhor. Meu marido havia-se instruído no serviço do Eterno. Pôs-me a par de tudo, iniciando-me, também, no conhecimento das coisas que dizem respeito ao Senhor dos Mundos, conhecimento que ele achava mais importante que tudo o mais. Por seu intermédio, aprendi a respeitar o Eterno. Meu marido dizia que também a mim era dado servir ao Senhor, contanto que agisse sempre em Sua honra e glória. Meu marido, então, morreu inesperadamente, quando salvava uma criança de perecer afogada no rio.

Não pôde a mulher prosseguir na narrativa, visto que lhe era extremamente dolorosa a recordação desses fatos. Mas, Siddharta não queria perturbar, de modo algum, com uma palavra que fosse, a sequência de suas ideias. O que esta mulher lhe dizia era tão estranho, tão novo, tão emocionante, que se sentia ansioso para ouvir o resto.

Passados alguns minutos, Anaga prosseguiu.

— Não tínhamos filhos. Eu me vi inteiramente só. Não pertencia a nenhuma casta elevada, pela qual as viúvas se deixam queimar vivas juntamente com o cadáver do marido, que as leva consigo para o Além. Mulheres, pobres que somos, temos que nos haver de algum modo na luta pela vida, e isso bem sabes como é, senhor, suspirou ela.

A narrativa interrompeu-se novamente, ao passo que Siddharta percebia muitas vozes dentro de si.

"Homem, por que motivo jamais pensaste na alma de tuas irmãs? Só pelo fato de que, sendo homem, só os homens te pareciam dignos disso? Pensas, então, que o Eterno faz exceção de pessoas?"

Anaga interrompeu as vozes, continuando o que vinha dizendo:

— Dentro de mim já se havia manifestado um ardente amor pelo Senhor dos Mundos ainda em vida de meu marido. Foi ele que o despertou.

Agora, no entanto, esse sentimento havia atingido tal grau que Anaga não sabia como exprimi-lo.

— Via passarem pelos povoados os irmãos amarelos e comigo mesma ia imaginando que seria tão bom se existissem também irmãs amarelas, que poderiam visitar as mulheres, que os irmãos evitavam como coisa impura.

Comecei, então, a procurar mulheres que eu soube estarem passando necessidade. Às vezes era uma mãe com os filhos doentes, que eu ia ajudar. Outras vezes era uma mulher na miséria, não tendo o suficiente para viver: eu repartia com ela o que podia.

A todas que eu ia socorrer, porém, falava-lhes a respeito do Eterno, de Seu grande amor e bondade. Não havia uma que não quisesse ser Sua serva! Eu recomendava, então, àquelas que tinham marido e filhos, que agissem sempre como eu agia, no tempo em que Amaru ainda era vivo. Que levassem sempre sua vida em honra e glória do Eterno, que suas casas seriam abençoadas e prosperariam.

Às demais, porém, que como eu viviam ao desamparo, reunia-as junto de mim e ensinava-as como conhecer o Eterno, mostrando-lhes como de algum modo sempre poderiam ajudar as outras. Faziam direito como eu lhes dizia, dava certo e se sentiam felizes como eu o sou. Foi para mim a grande revelação.

Silenciou, de novo, a mulher, imersa em profundos pensamentos.

— Senhor, nunca contei nada disso a ninguém. Se agora o faço, faço-o na esperança de que não nos mandarás embora do convento. Escuta, agora, isto: eu estava orando ao pé da cama de uma mulher gravemente doente. Estava uma noite muito escura e o quarto era iluminado apenas pela luz fraca e vacilante de uma lanterna que havia no fundo. Eu orava, pedindo ao Senhor que me esclarecesse.

Repentinamente, uma claridade rósea inundou o quarto todo, perfumes maravilhosos me envolveram e músicas sublimes, como não há na Terra, encheram o ambiente. Imaginei que, sem mesmo perceber, tivesse sido arrebatada para o Além. Sentia uma leveza sem igual. Depois, até isso mesmo se desfez e não dei mais acordo de mim. Estás entendendo, senhor? perguntou ela, ansiosa, no afã de ser compreendida.

— Continua, Anaga, continua e não te perturbes, que estou compreendendo tudo, disse Siddharta para incentivá-la.

Mas ele mesmo se sentia profundamente emocionado. Essa mulher que estava diante dele, que ele mesmo havia menosprezado, como indigna, tinha sido merecedora de uma Mensagem do Alto!

— Quando assim me vi, inteiramente desprendida, surgiu repentinamente diante de mim um vulto extraordinário. Era a mais esplêndida figura de mulher que se possa fazer ideia. Vinha envolta em véus resplandecentes e trazia nas mãos um punhado de flores perfumadas de admirável brancura. Falava comigo, sim comigo, com a pobre Anaga, cujo pai e cujo marido tinham sido simples comerciantes. Que maravilha, senhor!

Até meu nome ela sabia! "Anaga", disse-me, "o Senhor dos Mundos aceita os teus serviços. Tua vida tem sido uma vida pura, e puros, os teus sentimentos. Persevera nesse caminho, e assim põe-te à frente das mulheres do teu país, ensinando-as, despertando suas almas sonolentas e delas fazendo servas do Eterno. Terás sempre a teu lado entidades auxiliadoras, para que saibas sempre qual a vontade do Senhor dos Mundos, teu Senhor, com relação a ti e às demais irmãs.

Transforma em irmãs cooperadoras aquelas a quem reuniste em torno de ti para me servir, servindo aos outros, como tu serves. Entrai num convento, esquecei o vosso 'eu', passando a viver exclusivamente a serviço do Eterno."

Senhor, não sei repetir agora exatamente as palavras como foram ditas, mas o sentido é exatamente esse.

A maravilhosa aparição desvaneceu-se, e com ela a música, a luminosidade, o perfume e a alegria indescritível que havia tomado conta de mim. Em lugar disso, conservei tão só uma energia estranha, uma nova força, como nunca havia sentido antes em mim. Com essa força curava os doentes, através dela escolhi as minhas cooperadoras, e com elas me dirigi a este convento.

Que dificuldade convencer o diretor! Foi preciso suplicar e tornar a insistir, até que ele, afinal, concordasse em nos receber. Terminou cedendo e, agora, eis-nos todas aqui.

Agora, também, ó mestre, que já estás bem a par do que eu passei, suplico-te: não nos mandes embora daqui! Permite que, na qualidade de irmãs, possamos prestar serviços às demais mulheres. Deixa-nos aprender e progredir na carreira do conhecimento de Deus Altíssimo!

Implorando, Anaga ergueu as mãos, suas finas e delicadas mãos. Uma nuvem celeste de pureza supraterrena parecia envolvê-las.

Siddharta não hesitou mais um momento sequer, para tomar uma resolução.

— Anaga, disse, acabo de aprender de tuas palavras que foi um erro nosso não havermos lembrado da mulher para nossa companheira na escalada para o Alto; alegro-me de haveres aberto meus olhos. Aceita meus agradecimentos!

Longe de mim pretender mandá-las embora, visto que o próprio Senhor te mandou indicar o caminho que vos trouxe para o convento. Mas não vos fica bem conviver aqui com os irmãos. Mandarei construir outro convento apropriado, nas proximidades deste, em que ora se acham. E tu serás a superiora. Juntamente contigo irei elaborar as regras e estatutos que para as mulheres devem ser naturalmente muito diferentes que para os homens.

Por enquanto, continuai vivendo aqui mesmo. A bênção do Senhor dos Mundos visivelmente está convosco.

Cheia de satisfação, Anaga se retirou. Siddharta, entretanto, foi à procura do dirigente, encarregando-o de mandar construir, quanto antes, um recolhimento para as mulheres. Os quartinhos deviam ser o dobro maiores que os dos homens. Deviam ser providos de um leito simples, mas cômodo. O dirigente se admirou, mas Siddharta declarou:

— Não te esqueças que elas passam dia e noite cuidando de doentes: é natural que de volta para o recolhimento possam refrescar-se e descansar à vontade. Sua compleição é muito mais delicada que a nossa.

Tinha aprendido muito nessa manhã. Prometendo voltar por ocasião da bênção inaugural do convento de mulheres, montou a cavalo e seguiu, sem mais interromper a caminhada, na direção da Montanha do Eterno. Mal se permitia durante a noite algumas horas de repouso.

Não tinha avisado seu regresso, mas a tropa foi avistada ao longe e um festivo movimento de recepção se espalhou por toda a Montanha.

Atravessada no meio da estrada, uma das serpentes estava ali, montando guarda. Siddharta festejou-a, alegremente, elogiando sua dedicação.

Ananda correu ao seu encontro, jubiloso de o mestre se achar de novo no meio deles. Nada de importante havia acontecido em sua longa ausência.

Só o Consolador é que tinha morrido. O cão ia fazer uma falta enorme para Siddharta, mas ninguém conseguia convencê-lo a arranjar outro. Os discípulos acharam muito estranho isso, mas ele dizia a si próprio:

"De agora em diante, não me prenderei mais de coração a coisa alguma, ainda que seja um cão."

Ananda reassumiu seu antigo posto de trabalho, e a vida na Montanha voltou a sua marcha rotineira.

Siddharta, depois de examinar cuidadosamente ponto por ponto sua doutrina, tratou de escrever o que achava realmente bom e proveitoso para transmitir aos outros.

Certo dia, chegou uma mensagem de Srinar, comunicando que estava pronto o recolhimento para as irmãs. Com muito gosto, Siddharta tornou a montar a cavalo, desejoso de ver e de inaugurar o novo convento, bem como de rever irmã Anaga.

A casa que, pelo lado de fora, era em tudo igual ao convento dos irmãos dava, por dentro, uma impressão muito agradável. Anaga, com a colaboração das mulheres, havia preparado para cada um dos aposentos uma cortina de seda, que devia fazer o papel de porta. Os leitos, por sua vez, eram cobertos por uma colcha de cor e em cada uma das janelas viam-se vasilhas bonitas cheias de flores.

— Não te aborreças com o que viste, mestre, comentou Anaga. Nós, mulheres, não dispensamos os enfeites, já que temos de levar conforto e alegria para os que sofrem. Sentimo-nos mais receptivas quando não nos afastamos das coisas bonitas.

Vinte mulheres formaram cerco em torno de Anaga. Estavam igualmente vestidas, distinguindo-se, porém, pelo porte e pela fisionomia. O que tinham em comum era o extraordinário brilho dos olhos, que resultava de uma intensa vida interior e da grande boa vontade em servir.

Sem qualquer plano preconcebido formaram-se grupos. Umas tinham jeito para cuidar de doentes: conheciam ervas medicinais, sabiam fazer massagens com unguentos e preparar o chá. Outras gostavam mais de tratar de crianças, doentes ou abandonadas.

Cuidavam delas com todo o carinho, davam instrução e educação, procurando torná-las aptas para a luta da vida. Outras, iam prestar ajuda a donas de casa sobrecarregadas de ocupações. Todas, porém, eram solícitas e trabalhadeiras. Não recebiam paga nenhuma pelo que faziam; quando acontecia de receberem gêneros alimentícios de presente, entregavam tudo ao convento dos homens.

Siddharta, no entanto, queria saber quem ia cuidar da alimentação das irmãs. Aí, chegou-se à conclusão de que ninguém havia pensado antes nessa questão de que as mulheres também precisam comer.

Anaga disse:

— O fato é que, na maior parte das vezes, estamos fora de casa e sempre nos dão o que precisamos.

Siddharta mesmo assim se surpreendeu, verificando como seu pessoal estava incapacitado de zelar uns pelos outros. Determinou que Anaga mandasse preparar diariamente refeições para suas irmãs, no convento.

Nada de tratamento de luxo, mas suficientemente nutritivo. E o que futuramente viessem a receber de gêneros alimentícios como retribuição a serviços prestados, deviam guardar para seu próprio convento.

Providenciados que foram os aspectos relativos à vida material, voltou o mestre a tratar das necessidades espirituais da comunidade. Quem daria instruções às irmãs? Anaga podia, é certo, guiá-las ensinando a doutrina; mas quem se encarregaria de conversar com elas e com elas fazer as preces?

Siddharta era de parecer que isso devia ficar a cargo de um homem. Assim, estabeleceu que, de sete em sete dias, o superior dos irmãos viesse fazer uma pregação no salão nobre do convento, à qual todas as irmãs deviam comparecer.

Tudo estando, assim, sabiamente organizado, tratou o mestre de sua viagem de regresso.

Pouco antes de a sua pequena comitiva chegar à Montanha, deparou com um magnífico grupo de cavaleiros, vestidos de roupas coloridas, muito vistosas, que despertaram logo suaves recordações no ânimo de Siddharta. Onde, em que ponto, afinal, já teria visto esses guerreiros?

Aparentemente pretendiam ir até a Montanha. Rápido, tomou-lhes a dianteira, visando antecipá-los na chegada.

Veloz como uma seta, passou por eles e já tão garbosamente montado que os forasteiros prorromperam em exclamações de elogio.

A caminho, sucedeu passar novamente junto de uma serpente-vigia, recomendando-lhe que se afastasse dali, pois aquele pessoal era, visivelmente, gente de paz. Obediente, a serpente rastejou para a margem da estrada, enrodilhou-se e ficou aguardando.

Lá em cima, no convento, já encontrou sua recepção, bem como a dos cavaleiros, devidamente preparada, pois eles já tinham sido avistados ao longe. Siddharta mal teve tempo de apear do cavalo e trocar o traje de montaria pela sua costumeira longa vestimenta de seda. Imediatamente recebeu o aviso de que mensageiros de Kapilawastu desejavam falar-lhe.

Eis por que as cores das vestimentas lhe pareceram tão familiares! Radiante de alegria, Siddharta foi receber os hóspedes, que já tinham descido de suas montarias. Reunidos em bloco, olharam fixamente para seu antigo príncipe.

Neste instante, um dos mais idosos, que se achava na frente, não resistiu mais. Exclamando em alta voz:

— Siddharta, meu príncipe! Lançou-se de joelhos diante de Siddharta e levou aos lábios a orla de suas vestes.

Siddharta reconheceu-o. Era um antigo conselheiro seu e companheiro, que, no dia da cavalgada fatídica, teve de ficar no palácio, por ter caído do cavalo. A mútua saudação foi radiante! Siddharta, voltando-se, então, para os demais, exclamou:

— Sejam todos bem-vindos! É possível que eu ainda reconheça um ou outro da vossa comitiva.

Fez, então, com que todos, um a um, fossem aproximando-se. Neste ou naquele reconhecia ainda traços do pai, seu conhecido; outros, porém, lhe eram inteiramente estranhos.

Em penúltimo lugar apareceu um homem simples, mais mal-vestido que os outros. Sua fisionomia, de traços finos, era também mais clara, mais límpida que a de seus companheiros.

— Maya, gritou Siddharta, sem mesmo saber o que dizia.

O estranho curvou-se, profundamente. Não queria dar a perceber o estado emotivo em que se achava. Siddharta, porém, já se tinha acalmado. Segurou a mão do moço que estava diante dele e falou:

— Suddhôdana, meu filho! Estou te reconhecendo e te reconheceria ainda que viesses em farrapos na minha presença. Como te pareces com minha saudosa esposa. Sê bem-vindo, meu filho! Eras uma criança de colo quando fomos separados.

Aí, o filho o interrompeu, não querendo deixar surgir um ambiente melancólico diante dos outros, e disse alegremente:

— E no colo, igualmente, meu pai, hás de carregar teu outro "eu". O pequeno Siddharta veio conosco para cumprimentar o avô.

O príncipe acenou, um criado correu para fora e voltou trazendo um menininho, que já sabia andar, embora fosse ainda bem pequeno. Extraordinariamente parecido com o avô.

Estando os hóspedes devidamente acomodados e o menino entregue a quem pudesse tomar conta dele, pai e filho ficaram a sós. Ainda pouco se conheciam e eram, no entanto, tão íntimos.

Suddhôdana contou, então, que Rahula é que lhe havia dado notícias do pai. Já há muito andava ansioso para vir, mas não queria deixar de trazer o pequeno Siddharta para ser apresentado ao grande.

— Fui forçado, assim, a esperar até que ele pudesse dispensar os cuidados da governanta. Sim, porque viajar com mulher, eu não queria de modo algum, nem mesmo com a possibilidade de ter vindo antes, comentou, rindo, alegremente.

O riso aberto, o modo como atirava a cabeça para trás, tudo recordava as maneiras de Maya. Era como se houvesse voltado para ele um pouco de sua saudosa esposa. Percebia Siddharta como se achava outra vez na iminência de ser novamente envolvido pelos laços do sentimentalismo. E isso não podia ser. Era preciso conter-se, sem prejudicar, todavia, quer o filho quer o neto.

Depois da refeição, Siddharta propôs que o príncipe fosse dar uma volta para visitar as obras e apreciar os jardins. Num dos jardins ouviram gritos que quebravam o costumeiro silêncio. Seguiram na direção de onde provinham os gritos e lá foram deparar com o menino brincando alegremente junto das duas enormes serpentes. O príncipe sentiu enregelar-se-lhe o sangue: seu filho no meio das cobras venenosas!

Antes mesmo, porém, que Siddharta pudesse dizer qualquer coisa a respeito das serpentes, já o menino exclamava:

— Que bichinhos lindos e tão bonzinhos: entendo perfeitamente bem tudo o que me dizem. Eles me contaram que o vovô lhes arrancou as presas do veneno. Disseram que me querem bem, porque eu me pareço com o vovô e compreendo o que eles falam...

E impetuosamente o menino apertou contra o peito uma daquelas cabeças triangulares e chatas.

O pai do menino não sabia como dominar a sua ansiedade. Siddharta, porém, contemplava satisfeito aquele expressivo quadro, a seus pés.

— Tu entendes, mesmo, o que elas dizem, meu garoto? perguntou Siddharta.

E alegrou-se quando o menino respondeu que sim, que falava com todos os animais e todos depositavam confiança nele.

— Dize, então, a todas as pessoas, meu filho, que não maltratem os animais, seja com ou sem motivo; dize isso sempre, todas as vezes que tiver oportunidade, aconselhou o mestre.

Logo em seguida, tratou de proporcionar ao menino um bom divertimento. Estavam na fase da lua cheia, estando já no tempo da costumeira visita dos macacos.

O príncipe Suddhôdana começou a insistir com o pai para que fosse visitar seu reino, conhecer seu povo, sendo que haveria de encontrar ainda muitos conhecidos por lá. Mas Siddharta mostrou-se irredutível. Explicou a seu filho que sua presença era absolutamente necessária nos trabalhos da casa, e que tinha abandonado de vez qualquer ideia de governo, de reinado.

Em lugar disso, começou a contar do Senhor dos Mundos. Não foi em vão que Suddhôdana se criara no Tibete. Ele estava bem instruído. E mesmo que chamasse o Eterno de Altíssimo, o nome nada importava.

— Cuidas da instrução do teu povo? perguntou Siddharta, seriamente.

— Como não, meu pai! Mandei vir sacerdotes do Tibete, que se encarregam do culto de Deus no templo. Muita gente do povo, como nós o fazemos, adora, também, o Único verdadeiro Deus. Onde é o vosso templo?

Siddharta explicou ao filho o motivo de não haver construído templo algum. Suddhôdana sacudiu a cabeça.

— Isso lá entre nós não daria certo, comentou ele, delicadamente. Nosso povo sente necessidade de uma representação concreta da divindade. Já é uma deficiência não podermos apresentar uma imagem do próprio Deus. Mas, nesse ponto sou irredutível: quem não estiver disposto a orar para o Invisível, que fique com suas velhas crenças. O que não posso imaginar é que o nosso país possa ficar sem templos.

Era a única coisa que o filho não podia compreender bem. Tudo o mais era objeto de sua admiração sincera, estando mesmo disposto a aceitar e seguir muitas coisas do quanto lhe foi dado ver.

A tarde ia caindo. Era hora de os macacos aparecerem. Siddharta mandou buscar o menino e deu a seu pessoal ordens de se misturarem entre os hóspedes de Kapilawastu de tal maneira, que estes não pudessem molestar os macacos ou torná-los arredios.

Daí a pouco, foram aparecendo os bandos, silenciosos, em ordem, mas curiosos e irrequietos como sempre. O pequeno Siddharta ficou radiante ao ver a quantidade de macaquinhos.

Não descansou enquanto não obteve licença do avô para se pôr no meio deles, o que fez correndo o mais depressa que lhe permitiam seus tenros pezinhos. Aqui, segurava a mão ágil de um macaquinho, acolá fazia escorregar dentre os seus dedos a cauda longa e felpuda de outro. Para os macacos o menino era uma coisa inédita. Mostravam-se admirados e, aos poucos, começaram a tagarelar com ele. O menino batia as mãos de contente, dizendo:

— Papai, eles entendem o que eu falo, tal e qual eu entendo a conversa deles. São umas criaturinhas muito engraçadas!

O príncipe, no entanto, se sentia muito constrangido. Estava aborrecido de ver o menino misturado naquele bando selvagem. Os macacos perceberam isso e logo começaram a evitar chegar perto do menino, ao passo que se aproximavam com toda a confiança para bem junto de Siddharta a fim de manifestar como estavam gostando do menino.

Siddharta, porém, estava imerso em profundos pensamentos. A intimidade do menino com os macacos era para ele mais que um simples divertimento. Ele antevia que Siddharta, o pequeno, do mesmo modo que agora, futuramente saberia atrair a si as almas transviadas do seu povo.

Assim, falou em alta voz:

— Todo aquele que se acha estreitamente ligado às criaturas do Eterno, está igualmente mui bem situado no âmbito dos acontecimentos. Achará sempre o lugar que lhe compete preencher, porque compreende o mundo que o rodeia, sabe amá-lo e interessa-se por ele condignamente.

Depois que os macacos tinham ido embora, não sem ter primeiro efetuado uma visita de assalto às mangas do pomar, o velho chamou o neto para junto de si e disse:

— Vou pedir ao Eterno que mantenha em ti esse dom todo especial, meu filho. E assim, quer tu venhas a ser príncipe, quer venhas a ser instrutor, de qualquer modo essa conexão com o Alto ajudará tua elevação na vida.

O menino ainda não estava em condições de entender o que o avô dizia, mas guardou suas palavras na alma e mais tarde elas deram fruto.

Velozes passaram os dias de que o príncipe Suddhôdana podia dispor para ficar na Montanha. Com a promessa de voltar logo, a comitiva despediu-se. A cavalo, seguro no colo do pai, ia de volta o pequeno Siddharta.

Notava-se, de algum modo, que os hóspedes tinham trazido consigo uma certa inquietação. Embora sob expressas ordens de Siddharta todos os discípulos, todos os trabalhadores da casa, ninguém tivesse permissão para se afastar de suas obrigações, não faltaram, contudo, ensejos de as pessoas entrarem em contato com as demais e trocarem ideias.

O que mais impressionou a todos é que Siddharta tivesse sido um príncipe. Não tinham a menor notícia disso. Mas ficaram radiantes com a nova. Finalmente não lhes foi mais possível encobrir do mestre sua secreta agitação. Siddharta, sem perda de tempo, tratou de acalmá-los. Reunindo-os na esplanada dirigiu-lhes a palavra.

Notou que a atitude deles, durante a estada dos hóspedes, havia provado que ainda estavam longe, muito longe de possuir a necessária firmeza pessoal, não tendo ainda atingido o ponto de não se deixarem dominar por influências de estranhos. Não convinha que assim se deixassem levar tão facilmente por pessoas de diferente proceder e tão diferentemente orientadas. O pior de tudo, porém, era estarem ainda acalentando ideias e pensamentos que não deviam, muito menos ali na Montanha do Eterno; que importância tinha, afinal, na ordem das coisas, que ele tivesse sido príncipe? Pois, cada um deles não tinha, também, sido alguma coisa antes de se tornarem servos do Eterno? Não era, então, muito melhor ser servo do Senhor dos Mundos do que príncipe e senhor de um pequenino reino?

Dessa maneira, Siddharta foi conversando com eles até perceber que estavam ficando envergonhados. Terminando, incentivou-os a prosseguirem na carreira com redobrado ânimo e, assim, recuperar o tempo perdido.

De novo retornou Siddharta a cuidar de seus escritos, mas não tardou que logo sobreviesse outra interrupção. Surgiu, de repente, ali, Maggalana e, dias depois, Ananda. Ambos eram portadores da mesma inquietação: acabava de surgir naquelas paragens um doutrinador, que dizia chamar-se Dschina, pregando que o único meio de servir aos deuses era pela prática da castidade, pela automutilação e coisas desse tipo.

Contrariado, Siddharta sacudiu a cabeça e disse:

— Porventura vamos nós nos deixar manietar pelo que um ignorante ensina? Quem quiser seguir o que ele diz, que siga, pois não merece coisa melhor.

— Sim, mestre, mas acontece que ele está trazendo confusão entre os que o ouvem, insistiu Ananda. Seria bom que tu o enfrentasses.

— Que queres dizer com isso, meu discípulo? inquiriu Siddharta, seriamente. Achas que devo ir procurar o maluco e brigar com ele em praça pública? Ou devo seguir suas pegadas e explicar aos ouvintes: não acrediteis no que ele ensina, o que ele diz não é verdade.

Ananda sentiu-se arrasado. Tinha vindo na suposição de que Siddharta, cheio de zelo pela doutrina, se atirasse sem mais demora contra o adversário espiritual e o inutilizasse. Em vez disso, o mestre se mostrava inteiramente indiferente diante do fato de outros estarem espalhando falsas doutrinas.

— O tal homem nega a existência do Senhor dos Mundos? inquiriu Siddharta.

— Não, foi a resposta conjunta dos dois discípulos. Nem sequer fala Nele. Fala apenas dos velhos deuses, que tu conheces.

— Nesse caso, sua doutrina não nos afeta de modo algum, disse Siddharta, peremptoriamente. Se estivesse atacando o Eterno, aí sim, deveríamos sair a campo com todas as nossas forças. Como se trata, porém, de pessoas que praticam mutilação do seu próprio corpo para serem agradáveis a entidades que não estão em condições de ajudá-los, o caso muda de figura. Quem já reconheceu o poder do Eterno não se comprometerá com essas doutrinas doidas. Os demais que façam como quiserem.

Não tinham conseguido arranjar nada com Siddharta, foi a conclusão a que chegaram os dois discípulos. De tarde, estando no jardim, puseram-se a conversar sobre o assunto. Maggalana comentava:

— Sinceramente estou desapontado de ter trazido este caso ao conhecimento do mestre.

— Desapontado, por quê?! exclamou Ananda, irritado. Acho muito errado da parte de Siddharta não se incomodar com isso. Se os ensinamentos de Dschina forem aceitos, perderemos adeptos.

— Ananda, interrompeu Maggalana, pensa bem e vê: o mestre não tem interesse na quantidade de adeptos, mas sim no fato de que pessoas reconheçam o Senhor dos Mundos e com isso se tornem verdadeiramente livres dos laços do pecado. Por isso, não se incomoda com aqueles que não querem reconhecer o poder do Eterno. É isso o que me envergonha tanto: não ter diferenciado entre aquilo que rebaixa o Senhor dos Mundos e aquilo que rebaixa os seres humanos.

— Estás agora querendo saber tanto quanto o mestre, comentou Ananda. Francamente, às vezes te desconheço.

— Pois credes, que, a despeito de tudo, ele é que está com a razão, disse uma terceira voz que interferiu na conversa. Não vos assusteis de eu ter acompanhado o choque de opiniões. Quem quer conversar em segredo não deve falar tão alto.

Só agora os discípulos viram o vulto de Saríputta, que vinha ao encontro deles. O iogue tinha envelhecido, envelhecido muito, seu espírito, contudo, guardava ainda uma extraordinária vivacidade.

Todos na comunidade o estimavam profundamente e, assim, ambos se mostraram dispostos a aceitar a sua interferência conciliadora na discussão.

Calmamente, Saríputta fez verem como seria absolutamente destituído de senso pretender que Siddharta deixasse seu nobre e habitual retraimento para ir pelas ruas e em praça pública combater as ideias de Dschina.

Afinal de contas, o que é que o novo sábio ensina de tão ruim? Não tem conhecimento algum do Senhor dos Mundos, coisa que os brâmanes também não têm. Acredita somente nos velhos deuses. Isso ainda é melhor do que se procurasse pôr em circulação qualquer novo sistema de idolatria.

Pretende remir pecados por meio de torturas que cada um aplicará em si mesmo? Quem poderá impedi-lo? Tanto mais que já representa alguma coisa o fato de alguém reconhecer que sua vida é pecaminosa.

— É apenas o que ele diz, Saríputta! exclamou Ananda, que já não queria deixar ninguém falar. Ele sustenta que as mutilações servem para perdoar pecados. Mas, além disso, afirma, também, que com isso conseguiremos um lugar melhor no Além. Chega, mesmo, a afirmar que se cortarmos um dos braços teremos uma cadeira de prata no Céu; se cortarmos braços e pernas, uma cadeira de ouro; se morrermos de inanição, um trono. E se alguém conseguir deformar-se, entortando suas articulações, a ponto de crescer inteiramente estropiado, alcançará, então, a dignidade de um semideus.

Saríputta riu-se.

— Se há quem acredite nessas bobagens, também não merece coisa melhor. Vós, porém, deixais de discussão. Não devemos, de maneira alguma, comparecer em desarmonia diante do mestre.

MAGGALANA estendeu amavelmente a mão ao condiscípulo, que a apertou de boa vontade. Saríputta, contudo, ao retirar-se, comentou ainda:

— Não deixa de ser uma das belas coisas dos preceitos do mestre que devemos manter sempre a paz, custe o que custar.

Em sua viagem para a Montanha, Maggalana, pernoitando em Srinar, trouxe de lá um pedido a Siddharta.

Anaga, a dirigente do convento de mulheres, desejava saber se o mestre tornaria a visitá-las logo, pois tinha vários assuntos para tratar e resolver.

— Sugeri que viesse a cavalo comigo para se encontrar com o mestre, mas ela se assustou com minha proposta.

"As mulheres não devem se aproximar da Montanha do Eterno, lá só vivem homens", disse ela.

— Prometi, então, que conversaria com o mestre e lhe transmitiria a solução ao voltar para lá.

Nos primeiros momentos Siddharta não respondeu, somente no dia seguinte é que retomou o assunto.

— Sabes, por acaso, Maggalana, perguntou Siddharta, o que Anaga quer saber de mim?

— Não, mestre. Ela mal falou comigo.

— Pois bem: irei contigo a cavalo, quando nos deixares, declarou o mestre.

Siddharta lamentava que tivesse de interromper de novo o andamento de seus escritos, mas – dizia para si próprio – estava posto ao serviço do Senhor para trabalhar pela hora presente e tão só indiretamente pela posteridade. Assim, montou a cavalo e partiu, satisfeito, com destino a Srinar.

Alegrava-se, de antemão, de ir se encontrar com Anaga, com quem já havia aprendido muitas coisas. Quando ela, porém, se apresentou diante dele, Siddharta ficou surpreso.

Era a mesma pessoa, mas inteiramente transfigurada. Seus olhos azuis pareciam ainda mais brilhantes e esse brilho como que se espalhava por todo o semblante, concentrando-se na testa, de onde parecia irradiar pureza e claridade. Embora encoberta pela aba de seda branca, sua testa desprendia através do pano, uma luminosidade que não era da Terra. Seu porte se fizera mais ereto e, embora seus movimentos tivessem conservado a mesma graça e leveza de sempre, eram agora mais ágeis, mais seguros de si.

"Na verdade, pensou Siddharta, tendo sido ela chamada ao serviço do Eterno, foi também distinguida dentre todas as mulheres do nosso povo."

Anaga esperava tranquilamente que lhe dirigissem a palavra e, quando Siddharta lhe perguntou o que desejava saber da parte dele, ela, com toda a serenidade, começou a expor o que tinha a dizer.

— Mestre, disse, é preciso construir novos conventos, muitos mais, com a máxima urgência. A casa está tão cheia que somos obrigadas a acomodar duas mulheres num só quarto e, ainda assim, não é o suficiente. Arranjei, agora, a situação de tal modo que um quarto possa servir para quatro mulheres: enquanto duas estão de serviço lá embaixo, as outras duas se ajeitam por aqui. Mas não é possível continuar assim por mais tempo.

— E por que não mandaste ampliar a casa? perguntou Siddharta, sabendo, de antemão, a resposta que havia de vir.

— Isso pouco adiantaria. Se neste pedacinho de chão em que nos achamos, que é nada comparado à vastidão do nosso imenso país, há tanta falta de conventos para mulheres, o que não será então pelos demais principados? É o que está acontecendo por toda parte com a mulher. Os maridos aceitam a doutrina do Senhor, mas raramente aparece um dentre eles que tenha a bondade de transmiti-la para a sua esposa.

Mestre, é preciso construir conventos por toda parte no país. É necessário, é indispensável! Existem aqui mulheres tão adiantadas, que se prestam perfeitamente para superioras de novas instituições.

Consente, mestre, que em todo o lugar onde exista um convento de irmãos, possa haver, igualmente, outro de mulheres. Não atrapalhamos em nada os irmãos. Nossa vida decorre em perfeita ordem sob diretrizes inteiramente outras. Mestre, consente que assim se faça, em benefício de tantas e tantas almas de mulher que, sozinhas, não encontrariam o caminho da salvação na Luz.

Em tom de súplica ressoaram essas palavras aos ouvidos de Siddharta, ao passo que Anaga erguia as mãos, implorando beneplácito.

O mestre, dentro da alma, ouviu vozes que lhe diziam:

"Não aprendeste ainda a levar na devida consideração a alma de tuas irmãs? Não penses que ela não tem valor. É mais pura, mais suave e mais luminosa que a alma dos homens. Acolhe-as como merecem, para que porventura um dia não se voltem contra ti aos pés do trono do Eterno!"

Siddharta estava tão circunspecto, tão profundamente sério, que Anaga temeu não ser deferida a sua súplica. E, entretanto, tinha ela uma súplica ainda maior!

Finalmente, o mestre disse:

— Tens toda a razão, Anaga. Precisamos ajudar as mulheres. E é tua sagrada missão, missão que te foi confiada pelo Eterno, intervir a favor dessas almas. A mim, porém, é que compete ajudar-te, aplainando tudo que se refere à parte externa, terrena da realização. Pede o meu auxílio, exige minha presença e estarei a teu lado. Não pedirás em vão! Vou dar instruções a todos os superiores que mandem construir, perto de seus conventos, um igual para irmãs, tomando este como modelo. Tu, porém, escolhe, desde já, as futuras superioras, instruindo-as devidamente, para que estejam aptas a assumirem os cargos, quando as construções ficarem prontas.

— Acho, também, comentou Anaga, depois de ter agradecido intimamente, que cada superiora deve levar como sua auxiliar uma das nossas irmãs daqui, para garantir um começo firme às novas organizações. Com isso, esvazia-se, ao mesmo tempo, a nossa casa e não teremos necessidade de ampliá-la.

— Excelente ideia! exclamou Siddharta. Oportunamente, tu terás, também, necessidade de escolher tuas auxiliares, quando tiveres de sair daqui.

— Achas, então, mestre, que terei de ir dirigir novas instituições? Estou pronta para fazê-lo.

Disse-o Anaga, mas em sua voz notava-se uma certa hesitação. Para onde teria de ir, a chamado do mestre?

— É claro que não poderás ficar aqui toda a vida, já que vamos construir pelo menos mais vinte conventos. Terás que dirigir todos eles, assim como reuni em minhas mãos a chefia de todos os recolhimentos masculinos. Para essa finalidade é necessário, porém, que assumas diretamente aquele convento que edificaremos na Montanha em honra do Eterno.

— Mestre! exclamou Anaga, transbordante de alegria, quer dizer que as mulheres também poderão se instalar na Montanha? Não somos, então, consideradas indignas de fazê-lo? O Eterno nos concede, mesmo, esse privilégio? "Ó Altíssimo, Eterno, Todo-Poderoso Senhor dos Mundos, eu Te rendo graças em nome de todas as almas de mulheres que desejam elevar-se indo ao Teu encontro!"

Siddharta ficou emocionado com tamanha manifestação de reconhecimento. Os homens, é verdade, tinham ficado contentes em poder habitar a Montanha do Eterno, receberam, porém, essa graça como coisa natural, por assim dizer, como uma recompensa pelo seu desejo de prestar serviço. As mulheres, contrariamente, prestando serviço, simplesmente o faziam movidas pela íntima necessidade de serem úteis, julgando-se indignas desse prêmio. Que exemplo admirável!

Voltando-se amavelmente para Anaga, Siddharta continuou:

— Estaremos, assim, futuramente um perto do outro, trabalhando em benefício de nosso povo. Sinto-me satisfeito por isso. Tens ainda outros planos que possamos pôr em execução?

— Mestre, respondeu ela, guardo ainda comigo uma ideia grandiosa que não me deixa sossegar. Sei também que foi a luminosa mensageira do Eterno que a despertou no meu íntimo e, portanto, deve ser uma ideia justa. Mas é preciso que tu me ajudes a pô-la em prática.

Crê, mestre, que ando penalizada com o destino das crianças do nosso povo. Quantas e quantas não crescem por aí sem o conhecimento da existência do Eterno, sem noção sequer da existência dos deuses. Tenho visto crianças em que é tão intensa a necessidade interior de adorar alguma coisa que, sem mesmo ter consciência do que fazem, arranjam simulacros de ídolos, feitos de trapos e de pedaços de pano, diante dos quais se ajoelham em adoração. Que propósito tem isso? Amanhã essas crianças estarão grandes e serão o nosso povo. Se não cuidarmos delas, o nosso povo estará perdido antes mesmo de começar a viver. Nem mesmo sei exprimir, como seria necessário, tudo quanto sinto em meu íntimo a respeito desse problema, desculpou-se Anaga, modestamente.

— Compreendo, perfeitamente, a tua angústia, confirmou Siddharta. Se pretendemos, realmente, cuidar do futuro do povo, é preciso amparar, desde já, essas crianças. Tens toda a razão! Mas já imaginaste alguma vez como, de que maneira, podemos realizar isso?

— Sim, mestre! exclamou Anaga, sentindo-se aliviada, ao ver que seu pedido não encontrara resistência. Penso em instalar escolas em que sejam acolhidos os filhos de pais que já se abriram às luzes do Eterno.

Interrompeu Siddharta:

— Escolas?! Escolas que conheço, que existem por aí, são exclusivamente para adultos, sabes muito bem disso. Mas, afinal, o que tanto vão as crianças aprender na escola? Não existe, por todo o país, uma escola sequer desse tipo. Que pensas fazer?

— Escolas como nós as temos, não é o que estou imaginando, comentou Anaga, sorrindo a contragosto.

De há muito vinha acalentando suas ideias, de que estava bem segura. Mas não podia compreender como é que o mestre não entendia de pronto seu projeto de instalação das escolas.

— Meu plano é reunir uma grande quantidade de crianças pequenas e educá-las no asseio, bons costumes e espírito de conciliação. Havemos de ensiná-las a adorar o Eterno e a compreendê-lo, na medida em que isso seja possível ao espírito infantil. Ao lado disso, aproveitaremos a vocação das meninas para costurar, bordar, colher ervas medicinais e tratar de doentes. Quanto aos meninos, de qualquer jeito nos deixariam atingindo os seis anos de idade.

— Por que motivo despachar os meninos tão cedo assim? perguntou o mestre.

— Daí em diante é preciso que passem para o ambiente masculino. Nessa idade já podem servir como ajudantes de oficina ou noutra ocupação qualquer, ao gosto deles. Para os meninos é muito mais fácil do que para as meninas, acrescentou ela, suspirando.

— E não achas, Anaga, que é preferível separar os sexos mais cedo ainda? Vós, mulheres, instruireis as crianças ainda bem pequenas, colocando, em suas tenras almas, as primeiras noções a respeito do Senhor dos Mundos. Conservareis convosco apenas as meninas pequenas, indo os meninos para as escolas dirigidas por homens.

Anaga ficou, de novo, radiante de alegria.

— Se for realmente assim, estarão cumpridos os meus mais belos sonhos! Era justamente o que eu vinha imaginando, mestre, mas não tinha coragem suficiente para pedir tanta coisa de uma só vez.

— Anaga, dize-me sempre o que pensas; é uma ajuda que me prestas, tanto a mim como ao nosso povo. Tens ideias claras e boas.

Dias e dias passaram ambos fazendo esboços, discutindo e corrigindo projetos de organização. Finalmente, tudo ficou estabelecido como da primeira vez.

Por todo o país fervilhavam agora os trabalhos de construção. As escolas, casas muito simples, com salas arejadas, foram localizadas ao longo dos vales, para que as crianças, até as mais pequenas, pudessem facilmente encontrar o caminho. Os conventos de irmãs, por sua vez, eram situados à meia altura entre as escolas e os conventos dos irmãos. Assim, contavam sempre com uma proteção perto, sendo, no entanto, autônomos.

Siddharta, em pessoa, cavalgava de convento a convento, conversando com os instrutores a respeito de tudo quanto era necessário fazer. Por toda parte só encontrava alegria e boa vontade, ao contrário do que antes supunha. Era chegado o tempo de amadurecerem os frutos. Tudo chegava a termo. Era esplêndido verificar como a vontade do Eterno se cumpria sempre e por toda parte, desde que quisessem ouvi-la.

Por sua vez, foi também construído o recolhimento para as irmãs na Montanha do Eterno. Como nos demais lugares, não ficava na mesma altura do convento dos irmãos, mas numa altitude em que as irmãs não se sentissem isoladas. Nas baixadas, ficou a escola, uma construção clara e simples, que de modo algum chamava a atenção.

Chegou finalmente a hora de aprontar tudo. Siddharta pôs-se a caminho para a grande mudança de Srinar. Tinha ele mesmo organizado um plano de como organizar melhor as novas instalações. E nisso sentia grande contentamento.

No DIA marcado, apareceu ele com um bando de elefantes adestrados, que traziam, sobre o largo dorso, assentos muito cômodos.

Toda Srinar admirou os animais que, naturalmente, já eram conhecidos ali, mas nunca em tão grande número.

A pedido de Anaga devia ser em primeiro lugar lançada a bênção sobre o convento que muitas mulheres iam agora deixar, a fim de assumirem seus novos postos, a serviço do Eterno.

A Siddharta aconteceu o mesmo que ao povo com relação aos elefantes: nunca tinha visto antes tantas mulheres de uma só vez. Já não era sem tempo a multiplicação de alojamentos.

— Não percebes qualquer coisa de extraordinário nestas mulheres? perguntou Siddharta ao instrutor do convento dos homens, quando passeavam no meio das construções.

— Nada me ocorre, mestre; talvez porque esteja acostumado a vê-las. Não obstante, a mim me parecem que são mais alegres que as demais mulheres. Bonitas, todas elas são, acrescentou. Será que Anaga escolheu propositalmente somente mulheres bonitas?

— Isso, também, não, argumentou Siddharta, sorridente. São lindas as mulheres de nosso povo e, quando assim não acontece, nós mesmos é que somos culpados, porque as menosprezamos e oprimimos através dos tempos. Estas irmãs, porém, tendo rompido todos os laços, estão aptas para desenvolverem livremente suas almas: essa vibração, impregnando seus corpos, torna-as mais belas ainda.

A festa, na esplanada, foi esplêndida. Siddharta, lançando a bênção sobre as mulheres, concedeu-lhes a força que procede do Alto por todo o tempo que se conservassem puras e fiéis ao serviço do Eterno.

Em seguida, acompanhado de algumas mulheres e irmãos, foi visitar o novo edifício da escola. Vozes festivas o receberam. Uma porção de crianças pequenas estava presente ali, por ordem de Anaga.

Olhavam espantadas para as pessoas e ficavam radiantes com as coisas que as irmãs lhes ofereciam para brincar. Míseras e esqueléticas figuras, subnutridas, aniquiladas pelos maus-tratos, tais eram as primeiras asiladas da escola de irmãs. Com o tempo haveriam de melhorar.

No dia seguinte, ficou evidenciado o motivo de Siddharta ter trazido em sua comitiva tão grande número de elefantes. Vinham para vencer as dificuldades da viagem no transporte de mudança das mulheres.

Determinou o mestre que todas as mulheres deveriam acompanhá-lo a Utakamand. Lá designaria as que deveriam ficar nessa escola e no convento, sendo que, a seguir, iria com as demais, de convento a convento, até que, afinal, ficassem umas poucas que, além de Anaga, deveriam permanecer na Montanha do Eterno.

A coisa, porém, não foi tão fácil assim como Siddharta havia imaginado. A maioria das mulheres teve medo dos elefantes, e só com muita insistência e energia se dispuseram a sentar-se nos cômodos assentos instalados no dorso dos animais. Colocadas em cima dos elefantes, quase que desmaiavam completamente, ficando com medo até do pobre hindu que ia pacatamente sentado no pescoço do animal.

Anaga, que rapidamente conseguiu dominar o medo que tivera a princípio, e que ia, de elefante a elefante, olhando para cima e animando as mulheres, tranquilizava o mestre, um tanto alarmado, assegurando que a crise de medo passaria, sem mais demora, tão logo as mulheres se acostumassem ao movimento da marcha.

Decorreram, porém, ainda muitos dias até que as espavoridas componentes da comitiva deixassem de reclamar entre si, todas as vezes que chegava a hora de retornar aos seus lugares. Aguardavam com ansiedade a chegada a Utakamand, onde iriam gozar uns poucos dias de descanso, invejando as companheiras que iriam ficar por lá.

Siddharta também ficou contente de rever sua querida escola, e de encontrar-se outra vez com seu filho Rahula. Este só tinha boas notícias para dar, porque tudo ia a franco progresso, tanto o convento como a escola. As irmãs eram igualmente muito bem recebidas, visto que cada vez se reconhecia mais a precariedade da situação das mulheres, à medida que se aprofundavam mais os estudos sobre as condições das pessoas na sociedade em geral.

— Estás contente no teu posto, meu filho? perguntou o pai, voltando os olhos cheios de benevolência para a figura esbelta e musculosa do moço.

— Muito contente, meu pai, nem poderia imaginar uma tarefa melhor. Lamento a vida de Suddhôdana, forçado que é a suportar gente de toda espécie de crenças. Vê como aqui tudo se desenvolve tão naturalmente, porque somos de um só modo de pensar e nos sentimos servos de um único Senhor.

— Pois acho que Suddhôdana não haveria de querer trocar de lugar contigo, ele é um soberano nato. Toda a sua natureza, todo o seu modo de ser é diferente do teu temperamento. Fisicamente é o retrato de tua mãe, sem tirar nem pôr; espiritualmente tem o gênio do meu pai, cujo nome também herdou.

— E o pequeno Siddharta parece também contigo, uma vez que tem o teu nome? perguntou Rahula, manifestando satisfação.

— Por fora e por dentro, confirmou Siddharta, tanto quanto se possa afirmar isso de uma criaturinha ainda tão nova.

Rahula ficou pensativo.

— Tão pequeno, assim, ele não é mais, pai. Basta lembrar quantos anos já se passaram desde a última vez em que o viste. Deve contar agora seus dez anos, aproximadamente.

— É que o tempo para mim me parece muito mais curto do que realmente é, comentou o pai. Cada dia que passa corre tão cheio que nem sequer temos tempo de fazer a conta. Já faz mesmo tanto tempo assim que vi o garoto brincando com as serpentes e com os macaquinhos?

— Como não? Imagina só quanta coisa aconteceu de então para cá, observou o moço. Construíram-se nesse ínterim os conventos e as escolas: isso levou um tempo.

Foi a contragosto que Siddharta teve de deixar aquele querido e sagrado torrão e, mais ainda, as pessoas que eram tão caras ao seu coração. Seguiu depois de convento a convento, supervisionando tudo, dando posse às novas superioras e suas auxiliares.

Passaram outra vez em Srinar, sem, contudo, interromper a marcha, visto que as irmãs, franzinas que eram, já se achavam por demais cansadas de viajar de um lado para outro. Isso Siddharta não tinha previsto nos seus planos, mas era obrigado a reconhecer agora e, reconhecendo essa falha, foi-se entender com Anaga, ao chegarem no primeiro ponto de parada.

— Por que não chamaste minha atenção para essas falhas do itinerário? perguntou, em tom de censura.

Ela fitou-o amavelmente.

— Isso de ficarmos cansadas não tem grande importância, mestre. Em compensação passamos horas muito alegres e aprendemos bastante. Além disso, posso agora fazer ideia de como as superioras, em cada convento, agem no seu trabalho. Certamente, isso é necessário.

— É inútil querer tirar a responsabilidade dos meus ombros, atalhou o mestre. Não me passou pela cabeça lembrar de todas essas vantagens, ao traçar meus planos. Providenciei para trazê-las comigo, assim como quem entrega mercadoria de porta em porta. Tenho de reconhecer cada vez mais que não tenho absolutamente prática de lidar com mulheres.

A FINAL, chegaram a Indraprastha. O coração de Anaga descompassou de ansiedade. Ia, enfim, ver a Montanha do Eterno, podia agora tocá-la com os próprios pés. Na manhã que antecedia a chegada, pediu ela a Siddharta que lhe desse permissão de fazer a caminhada a pé, com suas três auxiliares.

— Ides vos cansar demais, observou o mestre, cheio de preocupação, vendo que Anaga era de compleição extremamente delicada.

— Mestre, não suportarei subir a montanha a cavalo, disse com toda a firmeza. A pé hei de ter as forças de que preciso para isso.

Foi assim que aconteceu de Siddharta e sua comitiva terem sido triunfalmente recebidos lá em cima, sem que as mulheres pudessem ser testemunhas dessa recepção.

Os irmãos acharam que isso foi um alívio para eles, o mestre nem sequer pensou no assunto. Viu-se tão requisitado de todos os lados por uns e outros que até se esqueceu das mulheres.

Elas, porém, foram subindo montanha acima em silêncio, avançando passo a passo. Sentiam-se cheias de unção, enlevadas por altos pensamentos devocionais. De súbito, numa volta do caminho, avistaram, pela primeira vez, os brancos edifícios.

Anaga cambaleou de emoção: "Que maravilha!" Deixou que as companheiras prosseguissem na marcha, e foi-se sentar à beira do caminho. A serpente grande que estava enrodilhada no meio da folhagem não as percebeu.

Anaga deixou-se mergulhar em profunda meditação. Queria de novo escutar as vozes que certamente haviam de lhe falar do Alto, como tantas vezes já lhe havia acontecido. E não esperou em vão. Diretamente sobre sua cabeça, vinda do azul do espaço, surgiu a figura imponente e luminosa da aparição que, mais do que nunca, se mostrava magnificente diante dela:

"Anaga, vais agora entrar em tua verdadeira missão", disse-lhe a inefável voz. "Até agora estavas tão só na escala da preparação; começas de ora em diante tua grande e sagrada missão. Serás a instrutora e auxiliadora de todas as mulheres do teu povo. Por teu intermédio, por intermédio do teu exemplo, assim como através da tua energia e pela tua educação, elas terão de despertar, terão de abdicar do seu frívolo vegetar para aprender realmente a viver. Não te preocuparás mais com as necessitadas, as aflitas, as oprimidas, as enfermas ou agonizantes: deixa-as ao cuidado de tuas auxiliares. Tua missão é despertar as que dormem espiritualmente!

Grande força te será dada. Luminosos guias indicarão os caminhos que deves seguir até as adormecidas almas-irmãs. Tu, porém, acorda-as. Mostra-lhes o que significa poder ser mulher! Queres fazer isso com o olhar dirigido ao Eterno e como Sua serva?"

A alma de Anaga, das profundezas do seu íntimo, com toda a simplicidade, mas contrita, respondeu:

"Sim, eu quero, excelsa mensageira!"

"Pois, sê bendita, serva do Senhor!"

Desvaneceu-se a aparição. Longamente permaneceu ainda Anaga naquele lugar, imersa em oração. Depois, ergueu-se e tomou resolutamente a direção do seu objetivo. A seu lado, porém, seguia, agora, um auxiliador ou – quem sabe? – uma auxiliadora.

As três mulheres que se aproximavam foram vistas lá de cima. Comunicaram a Siddharta e só então ele se lembrou de que deveria esperar a chegada de Anaga no convento das irmãs. Para lá se dirigiu apressadamente e chegou a tempo de se encontrar com as três irmãs que vinham à frente. Elas fitavam o vulto de Anaga, que absorta e como que transfigurada olhava em torno de si.

— Anaga está ficando cada vez mais translúcida, comentou uma das irmãs.

— E sabeis o motivo disto? perguntou Siddharta.

As irmãs se entreolharam e uma delas adiantou:

— É sua alma que está desabrochando.

COMEÇOU, então, um período de grande atividade para as irmãs auxiliadoras. Saríputta indicou-lhes inúmeros casebres que necessitavam da presença delas. Por toda parte eram extraordinariamente bem-vindas. Não tinham imaginado que o início de sua tarefa fosse tão fácil assim.

— Naturalmente, isso é devido ao fato de morarmos na Montanha do Eterno, comentou Sisana, a mais jovem das quatro irmãs. As pessoas ficam contentes com tudo quanto procede de lá.

Os irmãos amarelos, todavia, não eram do mesmo modo de pensar. Cheios de admiração apreciavam como aquelas mulheres tão frágeis se devotavam com tamanha dedicação ao trabalho. Com uma capacidade de resistência de que nenhum irmão fora capaz antes, elas se sujeitavam à pior espécie de trabalho onde era necessário, sempre de rostos alegres, sempre incansáveis.

— Mestre, observou num dado momento Amuruddba, foi uma verdadeira bênção para nós a vinda dessas irmãs para a Montanha. Os irmãos lidam com muito mais afinco no trato dos jardins e das estrebarias, desde o instante em que começaram a ver as irmãs trabalharem. Até mesmo as pessoas lá de baixo nos atendem com mais presteza, depois que as mulheres com sua grande solicitude nos abriram o caminho do coração do povo.

Anaga, porém, fiel aos ditames de sua alta missão, se conservava distante de todas essas atividades. A princípio, teve de assumir a direção da escola, mas logo surgiu dentre suas auxiliares uma que era capaz de desempenhar o cargo a contento, zelando pelas crianças. Com a ajuda de uma moça viúva que morava nas proximidades, cuja alma pertencia ao Eterno, conseguiu tomar conta da criançada dentro da mais absoluta ordem.

Ficava, portanto, Anaga desimpedida para sua especial missão. Como principiá-la? Por mais que pedisse e insistisse em oração, solicitando esclarecimentos, nada mais chegou a ouvir. Certamente tinha de achar o caminho pelas suas próprias forças.

Não poderia talvez um dos irmãos apontar uma alma indecisa de mulher?

Não, Anaga como que sentia um certo pudor em perguntar, preservando como coisa sagrada, em seu foro íntimo, a missão espiritual de que fora encarregada.

Certo dia Anaga, descendo da Montanha, teve de passar, na planície, ao longo de caminhos cheios de jardins floridos. Num desses jardins havia duas árvores magnificamente cobertas de flores. Sem querer, Anaga deteve o passo. Aquelas flores eram um deslumbramento!

Viu, então, embaixo de uma das árvores, uma jovem deitada num leito improvisado com cobertores finíssimos. Um véu recobria o vulto todo da moça, talvez para evitar picadas de insetos, pois os raios solares não transpassavam a espessa folhagem.

A moça não se mexia. Estaria dormindo? Ao fazer a si mesma esta pergunta, brilhou imediatamente em seu espírito este pensamento:

"Eis aí uma das almas adormecidas. Deves procurá-la."

Cautelosamente, Anaga entrou no jardim, ela, de índole tão medrosa, que sempre fugira de entrar em contato com outras pessoas. Pé ante pé, aproximou-se do suntuoso leito.

A moça não estava dormindo. De olhos abertos olhava para o céu e só desviou os olhos para fitar a estranha intrusa.

— Que queres aqui? perguntou a moça, num tom alongado, misto de espanto e de indignação.

— Desculpa, moça, falou Anaga ternamente. Nunca vi flores tão lindas. Tu me dás licença para vê-las de perto?

Sem se dignar oferecer uma resposta à desconhecida, a moça deu-lhe as costas, e o fez com tal gesto de desprezo que qualquer outra pessoa, que não Anaga, teria desistido de prosseguir. Anaga, porém, exclamou em meio-tom:

— Ah, pobre!

Que foi que a desconhecida disse? Por que teria usado dessa expressão? Porventura não era Vasissa a mulher mais rica do lugar? O que a delicadeza de Anaga não conseguira, conseguia agora a sua exclamação.

Imediatamente a moça sentou a meio-corpo no leito, encarou fixamente a desconhecida e com aspereza perguntou:

— Como te atreves a chamar-me "pobre"? Não enxergas, acaso, o ambiente de riqueza que me cerca? Vamos, fala, por que me chamas assim?!

— E porventura não é pobre, respondeu a interpelada com um sorriso simpático, quem retribui com desprezo a um pedido tão delicado? Bem vazio deve ser teu coração e só por isso te lamento. E mais: não te achas pobre, tu, que consegues ficar indiferente debaixo de uma ramagem maravilhosa como esta? Pobre és realmente deixando teus membros ficarem inertes, olhando para o tempo, em vez de movimentá-los em alegre atividade.

Com crescente espanto Vasissa foi escutando todas aquelas palavras. Jamais tinha ouvido quem lhe falasse assim.

— Entraste de propósito em meu jardim para me lançar no rosto essas coisas? perguntou, em tom zombeteiro.

— Quero crer que sim. Entrei e, quando entrei, a intenção era de ver estas flores. Mas como ando à procura de almas adormecidas, é possível que tenha sido conduzida para cá.

— Que quer dizer alma adormecida? Quem te conduziu para cá?

— Isso exige uma longa explicação, moça. Posso sentar a teu lado?

Sem mesmo esperar resposta Anaga sentou-se sobre uma pedra revestida de musgo, voltou os seus lindos olhos azuis para a moça e principiou:

— Queres então saber o que é uma alma adormecida? Faze a ideia de uma pessoa que dorme. Continua respirando porque seu corpo faz isso por ela. Mas não tem noção de si. Vive, mas está longe desta vida. Entendes o que estou falando?

Anaga fez essa comparação com a alma, mas não tinha necessidade disso.

Sem oferecer resistência, rompendo toda hesitação, a moça exclamou:

— Não me fales de pessoas que estão adormecidas! Que é a nossa vida inteira senão um dormir sem fim? Que fazemos nós mulheres senão comer, beber, dormir e respirar? Por que o fazemos? Porque precisamos viver. Mil vezes melhor não ter nascido. Mil vezes melhor se pudéssemos morrer. Sim, morrer, dissolver-nos no Nirvana, ser unos com o grande Nada que paira sobre nós.

A declaração da moça, cada vez mais apaixonada, foi afinal embargada pelas lágrimas. Anaga levantou-se e, aproximando-se dela, colocou suavemente a mão sobre a testa da jovem.

— Em boa hora fui conduzida para junto de ti, irmã, assim falou Anaga, e havia em suas palavras imensa piedade. Vê, tu mesma já sabes o que é uma alma adormecida. Deixa-me despertá-la, alma irmã da minha. Deixa-me mostrar-te que a vida é um dom dos deuses, uma dádiva do Eterno. Tudo depende de aprendermos como aproveitá-la.

Anaga continuou falando com Vasissa, cujas lágrimas já haviam cessado.

Longo tempo deixou-se ficar ali com a moça, até que à distância apareceram uns criados. Nesse ponto, Anaga despediu-se com a promessa de retornar no dia seguinte.

Cumprindo com o prometido, ao se aproximar do jardim no dia imediato, viu já a moça no caminho, ansiosa à sua espera. Chegou e começaram a andar pelo meio de toda aquela suntuosidade.

Anaga começou a mostrar à moça como era possível extrair incontáveis motivos de alegria daquela imensa riqueza inaproveitada. Conseguiu persuadi-la de como era possível encher uma cesta de flores, ir com ela até a escola para fazer uma distribuição ou mesmo presentear pobres mulheres que na vida nunca haviam recebido o agrado de uma flor sequer.

A alma de Vasissa estava a um passo do despertar. Faltava apenas uma atitude de carinhosa e firme dedicação da parte de Anaga, para chamá-la à vida. Uma vez desperta, desenvolveu-se rapidamente, com um esplendor nunca visto. Afeiçoou-se intimamente a Anaga, socorrendo-a constantemente com dádivas para os pobres e enfermos.

Nas vizinhanças chamou logo a atenção ver aquela mulher tão rica na companhia das irmãs amarelas. Cheias de curiosidade, ora vinha uma, ora outra mulher desocupada investigar o que estava acontecendo. A maioria delas não compreendia a atitude de Vasissa. Outras, porém, deixavam-se impressionar, procurando fazer suas visitas de preferência nas horas em que Anaga costumava aparecer ali. Escutavam atentamente, quando lhes falava sobre o Senhor dos Mundos. Continuavam perguntando, perguntando, até que, afinal, não demorou muito, começaram, por sua vez, a despertar.

Reconheceu aí, Anaga, quão maravilhosa missão lhe havia sido confiada. Sentia-se profundamente agradecida por isso, e sua alma se aperfeiçoava, clarificando-se mais e mais. Sem mesmo o perceber, ela ia recolhendo sempre, quanto mais espalhava.

Siddharta, contudo, ficava surpreso todas as vezes que a via.

Que é que podia animar tanto esta irmã tão franzina? Parecia que nem mais andava: seu andar tornou-se flutuante.

Onde quer que entrasse em contato com outras pessoas, torrentes de paz pareciam transfundir-se nas almas. Até os próprios irmãos não deixavam de ouvi-la, com frequência, para dirimir dúvidas ou solicitar esclarecimentos.

Aos poucos, novas candidatas foram aparecendo para o convento de irmãs, sendo aproveitadas nos vários ramos de atividade da casa. Nessa altura, Siddharta já começava a dispor de tempo para prosseguir na elaboração de seus escritos. Sentia uma satisfação imensa em concatenar as ideias e dar-lhes forma condigna. Muitas coisas que havia dito em outros tempos, não mais lhe pareciam apropriadas para serem apresentadas agora, sob a mesma forma.

Principalmente a ideia do perdão dos pecados era um assunto que o preocupava muitíssimo. Movido pela melhor das intenções, havia sustentado o ponto de vista de que os pecados não podem ser perdoados. Poderia mantê-lo agora? A mente do povo não teria amadurecido nesse meio tempo? Seria, então, possível que agora pudesse ouvir a verdade?

Achou que seria bom falar primeiro com Rahula a esse respeito. O filho tinha um modo sereno e claro de interpretar as coisas, a par de uma modéstia plena de confiança em si para expressar suas ideias. Ouvindo-o, chegaria à desejada meta.

Tinha enviado uma mensagem ao filho para que viesse e trouxesse notícias de Utakamand. Já se passavam dois anos de sua última estada ali. Como o tempo voava!

Enquanto assim dirigia seus pensamentos em direção ao filho mais velho, sentia virem a seu encontro pensamentos do mais moço, pensamentos esses que chegavam a assumir formas tangíveis.

C ERTO dia, um jovem, transpondo o umbral de seu quarto, fitando-o com olhos muito brilhantes, perguntou:
— Conheces-me?
Num ápice Siddharta o reconheceu.
Como se estivesse olhando num espelho que tivesse o dom de rejuvenescê-lo, Siddharta via sua própria imagem no moço que tinha diante de si.
Radiante de alegria, exclamou:
— Siddharta!
O moço ficou contentíssimo da surpresa ter surtido efeito. Havia subido a Montanha, mais ou menos disfarçado, deixando seus companheiros lá embaixo. Pediu também aos criados que não anunciassem sua chegada. Quem ele era não tinham necessidade de perguntar: seu nome lia-se em sua fisionomia.
— Olha, vovô, venho para aprender contigo. Estou com doze anos. Papai e eu achamos que a coisa mais acertada é frequentar tua escola.
— Muito me alegro com tua resolução, Siddharta, assegurou-lhe o mestre. Mas dize-me uma coisa: tua mãe concordou com tua vinda para cá?
— Mamãe?! e o menino deu uma gargalhada. Escapei de minha mãe. Ela tem crianças de sobra para agradar. Depois de mim há o Rahula, que tem quase oito anos. Vem a seguir Suddhôdana, e o pequeno Arusa, que herdou o nome do pai da mamãe. Finalmente, a Maya, que nasceu no ano passado.
Como estás vendo, vovô, minha mãe absolutamente não tem necessidade de mim. Papai, é verdade, relutou muito em me deixar sair, explicou Siddharta em tom sério, mas ele sabe perfeitamente que é por alguns anos e que é só contigo que poderei aprender o que preciso, em benefício de nosso povo.
Quando Siddharta apresentou sua imagem viva na escola, o pequeno foi ali recebido com mostras da maior satisfação, mas o instrutor achou logo que seria melhor chamar o menino por outro nome, a fim de evitar confusão.

— Chama-o, então, de Gáutama, recomendou Siddharta. Aliás, fui chamado assim durante o meu tempo de escola.

Todos ficaram muito contentes, e Gáutama misturou-se com outros alunos da casa, que eram muito mais velhos que ele. Era, no entanto, de uma receptividade tão pura e clara, que aprendia tudo com muito mais facilidade que os outros.

Gostava de ficar longo tempo junto de Siddharta, perguntando tudo quanto lhe passava pela cabeça.

Decorreram assim uns meses, quando ali surgiu Rahula. Os discípulos prorromperam em festiva aclamação quando viram os três reunidos.

Rahula e Gáutama eram tão parecidos com Siddharta, que era como se o mestre estivesse diante deles repartido em três diferentes idades: como menino, como homem feito e como ancião.

Já não era possível esconder mais que o mestre havia envelhecido. Que idade poderia ter agora? Nem ele mesmo sabia. Puseram-se a fazer o cálculo: devia estar beirando os setenta, seguramente. Mas era o mais conservado de todos: lúcido de espírito e com olhos de um brilho juvenil.

Logo que foi possível, Siddharta apresentou ao filho o assunto que o preocupava tanto. Foi preciso explicar primeiro qual o motivo de ter sido levado antes a uma interpretação errônea sobre o caso. Rahula sacudiu a cabeça.

— Não acredito que tenha sido necessário ter falado ao povo sobre coisa que tu mesmo não tinhas na conta de verdadeira. Seja como for, meu pai, penso que não é digno de ti continuares mantendo o mesmo ponto de vista.

Interveio nesse instante a voz do mais moço, que eles supunham estar longe, no jardim:

— Compreendo, perfeitamente, por que foi que vovô falou daquele modo. Imagina só, Rahula, como eram as pessoas antes de receber o conhecimento do Eterno. Se vovô lhes tivesse dito que Deus, Senhor dos Mundos, perdoa os pecados, contentar-se-iam inteiramente com isso. Moras em Utakamand, onde toda a gente crê no Eterno. Mas em Kapilawastu terias de pensar de outro modo. Nosso povo, que pode executar trabalhos pesados quando é necessário, não gosta, todavia, de fazer esforços espirituais. Preferem ir atrás dos videntes e dos feiticeiros.

— Que é isso que estás dizendo?! perguntou Rahula, sobressaltado. Que espécie de gente é essa de que estás falando?

— Gente perigosa, que espalha trevas ao redor de si. Amarram as almas das pessoas ingênuas, afirmando que têm o poder de aplacar a ira dos deuses e de conseguir invocar as boas graças deles. Dançam e tornam a dançar, proferindo toda sorte de coisas incompreensíveis, recebem dinheiro em troca disso tudo, e as pessoas não percebem que estão sendo logradas.

Não há dúvida de que assim é muito mais fácil ficar livre dos pecados do que por intermédio do esforço, da autossuperação ou da penitência. Papai costuma dizer que nosso povo padece de uma fraqueza, a saber: grande parte dele nunca chega a despertar inteiramente. Outra torna a cair no sono depois de ter despertado.

— Escutai só o que o menino está dizendo, interrompeu Rahula em tom de graça, tão só para que Gáutama não percebesse como seus dois parentes estavam se sentindo orgulhosos dele. Vede! disse, ele fala como um ancião.

Gáutama ficou atrapalhado, sem saber se devia zangar-se ou fingir que não tinha ouvido o gracejo. Optou pelo segundo caso, pois tinha ainda muita coisa por dizer, já que lhe deram a oportunidade para falar.

— Por isso, também, quando ficar mais velho, quero deixar a posse do governo para o Rahula e viver para o bem dos outros, como vós ambos viveis. Quero servir e não exercer o mando!

Os dois se entreolharam. Como tudo se repetia minuciosamente na vida destes três. Em todos eles um ardente amor pelo povo, que se mostrava não no desejo de domínio, mas no pleno servir.

— Olha aqui, meu pequeno Gáutama, não desejarias ir comigo a Utakamand, onde teu avô foi tão feliz? insinuou Rahula, que ansiava poder instruir esta alma tão extraordinariamente aberta.

Gáutama, porém, não aceitou a sugestão.

— Se um dia o vovô quiser te visitar, talvez me deixe ir com ele a cavalo; há muito tempo para isso. Não posso, porém, perder um dia sequer de aprender o que ele me possa ensinar.

Passaram então a falar sobre Anaga. Rahula indagou como ia o trabalho das irmãs e das atividades do convento. Siddharta deu notícias de tudo, abstendo-se de falar em Anaga, que, como era sabido, estava em constante atividade.

— Então, não sabes nada dela, vovô? perguntou Gáutama, muito admirado.

— Ela está cuidando do despertar das almas que dormem. Ouvi contar, estes dias, o que uma moça, chamada Vasissa, falou a respeito de Anaga: "Ela arranca as mulheres de um modo de viver sem objetivo para que elas, desabrochando, tornem-se tanto mais enriquecidas interiormente." Eis sua tarefa.

— Eu gostaria muito de falar com ela, observou Rahula.

Siddharta consentiu, sob a condição, naturalmente, de Anaga concordar.

Rahula foi procurá-la no convento, mas Anaga não estava presente. No dia seguinte, pediram a Siddharta que fosse ter com ela. Ele, porém, supôs que tivesse havido uma confusão com relação a um recado que Rahula havia deixado lá, que dava a entender que o mestre desejava falar com ela.

Ficou, assim, indeciso uns momentos, se devia ou não atender ao chamado, ou simplesmente mandar que Rahula fosse até lá. Gáutama rompeu com a dúvida:

— Pois vamos os três Siddhartas para lá, que ela há de ficar contentíssima!

Siddharta concordou, achando que ela realmente ficaria satisfeita e, assim, lá se foram os três, vencendo o curto trajeto montanha abaixo, em direção ao convento.

Chegando lá, encontraram uma agitação silenciosa, mas aflitiva.

— Mestre, vieram dizer-lhe, chorando, algumas irmãs que se adiantaram ao seu encontro, diante da porta: nossa mãe quer nos deixar!

Siddharta sofreu uma profunda emoção: isso não era possível! Anaga era ainda tão moça e tão necessária ali. No seu modo de ser tão sereno e cheio de tranquilidade havia-se tornado, no entanto, a figura central para todos os conventos, instrutora de todas as escolas. O que ela tomava em suas mãos, florescia. Como então, ir-se embora dali?

— Onde está ela? inquiriu Siddharta.

Conduziram-no a um aposento amplo e arejado, onde Anaga se achava, vestida como sempre, com o seu hábito amarelo e touca branca, recostada à janela, as mãos indiferentemente com os dedos entrelaçados, como de costume.

Ela não reparou de imediato que na companhia do mestre tinham vindo os dois outros, logo atrás. Avistou apenas o vulto de Siddharta.

Um sorriso de alegria deslizou suavemente pelo seu rosto, reduzido que estava a impressionante magreza.

— Mestre, muito agradecida por teres vindo até aqui. Estou me despedindo deste mundo. Já fui chamada pelo Mensageiro do Eterno. Devo me desprender daqui para continuar a servi-Lo, lá no Alto. Para a Terra, porém, minhas forças já estão exauridas. Instruí Patna devidamente para assumir meu lugar aqui. Ela dispõe de forças para desempenhá-lo: é dona de um espírito reto e está em plena posse das energias de que carece para o trabalho.

Calou-se Anaga. Siddharta ia falar; delicadamente ela acenou que não o fizesse.

— Mestre, tenho ainda algumas coisas para dizer-te. Permitiste que eu trabalhasse sem oposição alguma de tua parte. Sou grata por isso. Nunca pediste contas do que fazia, sabendo que meus empreendimentos eram ditados pelo luminoso Mensageiro do Eterno. Despertar almas adormecidas foi minha verdadeira vocação. É a tarefa que agora compete a Vasissa. Sim, ela saberá me substituir, possuída que é também de um profundo zelo na salvação da alma de suas irmãs.

Mestre, eu te agradeço por tudo quanto fizeste por mim, para todas nós aqui da casa, por todo o nosso povo.

Os olhos de Anaga se abriram com mais força, seu porte se aprumou mais e, embora fitasse as pessoas presentes, seu olhar como que se perdia ao longe.

— Escutai o que diz o Mensageiro do Eterno:

"Siddharta, homem de reto querer, de coração firme e alta compenetração, trata de servir mais ao Eterno que a teu povo.

Rahula, que és ainda maior que Siddharta, toma cuidado para que a flama interior não te consuma antes do tempo. Para grandes coisas foste chamado, não deixes queimar a vela pelas duas pontas ao mesmo tempo, senão a luz se apagará antes mesmo de teres cumprido tua missão.

Gáutama, que hás de ser o maior de todos, conserva-te puro, humilde e casto e o Eterno te ungirá para Seu servo por toda a eternidade."

Músicas suavíssimas encheram o aposento. Aos três, profundamente comovidos, era como se estivessem vendo seres cheios de luz em torno de Anaga.

De repente, ela retomou a palavra, mas, no que dizia, já não falava a mortais:

— Tu, luminosa, a quem minha vida terrena pertenceu, deixa-me continuar a servir-te, onde quer que esteja!

Viu, então, Siddharta, com os olhos do espírito claramente abertos, como uma aparição maravilhosa se curvava sobre o vulto da irmã, suavemente envolvendo sua alma, levando-a consigo.

Quando a música silenciou e o clarão se desfez, o corpo inanimado de Anaga jazia sobre o leito, a fisionomia transfigurada em beatitude celeste.

TRISTEZA profunda espalhou-se pela Montanha do Eterno com a partida da dedicada irmã. Todos se sentiam estreitamente ligados a ela, embora aparentemente ela se mantivesse sempre distante de todos.

Vasissa e Patna achavam que não estavam à altura de poder substituir a falecida. Tinham, é certo, a maior boa vontade, mas faltava-lhes aquela força que animava Anaga.

Ao saber dessa circunstância, Rahula pediu licença ao pai para conversar com as irmãs. Bem percebia ele que o pai sentia da mesma forma que ambas: ninguém estava em condições de substituir Anaga. Se o pai fosse dirigir a palavra às duas, tudo quanto dissesse não haveria de convencê-las.

Rahula, porém, pensava de outro modo. Respeitava muito Anaga, admirava seu trabalho, mas estava fora do âmbito das pessoas que gravitavam em torno dela. Dispunha, assim, de uma visão mais clara para julgar. Sabia perfeitamente que toda vez que alguém é chamado a serviço do Eterno, depende exclusivamente desse alguém receber a força necessária de que precisa para exercer sua função.

Em vez de se lamentarem, o que deviam, as duas irmãs, era abrir simplesmente o coração em súplicas ao Alto. O apoio haveria de vir, necessariamente. Foi o que lhes disse Rahula, com toda a firmeza e sem rodeios.

Suas palavras foram de um efeito profundo sobre Vasissa. Ela se levantou, dizendo o quanto ficava agradecida:

— Teu auxílio para mim foi imenso, Rahula. Dia a dia pedirei as energias de que preciso para realizar tudo quanto esteja nas minhas forças. Não farei comparação com Anaga, nem ficarei cismando se isto ou aquilo teria sido feito melhor por ela.

— Muito bem, Vasissa, assim é que está certo! elogiou Rahula, com entusiasmo. Nem o Eterno exige mais do que isso, que alguém dê mais do que o máximo que pode dar. Em havendo falta, Ele o suprirá.

Patna, todavia, não se deu por satisfeita.

Rahula deixou que ela falasse à vontade, até extenuar seu repertório de lamúrias e terminasse emudecendo. Vendo que ele também permanecia em silêncio, fitou-o com profunda ansiedade. Ele que tinha tido tantas expressões de louvor para Vasissa, era forçado, no entanto, a reconhecer toda a deficiência que Patna voluntariamente expunha a seu respeito.

Ele que vivia se compenetrando dos outros, esquecendo-se, com isso, completamente de si mesmo, a ele era dado, como a nenhum outro, perscrutar no íntimo a alma humana. Podia, nessas circunstâncias, ver na medida exata da realidade a natureza da deficiência de irmã Patna.

Ao seu olhar interrogativo pôde, assim, responder:

— Tens razão, Patna, em achares que não és capaz de preencher devidamente o lugar de Anaga. Para tanto, é realmente necessário muito mais do que supões.

Ela o interrompeu, aflita:

— Mas foi a própria Anaga que me indicou para o lugar. Agirei como Vasissa vai agir e tudo há de dar certo. Por que motivo, então, o Eterno não me há de conceder a necessária força?

— Porque te falta humildade, Patna, falou Rahula, com severidade. Com todo teu rosário de lamúrias o que querias, Patna, é que eu desdissesse tua modéstia, elogiasse o teu proceder, quando tu mesma, no íntimo, não estás convencida de que és capaz de desempenhar o cargo tão bem quanto Anaga, embora procurasses me convencer do contrário. Vou pedir a meu pai que te encarregue de outro serviço.

Patna arregalou pasmada os olhos. Assim ela não tinha imaginado a conversa com Rahula. Como ele era desatencioso!

Antes mesmo, porém, que ela pudesse arquitetar qualquer resposta, já ele deixara o convento, subindo a montanha, calma e compassadamente. O modo de andar de Rahula dava a impressão de um sentimento de íntima segurança, impressão essa que chegava a infundir tranquilidade sobre quem o visse passar.

Siddharta ficou surpreso quando Rahula lhe transmitiu o desenrolar da conversa.

— Não foste duro demais com Patna, meu filho? As mulheres têm mesmo dessas pequenas fraquezas, que não podemos deixar de levar em consideração.

— Pois eu acho, meu pai, que as mulheres que se dispõem a servir ao Eterno, têm de dominar suas fraquezas, como nós outros.

O que tu chamas "pequenas fraquezas" é uma podridão interna de um lindo fruto. Esses frutos precisam, quanto antes, ser separados dos demais para não infeccioná-los. Se queres, deixa-me levar Patna comigo para o convento de irmãs de Utakamand, e lá ela aprenderá devidamente o que significa prestar serviço.

Siddharta não era homem que se deixasse persuadir tão rapidamente e Rahula ainda teria de empregar muitos argumentos de convicção, se nesse momento Patna não surgisse, de improviso, ali no aposento.

É incrível que uma fisionomia humana pudesse se alterar tanto dentro de tão poucas horas! Como se achava mudado o rosto dessa mulher: os traços se tornaram mais grosseiros, rugas esquisitas em redor da boca, lábios caídos de quem está exasperado.

— O que desejas, Patna? perguntou Siddharta, delicadamente.

— Bem sei que não é costume vir uma irmã intrometer-se aqui no convento de irmãos, embora nós mulheres certamente tenhamos tanto valor quanto os homens aos olhos do Eterno, falou Patna, com atitude arrogante. Mas tive de vir! Pensei comigo que esse aí – apontando para Rahula, que ao vê-la entrar se levantou de onde estava sentado e foi postar-se à janela – viria direto para cá para tomar posição contra mim!

Eu me excedi ao diminuir-me tanto diante dos seus olhos: é que esperava um estímulo da parte dele. Como não recebi o louvor que desejava, me exaltei, sendo dele mesmo a culpa de ter ficado aborrecido com o que eu disse. Podes acreditar, mestre, que estou habilitada a preencher o lugar de Anaga, e dirigir com mão firme todos os conventos do país.

Muito mais que as informações do filho, a atitude de Patna veio comprovar quanta razão tinha Rahula. Essa mulher podia pôr a perder a grandeza da causa. Em seu íntimo, uma voz balbuciou um outro nome. Agora Siddharta estava seguro do que devia fazer.

— Não está em minhas mãos nem nas tuas, Patna, decidir quanto à sucessão de Anaga. É o próprio Eterno que há de determinar, e, justamente neste instante, acabo de receber que é Sisana a eleita para o lugar. O problema está, pois, fora de cogitação e a harmonia pode reinar outra vez entre nós.

Patna ficou branca como um cadáver.

— Mas foi Anaga quem me investiu no cargo, ao morrer, contestou a irmã; Anaga era quem presidia os conventos de irmãs, não tu, meu mestre. Nós, irmãs, nos dirigíamos pelo que ela determinava.

— Cada palavra que proferes te condena, Patna, respondeu serenamente Siddharta. É deplorável o estado de irritação em que te achas. Volta para teus aposentos e procura através da prece reconquistar tua serenidade de ânimo.

Entre soluços, Patna retirou-se da presença do mestre. Nem soube esconder a tempo seu estado de alma diante dos demais irmãos.

A disciplina pessoal, porém, era tamanha ali na casa que nenhum dos irmãos ousou falar com o outro a respeito dessa irmã. Não havia necessidade de saber qual o motivo de seus aborrecimentos. Não era do papel deles intervir no caso, portanto, voltavam o pensamento para outras coisas.

No decorrer do dia, Siddharta convocou toda a irmandade feminina para uma reunião na esplanada da escola. Comunicou-lhes que Vasissa assumiria daí por diante a incumbência de despertadora das almas adormecidas, encargo esse que durante tanto tempo fora tão bem desempenhado por Anaga. Para sucessora, na direção do convento, havia sido indicada Sisana.

Patna não compareceu à reunião. Siddharta compreendeu então, inteiramente o caso. Nos dias seguintes também não foi vista e, assim, Siddharta expediu ordens para que a irmã comparecesse à sua presença. O mensageiro, porém, voltou sem solução. Patna não fora encontrada em parte alguma.

Resolveu, Siddharta, em pessoa, ir ao convento verificar o que se passava. Indagou inutilmente até que, afinal, Vasissa, retornando da planície, onde havia estado a serviço alguns dias, trouxe os desejados informes.

Contou que se havia encontrado com Patna, vestida como antigamente, e que ela lhe dissera que ia seguir para muito longe na conversão das almas. Foi a última notícia que se ouviu sobre ela.

Depois de Rahula ter regressado, Siddharta voltou a seus escritos. Concomitantemente refletia, também, nas últimas palavras de Anaga.

Que significaria aquela advertência? Pois como, então, servindo ao povo não estava ao mesmo tempo servindo ao Senhor? Seria, acaso, possível preterir o Senhor dos Mundos na realização desse trabalho? Essa advertência, todavia, não havia partido da alma de Anaga, mas do Alto. Tinha de levá-la em consideração, fosse como fosse. Era, aliás, o que desejava fazer, mas não sabia como interpretá-la.

Também não compreendia o sentido das palavras dirigidas a Rahula. De que modo poderia ele consumir prematuramente as forças? Entendia, é certo, o símbolo da vela acesa nas duas pontas. Mas seria mesmo Rahula uma luz assim? É possível que as duas advertências quisessem referir-se a casos futuros. Com essa ideia, Siddharta tranquilizou-se.

Outra pessoa, entretanto, andava meditando sobre as últimas palavras de Anaga: era Gáutama. Mal ouviu as advertências que se dirigiam a ele, mas ficou fortemente impressionado com as duas outras.

Seria, então, possível que Rahula fosse maior que Siddharta, a quem eles chamavam "mestre"? Em que consistia essa grandeza? O moço Gáutama pensava e tornava a pensar sobre o caso, punha em comparação os dois homens que lhe serviam de modelo, mas não encontrava solução.

Certo dia, quando caminhava pensativamente pelo jardim, seu olhar foi atraído pela árvore altíssima de um cedro. Era uma planta rara naquelas imediações e, por isso, deixaram-na crescer em espaço livre, sem deixar nada em redor.

Estendia seus amplos galhos à luz do sol, enchendo o ar de inebriante aroma. Gáutama já tinha passado muitas vezes ao lado daquele cedro, mas só agora teve o desejo de parar, para contemplá-lo melhor.

Assaltou-o, nesse instante, a seguinte reflexão: Rahula é como um pé de cedro. Cresce imperturbável para cima e nada o desvia de sua trajetória. Assim como o cedro espalha ao redor sombra e perfume para todos, assim também ele vive sua vida exclusivamente a serviço dos outros. Agora, sim, compreendia porque Rahula era maior que Siddharta, entendendo, por sua vez, o exemplo da vela acesa pelas duas pontas, que pode consumir-se com demasiada pressa.

Gáutama já havia feito certa vez a experiência de acender ao mesmo tempo as duas extremidades do pavio de uma candeia de azeite, de modo que as chamas fossem alimentadas pelo centro do pavio, imerso no óleo. Em seguida soprou as chamas e ficou apreciando com que rapidez se consumia, extinguindo-se de repente.

Rahula trabalhava além de suas forças. Metia os ombros para ajudar em qualquer serviço braçal em que outros não estivessem suportando o peso. O próprio Gáutama já havia presenciado isso.

Seus companheiros haviam igualmente contado que era incansável ao atender seus subalternos, interessando-se por eles, instruindo-os, confortando-os, incentivando-os ou advertindo-os conforme fosse o caso. As noites, reservava para escrever.

Nada de estranhar, portanto, que o próprio Eterno mandasse admoestá-lo, pensava Gáutama.

Siddharta tinha outro modo de agir. Não se entregava de corpo e alma a uma atividade única; já pensava sempre em outra, contando com momentos livres que ia ter. Siddharta conseguia, também, ficar o dia inteiro em meditação, debaixo de uma árvore, o que Gáutama em absoluto não podia imaginar com relação a Rahula.

Mas achava bom que o mestre se poupasse assim, porque já era idoso. Seria bem triste que tivesse de seguir tão cedo como Anaga, provocando desentendimentos quanto à sucessão. Com toda a certeza, seria Rahula o seu sucessor. Verdade é que Ananda era quem mais substituía Siddharta, quando estava ausente ou queria repousar; mas Ananda não dispunha dos conhecimentos nem era de uma apresentação pessoal tão distinta como a dos outros dois.

Enquanto ia absorto nessas reflexões, um dos homenzinhos amigos seus surgiu no caminho.

"Gáutama, vem comigo", disse-lhe, acenando com a mão.

O moço acompanhou-o, sem mais demora. Era muito comum que os homenzinhos sempre tivessem algo para lhe mostrar, às vezes coisas muito interessantes, em outras, coisas estranhas.

Agora, conduzia-o para dentro da mata. Depois de atravessarem espessos bosques, chegaram a um lugar ermo, batido de sol. Ali estava, largada, a grande serpente-guardiã, de olhar já quase apagado, agonizante.

— Ó minha linda, tu vais deixar a Terra? perguntou-lhe Gáutama, acocorando junto dela.

Ele, que sempre tinha tido palavras de bondade para com ela, compreendeu que a serpente desejava vê-lo ainda uma vez, antes de morrer.

Ele correu-lhe a mão pelo dorso, acariciando-a suavemente. Mas a serpente pretendia mais. Gáutama percebeu um nome: "Saríputta".

— Que é que queres de Saríputta? perguntou-lhe, com bondade. Queres que eu o chame? Não? Dize, então.

O homenzinho pôs-se de permeio.

"Ela está pedindo que tomes conta de Saríputta, ele vai ficar tão só, no isolamento em que vive. Ela é a última das três cobras. Todos os dias, ia se encontrar com o velho. Era uma secreta e derradeira alegria que ainda conservava. Saríputta está tão velho: trata bem dele."

Gáutama prometeu que sim. Ficou muito comovido ao ver que um simples animal poderia ser tão bom e não querer deixar a Terra sem primeiro cuidar do bem-estar de uma vida humana. Com voz terna, Gáutama conversou ainda com a serpente, agradecendo os serviços que ela e as suas irmãs haviam prestado à Montanha.

— Vamos sentir tua falta, disse-lhe, em despedida.

Com dificuldade, a cobra foi-se arrastando para dentro da folhagem. Gáutama pediu-lhe que não fosse, que se deixasse ficar ali.

A serpente não lhe deu ouvidos. O homenzinho, porém, explicou: "Deixa que ela vá. Não sabes que os animais não gostam de morrer à vista de pessoas? Se vós, homens, soubésseis disso, certamente não haveríeis de torturar com a vossa solicitude os animais de vossa estima quando estão morrendo. Quando acontece isso, eles fazem um esforço imenso para prolongar durante um breve espaço ainda seu final de vida, só para conseguirem morrer sozinhos."

Gáutama voltou pensativo para a escola. Quanta coisa havia aprendido! Procurou Siddharta e contou-lhe sobre a morte da última das três cobras.

— Temos de arranjar outros animais de guarda, as serpentes foram ótimos vigias, comentou Gáutama.

— Vieram para cá sem que as chamássemos, argumentou Siddharta. É possível que apareça um outro animal qualquer, se tivermos necessidade de guardas.

Gáutama se pôs, então, a caminho para ir se encontrar com o velho iogue, antes que ele fosse à clareira da mata. Cumprimentou-o com todo o respeito. Tinha grande estima pelo ancião, já quase ressequido pela idade. Timidamente contou-lhe sobre o acontecimento, com receio de que o velho viesse a sentir muito. Este, porém, comentou, quase que em tom de satisfação:

— Sinto-me, agora, realmente aliviado de ela ter ido antes que eu. Do contrário, quem iria cuidar da pobrezinha?

Admirou-se, então, Gáutama, e muito, de quão íntima era essa ligação entre o homem e um animal, de como podia um pensar mais no outro do que em si mesmo.

Saríputta, porém, pôs-se a discorrer sobre a grande missão que aguardava o jovem Gáutama.

— Bem o sei, Gáutama, tu serás no futuro o guia e condutor do nosso grande povo, de toda a nossa gente. Trata, pois, de compreendê-lo, como deves. Não permaneças sempre aqui, vai em busca de outras paragens.

Acredita-me! Andei perambulando com as minhas serpentes do alto das montanhas até o azul do mar, das regiões frias do gelo até as terras candentes. Diferem, por toda parte, os tipos humanos, segundo sua origem, constituição física, costumes e sentimentos.

Não existem sequer dois principados iguais, conquanto a nossa terra conte mais de vinte. Trata de conhecê-los todos, pois, do contrário, não conseguirás governá-los.

— Não pretendo ser um soberano, o que desejo é servir, meu bom Saríputta, falou Gáutama, com toda a firmeza.

Seus olhos brilhavam.

— E a quem pretendes servir, tu que descendes de príncipes? contestou Saríputta. Sabes, acaso, o que quer dizer servir?

— Servir significa entregar-se de corpo e alma à tarefa que reconhecemos como nossa obrigação.

— E a quem pretendes servir desse modo? perguntou Saríputta, precipitadamente.

Sem se demorar em reflexões, Gáutama respondeu:

— Ao Eterno é que desejo servir!

— Não ao teu povo, então? ressoaram as palavras, lentas e pesarosas, dos lábios de Saríputta que, com olhar súplice, encarava o jovem.

— Decerto que quero servir ao meu povo, isto é, ao Eterno servirei servindo ao povo. Talvez, assim, me exprima bem, aquiesceu Gáutama que, todavia, não estava entendendo a aflição do velho.

Este, porém, começou a falar, vagarosa e ponderadamente, como é próprio das pessoas idosas, depois mais depressa e afinal com desembaraço:

— Escuta-me, Gáutama. A sorte de nossa gente deve preocupar nosso coração mais que qualquer outra preocupação aqui na Terra. O Eterno já dispõe de servos incontáveis tanto aqui no mundo como no Além. Sabes disso tanto quanto eu. Podes até vê-los, se quiseres.

Não achas que Ele já tem de sobra? Ao passo que o povo só conta contigo para ajudá-lo. Gáutama, da estirpe dos Tschakjas, não renegues tua origem real. Se fosse propósito do Eterno fazer de ti um servo, poderia ter deixado encontrar teu corpo numa cabana.

Gáutama, vejo chegar o tempo, não muito distante, em que nosso povo se extraviará em atalhos. O que o mestre lhe trouxe será misturado com outras doutrinas e os preciosos ensinamentos da sabedoria se dissolverão em sutilezas e falsos pensamentos. Vejo um tempo, não sei se perto, se longe, uma vez que nos planos da Luz, que vem do Alto, não há tempo breve nem tempo longo, mas o certo é que a hora chegará em que todo nosso grande povo terá de sujeitar-se ao domínio de estranhos. Todos seremos párias, todos, sem exceção!

Gáutama, favorito dos deuses, só tu estás em condições de evitá-lo.

Entrega-te de alma e corpo em favor do teu povo. Segura, com mão forte, o cetro do teu reino! Em todos os principados existem adeptos de Siddharta. Trata de reuni-los e por intermédio deles entra na posse do reino, fazendo aliança com seus soberanos ou subjugando-os. Pouco importa saber o modo por que possas fazê-lo, o que interessa é que de muitas parcelas forjes uma união poderosa. Só desse modo o povo estará em condições de se tornar forte e de enfrentar, tempos afora, todo e qualquer conquistador. Só assim há de ser um povo florescente para a satisfação de todos e para a glória do Eterno.

Gáutama, medita no que estou te dizendo: só um eleito do Eterno, como tu és, é digno de tudo quanto acabo de afirmar; serás ainda maior que o próprio Siddharta! O povo há de querer-te bem, o povo que soubeste livrar da miséria e da escravidão!

Exausto e ofegante Sarípputta pôde concluir o que vinha dizendo, tão só seus olhos, olhos penetrantes e vívidos, continuaram, súplices, implorando acolhimento.

Gáutama, diante dele, fitava-o amavelmente sem deixar, todavia, transparecer coisa alguma. Sua visão estava como que voltada para dentro, uma vez que todo seu pensamento se resumia numa única e fervorosa prece: "Senhor meu Eterno, esclarece-me para que eu veja se isto é apenas uma tentação ou Teu chamado mesmo, para mim!"

"Nem uma coisa nem outra", disse a secreta voz, dentro dele.

"Tinhas de ouvir, necessariamente, o que estás ouvindo, para que também possas escolher livre e espontaneamente teu caminho. Ao Eterno não apraz ter servos contra a vontade."

Em fervorosa prece ergueu-se, de novo, a alma do jovem: "Quero ser Teu servo, Senhor dos Mundos! Para onde quer que me envies, de bom grado irei. Porém, servo quero eu ser, não soberano."

Profunda sensação de paz envolveu, então, a alma de Gáutama. Com terna benevolência voltou-se para o velho iogue, em cujas palavras agora reconhecia e reverenciava todo o imenso e desprendido afeto que aquele nutria pelo seu povo.

— Saríputta, eu te prometo que, na qualidade de servo do Senhor dos Mundos, jamais me esquecerei do meu povo. Quer Ele faça de mim um soberano, um instrutor ou simples auxiliador, pouco importa: guardarei sempre o mesmo amor pelo meu povo.

— Pois bem: manda, então, chamar Siddharta, que eu quero me despedir, balbuciou Saríputta.

Não tardou e apareceu ali o mestre, consternado ao saber que seu antigo e primeiro patrão ia se desligar da vida terrena.

— Concede, Siddharta, a bênção de despedida, disse o velho em tom sumido. Nada mais posso fazer pelo meu povo, sei, contudo, que outro virá depois de mim que saberá como ajudá-lo.

Ninguém sabia dizer se o iogue estava se referindo a Gáutama, se a outra pessoa qualquer.

Os olhos de Saríputta fecharam-se para este mundo, mas os olhos espirituais abriram-se para o outro. É possível que tenha contemplado uma visão maravilhosa, porquanto aquela voz cansada e esmaecida se transfigurou de repente numa jubilosa exaltação:

— Vejo a tristeza e a miséria do meu povo. Gente estranha o reduziu à escravidão, gente estranha usufrui tudo quanto nossa terra produz de bom e de belo. Contudo, vejo, também, um que aí vem, forte e poderoso, bondoso e justiceiro que libertará o povo! Sim, ele há de guiá-lo para o reto caminho, ele despertará as almas que dormem.

Ó Eterno, Senhor meu, eu te suplico: concede que, quando esse soberano vier, eu possa estar de novo reencarnado no meu povo, a fim de poder ajudá-lo a preparar-se para esse reinado. Ó Eterno, a minha vida inteira foi consagrada ao meu povo. Permite que assim o seja, outra vez!

Emocionados, os dois visitantes fitavam o velho cuja fisionomia estava como que iluminada. Retomou, de novo, a palavra, mas já em tom mais baixo:

— Agradeço-te, ó Eterno, que ouvirás a minha súplica. Sim, renunciarei a tudo mais, pelo amor do meu povo. Aguardarei, em algum lugar no Além, até que seja chegado o momento que eu possa voltar de novo à Terra para guiar o povo ao reinado do novo soberano. Graças te dou, por isso!

Tudo caiu em silêncio. O corpo de Saríputta se estendeu, cessando os movimentos. Siddharta colocou a mão sobre o coração que havia cessado de bater.

"Saríputta, estávamos unidos e sentíamos do mesmo modo em favor do nosso povo. Permita o Eterno que, sendo chegado o tempo de voltares para preparar o reinado do grande soberano, eu também seja escolhido para ajudar!"

Em silenciosa prece, permaneceram ali os dois, por breves momentos, e, em seguida, se retiraram a fim de irem comunicar aos demais irmãos o passamento de Saríputta.

O CORPO de Saríputta foi preparado para a cerimônia fúnebre como antes fora feito com relação ao corpo de Anaga, como Rahula já tivera oportunidade de ver em dias de sua infância, do outro lado do Himalaia.

Até ali tinha sido costume incinerar numa fogueira o cadáver de mortos ilustres. Quanto mais ilustre o morto, tanto melhor a espécie da madeira a ser empregada nessa cerimônia.

Se não tivesse deixado filhos, ou se os filhos já fossem crescidos de modo a dispensarem a assistência da mãe, esta também deixava-se queimar viva na fogueira de incineração do corpo do marido, para que sua alma pudesse acompanhá-lo no Além.

Todos os demais mortos eram fortemente envolvidos em panos, conduzidos assim para bem longe dentro da mata e ali deixados para refeição de animais. Segundo a crença dos brâmanes, como a alma, pela morte, já entrava na peregrinação do Além, o corpo, para eles, não tinha o menor significado.

Desde o momento, porém, em que consideráveis massas populares começaram a crer no Eterno, Siddharta tratou de abolir esses bárbaros costumes. É verdade que se havia insurgido tão só contra a incineração das viúvas e contra o impiedoso abandono dos cadáveres na mata, sem propor, contudo, qualquer outra providência melhor que viesse substituir aqueles ritos.

Tinha deixado ao critério das pessoas resolverem quanto à incineração dos seus mortos. Era o que acontecia na maior parte das vezes; outros lançavam os cadáveres às águas sagradas do Ganges, cabendo aos peixes a tarefa de exterminá-los.

Um dia, Rahula contou o que costumavam fazer com os cadáveres nos conventos do Tibete. A narrativa causou tamanha impressão que Siddharta resolveu adotar o sistema tibetano. Determinou, então, que os corpos de Anaga e de Saríputta fossem recolhidos dentro de cavidades feitas para esse fim na Montanha do Eterno.

Essas cavernas eram fechadas com muros de pedras, tanto quanto possível da mesma espécie, tendo na frente uma placa com breves palavras. A inscrição da placa de Anaga dizia o seguinte:

"Anaga,
nossa irmã em espírito."

O túmulo estava colocado de tal modo que as irmãs pudessem passar facilmente pela frente. Traziam elas constantemente flores que tinham o cuidado de prender na lápide do túmulo ou de espalhar à frente deste, no chão. Quando a lápide de Saríputta ficou pronta, Siddharta passou longo tempo meditando sobre qual a melhor inscrição para a ela. Não conseguira uma sequer que em rápidas palavras resumisse tudo quanto desejava dizer.

Tinha esboçado já várias inscrições, mas todas as vezes que o irmão encarregado da execução da lápide vinha buscá-la, inutilizava o que havia feito. Exatamente como acontecia no momento.

Então, Gáutama apareceu. O jovem andava ensimesmado desde a morte de Saríputta. Siddharta não ousou investigar o que estaria inquietando aquela alma e, como o neto nada dissesse a respeito, o avô não quis quebrar esse silêncio.

— Siddharta, já determinaste qual deva ser a inscrição no túmulo de Saríputta? perguntou tranquilamente o jovem.

O outro respondeu que não.

— Nesse caso, desejaria pedir que aceitasse os seguintes dizeres:

"Saríputta, nosso irmão, esteve conosco.
Ele voltará, irmão auxiliador de todo nosso povo."

— Está bem, Gáutama, dize ao irmão que faça essa inscrição.
Foi tudo quanto Siddharta pôde dizer. Ficou impressionado de o jovem ter encontrado a fórmula que ele, inutilmente, havia procurado durante vários dias.

Anaga tinha razão: Gáutama era o maior dos três Siddhartas.

Gáutama fez menção de sair a fim de executar a ordem recebida do mestre, mas, voltando-se de repente e como que dando forma a uma resolução difícil de ser expressa, perguntou:

— Siddharta, dispões, acaso, de um momento livre em que possas me ouvir?

Com um aceno de cabeça, o mestre confirmou que sim. Rapidamente, o outro seguiu em seu caminho. Era claro que agora ia saber o que tanto estava perturbando a alma límpida do jovem. Percebeu, também, que Gáutama inesperadamente o chamou por "Siddharta". Desejava saber o motivo disso.

Não tardou e o jovem, voltando, sentou-se aos pés de Siddharta, sobre uma pele de tigre, em seu lugar costumeiro. Siddharta contemplou os traços finos daquela fisionomia, tão circunspecta, na qual, porém, não se notava o menor traço de inquietação. Aquele rosto jovem parecia tranquilo e senhor de si.

— Siddharta, tu bem sabes que gosto de estar aqui.

O coração do velho bateu mais forte: não era possível que o moço pretendesse deixá-lo. Algo assim deveria ter se refletido em seu rosto.

Gáutama colocou a mão súplice sobre as mãos do avô.

— Mas eu preciso prosseguir caminhando, falou o moço, suave, mas com toda firmeza. Preciso visitar todos os conventos do país, conhecê-los de perto e conhecer o povo em sua totalidade. Foi o que Saríputta me recomendou em seus derradeiros momentos. Não interpretei logo o que ele queria dizer, mas senti intuitivamente que suas palavras encerravam uma determinação do Eterno.

Agora sei perfeitamente bem: Saríputta está me ajudando. Ele se encontra ainda bem próximo da Terra, mas já está entendendo tudo muito melhor que antes. Começa a ver as coisas por um outro prisma.

Pois ele me dizia, quando ainda estava aqui conosco, que, no seu modo de ver, eu só seria capaz de executar a missão que o Eterno pretende de mim, fazendo-me soberano. Agora porém, estou certo de que posso servi-lo externamente de qualquer modo. Seja, entretanto, esta ou aquela a sorte que me aguarda, o certo é que tenho de prestar socorro a toda a população dos hindus, não a uma parte dela, apenas. Portanto, eis aí o motivo de precisar conhecê-la em seu conjunto.

Tu mesmo, em tua longínqua juventude, foste conduzido pelo país inteiro. Tu me compreenderás.

— Sim, mas és agora mais jovem que eu naquele tempo, atalhou Siddharta, com o coração cortado pelas declarações do moço.

— Sim, foste, certamente, conduzido muito tarde à realização da missão que te aguardava; pois era uma peculiaridade de tua vida, Siddharta. Quanto a mim, tive sorte melhor: aprendi mais cedo. Vais consentir que eu parta, pois não? Sawi terá de regressar amanhã com a comitiva. Deixa-me ir com eles, a cavalo.

— Amanhã, já?! exclamou Siddharta, em tom lamentoso.

Imediatamente, porém, se conteve. Era, sem dúvida, um sinal de velhice pretender se agarrar, assim, ao jovem. Isso não era direito.

— Bem, meu filho, segue teu caminho e aprende bastante! disse com brandura. É a vontade do Senhor dos Mundos. Uma vez que pretendes ser Seu servo, Ele te conduzirá e te preparará. Nós, simples mortais, não devemos nos intrometer nessas coisas.

Gáutama agradeceu calorosamente a aquiescência e seu rosto, há pouco tão carregado, iluminou-se de contentamento.

Os preparativos para a cavalgada foram concluídos com tal rapidez que Siddharta, não sem razão, acreditou que Gáutama já tivesse providenciado tudo antes.

— Não vais, primeiro, dar uma chegadinha, a cavalo, até Rahula? perguntou Siddharta ao moço, na véspera da partida. Ele te receberá com amor e te compreenderá, dado que é sangue de nossa estirpe.

— Justamente por isso é que eu não desejaria ir ter com ele já, respondeu Gáutama, com toda a firmeza. Tenho de me libertar de todos os laços terrenos, de toda e qualquer influência que possa advir da igual espécie. Não posso me prender mais a pai nem mãe, para que o Eterno me forme e faça de mim o que convém para o que precisar de mim. Devo me sentir livre e desimpedido dentro da Criação. Todos os Seus servos, todos os poderes e forças que Dele fluem, tudo isso pode intervir em minha formação, nada, porém, que seja proveniente de conveniências ou de amizades terrenas.

— Por isso, então, é que me chamaste de "Siddharta"? inquiriu este, já senhor do assunto.

— Está claro, respondeu com toda a naturalidade. Rendo-te toda a homenagem do meu respeito, como meu mestre e mestre que és de todos nós. Nessa categoria, podemos continuar mantendo relações; como avô, porém, não mais. São laços que tive de desfazer.

A despedida, na manhã seguinte, na presença dos demais irmãos, foi cordial, porém, extremamente rápida. Os irmãos sentiam muito a partida de Gáutama. Se incontáveis foram os votos de felicidade a ele dirigidos, mais ainda os que solicitavam seu breve retorno para a comunidade.

Todos sentiram, logo e profundamente, falta da presença luminosa do jovem. Não que fosse uma pessoa barulhenta e dominadora, primando até em passar quase sempre despercebida no ambiente. Mas dele se desprendia uma tal plenitude de vida que a todos contagiava, despertando alegria.

Agora, esse manancial esgotava-se para muitos ali na Montanha. Outros, contrariamente, sentiam que, para eles, essa corrente de vida persistiria fluindo da mesma forma, e que Gáutama muitas vezes, em espírito, continuaria presente, superando a contingência da separação. Dentre esses, estava Siddharta. A saudade, pela falta de Gáutama, não durou sequer um dia, visto que, na alternância das correntes de vibração espiritual, que iam e vinham, Siddharta encontrava uma grande compensação por essa ausência. Recordava-se, agora, dos fios luminosos que as orações fervorosas de Maya, em outros tempos, haviam entretecido em torno dele. Como podia ele esquecer isso completamente?

Também esses fios eram para ele um ensinamento: mostravam nitidamente que a oração jamais é vã, quando brota de um coração puro: segue seu rumo e integra-se naqueles que são objeto da prece, fortalecendo-os e estabelecendo uma ponte de ligação. Para onde? Basta que essa ligação se estabeleça diretamente entre as duas pessoas?

Siddharta prosseguia nessa ordem de ideias.

Não; é preciso que as orações subam primeiro até o trono do Eterno, pois só depois disso é que adquirem força e eficácia. De que servem, então, os fios de ouro que se estendem de uma a outra pessoa?

Nessa altura Siddharta teve que interromper suas reflexões. Aproximavam-se da Montanha alguns forasteiros, que estavam sendo avistados ao longe. Desde o desaparecimento das serpentes foi necessário redobrar a vigilância no local. Até agora nada de mau tinha-se aproximado da Montanha do Eterno. Mas Amuruddba era muito cauteloso.

Mas ele também tinha envelhecido, e não tardaria o dia em que seu desaparecimento viria trazer grande consternação para a Montanha. Aí o mestre resolveu conversar com ele com toda a franqueza, para que, em tempo, cuidasse de arranjar um sucessor.

Quem, então, haveria de fazer as coisas que Amuruddba assumira silenciosa e imperceptivelmente?

Siddharta ia sendo de novo arrastado para suas reflexões quando ressoaram sinais comunicando a chegada de hóspedes. Passos apressados se fizeram ouvir junto do aposento e o príncipe Suddhôdana apareceu à porta. Foi uma surpresa estupenda, e extremamente cordiais foram as saudações entre pai e filho.

Depois de haver se acomodado, sentando-se tranquilamente, o príncipe indagou:

— Que é feito de Siddharta neto? Aqui estou para conversar coisas muito importantes com ele.

O mestre ficou sobressaltado. Quase gaguejando, informou que não houve força capaz de conter a partida do jovem.

— Gáutama, então, foi-se embora daqui? inquiriu o pai, ao passo que um sorriso radioso iluminava seu rosto. Era justamente o que eu pretendia fazer! Fui informado de que meu filho mais velho está disposto a dedicar-se inteiramente ao serviço do Eterno, renunciando ao trono do principado, a que faz jus. Nessas condições, vi que ele tem necessidade premente de conhecer todo nosso povo, ao qual futuramente terá de prestar ajuda.

— Tanto Gáutama como tu mesmo, ambos se referem ao "nosso povo". Que pretendem dizer com isso? Sobre o assunto nada perguntei ao rapaz, mas explica-me, agora, como e até que ponto devemos estender esse conceito.

Sem mais rodeios, Suddhôdana respondeu:

— Chamo de nosso povo todos quantos surgiram do tronco originário do Indo, pouco interessando saber se posteriormente se transformaram em drávidas, *wirudas* ou *wastus*. Segundo tradição imemorial, todos eles têm por pai o Indo. Vivem entre o Himalaia e o mar. É um território imenso batido de todos os lados pelo furor das ondas. De um lado apenas erguem-se, sobranceiras, as montanhas cobertas de neve como guardas gigantescos de nossas fronteiras.

Pelo interior adentro, a terra é partida e repartida por montes esparsos que a dividem em pequenas porções, a saber, os principados de que somos os soberanos. É bom que assim seja, como também é nosso primeiro dever zelar pela vida de nossos súditos.

Aí, também, devem existir homens como tu és, pai, e como Siddharta, o jovem, deve tornar-se, considerando todos os pequenos reinos como "teu povo", numa só fé, auxiliando para que se fortaleçam interna e externamente.

Calou-se Suddhôdana, por alguns momentos.

Depois, reatou sua explanação falando cada vez com mais calor:

— Pai, andei pensando longamente sobre tudo isso, até chegar a ponto de me sentir perfeitamente disposto a abdicar ao reino e entrar também no serviço do Eterno. Rahula, porém, ainda é muito criança. Teria de esperar até que ele chegue à idade da razão e possa assumir as rédeas do governo. Nesse ínterim, recebi a visita de um mensageiro da Luz. Disse-me que posso do mesmo modo cumprir satisfatoriamente minha missão na Terra, uma vez que desempenhe bem o meu papel de príncipe. Disse-me, outrossim, que devo estimular Siddharta a prosseguir no estudo e terminou me encarregando de uma tarefa que posso realizar perfeitamente bem a serviço do Eterno.

Esse o motivo de me afastar por algum tempo da direção do reino e seguir de principado a principado a fim de me entender com os respectivos governadores. Meu objetivo é chamar a sua atenção para o perigo que ameaça nosso povo e tratar, desde já, de estabelecermos a mais estreita união entre os principados, firmando uma aliança de auxílio mútuo para as horas de insegurança e de perigo. Se isso der certo, aplainado estará, também, o caminho para Siddharta. Siddharta, o velho, ouviu com toda a atenção as explicações do filho. Depois de um leve suspiro, comentou:

— Noto que estou ficando velho na alegria que experimento ao perceber que não me compete mais resolver os teus problemas nem os problemas de Gáutama. Mas compreendo, perfeitamente, que ambos são impulsionados pelo mesmo ideal da unificação das tribos. Dito isto, conta-me alguma coisa a respeito dos teus.

O príncipe desatou, então, a falar com tamanha loquacidade que Siddharta ficou com vontade de rever a todos eles.

— Talvez ainda resolva dar uma chegada ao meu velho reino, comentou com bom humor, ainda que seja apenas para apreciar a nova geração que ora floresce lá no palácio.

— E o templo que nós construímos, meu pai, esse, sim, é que deves ver. Não posso compreender como te arranjas sem ele. É uma cerimônia realmente solene quando nos reunimos no átrio lindamente adornado para orar ao Senhor dos Mundos.

— Que átrio, meu filho, pode ser mais belo que aquele que Ele mesmo mandou construir? Quando o imenso azul do céu se estende sobre nossas cabeças; quando o perfume das flores nos envolve ou o vento carrega consigo nossas palavras como um cântico, como, então, sentimos que estamos dentro daquilo que o Eterno criou. Entrelaçados nos achamos em Suas obras, sentimo-nos unos com os servos Dele, e daí a ligação que com Ele mantemos, a despeito de todas as nossas imperfeições!

— Assim, meu pai, tu sentes e imaginas, falou Suddhôdana, ainda não convencido. Acredita-me, bem poucos sentem igual a ti. Inconscientemente eles devem sentir falta quando tu os privas do Templo do Eterno.

Siddharta prometeu falar com seus fiéis sobre o assunto, mas comentou:

— Ainda que eu resolva erigir o templo, Gáutama é quem irá construí-lo. O que peço ao Senhor dos Mundos é que me conserve no posto até que Gáutama esteja devidamente amadurecido para recebê-lo de minhas mãos. Aliás, ele está pensando que vou passar o cargo para meu filho mais velho, todavia, Rahula se acha por demais comprometido com Utakamand. A Montanha do Eterno pede sangue novo.

Em seguida, pôs-se a recapitular o que Anaga havia dito ao desprender-se da Terra, bem como o que dissera Sarípputta, tanto quanto sabia a respeito. A interpretação melhor já tinha sido proferida pelo iogue antes mesmo de ele, mestre, ter-se aproximado.

Suddhôdana perguntou depois se o pai ainda tinha o dom de entender a linguagem dos animais. Siddharta confirmou que sim, mas acrescentou:

— Até nisso Gáutama me supera. É incrível como consegue estabelecer contato com tudo quanto é vivo. Fala até com as árvores e com as flores.

— Estás, acaso, disposto a pôr de novo à prova o dom que tens? perguntou o filho. Trouxe comigo um novo casal de guardas para a Montanha, que desejo oferecer-te.

Bateu palmas e servos, que pareciam estar somente à espera deste sinal, surgiram ali, depondo aos pés do mestre dois pequeninos filhotes de leão. Cheios de confiança os dois bichinhos se encostaram nele. Ele curvou-se e pôs-se a acariciá-los.

— Achas, então, Suddhôdana, que essas duas ferazinhas possam andar por aí, às soltas? Com o que vamos alimentá-las, quando se tornarem maiores? Seremos obrigados a consentir que ataquem os outros animais. Não queremos derramamento de sangue aqui na Montanha do Eterno.

Pensativo, o mestre fitava os dois mimosos, mas indesejáveis hóspedes.

— Pois bem, pai, conserva-os, então, pelo menos até a minha partida. Até lá, encontraremos uma solução, comentou o príncipe.

Os dois leõezinhos não se afastavam de Siddharta. Como dois cachorrinhos acompanhavam-no por toda parte. Quando se tornava necessário prendê-los, para que não entrassem no recinto das orações, rompiam numa gritaria tamanha até que o mestre, em pessoa, viesse prometer-lhes que voltaria logo.

Começaram a desenvolver uma cerrada caça aos ratos, o que era extremamente útil, pois, justamente na proliferação intensa desses indesejáveis roedores, era onde mais se notava a falta das serpentes recém-desaparecidas.

Cheio de preocupação, Siddharta começou a pensar na próxima vinda dos macacos, mas os saltitantes, ali chegando, logo se mostraram satisfeitos, pondo-se a brincar com os leõezinhos. Parecia que até mesmo os animais respeitavam o preceito de que na Montanha do Eterno deveria reinar a paz.

Decorridas semanas, Suddhôdana aprontou-se para a viagem de regresso. Deixou ali os leões. Quando Siddharta teve conhecimento disso, o filho já estava longe demais para convencê-lo a voltar. Não restava outro recurso, senão aguardar os acontecimentos.

Enquanto isso o mestre se divertia com os bichinhos, tão alegres e afetivos.

V ASISSA e Sisana tinham-se adaptado perfeitamente bem a suas respectivas tarefas. As demais irmãs cuidavam também de seus misteres, nem sempre fáceis, executando suas obrigações dentro de tanta discrição e naturalidade que ninguém tomava conhecimento da existência delas.

Raramente iam à procura do mestre. Só mesmo quando surgia um caso de relevante importância é que se dirigiam à Montanha. Era o que agora estava acontecendo. Tinham um problema, do interesse comum de ambas, que juntas desejavam submeter ao mestre.

Siddharta, prazerosamente, dispôs-se a ouvi-las. Em sua missão de despertar almas, Vasissa tinha obtido êxito. Muitas mulheres haviam despertado, trocando sua vida de boneca, de ociosidade, por uma vida de ação, de trabalho.

Chegavam agora ambas à convicção de que essa missão de despertar almas não devia circunscrever-se apenas a um único principado. Cautelosamente, sem dar a perceber, Vasissa havia instruído algumas irmãs de espírito mais nobre, treinando-as devidamente, irmãs essas que pela própria experiência tinham noção da ignorância e do despertar das criaturas, estando, portanto, aptas a cuidar do assunto. O problema, agora, era distribuir essas irmãs por todo o vasto território do país.

— Que pena! lamentou Siddharta. Se tivessem vindo um pouco antes o príncipe Suddhôdana poderia levá-las consigo. Estou velho demais para empreender uma viagem longa como essa.

— Perdoa-nos, mestre, esse não é precisamente o nosso propósito. Não queríamos que as novas instrutoras fossem investidas publicamente, em seus cargos, sob honras e solenidades. Isso dá ensejo para que outras irmãs que ainda não despertaram, sintam, desde o começo, certa desconfiança. Silenciosamente, sem chamar a atenção sobre si, devem percorrer todo o reino à pé, indo à procura dos conventos, ali buscando adaptação. Nessas condições, se quiseres dar uma recomendação por escrito a cada uma delas, recomendações essas dirigidas às superioras das instituições, ficaremos extremamente gratas.

Siddharta compreendeu, imediatamente, o motivo animador do empreendimento, mas ficou perplexo com essa disposição de sacrifício, que impelia à dureza da caminhada, por intermináveis estradas, essas criaturas franzinas, afeitas só à delicadeza e à bondade.

— Não estais entendendo bem o que isso significa, admoestou Siddharta. As pobres mulheres vão sofrer toda a sorte de privações nessa peregrinação de semanas sem fim por aí afora. Os pés incham e doem. Sei disso de experiência própria e, ainda mais, eu era um homem forte quando a minha missão me lançou na poeira das estradas. Se o transporte fosse ao menos feito no dorso de elefantes...

Vasissa riu-se.

— Mil vezes a pé, que subir num desses mastodontes cinzentos. Do que as outras, que seguiram antes, nos contaram já sabemos o que isso representa. Não, mestre: as mulheres estão mesmo decididas a enfrentar o que der e vier pelos caminhos, contanto que possam prestar serviço. Justamente porque se sentem movidas de profunda gratidão por terem encontrado o Senhor dos Mundos, é que desejam chamar outras pessoas para a missão. Se se apresentarem comodamente montadas, isso chamaria logo a atenção.

Mais uma vez ainda procurou Siddharta demover as duas mulheres. Elas pediram que ele aparecesse quanto antes no convento a fim de ele mesmo consultar as irmãs escolhidas.

Já no dia imediato, tratava ele de atender à proposta. Apresentou-se-lhe um grupo de vinte irmãs da mais fina estirpe. Eram jovens ainda, transbordantes de disposição para o trabalho. Muito franzinas de corpo. Quando Siddharta expôs os motivos de sua preocupação, elas riram-se:

— Embora franzinas, somos muito resistentes. Suportamos a aspereza da luta, muito mais do que possa parecer. O mestre pode concordar tranquilamente com a nossa partida, se é que não tem outro motivo a oferecer contra a realização do nosso plano.

Tudo se encaminhou como as irmãs tinham pedido em suas orações: as vinte mulheres saíram. Não foram, porém, todas juntas. Repartiram-se em grupos de duas ou de três, rumando por diferentes caminhos. Com elas, porém, estava a proteção do Senhor, pois nem sequer uma dentre elas ia empreender a caminhada movida por interesses egoísticos.

B OAS notícias vieram da parte de Gáutama, que já se achava consideravelmente distante. Seu pai foi encontrá-lo, disposto e mergulhado em estudos, num convento do outro lado da cordilheira de Vindhja, e surpreso ficou da transformação operada com o moço.

"Não é mais um menino, e quase já não é mais jovem", escrevia o príncipe. "De seus olhos, que irradiam felicidade, transparece o homem maduro. Vamos ter, no futuro, razões de sobra para nos alegrarmos com ele."

O mensageiro, portador da carta, acrescentou ainda outros informes. Contou que o príncipe havia narrado a Gáutama o episódio com os leõezinhos, e que aquele ficara impressionado com a ideia de que os animais, tendo de se submeter aos preceitos da Montanha, tivessem de se alimentar de um modo inadequado à natureza deles. Se o mestre estivesse de acordo, podia mandar os dois bichinhos para Gáutama, por intermédio do mensageiro. Havia, lá nas imediações do convento, matas imensas onde os leões teriam como se acomodar e caçar.

Siddharta aceitou a proposta, assegurando aos leões que teriam vida muito melhor lá com Gáutama, que entendia perfeitamente bem a linguagem deles. Assim, deixaram-se prender pacificamente em cestos que foram alçados ao dorso do elefante que devia conduzi-los ao novo destino.

Pouco solícito foi o elefante. O cheiro dos animais lhe era insuportável. Começou a urrar tão forte que toda a gente das imediações correu para ver o que tinha acontecido.

O guarda queria bater nele, mas Siddharta, que também tinha chegado, proibiu-o, terminantemente. Colocou suavemente a mão em um dos lados do elefante e começou a falar com ele, a meio-tom. O animal ficou mais sossegado, mas, ainda assim, agitava a tromba, irrequieta, de um lado para outro. Explicou-lhe o mestre que tão só ele seria capaz de levar os dois leões para Gáutama, mas que eram bichos inofensivos, inteiramente mansos.

Mandou retirá-los dos cestos e trazê-los para si. Com eles nos braços, passeava de um lado para outro, apresentando-os ao elefante que, já tranquilizado, passava a tromba sobre os dois bichanos. Agora já era possível colocá-los sobre o dorso do cargueiro.

Ao hindu, porém, falou Siddharta:

— Vês que o amor supera sempre. Que te adiantaria bater no elefante? Perderias para sempre sua confiança e afeição. Sim, porque o animal não deixa de ter razão, tendo, como tem, aversão inata pelas feras contra as quais é obrigado a se defender. Se não os convences pela persuasão, com pancada não o conseguirás nunca.

O hindu, que queria muito bem ao elefante, entendeu perfeitamente a repreensão.

OUTROS tantos meses haviam decorrido, quando ali apareceram, de visita, Ananda e Maggalana. Ambos estavam visivelmente envelhecidos, comunicando que já haviam escolhido os sucessores para a direção dos conventos e das escolas. Já não tinham a mesma segurança de poder realizar tudo de conformidade com os ditames do Eterno. Os tempos haviam mudado. Impunha-se a necessidade de passar às mãos de gente nova a orientação dos trabalhos.

— E agora, que é que pretendem fazer? inquiriu Siddharta, cônscio de que já não era mais possível aproveitá-los em que cargo fosse.

— Pensamos em vir repousar junto de nosso mestre, até que o Eterno nos venha chamar.

— Vamos providenciar então um abrigo, o mais belo possível, em que vós e outros velhos, que certamente ainda virão ter aqui, possais todos encerrar condignamente a carreira terrena, determinou Siddharta.

Ambos se mostraram muito satisfeitos com a ideia e assediaram o mestre com pedidos, no sentido de ele também ter seu quarto reservado nessa casa de repouso.

Ele, contudo, sacudiu a cabeça, como que divergindo do plano:

— Infelizmente, não me é possível ainda deixar a direção dos trabalhos; Siddharta-Gáutama ainda é jovem demais para ser meu sucessor, e não consta dos desígnios do Eterno que a direção da Montanha deva passar, nesse ínterim, para outras mãos que, logo depois, teriam de novamente fazer a transmissão do cargo. Tenho, contudo, ajudantes de sobra, dos quais posso me valer, de sorte que sempre me restarão horas disponíveis para um bom convívio em vossa companhia, meus amigos.

Maggalana procurava ainda poder ser útil em alguma coisa. Propôs a Siddharta que o fizesse seu escrevente, de modo que podendo o mestre confiar-lhe o que pretendia dizer, Maggalana o escreveria, dando a devida forma.

— Podemos ao menos tentar fazê-lo, Maggalana, disse Siddharta, alegremente. Como não? Tanta coisa que eu desejaria fixar escrevendo cai, afinal, no esquecimento enquanto busco a melhor forma para dizê-las.

— E, nesse caso, já estariam maduras para serem escritas? indagou Maggalana, cautelosamente.

Siddharta não o compreendeu.

— Como não? perguntou a esmo, sem esperar contestação.

Na elaboração dos escritos em comum, certo dia, Siddharta tornou a se lembrar, outra vez, dos fios luminosos da prece. Contou o caso a Maggalana e este muito se interessou pelo que acabava de ouvir.

— Eu sempre senti mesmo, mestre, que os pensamentos emitidos em oração seguem à procura das pessoas que motivaram essa oração, comentou Maggalana com vivacidade. Coisa maravilhosa é que eles se transformem em fios luminosos, que enlacem e arrastem consigo as pessoas.

— Para onde, Maggalana? Naturalmente que é para junto das pessoas que estão orando. Eis, porém, aí o ponto que não consigo transpor, toda a vez que volto a pensar no assunto. Porque, na realidade, não interessa que estejamos ligados uns aos outros.

— Mestre, acho bom parar, interrompeu imediatamente Maggalana. Tuas ideias vão tomando direção errada, pois, pergunto, que outro rumo devem, então, tomar nossas preces, quando são realmente sinceras? Os pés do trono do Eterno, necessariamente, que é seu natural destino.

Aí foi a vez de Siddharta interromper o outro:

— Sim, estou certo e creio com toda a firmeza nisso, Maggalana. Como se explica, então, que os fios luminosos retornem para nós?

— Quando Rahula, teu filho, ora em teu benefício, as ideias dele vibram cheias de amor por ti, o objeto de suas preces és tu. Portanto, suas ideias partem como fios luminosos em tua direção, procurando enlaçar-te, para ver se estás ou não em condições de ser por eles arrebatado. Se coincidir de estares igualmente em oração no momento, ou se tua alma está de alguma forma vibrando com o Eterno, a prece de Rahula ganha em intensidade em virtude dessa força. Fortalecida e duplicada na união com tua prece, ela sobe, revigorada, para o Alto. Isso é tão claro, mestre.

— Sim, concordou Siddharta, é tão claro que até uma criança é capaz de entendê-lo. Acontece, porém, que já me distanciei muito da criança, pelas minhas muitas indagações e buscas. Foi muito bom que tivesses vindo, a fim de me ajudares nessas coisas, Maggalana.

Maggalana, porém, afastou-se dali e foi passear, em meditação, debaixo das frondosas árvores do jardim. Ideias amáveis o envolviam, transformavam-se em correntes claras e luminosas e partiam em busca de outras de igual espécie.

De repente, Maggalana começou a experimentar uma impressão nunca antes sentida, uma espécie de força que crescia dentro dele. Crescia e se tornava cada vez mais forte, impelindo-o a escrever. Procurou apressado o aposento que lhe tinha sido designado e pôs-se a escrever. Escrevia sem cessar, como se as ideias brotassem de um manancial efervescente.

Narrava a história de uma piedosa menina que havia consagrado todo seu coração ao Eterno, até que apareceu um homem que desejava desposá-la. Os pais da jovem deram seu consentimento, a moça, porém, Kalisadha, embora amasse o moço, recusou-se a aceitá-lo uma vez que ele nada queria saber a respeito do Senhor dos Mundos.

Cheio de rancor, o moço desapareceu das redondezas. As preces de Kalisadha, porém, foram à procura dele, suplicaram e insistiram com ele. Finalmente, na hora da morte, a força da oração conseguiu conquistá-lo, erguendo seu espírito e abrindo-lhe a visão do Alto.

Esta narrativa foi explanada com tanta naturalidade, com palavras tão cativantes que encheu de emoção a alma dos ouvintes. Maggalana leu esta sua composição à noite, numa reunião íntima de Siddharta e seus fiéis.

— Onde foste tu descobrir essa história? inquiriu Amuruddba. Conseguiste contá-la magnificamente bem.

— Onde? Não sei. Ela surgiu em meu espírito quando eu me achava no jardim.

— Muito curioso isso de brotar em teu espírito, observou Ananda, rindo.

— Também não sei como explicar o fato. Num repente parece que vi presentes, nitidamente diante de mim, Kalisadha, seus pais, o homem que ela amava e tudo o mais que se relaciona com o caso. Acompanharam-me ao me dirigir para casa e ao me sentar ali, para escrever.

Ninguém mais riu. Isso parecia a todos uma coisa grandiosa. Era uma realização de arte que Maggalana estava exercitando. Contadores de histórias havia muitos pelo país, mas nenhum até agora tinha escrito coisa semelhante, nem assuntos dessa espécie haviam até o momento interessado aos contadores de casos. Os enredos tratavam, quase sempre, de lutas, de aventuras ou de narrativas horripilantes.

Maggalana, entretanto, continuava a escrever diariamente as narrativas, as quais ia recolhendo de suas longas meditações pelos jardins da escola. À noite, suas produções eram lidas para os irmãos e não havia um sequer que deixasse de aguardar com impaciência a leitura seguinte.

Com isso entrava algo totalmente novo em sua vida. Siddharta, todavia, não dispunha mais de ninguém que pudesse ajudá-lo a escrever. Era como se tudo estivesse conspirando para impedir que fosse escrita a exposição de sua doutrina.

HÓSPEDES apareceram de novo na Montanha do Eterno. Um grupo de imponentes elefantes, guiados por cavaleiros, foi avistado ao longe. Quem seriam eles? Tudo fazia crer que era o cortejo de algum príncipe. Siddharta dirigiu-se ao portão da escola, indo ao encontro dos visitantes. Viu, com espanto, que da sela do elefante maior, que vinha na frente, foi lançada para baixo uma espécie de escada, pela qual o viajante, sossegada e calmamente, começou a descer. É verdade que ele, Siddharta, em outras oportunidades costumava realizar essa mesma operação valendo-se das costas de seus criados.

O tal homem que desceu do elefante era um sujeito corpulento, ricamente vestido de seda. Mais, não era possível distinguir no momento. Nesse meio tempo, os demais companheiros saltaram de suas montarias, vindo em auxílio do patrão.

Este parou diante do mestre. Siddharta fitou aquele velho, de cabeleira alva como a neve, emoldurando um rosto outrora gordo e cheio, agora flácido, cortado de rugas. O corpo também era propenso à gordura. Os olhos, de um peculiar modo de olhar, extraordinariamente expressivos. Onde, em que lugar já teria Siddharta visto esses olhos?

Cumprimentou o hóspede e perguntou o que desejava. Aquele, sem proferir seu nome, pediu licença para entrar. Tinha feito uma longa viagem e estava ansioso em poder trocar o dorso de elefante por uma rede de dormir, ou por uma esteira, que fosse.

Tão só depois do hóspede e dos chefes de sua companhia terem sido acolhidos na sala de recepção é que aquele começou a narrar as peripécias da caminhada, mesmo assim sem se dar a conhecer. Por sua vez, a voz dele, aos ouvidos de Siddharta, despertava longínquas e velhas recordações, que Siddharta não era capaz de coordenar.

Nessas condições, começou a escutar, com ouvido redobradamente atento, o que o hóspede vinha contando:

— Há alguns meses atrás jamais passaria pela minha mente ter de empreender uma viagem destas. Numa tarde magnífica, depois de um dia extraordinariamente quente, eu me achava em companhia de alguns amigos num ponto muito ermo de nosso caudaloso rio. Estávamos cansados e sem ânimo para conversar. De repente, o ruído de galhos que se quebravam e os estalos da folhagem chamaram nossa atenção, prenunciando o aparecimento de um animal de grandes proporções. Alguns de nós ficaram como que petrificados no lugar, outros, instintivamente, deram um salto. Não trazíamos arma alguma conosco. Eis que já despontava dentre a espessura, por debaixo das ramas, um magnífico tigre real, sedento, à procura de água. O vento devia estar a nosso favor pois a fera não farejou nossa presença ali, ficando tão espantada como nós mesmos diante do inesperado. Nesse momento, ela se deteve; como, porém, um dos nossos homens esboçasse naquele instante um movimento imprudente, o tigre saltou e veio em minha direção. Tomado de pavor, fiquei impossibilitado de me mover, dando minha vida por perdida. Mas, de repente e misteriosamente, uma voz muito clara se fez ouvir: "Não toques nesse homem, meu amigo! Ele não te atacou e está desarmado. O Eterno não quer que Suas criaturas se despedacem pela sede de sangue."

Como por milagre, a fera obedeceu. Retorcendo-se no salto, caiu no chão, pouco adiante de mim.

Aí, levantou a cabeça e, como nós o fazíamos, encarou a pessoa que dera aquela ordem. Era um homem, moço, que se aproximou do tigre, e proferindo palavras de elogio, ordenou que saciasse sua sede no rio: ninguém haveria de impedi-lo. O animal tornou a obedecer; bebeu tranquilamente e, cheio de imponência, voltou para dentro da mata.

Estávamos agora aliviados para ver quem era nosso salvador. "Siddharta" foi o nome que se me escapou dos lábios e, sorridente, o homem perguntou:

"Conheces-me, ó rei?"

"Chamas-te, então, Siddharta, o mesmo nome daquele que um dia nos livrou da adversidade", exclamei, para que me ouvisse.

Mais não pôde proferir o narrador da história, visto que, Siddharta, comovido, por sua vez, exclamou:

— Ó rei de Magadha, então, viste meu neto?

— Gáutama! exclamaram em coro os companheiros de Siddharta, e um conjunto de vozes que se misturavam se fez ouvir.

Era realmente o rei Bimbísara que, estimulado pelas narrativas de Gáutama, vinha fazer uma visita a seu antigo salvador. De parte a parte havia muita coisa para contar. Gáutama havia procurado o convento principal de Magadha com o objetivo de lá também aprimorar os seus conhecimentos. Aconteceu de ele ir passando por uns ermos atalhos da mata, ali deparando com o rei e seu séquito, chegando precisamente no momento de poder ainda salvar a vida do rei.

— Pois como, Bimbísara, não tinhas, então, abdicado de tua dignidade real quando te deixei naquela ocasião?! perguntou Siddharta, visivelmente surpreso.

— Meu sucessor morreu logo depois, sem deixar descendentes. Instado pelo povo, tive de passar meu posto de sacerdote a outras mãos e de reassumir, de novo, o governo do país. Como rei, podia, igualmente, servir ao Eterno. Mas sentia uma grande saudade de tornar a ver-te.

Como os superiores dos conventos sempre se referiam a ti chamando-te "Mestre", jamais havia passado pela minha cabeça imaginar que atrás dessa designação estivesse a tua pessoa. Foi teu neto quem primeiro me deu notícias tuas, de tua carreira e da Montanha do Eterno. Como meu filho já é um moço, pude deixar o país. Agora, eis-me aqui e tão cedo não irei embora destas paragens.

Depois de Bimbísara ter permanecido algum tempo na Montanha, gostou tanto da Casa de Repouso, já quase em fase de conclusão, que terminou pedindo acolhida ali.

Mandou de volta a comitiva, conservando consigo apenas um criado. Todos ficaram contentes. Bimbísara era um servo fiel do Eterno com quem todos tinham o que aprender e ele igualmente com todos.

Era ele procedente de uma região geográfica de clima quente, em que o povo e os costumes eram muito diferentes da região do Himalaia. Surgiam, assim, sempre confusões que causavam hilaridade a todos ou, muitas vezes, levavam a sérias reflexões.

— É bom que Siddharta, a quem vós chamais de Gáutama, possa conhecer todo o povo do Indo, disse, certo dia, Bimbísara. Só assim poderá vir a conhecê-lo como deve, a fim de poder governá-lo. Ele é um soberano nato, Siddharta. Só vendo como se apresentou diante de nós e diante do tigre na floresta, numa atitude serena de imperturbável superioridade, amenizando a rigidez de suas enérgicas palavras de comando, com a doçura da bondade que irradiava de seus olhos plenos de afetividade. Uma aparição tão extraordinária que por pouco nos obrigava a um ato de adoração.

— Mas não creio que venha a ser um soberano, comentou Siddharta, quase em tom melancólico. Seu desejo é ser um servo do Eterno assim como eu o sou. Nessa conjuntura não nos competiria governar o país e ainda cuidar de interesses de súditos.

— Sim, esse não é, também, o meu modo de ver, concordou Bimbísara. Não deverá ser príncipe, no sentido comum, mas um soberano no reino do espírito. Ao submeter as almas, saberá também como submetê-las ao Eterno.

Muitas vezes ainda retornaram a tratar desse assunto, principalmente depois que a Casa de Repouso ficou pronta e foi habitada. Siddharta ia, então, com frequência, tomar parte no círculo de seus velhos amigos. Habituou-se a tomar as refeições com eles, demorando-se, ali, depois desses momentos, em longas e repousantes palestras.

Logo depois, essa fase pacata de vida sofreu nova interrupção. Suddhôdana voltou outra vez para ver o pai.

— Venho trazer-te mais uma surpresa, disse no seu modo divertido de conversar. Só que agora não se trata mais de filhotes de feras... tal como da última vez, quando trouxe os leõezinhos.

Bateu palmas. A este sinal, porém, não surgiram servos pela frente, mas um adolescente, mal saído da infância, que se curvou, reverentemente, diante de Siddharta.

— Está aqui meu xará, o nosso Suddhôdana. Aliás, em nada se parece comigo, nem sequer de rosto, comentou o príncipe, brincando. É parecido, isso sim, aos Siddhartas, por dentro e por fora. Por isso, também, quer ficar aqui na Montanha do Eterno, para aprender. Seu objetivo é poder algum dia ajudar a seu irmão Gáutama.

Suddhôdana entrou como aluno na escola da Montanha. Passou a ocupar o mesmo aposento que antes era ocupado por seu irmão mais velho. Gozava, também, dos mesmos direitos daquele. Estudava com muito mais afinco que o outro, com muito mais compreensão, mas era inteiramente diferente de Gáutama.

O que para Gáutama brotava interiormente, sem esforço, como simples intuição, Suddhôdana tinha de lutar duramente para conseguir. Era de uma seriedade muito além de sua idade. Muitos achavam que ele nunca teria sido criança. Vivia sempre como que ausente, sem ver nem ouvir, não tomando conhecimento do que se passava em redor.

Não tratava mal os empregados, mas, também, não se incomodava com eles. Gáutama tinha uma palavra amável para qualquer serviço, o mais insignificante, que lhe prestassem. Suddhôdana, porém, achava muito natural que lhe prestassem serviço.

Cada um tem um papel a cumprir e, pela tarefa cumprida, ninguém, no seu modo de ver, merecia por isso gratidão ou reconhecimento.

Tinha, pela educação, natural respeito pelo avô e pelos velhos amigos do avô, o que não impedia de dizer com toda a franqueza o que pensava, opiniões que quase sempre destoavam da opinião deles.

— Suddhôdana, lastimava um dia Siddharta, afinal de contas o que é que vieste aprender aqui, uma vez que sabes tudo melhor que nós?

— Perdão, meu avô, respondeu o jovem com uma altivez que em outra pessoa pareceria ridícula. Não é bem isso: sei apenas de um modo diferente o que vós outros sabeis. Se melhor, se pior, o tempo se encarregará de provar.

Tinha o dom especial de sempre se reservar para dizer a última palavra e a proferia de tal modo que ninguém se achava autorizado a contestar o que ele dizia.

Certa vez, Siddharta perguntou-lhe se era capaz de entender a linguagem dos animais e dos seres em geral. O jovem riu, um riso inexpressivo, muito diferente da alegria exuberante do modo de rir do pai.

— Não, meu avô, isso eu deixo para os espíritos infantis. Considero os animais tão abaixo de mim que, como ser humano, julgo desnecessário tratá-los de outro modo a não ser como proprietário. Os "seres", como dizes, referindo-te, provavelmente, aos gnomos e outros tantos, não consigo vê-los; não tenho, então, nenhum motivo para me preocupar com eles.

— Pois é possível que ainda venhas a ter motivo de muita satisfação no dia em que os seres invisíveis vierem socorrer-te, comentou Siddharta, com certa impaciência.

Não compreendia, em absoluto, o modo de ser desse seu neto. Era do mesmo tronco de família de Gáutama, dedicava-se, com toda a sinceridade, à busca da verdade, no entanto, eram tão diferentes esses dois irmãos.

Siddharta se preocupava muito com isso, não desejando, porém, tocar no assunto com os companheiros, a fim de não dar a impressão de estar subestimando o jovem.

Um dia, então resolveu perguntar ao próprio moço a respeito:

— Podes, acaso, dizer-me, Suddhôdana, por que motivo és tão diferente de Gáutama? Pois não visam ambos atingir o mesmo objetivo, isto é, ser servos do Senhor dos Mundos?

— Achas, porventura, razoável que procuremos atingir essa meta, percorrendo os mesmos caminhos, paralelamente, como tu imaginas que seria o certo? Peço-te, meu avô: não percas tempo comigo; preciso ser o que sou e como sou, para representar condignamente o complemento que devo ser para a carreira de Gáutama.

Tenho uma predisposição inteiramente diversa da dele, a quem muito admiro. Gostaria muito de ser igual a ele. Mas dentro de mim algo diz: "Persevera no que realmente és, desde que teu modo de ser não te arraste para falsos caminhos".

Considera, meu avô: Gáutama vai se tornar um Grande, disso estou certo. Quando isso acontecer, pessoas e mais pessoas chegarão para lisonjeá-lo e conquistar o seu beneplácito. Outros, por sua vez, terão medo de se aproximar dele, não ousando dizer-lhe o que pensam, tendo, embora, toda a razão para fazê-lo.

Terá chegado, então, a minha hora de admoestá-lo contra os aduladores e de encorajar os tímidos. Por isso, antes de mais nada, trato de repelir conscientemente tudo quanto provém dele ou de ti.

Isso nada tem a ver com meu respeito por ti e minha amizade por ele. Tenho de, necessariamente, palmilhar esse penoso caminho de conquistar tudo por mim mesmo, para que possa ter noção firme e segura de tudo, quando for chegada a hora de ser o primeiro servo de Gáutama.

Jamais o neto havia falado tanto e tão de perto ao coração do avô. Ali estava um excelente cerne, revestido por dura casca!

Enquanto discorria, o moço, inconscientemente, foi invadindo o lugar de Gáutama sobre a pele de tigre. O avô acariciou a cabeleira negra, de tons azulados, que se espalhava suavemente sobre os ombros do neto, para afinal repousar a mão direita sobre a cabeça do moço, como que num afetuoso e prolongado gesto de bênção.

O rapaz ergueu os olhos para o avô e este os contemplou, admirando esse vivo e límpido espelho em que tão bem se refletiam a verdade e a tranquilidade interior.

"Como pude ser tão cego de não ter enxergado isso!" exclamou Siddharta a si próprio. "Se Suddhôdana não fosse o moço bom que é, seu pai por certo não haveria de trazê-lo para a Montanha do Eterno."

Durante muito tempo foi essa a única vez que os dois conversaram tão cordial e confiantemente. Mas um raio vívido de compreensão deslizava frequentemente de um para o outro, de modo que, dissesse Suddhôdana o que quisesse, daí por diante, nunca mais aconteceu de ele ferir a sensibilidade do avô.

Seus instrutores mostravam-se satisfeitos com ele. Fazia grandes progressos, que deveriam ser atribuídos mais ao seu devotamento e persistência que propriamente a uma vocação.

Quanto ao que fazia ou deixava de fazer em suas horas de lazer, era coisa que fugia à observação de todos. Aparentemente não tinha predileções, lia o que os professores recomendavam, não tinha intimidade com o pessoal de serviço e jamais era visto nas cavalariças. Terminadas as aulas, desaparecia e só tornava a reaparecer quando o programa escolar o exigia.

Siddharta gostaria de saber o que o rapaz fazia nessas horas vagas, mas preferiu esperar até que Suddhôdana adquirisse suficiente confiança para dizê-lo sem ser perguntado.

Chegou o dia, afinal, em que a alma do jovem aos poucos se abriu.

— Meu avô, disse, despertando de uma profunda meditação, li o que escreveste sobre o sofrimento e os oito caminhos da redenção. É uma coisa bela, mas não é tudo quanto nós mortais precisamos para que se complete o anel de nossa existência terrena. Dás um valor muito grande à ação. Mas, enquanto formos levados a agir impulsionados pela vontade, não estaremos ainda suficientemente abertos para sermos conduzidos. Nossa vida deveria chegar a tal ponto que deixemos a força de cima atuar dentro de nós, criando e fazendo apenas aquilo que assim irrompa de nós.

— Mas seja como for, sempre queres agir, não é, Suddhôdana? argumentou Siddharta. Não podemos deixar de agir, tanto mais que nosso povo é por demais inclinado a fugir da realidade pelo devaneio.

— Decerto que temos de agir, mas não deve ser uma atuação forçada. Não me é dado exprimir em palavras o que sinto, lamentou o moço. Gáutama o dirá, como deve ser, e nós o compreenderemos.

Depois de breve espaço, o neto começou a interrogar de novo, mas desta vez suas ideias tomavam rumo bem diferente:

— Disseste, outro dia, que talvez eu venha a ter futuramente necessidade do auxílio dos seres invisíveis. Estás lembrado? Que queres dizer com isso?

— Exatamente como aconteceu com tua avó, quando aquele enteal, a serviço do Eterno, a salvou e aos dois filhos dela. Sabes desse episódio?

O neto respondeu que não. Por muito estranho que pareça, o pai, por um motivo ou outro, tinha deixado de contar aos filhos aquele acontecimento maravilhoso da salvação dos seus. Siddharta começou, então, a narrar, do melhor modo possível, o que sabia, ao passo que o moço ia escutando, fascinado.

— Por que não me contaram isso antes? exclamou compungido. Eu teria formado um juízo muito diferente sobre tanta coisa da vida, assim como teria interpretado com muito mais naturalidade os acontecimentos por que passei.

— Pois bem, para isso não é tarde demais, consolou-o o mestre. Além disso, tu mesmo querias vivenciar tudo, talvez teu pai ficou calado por isso.

— Certamente, pois que essa narrativa apresenta uma interpretação inteiramente diferente do que eu havia formulado sobre os servos de Deus. Mas, agora, estou satisfeito de ter ouvido isso.

Daquele dia em diante, operou-se com o moço uma transformação tão profunda que a ninguém passava despercebida. Podia-se vê-lo, às vezes, absorto, observando uma flor ou parado, em silêncio, olhando um ninho com passarinho. Tornou-se extremamente amável e seus traços fisionômicos já não mais ofereciam aquele ar reservado que comumente apresentavam.

De repente, então, declarou que tinha já aprendido o suficiente ali na Montanha e queria ir em busca de Gáutama. Siddharta sugeriu que seria melhor enviar um mensageiro àquelas regiões tão quentes, a fim de averiguar o paradeiro de Gáutama.

Antes mesmo, porém, de ser executado esse plano, Suddhôdana montou seu cavalinho branco e partiu, acompanhado de seus dois empregados. Não havia outro recurso senão se conformarem apenas em saber o rumo que tinha tomado.

A MURUDDBA havia encontrado um sucessor e teve a oportunidade de trabalhar com ele durante algum tempo. Depois, transmitiu--lhe o cargo e agora ele, que fora sempre ativo, estava sentado debaixo de frondosas árvores.

Ninguém estava habituado a vê-lo assim, nem ele se dava por satisfeito nessa vida sem atividade. Começou a sentir-se adoentado e, nem bem decorridos uns meses, estava morto.

Viveu sozinho seus últimos momentos. Ao recolher-se à noite para dormir, disse a Ananda:

— Antigamente eu me alegrava todas as noites com as preocupações do dia seguinte. Agora já não tenho mais esse atrativo.

Não se levantou mais. Quando amigos foram à sua procura, depararam, apenas, com o corpo inerte, estendido na cama.

Sepultado na caverna, ao lado de Saríputta, e, tendo sido colocado na frente em epitáfio – "Amuruddba, o fiel" –, Siddharta no transcorrer de uma tarde, fez o seguinte comentário:

— Foi bom que tivesse insistido com Amuruddba para que passasse em tempo seu cargo aos cuidados de mãos mais jovens. Em que situação estaríamos agora, se ele não tivesse atendido?

Muito natural e pausadamente, Maggalana contestou:

— Estaria vivo ainda aqui conosco.

— Como assim?! perguntou o mestre, em tom de surpresa.

— Está claro: ele morreu vítima dos aborrecimentos de uma norma de vida que já não lhe proporcionava atividade alguma.

Passaram a falar, então, demoradamente, sobre o trabalho e as horas de lazer.

Siddharta contou, também, o que seu neto havia dito a respeito. Cada um manifestava um modo de pensar diferente.

Bimbísara, por exemplo, achou esplêndido poder gozar de completo descanso, depois de uma longa vida de trabalhos e canseiras.

— Creio que foi dessa concepção que se originou para os brâmanes a crença no Nirvana. Os que se sentem fatigados acolhem com alegria a ideia de uma dissolução no Nada, comentou.

Maggalana, porém, contestou-o:

— Se é que sou digno de uma vida no Além, meu desejo é continuar trabalhando lá, disse com toda a calma. Uma existência sem atividade, seja onde for, não tem valor para mim.

— Para que tantas opiniões divergentes? perguntou Ananda. É melhor procurar harmonizar os vários pontos de vista e teremos, assim, o desejado meio-termo. Quanto a mim, penso que no Além iremos encontrar alegrias tais que preencherão nossa vida, sem que tenhamos necessidade de nos esforçar.

— Que acha o mestre? alguém perguntou.

— Penso que no Além podemos continuar aprendendo. Veremos tudo com outros olhos e tudo compreenderemos melhor. Isso nos conduzirá sempre e sempre mais para diante. É possível até que cheguemos a ser os futuros guias para aqueles de nosso povo que andam à procura do Eterno.

Retornaram, então, ao assunto anterior da conversa e Siddharta pediu aos amigos que cada um tratasse de viver como achasse melhor. Não queria perder mais amigos sob esse fundamento de alguém se sentir aborrecido com a norma de vida.

Ele mesmo, porém, já não podia mais disfarçar que seus dias estavam contados. Secretamente, enviou mensageiros a seus filhos e a Gáutama, ciente que estava de seu itinerário, pois devia achar-se em Utakamand, última escola que desejava frequentar.

Mandou dizer-lhes que se apressassem, caso desejassem vê-lo ainda com vida.

Logo a seguir, começou a arranjar seus escritos, fazer anotações, vistoriar todas as instalações, tudo, porém, depressa, intempestivamente, bem diferente do que lhe era habitual.

Os companheiros notaram a afobação e começaram a perguntar entre si se não era isso um mau sinal. Mas a ele mesmo, ninguém ousava perguntar o que estava se passando, embora de sua parte sentisse toda a satisfação em responder, caso o interrogassem. Se ao menos Suddhôdana, o velho, pudesse vir. Mas o filho estava tão longe...

Aos poucos, a essa inquietação sucedeu um estado de contínuo devaneio. Procurava a solidão, ele que nos últimos anos vivia de preferência na companhia de seus discípulos. Retraiu-se completamente, permanecia dias seguidos sem sair dos aposentos e mergulhava em profundas meditações.

Aproximavam-se dele vultos que há muito não via. Mensageiros luminosos vinham ter com ele para lembrá-lo disto ou daquilo. Convivia com eles, com eles passou a conversar. Parecia estar já inteiramente alheio às pessoas que o cercavam e que não pensava mais na sua missão entre eles.

Finalmente chegaram, quase ao mesmo tempo, os dois filhos; Rahula veio acompanhado de Gáutama. Não podiam imaginar que Siddharta, o vibrante e incansável Siddharta, ali estivesse tão alheio a tudo. Entraram juntos no quarto, encontrando-o em profunda meditação. Não ouviu que falavam com ele, de modo que ficaram impressionados, pensando que já tivesse deixado este mundo. Mas a respiração ainda animava seu peito. Esperaram durante muito tempo até que um deles quis dirigir-se ao pai, no que foi impedido por Gáutama, que acenou com a mão, negativamente.

— Não estais percebendo que um enviado do Senhor está falando com ele? cochichou Gáutama.

Quando o vulto luminoso, visível tão só para Gáutama, retirou-se do quarto, Siddharta abriu os olhos. Grande foi sua alegria ao ver junto dele os três homens.

Sua primeira pergunta, contudo, não se referia a eles, mas ao rapaz que tinha ido embora à procura do irmão. Ninguém o tinha visto nem recebido notícias dele. Isso estava preocupando o velho. Eles, porém, trataram de acalmá-lo, dizendo-lhe que confiasse na proteção que o neto naturalmente haveria de ter.

Começou, então, Siddharta a fazer perguntas e mais perguntas sobre tudo quanto fora objeto de seu interesse nos últimos tempos. Sem mesmo esperar pela resposta, porém, apresentava seguidamente outra e outra indagação.

Tomaram eles aí a resolução de deixar uma pessoa só, por vez, assistindo o enfermo que se despedia desta vida. Seria, assim, menos penoso para ele. Lentamente foi coordenando as ideias até se tornar lúcido e retomar ânimo outra vez.

Gáutama foi solenemente indicado para seu sucessor. Pedindo-lhe este as necessárias instruções de como devia orientar umas e outras coisas, de conformidade com os desejos do mestre, Siddharta declarou:

— Não é preciso isso, Gáutama: meu tempo está consumado e com ele os meus planos de vida. De agora em diante as coisas devem ser feitas não segundo o meu querer, mas pelo teu modo de interpretar as coisas, assistido pelo teu guia. Raia uma nova era. Desaparecem comigo as velhas normas e o que é novo desponta para a vida. O reino do Senhor dos Mundos vai se desenvolver extraordinariamente no seio do nosso povo.

Tu, Gáutama, és chamado a construir tudo isso que apenas iniciei. Todas as forças do Alto estão contigo. Vejo tanta coisa que podia ser melhorada. Nada mais posso fazer. Tu o conseguirás, disso estou certo!

Num dos dias seguintes, Siddharta manifestou desejo de ser transportado para a esplanada da escola. Enquanto os homens iam se reunindo ali, ele ficou deitado na cama, que tinha sido colocada debaixo da árvore grande. Depois, contudo, ergueu-se e foi tomar seu lugar costumeiro no centro da assembleia.

Com voz bem nítida despediu-se de todos. Declarou em seguida que, em obediência à determinação do Senhor dos Mundos, tinha escolhido Gáutama para seu sucessor. Por conseguinte, seria ele, de agora em diante, o chefe supremo de todos os servos do Eterno para todo o país.

— Não é a idade que conta, amigos meus, mas a sabedoria espiritual que nos concede o Eterno. A ti, Gáutama, suplico que continues a usar esse nome. Consente que o nome Siddharta desapareça comigo. Alcancei a meta, bem logo despertarei no Além.

Teve ainda palavras repassadas de bondade para cada um dos presentes, fez uma saudação final com a mão e pediu que o transportassem de volta para a escola. Nada mais falou com os seus; todos os seus pensamentos estavam já desligados da Terra.

Tremeram ainda seus lábios quase que imperceptivelmente, tentando dizer qualquer coisa. Finalmente os que estavam ao redor ouviram claramente que proferia alguns nomes desconhecidos para eles. Em seguida exclamou:

— Senhor meu, a Quem procurei servir, não me abandones nesta hora em que se mostra quão insignificante eu fui na Terra!

Vultos luminosos pareciam voar em torno dele. Seu rosto transfigurou-se. Mais uma vez, ainda, exclamou:

— Sim, quero ser um auxiliador do meu povo, quando voltares para julgá-lo!

Foram as suas últimas palavras.

Os dias seguintes decorreram numa atmosfera de sonho. Sentiam profundamente o desaparecimento de Siddharta, embora sua partida não tivesse sido inesperada. Suas últimas palavras calaram fundo no espírito de todos, fazendo sentir efetivamente que as coisas velhas tinham passado e novos tempos tinham de vir.

Fato realmente auspicioso era, sem dúvida, a presença do novo mestre já investido em suas funções, dispensando o trabalho da procura de um sucessor para o falecido.

Gáutama mesmo se retraiu inteiramente. Deixou a cargo dos demais, como era costume, providenciar os preparativos para o sepultamento de Siddharta. Contudo, em coisas mínimas, que passavam quase despercebidas, notava-se perfeitamente que era ele, e ninguém mais, quem estava orientando tudo.

Maggalana pediu permissão para montar guarda junto ao corpo do falecido. Gáutama fitou-o com olhos perscrutadores. Já estava temendo uma recusa seca da parte do outro, quando os olhos do jovem mestre se iluminaram:

— Pois não, Maggalana, servo fidelíssimo, é possível que ele se manifeste a algum dentre vós. Fica junto dele enquanto a alma ainda estiver nas proximidades do corpo.

De que modo poderia Gáutama saber os mais secretos pensamentos de seu interlocutor? Surpreso, o velho curvou-se, reverentemente, diante dessa imensa revelação de grandeza. Cheio de gratidão deixou o aposento, dirigindo-se para o local em que jaziam os despojos de Siddharta, aguardando embalsamamento. Ele, na qualidade de antigo sacerdote, estava habilitado a executar esse ofício melhor que ninguém e, por isso mesmo, os outros o haviam encarregado de fazê-lo.

Em oração, Maggalana aproximou-se do leito. Certo era que não estava orando para Siddharta. Dirigia-se ao Eterno suplicando que consentisse ao mestre, que agora dispunha de uma visão mais clara sobre o mundo, fosse dado ainda comunicar-se com eles, a fim de ampará-los nesses primeiros momentos de separação.

Concluída a prece, deu início à tarefa com suaves e afetuosas mãos.

Nesse ínterim, haviam-se reunido os demais discípulos, discutindo os preparativos.

— Temos de enviar mensageiros para todo o país, anunciando a morte de Siddharta, exclamou um deles, satisfeito de ter tido a feliz iniciativa da ideia.

Os demais concordaram.

— Mas temos que protelar o sepultamento até que os mensageiros estejam de volta, opinou Bimbísara.

Afinal, terminaram resolvendo que não deviam tomar medida alguma sem primeiro consultar Gáutama.

Ananda assumiu a incumbência de procurá-lo. Ao dizer-lhe, porém, que deviam ser enviados mensageiros a todas as escolas e conventos do país, recebeu, com surpresa, a calma e tranquilizadora resposta:

— Já está providenciado!

Desapontado, Ananda voltou para junto dos amigos. Pois como? Se todos sabiam perfeitamente que ninguém tinha saído a cavalo naqueles dias.

— É possível que tenhas interpretado mal a resposta. Talvez Gáutama quisesse dizer que no seu modo de sentir acha desnecessária essa providência. Não será isso? perguntou Bimbísara.

O caso não deixou de preocupar a todos. Ficavam, em vista disso, sem saber se tinham ou não de aguardar notícias dos conventos. Bimbísara achou que era melhor ir consultar Gáutama.

— Aqueles dentre os dirigentes que forem dignos de tomar parte no sepultamento de nosso mestre estarão aqui na hora oportuna, declarou Gáutama, com toda a firmeza. Como Maggalana já embalsamou o corpo, podemos perfeitamente esperar até que a lápide fique pronta.

— E a inscrição, já foi feita? perguntou Bimbísara.

Recebeu como resposta que o artista encarregado já a estava executando.

Não menos surpreso que Ananda, momentos antes, Bimbísara voltou para a Casa de Repouso.

— Gáutama, é certo, não deixa de ter respeito pelas pessoas idosas, comentou Bimbísara, mas a gente não se sente com coragem de lhe fazer perguntas. Seu olhar como que traspassa o interlocutor e suas respostas dão-nos a impressão nítida de que ele considera inteiramente supérfluas as perguntas feitas.

— É a nova era que começa, observou Ananda, tentando gracejar. Temos de nos acostumar.

A caverna foi preparada como jamais outra antes. Quando, de manhã, foram abrir esteiras sobre o chão, encontraram o sarcófago revestido por dentro, inteiramente, de pedras brancas, semelhantes às que tinham sido empregadas na construção da escola. De onde teriam surgido, de repente, essas pedras? Quem teria feito o trabalho?

Um dos velhos trabalhadores, que havia auxiliado na construção, supunha que isso tinha sido obra de enteais*. Passou a contar, então, como tinham sido feitos os alicerces, construídos inteiramente dessas pedras brancas.

---

* A atuação dos enteais não é um trabalho artificioso como o trabalho humano; caracteriza-se pela "natural" deslocação de massas de terra e blocos de pedras.

Talvez tivesse razão. Bimbísara é que não podia compreender como, de que modo, seres imateriais, sem ser gente de carne e osso, dispunham do poder de transportar pesados blocos de pedra.

— Preciso primeiro ver para crer, disse, sacudindo a cabeça.

Seria tão fácil consultar Gáutama a esse respeito! Ele haveria de saber. O caso é que ninguém ousava perguntar. Um inexplicável temor mantinha-os afastados dele, ele que tinha crescido ali no meio de todos, na intimidade de todos quantos sempre tinham vivido na Montanha. Agora, no entanto, parecia ser inteiramente outra pessoa. Até seu porte, ereto que era, parecia ter crescido. Irradiava uma luminosidade que, como um manto de inacessibilidade, parecia envolvê-lo.

Enquanto todos os demais falavam, discutindo pontos de vista até que a conversa se banalizasse e afinal caísse em silêncio, Maggalana permanecia dia após dia no quarto, onde somente Gáutama entrava regularmente de manhã e à noite.

Sua persistente oração foi ouvida: decorridos que foram alguns dias de ardentes preces, viu, de repente, a alma de Siddharta. Pelo menos era o que ele acreditava ser o que tinha enxergado.

Era uma entidade luminosa, que apresentava o porte e os traços fisionômicos de Siddharta, sendo, contudo, nebulosa, transparente, de movimentos ágeis, ora semelhante a uma chama que subia, ora pairando como um véu. Nem sempre parecia nítida, nem falava. Surgiu inesperadamente e inesperadamente desapareceu.

Foi Gáutama que conseguiu fazer com que a aparição falasse. Ele se achava orando ao lado de Maggalana, quando ela tornou a se manifestar. Fitou-a com a maior naturalidade, sem denotar a mínima surpresa.

— Siddharta, não conseguiste ainda te libertar do teu envoltório terreno? Teremos, então, de protelar o sepultamento até que possas iniciar a ascensão. Assim, a escalada te será mais fácil.

Uma voz muito tênue se fez ouvir no aposento. Maggalana, porém, não sabia dizer de onde ela provinha.

— Agradeço-te, Gáutama, eleito do Eterno. Pelo fato de haver confiado às tuas mãos o que aí deixei incompleto, terei mais facilidade na ascensão. Do contrário, ficaria por muito tempo ainda preso à minha obra inacabada.

Maggalana sentiu como que um choque. Como poderia o mestre se referir desse modo ao seu trabalho terreno, no qual havia empregado todas as forças?! Não chegou, porém, a exprimir o pensamento, pois, tanto a entidade espiritual de Siddharta como também o próprio Gáutama captaram o que ele sentia sem dizer.

De novo se fez ouvir a voz, quase sumida:

"Quando ainda no meu corpo terreno, aí na Terra, eu já sabia que havia me tornado preguiçoso nos últimos anos. Eu supunha que minha idade, muito avançada, servisse de desculpa. Reconheço, porém, agora, que idade alguma de nossa vida justifica o fato de não nos entregarmos com todas as nossas forças ao serviço do Eterno. É bom que leves esta afirmativa ao conhecimento dos que habitam a Casa de Repouso. Essa mesma Casa de Repouso não tem razão de existir, Maggalana. Até mesmo para aqueles que envelheceram ainda restam tarefas por cumprir, basta querer encontrá-las."

— Ainda prossegues filosofando, Siddharta? perguntou Gáutama, em tom afetuoso. Pois, então, não percebes, aí onde te encontras, que teimar persistindo naquilo que fizeste de errado te impede de ir para diante? Desprende-te, de uma vez, da Terra e da "tua obra", como dizes. Nada mais tens a ver com elas. Volve o espírito para cima e principia, resoluto, a ascensão!

Quão grande, na verdade, precisava ser Gáutama para assim ter autoridade de exortar a Siddharta. Atônito, quase em atitude de adoração, Maggalana contemplava o jovem mestre, em cujo rosto transparecia agora uma beatitude celeste.

A aparição se desfez e durante muitos dias não foi mais vista. Já se dispunha Maggalana a dar conhecimento disso a Gáutama quando, de repente, o vulto tornou a manifestar-se no aposento. Havia-se tornado mais rarefeito, mais transparente, e com voz mais sumida ainda dirigiu-se a Maggalana:

"Ó servo dedicado, toma sob teu cuidado a vida dos velhos. Não devem eles abrir mão de suas costumeiras atividades e amolecer no repouso. Assim como és incansável, assim também devem eles continuar agindo, cada qual segundo suas forças.

Gáutama vos guiará a todos, como convém, ele saberá como retificar muitos dos meus erros. Onde quer que eu tenha instruído errado, ele restabelecerá o que é certo. Nele tende fé, confiai nele!"

Antes mesmo que Maggalana pudesse dizer qualquer coisa o vulto se desfez e não se manifestou mais.

Começaram a chegar à Montanha os discípulos do falecido mestre e, com eles, aqueles que lhes eram mais íntimos. Foi preciso levantar tendas para abrigá-los, tão numerosos eram.

Vieram os dirigentes de todos os conventos, irmãos e irmãs de todo o vasto reino. Vinham chegando, em intervalos, à medida que lhes permitia a distância da viagem a cavalo.

Bimbísara e Ananda indagavam aqui e acolá:

— Quem vos deu notícia do falecimento do mestre?

A resposta era, invariavelmente, a mesma:

— Foram mensageiros que nos deram a notícia.

Essa resposta foi-se tornando tão concludente que terminaram não perguntando mais.

Gáutama fixou, então, o dia do sepultamento, organizando tudo de modo inteiramente diferente do que havia sido feito até ali. Na véspera da "festa", como ele dizia, o corpo de Siddharta foi transladado para a caverna, magnificamente ornamentada.

Brilhavam as pedras brancas, tendo na frente flores em profusão. Nada mais. Nem preciosos tecidos, nem objetos de ouro ou prata ornamentavam o túmulo. Aos pés do leito foi colocado um incensório; ao lado sentou-se Maggalana que queria fazer essa última vigília.

Na manhã seguinte, ao nascer do sol, reuniram-se todos, irmãos e irmãs, no lugar da esplanada.

Até ali as mulheres não tinham permissão para tomar parte em solenidades como essa. Quando desejavam, por um ou outro motivo, assistir alguma palestra de Siddharta, tinham de se contentar em permanecer comprimidas atrás dos homens.

Desta vez a situação mudou. O próprio Gáutama mandou chamá-las, conduzindo-as para o centro da esplanada, onde deviam permanecer, formando um círculo em torno de um bloco de pedra, que havia no lugar. Era um bloco de pedra branca, igual às que tinham sido empregadas na construção da casa, de um brilho límpido e forte. Quem o teria erguido ali, durante a noite? Via-se sobre o bloco um vaso de forma lindíssima em que ardia uma essência odorífera, espalhando pelos ares um véu azulado de fumaça.

Junto do bloco de pedra estavam Gáutama e Rahula. Atrás das mulheres ficavam os homens, formando círculos cada vez maiores. Por último, bem atrás, calados e imóveis, acomodados no chão ou pelos galhos do arvoredo, viam-se os macacos. Nem o mais leve movimento denotava sua presença ali e, depois disso, nunca mais apareceram na Montanha do Eterno.

Por sua vez, quem tivesse o dom da vidência veria incontáveis enteais, de todo tamanho, grandes e pequenos, flutuando ou caminhando entre as pessoas ali presentes.

Gáutama tomou a palavra. Sua voz, clara e forte, ressoava ao redor, na vasta esplanada.

— Meus companheiros! Tivemos de nos despedir de nosso mestre, daquele que trouxe para nossas vidas aquilo que temos de melhor: a Mensagem do Senhor dos Mundos!

Vamos hoje encerrar no túmulo o corpo, túmulo que as mãos de enteais, seus amigos, adornaram de um modo esplêndido, como nós jamais poderíamos ter feito igual. Também pela mão dos enteais foi erguida aqui esta pedra, neste lugar em que de agora em diante ergueremos as nossas preces em honra ao Eterno.

À terra entregamos seu corpo, terra com a qual sempre se manteve em íntima e afetiva conexão de reciprocidade. Já iniciou a alma a ascensão luminosa para altos luminosos planos. Árdua será certamente a escalada, mas auxiliares solícitos estarão constantemente a seu lado. Se algum dentre vós lhe deve gratidão, ofereça-lhe esse reconhecimento por meio da oração, preces essas que podem ajudá-lo muito e afetuosamente na subida.

De cima recebi as palavras que ornamentam o seu epitáfio:

"Aquele que na Terra alcançou a meta,
Siddharta, tornou-se, no Além, o despertado: Buddha."

Compreendeis o que isso significa, amigos meus? Siddharta elevou-se a Buddha. Despertou em plena Eternidade, da qual nunca mais precisará sair. O que porventura ainda lhe falte para poder retornar à pátria de sua alma, irá ele conquistando na medida de sua ascensão.

Alegrai-vos, pois ele encerrou o ciclo de suas reencarnações terrenas, alegrai-vos por ter estado convosco, por ter sido o nosso instrutor e mestre!

Gáutama pronunciou a seguir uma prece profunda e, logo após, Rahula tomou a palavra:

— A mando do Eterno, eis-me diante de vós, amigos meus. Ele, igualmente, foi quem elegeu Gáutama e fez com que se preparasse para ser vosso guia.

Disse-vos Siddharta que algo de novo está para vir. Sabia ele que Gáutama não é espécie da nossa espécie. Mas o Senhor dos Mundos chamou-o e o agraciou especialmente. Ele deve transmitir, a nós todos, o saber que vive nele, para que nos seja mais fácil palmilhar conscientemente o caminho que o Eterno nos predestinou.

Dai ouvidos ao nosso guia! Segui-o, porque é seu desejo conduzir para cima todos os homens de boa vontade. Não vos prendais às coisas velhas, que eram justas a seu tempo como um grau de transição para o melhor, essas coisas devem agora desaparecer, a fim de cederem lugar ao que é melhor. Abri a todo o tempo vossas almas em oração, para partilhardes das forças do Alto, e ficardes habilitados a transmiti-las para diante, para todos aqueles que vierem à vossa procura.

Não vos canseis jamais em vossas realizações!

Longo silêncio reinou depois destas palavras. Cada qual procurava guardar o máximo do que tinha ouvido e, ao mesmo tempo, todos sentiam que algo de grande havia entrado em suas vidas. Admirados, olhavam para o jovem guia, que ali estava, com tamanha simplicidade, junto deles.

Deu ele, então, o sinal que o ato estava encerrado. Em pequenos grupos, como havia estabelecido, os presentes se dirigiam agora para o túmulo, olhavam rapidamente para dentro e se despediam do morto.

Maggalana, tendo assistido à solenidade ali na esplanada, não se dirigiu mais ao túmulo. Depois das últimas pessoas terem vindo até ali, a um dado sinal trouxeram a lápide com as palavras a que Gáutama havia-se referido na despedida.

Brilhava a pedra branca, reluziam as letras douradas, inscritas sobre a lápide. Um leve sussurro corria de boca em boca:

"Siddharta transformou-se em Buddha!"

Enquanto a lápide era fixada no lugar, todos ficaram parados, depois, Gáutama e Rahula se afastando dali, os demais foram-se retirando também.

A VIDA rotineira retomou seu ritmo, da melhor maneira possível. Em primeiro lugar, é preciso ressalvar que os hóspedes todos ainda se achavam no lugar, visto que Gáutama lhes mandara dizer que era desejo seu que todos permanecessem na Montanha, até que pudesse falar com eles.

Dentre eles, alguns se absorviam na leitura de escritos, que havia em grande quantidade na Montanha, mais que em qualquer outro lugar. Outros discutiam problemas de interesse comum, ou trocavam ideias a esmo. A despeito da quantidade de pessoas ali presentes, não se ouvia, contudo, o mínimo barulho, a mínima inquietação. As conversas decorriam a meia voz, e ninguém se movimentava de maneira desordenada.

Raiou afinal o dia em que homens e mulheres foram convocados para uma reunião na esplanada. Muito naturalmente, desta vez, foram os homens que se retraíram, cedendo às mulheres o espaço livre na parte interna do círculo.

Gáutama se postou ao lado do incensório, ao passo que Rahula e Suddhôdana, seu irmão, foram se juntar ao grupo geral dos homens.

— Prezados companheiros, convoquei-vos para a reunião neste local em vista de não dispormos de um recinto suficiente lá dentro em que todos pudéssemos nos acomodar. Não vim aqui com o propósito de fazer discurso, mas simplesmente para conversar convosco sobre o andamento das coisas nestes primeiros tempos que agora vamos enfrentar. Francamente e sem o menor constrangimento cada qual deverá dizer o que pensa a respeito de vários assuntos que desejo apresentar à vossa consideração e que reputo muito importantes. Vamos tomar nossas deliberações em conjunto, de modo que qualquer um que tenha algo para falar tenha, também, a oportunidade de ser ouvido. Desde que vim aqui para a Montanha, meus amigos, venho notando que não só não tendes um recinto próprio para devoções, como também não exercitais com regularidade atos devocionais. Siddharta tinha, decerto, poderosas razões para isso, e eu o compreendia perfeitamente. Seus motivos, contudo, já não têm mais razão de ser. Os tempos são outros e já convém ir pensando em construir uma casa consagrada ao Eterno. Quem não pensa igual a mim, levante a mão!

Correndo os olhos em redor de si, viu que muitas mãos se levantaram. Cheio de animação, Gáutama ponderou:

— Peço-vos, meus amigos, que me sejam apresentados os motivos que vos levam a pensar de modo diferente do meu.

Respostas inúmeras se fizeram ouvir a um só tempo. Diante disso, Gáutama sorriu e esse sorriso emprestou uma tal beleza ao seu rosto que já não parecia mais uma feição terrena.

— Não é possível entender-vos, a menos que fale um por vez. Vamos começar por aqui e, em seguida, pela ordem, cada um usará da palavra.

Assim o determinou Gáutama, apontando para Bimbísara, que estava junto dele.

— Acho que o que era direito no tempo de Siddharta, não há motivo de ser imediatamente modificado, tão perto ainda de sua morte, protestou o velho.

— Muito te honra essa demonstração de lealdade, meu Bimbísara, observou Gáutama; mas lembra-te de que ele mesmo vos preveniu a respeito das coisas novas que, necessariamente, têm de vir.

— Aqui na Montanha fica muito bem um templo, argumentou um outro. Se fôssemos construir lá embaixo, teríamos de enfrentar toda a sorte de atritos com os brâmanes.

— Justamente por isso é que construiremos o templo primeiro aqui em cima. Depois veremos o que se pode fazer, respondeu Gáutama, imediatamente.

Muitos dos que haviam levantado a mão, baixaram o braço. As sugestões satisfaziam plenamente à maioria dos presentes. Algumas objeções ainda se faziam ouvir, tais como: "Não dispomos de meios para enfrentar a construção", ou, também, "um templo consagrado ao Eterno tem que divergir interna e externamente de todos os demais até agora existentes. Quem se encarregará de uma tal planta?"

Essas objeções, porém, foram logo rebatidas, ficando de pé tão só a decisão final pró-construção do templo na Montanha do Eterno.

— Iniciaremos sem mais demora a construção, asseverou Gáutama. Para o ato da inauguração eu vos convocarei de novo. Vai ser uma solenidade sacra esplêndida, para a qual desde já vos deveis ir preparando.

Todos ficaram alegres, manifestando vivamente seu contentamento. Gáutama passou, então, a comentar as várias impressões que havia tido na visita aos vários conventos e escolas.

— É muito justo, observou ele, que nos pontos principais procurem seguir o sistema adotado aqui na Montanha. Como Siddharta recebeu instruções do seu guia de planos luminosos, temos, por conseguinte, a certeza de que aqui é feito segundo os desígnios do Eterno.

Contudo, não deveis viver imitando tudo, sem primeiro refletir. O povo difere de região para região: o norte não é igual ao sul, como a parte leste não é igual à oeste. Deveis levar sempre em conta as exigências tanto internas como externas dessas populações, pois a vossa vida existe para eles, não eles para a vossa vida.

— O que queres dizer com isso, Gáutama? objetou um velho.

— Quero dizer que nas regiões mais sujeitas a enfermidades, deve ser dada também muito maior importância aos problemas referentes à conservação da higiene corporal, até mesmo entre o povo comum. Aqui em cima na Montanha, por exemplo, onde quase não estamos em contato com outras pessoas, são plenamente suficientes o nosso banho e abluções diárias. Ao passo que em outras localidades, tanto os indigentes, como pessoas semelhantes, que tendes necessariamente de visitar nos casebres, nas malocas, podem transmitir-vos toda espécie de infecções. Torna-se aí, indispensável, proceder a uma rigorosa limpeza todas as vezes que tiverdes entrado em contato com pessoas assim. Deveis tentar educar o povo a viver no máximo asseio.

Na Montanha usamos cavalos e umas mulas de pelo arrepiado, para nosso transporte de cargas, ao passo que na região de Utakamand e Magadha servem os elefantes e para as bandas do oeste os camelos.

Vós, porém, continuais teimando em fazer uso exclusivo de cavalos, simplesmente porque isso era um hábito de Siddharta. Imaginai, todavia, que extraordinária vantagem seria para nosso convento se dispuséssemos aqui de elefantes para o serviço de carga!

Nesse instante, começaram a compreender o que ele pretendia dizer, ao lhes recomendar que evitassem ser meros imitadores, e assim prometeram que haveriam de saber libertar-se das imitações.

Decorrido que foi esse dia, principiou a debandada geral dos hóspedes. Partiam em grupos. As tendas foram desarmadas e assim, dentro em pouco, achavam-se sozinhos os moradores da Montanha. Uma impressão de vazio ameaçava já subjugá-los, porém, Gáutama não o permitiu. Maggalana havia lançado sua mensagem aos amigos de Siddharta. Estava na firme esperança de que haveriam de abandonar a Casa de Repouso, entretanto, nenhum deles chegou a fazê-lo, embora vissem claramente que Maggalana mesmo havia-se retraído, com suas escritas, a um minúsculo cubículo existente no convento.

Era ele incansável no traçar as historietas que lhe sobrevinham como inspiração nos momentos de permanência no jardim. Nesse ínterim, é verdade, já havia assumido a incumbência de tratar de uma parte dos enormes canteiros floridos espalhados por ali. Se a fase era de seca, tratava de carregar água para proceder à rega das plantas, e o fazia sem a menor demonstração de fadiga. No tempo das chuvas, drenava o chão perto das plantas, erguia e estaqueava os ramos, cuidando da preparação de mudas. Os demais companheiros seus, porém, não mexiam uma palha. Isso o aborrecia muito. Havia de adverti-los, pelo menos mais uma vez.

Ananda lhe pedira que aparecesse de tarde na Casa de Repouso, a fim de conversarem um pouco. Atendeu prontamente ao convite, certo de que para isso não haveria melhor oportunidade.

Lá, foi encontrar dez velhos, comodamente espichados, fazendo repouso, à sua espera. Cumprimentaram-no, cheios de alegria, e perguntaram se ainda não estava farto de viver no cubículo.

— Tua velha casa te espera! exclamou um deles.

Ao passo que outro, quase em tom de zombaria, comentou:

— Maggalana está com medo de atrapalhar as boas ideias de suas historietas, convivendo conosco.

— Nada disso, meus amigos; a prova é que estou aqui, começou a justificar-se o interpelado, com certa timidez. Desde que Siddharta me encarregou de tratar da extinção da Casa de Repouso, claro é que não posso, de jeito nenhum, morar nela. Nessas condições, ficaria muito contente se vos dispusésseis, igualmente, a deixá-la. Siddharta declarou, de modo bem franco, que haveria, para cada um de vós, uma tarefa a desempenhar, tarefa que ele mesmo, com suas reduzidas forças, seria capaz de executar. Ide pedir uma ocupação a Gáutama, se de modo próprio não encontrais algo de útil para fazer.

— Mas foi o próprio Siddharta quem estabeleceu este bem merecido repouso, objetou Ananda. Deves tê-lo entendido mal, ao ouvir o que ele te recomendava. Se fosse, realmente, da intenção dele não consentir que gozássemos a recompensa de nossos trabalhos, não teria também dito que cada um deve viver como bem quiser, que ninguém deve morrer entediado com a vida.

"Ó Siddharta", pensava Maggalana, "quão amargamente tens de colher agora o que semeaste sem refletir!" Em alta voz, porém, disse:

— Podeis acreditar, meus amigos, que o próprio mestre reconheceu a ilegitimidade dessas asserções ao fazer o retrospecto ideal de sua vida. Se assim o disse, foi unicamente visando poupar-vos maiores contrariedades. Se não o entenderdes, porém, agora, como deveis, dificultareis com isso sua ascensão. Vosso procedimento errado pesará como carga sobre ele, visto que foi a causa dessa incompreensão.

Nem mesmo estas palavras, que Maggalana pronunciou com grande constrangimento, conseguiram persuadir os velhos, que já haviam se comprometido demais com as comodidades do repouso, para se sentirem agora dispostos a abrir mão da ociosidade.

Por um instante passou pela mente do exortador a ideia de que deveria levar o fato ao conhecimento de Gáutama. Logo, porém, caiu em si, reconhecendo que se o fizesse era como se pretendesse sobrepor-se aos demais, acusando-os. Conteve-se e entregou-se inteiramente em profunda oração, a favor de seus amigos.

Nesse meio tempo, Gáutama havia traçado as plantas para a construção, de conformidade com modelos inspirados do Alto. Havia, também, solicitado aos enteais que lhe trouxessem pedras e, até que elas viessem, mandou preparar a grande esplanada das reuniões, para edificar ali o templo. Surgiu assim, de repente, ocupação para todos, sendo convocados os velhos da Casa de Repouso para assumirem, na construção do templo, incumbências compatíveis com suas forças.

Isso, contudo, não lhes pareceu muito apropriado. Discutiram, assim, o caso entre eles e chegaram, porém, à conclusão de que não era possível repelir a determinação. Terminaram assumindo os encargos, embora por pouco tempo, tendo em mente dar um jeito, logo depois, de retornarem ao seu costumeiro repouso.

As tarefas, na verdade, não eram pesadas, mas tinham de ser entregues em prazo certo e pontualmente cumpridas. Isso, de modo algum, agradou aos velhos. Ao cair da tarde, estando já em repouso e quando comentavam os serviços do dia, Gáutama aproximou-se deles.

Agradeceu-lhes por terem se apresentado tão prontamente para o trabalho, visto que estavam necessitando de braços para ajudar. Os serviços tendiam a aumentar gradativamente, sendo, portanto, bom que fossem de novo se acostumando ao regime de atividade.

Desejava apresentar-lhes ainda mais uma exigência: a Casa de Repouso tinha de ser demolida. No convento havia quartos de sobra para acolher a todos. Seria melhor que o acompanhassem, desde já, instalando-se imediatamente em suas novas acomodações.

Não lhes concedeu tempo para refletirem sobre essa nova mudança de vida. Convidando-os, amavelmente, levou-os consigo, instalando um aqui outro acolá. Tanto quanto possível uns longe dos outros.

— Haveis de ficar muito agradecidos, disse gentilmente, de poderdes gozar de um repouso perfeito aqui no convento, ao retornardes, de tarde, depois de um extenuante dia de trabalho. Como não é permitido conversar depois do jantar, cada um de vós poderá, até a hora de dormir, aprofundar-vos tranquilamente em meditação sobre as coisas do Eterno.

A regra do silêncio era uma novidade. Tendo alguém consultado a respeito, foi expedido um comunicado, no dia seguinte, explicando que Gáutama a instituíra pouco tempo antes. Na verdade os irmãos estavam realmente satisfeitos com a medida recém-adotada, porque ao cair da tarde era efetivamente a única hora que dispunham para exercitar a meditação, livres de serem importunados.

— É evidente que temos necessidade disso, comentava um dos irmãos mais velhos; o caso é que os novatos não sabendo ainda do que se passava, frequentemente nos vinham atrapalhar aqui, com conversas tolas e improdutivas.

Aos velhos não foi nada agradável ter de se sujeitar, ainda agora, a uma nova regra de disciplina, mas terminaram concordando. A Casa de Repouso foi demolida. Em seu lugar nada foi feito em substituição, de modo que Ananda criticou o fato, objetando que tinha havido desnecessária urgência nessa demolição.

Entretanto, a construção do templo ia em franco progresso: de noite trabalhavam os enteais, de dia os homens. Dia e noite Gáutama fiscalizava o andamento das obras, a ponto de ninguém saber ao certo que tempo, afinal, reservava para seu repouso pessoal.

Apesar de tudo, sempre se apresentava disposto e animado, mesmo quando se via obrigado a compartilhar dos mais duros serviços braçais. Nada lhe parecia insignificante. Quando acontecia de faltar um trabalhador, entrava logo em ação, oferecendo, com seu proceder, exemplo vivo para suas próprias palavras, de que o trabalho não rebaixa a ninguém.

Até as mulheres tinham suas obrigações, incumbidas que estavam de tecer as esteiras para atapetar o piso do templo.

Embora o piso, assim como as paredes, fosse revestido de pedras brancas, era muito escorregadio e a brancura da laje muito exposta à sujeira nos tempos de chuva. Nessas condições, era conveniente guarnecê-lo de esteiras coloridas.

Em várias regiões havia mulheres que tinham conhecimento principalmente sobre tecelagem. Para lá foi Gáutama arranjar tecidos próprios para cortinas. Em Utakamand as mulheres trabalhavam muito bem com fibras, produzindo coisas maravilhosas, que poderiam ser utilizadas no templo.

Achando-se Gáutama, certo dia, junto das obras em andamento, apreciando a curvatura das paredes, aproximou-se dele um rapaz que, tomado de satisfação, absorto, contemplava o edifício.

Era Suddhôdana, o moço, já bem desenvolvido, magro e queimado de sol, que reaparecia de novo por ali. Com o olhar irradiando vivacidade encarou o irmão.

— Vim ao teu encontro, Gáutama, para ser teu servo. Peço-te que não me mandes embora, suplicou, em tom humilde.

Gáutama sorriu.

— É justamente o que pretendo fazer: vou te mandar embora!

O mais moço assustou-se, enquanto que o irmão mais velho prosseguiu:

— Sim, eu estava precisamente pensando em como arranjar uma pessoa a quem pudesse confiar a tarefa de seguir a cavalo para bem longe daqui. Chegas no momento exato. Lá no alto do Himalaia, na região em que nosso pai foi educado, existem oficinas de fundição de chapas de vidro transparente, vais me descobrir uma dessas oficinas e providenciar a remessa das tais chapas.

Suddhôdana exultou com a incumbência recebida, pediu informação mais pormenorizada e partiu dali na companhia de alguns empregados, com uma tropa cargueira.

Gáutama aconselhou-o a pedir ao pai, no caminho, que lhe indicasse com exatidão o almejado roteiro. Podia tê-lo feito já, diretamente, pois seu guia já o havia instruído devidamente onde e como encontrar as referidas chapas. Preferia, no entanto, agir assim, fazendo com que o moço se apresentasse primeiro em casa dos pais, depois de ter andado tanto tempo desaparecido, perambulando.

Enquanto a construção do templo crescia, ideias e mais ideias sucediam-se na mente de Gáutama. Via, como necessidade inadiável, o plano de edificar, além desse templo visível, um outro, de natureza espiritual, templo esse cujas colunas de sustentação tivessem seu ponto de apoio sobre todos os principados do reino.

"As colunas que imagino são nada mais nada menos que os conventos e as escolas disseminados pelo reino", pensava ele. "Está certo: o número dessas entidades pode ser aumentado à vontade, segundo as necessidades do serviço. Do mesmo modo que o nosso templo é coroado por uma cúpula abobadada e transparente, assim também deverá o edifício espiritual dirigir-se para cima, conjugando todas as colunas. Sim, à Montanha do Eterno é que cabe esse papel de ser o centro unificador de todo nosso movimento. E terá, realmente, sido isso até agora? Se tem, cabe perguntar, então, por que não deverá ser também igualmente acessível a todos. Os dirigentes das escolas e dos conventos não deveriam, por acaso, se manter em conexão muito mais íntima com a Montanha?"

Siddharta havia determinado que subissem até lá, todas as vezes que tivessem algo importante para resolver. "Melhor seria que a procurassem com mais regularidade e mais demoradamente. Esse sistema afastará definitivamente das escolas e dos conventos o perigo de os dirigentes imprimirem demasiadamente seu cunho pessoal nas entidades."

Gáutama se preocupava ininterruptamente com o andamento dos trabalhos, aconselhava-se com seu guia e procurava sempre saber quais os desígnios do Eterno. Desse modo, à medida que eram tomadas providências para a conclusão do templo terreno, ia projetando, ao mesmo tempo, as diretrizes para a organização do templo espiritual.

Ele estava ansioso por visitar os vários conventos do país, contudo, enquanto o templo não estivesse concluído, achava-se praticamente impossibilitado de sair. Ninguém estava a par do plano geral da obra, nem como interpretar a planta que ele havia elaborado.

Três anos decorreram até o término das obras e assim puderam, afinal, ser expedidos convites para a inauguração, a todos os demais irmãos. Não foi preciso, desta vez, enviar mensageiros a cavalo, a fim de transmitir a notícia, embora Gáutama já houvesse assegurado que todos os dirigentes de entidades haviam sido notificados. Diante disso, estranhando o fato, um dos discípulos se decidiu a indagar quem tinha sido o portador das mensagens.

— Não sabeis? respondeu Gáutama, esboçando um sorriso, os pequenos obreiros de Deus se incumbem prazerosamente dessas tarefas. Transmitem a notícia de boca em boca e, assim, dentro de um prazo incrivelmente curto a notícia chega a hora e a tempo ao conhecimento das pessoas habilitadas que estão em contato com os enteais.

Não tinham percebido isso antes, no entanto, agora, a explicação do caso parecia tão simples.

Nos dias precedentes à inauguração foram sendo tomadas todas as medidas para a programação da festa. As irmãs preparavam guirlandas e coroas comemorativas, ao passo que as meninas ensaiavam danças solenes, executando-as com toda a compenetração.

Nessa altura dos acontecimentos, alguns moradores mais recentes da Montanha procuraram Gáutama:

— Não estarás, acaso, disposto a formar um grupo de discípulos tirados das nossas fileiras?

O interpelado sacudiu negativamente a cabeça. Eles, porém, não cederam imediatamente.

— Siddharta tinha discípulos que o acompanhavam, o mesmo acontecendo com outros instrutores. Como te respeitamos como mestre, consente, também, que nos tornemos teus discípulos: nossa consagração será o testemunho do nosso reconhecimento para contigo.

— Entre nós, tal coisa não é necessária, ponderou Gáutama. Discípulos, somente poderá ter aquele que seja verdadeiramente um mestre. Isso eu não sou. Sou simplesmente um servo do Eterno, como vós também quereis ser. Assim, sou vosso irmão, não vosso mestre. Esforçai-vos para que vossa consagração se una à minha consagração, ofertando-a ao Senhor dos Mundos, não a mim. A Ele, sim, é que devemos tudo quanto somos e tudo quanto sabemos. Jamais percamos isso de vista.

Do mesmo modo que foi feito por ocasião do sepultamento de Siddharta, instalaram no local várias tendas. Uma construção de madeira surgiu no lugar da antiga Casa de Repouso, a fim de ali serem abrigadas as mulheres. Tudo bem apropriado, simples e bonito. Os hóspedes começaram a chegar. Uma atividade festiva se espalhou por toda a Montanha. Dentre os convidados, achavam-se Suddhôdana, o velho, e Rahula, seu filho.

Gáutama os convocara não porque fossem seus parentes, mas por considerá-los colunas do templo espiritual. E eles bem o sentiam que efetivamente eram.

A despeito de toda a bondade e delicadeza, Gáutama se mantinha algo retraído para com eles, como, aliás, era seu modo de proceder com todos. Parecia estimar igualmente a todas as criaturas, dividindo da mesma forma entre todos seu zelo, sua afetividade.

A data apropriada para a consagração do templo havia sido determinação de cima. Percebia-se claramente por tudo a colaboração dos enteais: o céu nunca parecera tão azul, tão inundado, assim, pela luz radiosa do sol. Soprando de leve, a brisa impregnava o ar com o doce perfume das flores, parecendo trazer consigo a irradiação de inexprimíveis ressonâncias. Silenciosamente, as pessoas foram se reunindo diante da escola.

Na frente vinham os velhos, depois as mulheres e, finalmente, o cortejo quase interminável dos homens.

Sisana, com um grupo de meninas, postou-se junto ao portal do templo, aguardando a chegada dos convidados. Em ambos os lados de cada degrau das amplas escadarias, duas meninas, vestidas de branco, seguravam nas mãos floridas guirlandas.

O longo cortejo subiu as escadas entre cordões de flores e logo que os primeiros chegaram junto do portal, este se abriu facilmente, cedendo ao leve toque da mão de Sisana.

Um jorro de luz, partindo do interior do templo, ofuscou a vista de todos, embora entrassem iluminados pela luz do sol. Como era isso possível? Não ousavam erguer os olhos e iam simplesmente seguindo os passos de Sisana, de cabeça baixa. Lá dentro eram recepcionados por um grupo de jovens que os conduziam aos lugares, já preestabelecidos por Gáutama.

Ecoaram, então, sons vibrantes enchendo o vasto recinto do templo, música, naturalmente terrena, que teve, no entanto, a faculdade de arrebatar os corações para o Alto.

Ergueram-se as cabeças que se achavam baixadas e os olhos, maravilhados, puderam agora contemplar esplendores e mais esplendores, para onde quer que se voltassem. A luz solar, fluindo colorida através das chapas de vidro transparente da cúpula, cintilava nas arestas das pedras preciosas, engastadas com grande opulência por todo o templo. No centro do espaço circular achava-se o bloco de pedra branca que os enteais já anteriormente haviam instalado ali. Sobre ele cintilava a preciosa taça, maravilhosamente confeccionada com ouro e pedras rubras.

Gáutama dirigiu-se ao bloco de pedra e, erguendo os braços e as mãos, invocou a bênção do Senhor dos Mundos sobre o templo erguido em Sua honra e glória. As meninas principiaram o bailado ritual, ao som dos instrumentos. Depositaram as guirlandas sobre o bloco de pedra e suavemente se afastaram dali.

Gáutama começou, então, a falar. Sua voz dentro do templo ressoava de um modo inteiramente diferente do que costumava ser ao ar livre. Todos ergueram a cabeça como que para se convencerem de que era realmente o jovem mestre que lhes dirigia a palavra.

— À medida que subíeis os degraus do templo – são vinte e um – viam-se de ambos os lados vultos de jovens vestidas de branco, acompanhando vossos passos, segurando guirlandas de flores. Simbolizavam elas os degraus de vossa ascensão no Além. Uma após outra, vossas almas terão de fazer essa escalada, sob os mais árduos esforços. Entidades da Luz, porém, estarão sempre dispostas a prestar auxílio para vossa elevação.

O fato de Sisana, uma mulher, ter sido quem abriu a porta para que entrásseis no templo, também foi premeditado. Sim, o Senhor dos Mundos criou a mulher como um ser mais delicado e mais suave, destinada a antecipar-se ao homem, aplainando-nos os caminhos por onde teremos de passar. Eis aí um pormenor de que nos esquecemos ao longo de nossa existência terrena, mas, agora, urge exortar-vos a esse respeito. "Honrai vossas mulheres, ó homens, pois elas é que vos ajudam na conservação de costumes mais puros, possibilitando a ligação com os planos luminosos do Além!

Vós, mulheres, guardai vossa conduta sem mácula: que se cumpra em vós a vontade do Eterno. Ensinai às demais, vossas irmãs, a compreenderem devidamente o objetivo de sua existência aqui na Terra.

Nosso país tem descuidado muito em relação a isso, mas também aqui tudo deve se tornar novo. Peço-vos que me ajudeis nesse propósito, vós que realmente pretendeis ser servos do Eterno!"

Prosseguindo, referiu-se Gáutama ao templo espiritual que era preciso ser edificado, formado de colunas, encimado por uma cúpula que, espiritualmente, também se estenderia por sobre o povo inteiro.

— Ouvi, portanto, o que o Eterno determina por meu intermédio: cada um dos dirigentes deve, de dois em dois anos, fazer o estágio de um ano aqui na Montanha. Assim sendo, deverá providenciar para que outro irmão possa substituí-lo durante sua ausência. Decorrido esse tempo, ao retornar para seu convento ou escola, o irmão que o substituiu deverá, por sua vez, vir passar um ano aqui em cima. As irmãs farão o mesmo.

Assim, se estabelecerá um intercâmbio cada vez mais intenso de ideias, de planos, de orientação e, o que é mais importante, nos conservará a todos com o espírito sempre alerta e vigilante para com tudo.

Eu, porém, não permanecerei na Montanha. Cada ano serei substituído por um irmão, que para isso será designado. Irei de escola em escola pelo país afora, dando testemunho e anunciando o Eterno, por onde quer que ainda não haja escolas.

Nosso povo inteiro deve inflamar-se como um feixe de luz, despertando de seu marasmo espiritual. O próprio Brahma, que também é um servo do Eterno, não quer que a adoração da maior parte de nossa gente se desvirtue, dirigindo-se e fixando-se na sua pessoa: é preciso convencer os brâmanes da inconsistência de sua crença.

Prestai bem atenção, porém, meus amigos: vós e eu devemos impressioná-los pela nossa norma de vida, pela força de nossa fé, pela alegria de nossa operosidade.

Façamos de tal forma que eles sejam levados a nos perguntar: "Que força é essa que vos sustenta?" Só então, é que deveis falar.

Antes disso, não é oportuno. Quem não estiver realmente convencido que fique calado. Se falar será pura perda. Acima de tudo, porém, o que é mais importante é evitarmos todo e qualquer desentendimento entre vós.

Pensais, então, que o Eterno ficará servido se, por amor à causa Dele, levantardes discórdias e brigas, zangas e aborrecimentos, por todo o país?

Fazei com que este templo tenha o dom de reavivar sempre em vosso espírito tudo quanto vos disse hoje. Honrai vosso templo, erguido que foi em honra à glória do Eterno. De sete em sete dias, nos reuniremos aqui, a fim de adorá-Lo e de ouvirmos falar a Seu respeito.

Toda atividade, todo trabalho deverá, então, cessar, para que possais meditar, na tranquilidade e no silêncio, sobre tudo quanto este templo vos pode proporcionar. Isto é, também, algo novo que o Eterno assim vos dá. Assimilai-o de maneira correta.

Orações e bênção encerraram a cerimônia, que ficou gravada para sempre no íntimo de todos.

Poucos dias depois, os hóspedes todos tinham ido embora, a cavalo. Gáutama também se preparava para a viagem que ia mantê-lo distante por longo tempo. Dividiu os encargos, deixando apenas de indicar quem deveria substituí-lo no templo, disso ele não tratou.

Parecia estar indeciso quanto a esse fato, circunstância que todos vinham notando, sem que ninguém soubesse explicar o motivo. Pensando bem, não haveria mesmo quem o pudesse substituir nesse mister, precisamente.

Um certo dia surgiu ali, a cavalo, um homem que, pelo modo de vestir, parecia um sacerdote. Envolvia-o um traje branco de tecido macio de lã, solto em torno do corpo, preso apenas por um cinto do mesmo tecido que prendia pela cintura as dobras da roupa. Sem mesmo ter sido anunciado, Gáutama veio a seu encontro, cumprimentando-o cordialmente.

— Estava à tua espera, irmão, foi o que disse, de modo que todos os presentes pudessem ouvi-lo. Chegas no momento exato.

Ambos entraram pelos aposentos de Gáutama e depois eram vistos juntos ora aqui, ora acolá, vendo-se que Gáutama procurava mostrar tudo ao hóspede.

No próximo dia de devoção no templo, Gáutama comunicou que o irmão Te-Yang, do Tibete, que tinha conhecido em Utakamand, estava disposto a substituí-lo. Ficava incumbido de dirigir as cerimônias e de assumir todos os demais encargos da direção; os irmãos deveriam depositar plena confiança nele, pois se tratava de um homem muito preparado e dedicado servo do Eterno.

Poucos dias depois, partia Gáutama com dois companheiros e dois serviçais seus.

— Permanecerei sempre em contato convosco! exclamou no momento da despedida, para aqueles que estavam sentindo seu afastamento com pesar.

T ODOS supunham que se dirigisse, a cavalo, para o sul, como de costume. Ele, porém, atingindo a planície, tomou direção leste, ao longo do Ganges. Os vastos e fecundos prados alegravam seus olhos, encantava-o o aspecto do rio, que se mostrava cada vez mais largo.

Qual seria o motivo de os irmãos jamais terem avançado até ali?

Tinha uma vaga lembrança de ter ouvido Siddharta contar que ali moravam descendentes de uma tribo vinda de fora, que acreditavam em deuses inteiramente diferentes dos que eram cultuados na região. Não se lhes podia falar em Brahma nem Schiwa, e caso se tentasse anunciar-lhes, sem as devidas cautelas, o Senhor dos Mundos, haveriam de se mostrar francamente hostis.

Mas isso já ia bem longe. Além disso, Gáutama desejava, ele mesmo, verificar a que resultado iria chegar em tais circunstâncias. Destemido, foi cavalgando através de tanta beleza, de tanta fertilidade, deixando para trás diversas pequenas povoações. De noite, dormia ao relento.

Declinava o quinto dia de cavalgada quando atingiu a primeira cidade importante. A bem dizer, parecia mais uma aldeia de maior extensão que cidade propriamente dita, uma vez que as habitações não iam além de miseráveis casebres. Imundície por toda parte, muito embora as sagradas águas do Ganges estendessem as ondas não longe dali.

Gáutama sentiu arrepios de nojo por ter de ficar naquela sujeira; como, porém, o seu objetivo era entrar em contato com populações, algum lugar tinha de ser o primeiro.

Não muito longe dali, deparou com uns homens que, pelo jeito, voltavam da caça. Dirigiu-lhes a palavra, a fim de indagar o nome da cidade.

Não entenderam a pergunta. Do que responderam, porém, percebeu ele certa semelhança com o linguajar tibetano, seu conhecido. Assim conseguiu, afinal, entrar em entendimento com os homens. Informaram que a cidade se chamava Bhutan-Ara e que, naquele dia, comemorava-se ali justamente uma grande festa em honra ao deus Bhuta, divindade local.

Sua pergunta, se poderia ir à festa, era-lhes incompreensível. Por que ele não o deveria fazer? Apeara do cavalo, caminhando ao lado deles para as choupanas.

Um rumor surdo ecoava em seus ouvidos, cada vez mais intenso, à medida que se aproximavam de Bhutan-Ara. Era como o retumbar de gigantescos tambores, entremeado de sons agudos de diminutos instrumentos musicais. De ritmo nada se percebia, embora as batidas dos tambores pudessem indicar, a seu modo, algum sinal de compasso.

A esse tumulto de sons vinham-se juntar vozes humanas, tanto graves como agudas, aparentemente gritadas a esmo, sem plano algum, apenas para externar a alegria de que se viam possuídos, ou para exprimir seus sentimentos de devoção. Se essa era a maneira de externar a sua adoração, de que espécie não seria, então, a divindade a que se destinava?

Gáutama relutava consigo mesmo em continuar andando. Via figuras horripilantes que se erguiam no ar, pairando feito sombras e caindo de novo.

Ao se aproximar do lugar da festa, com aqueles que o acompanhavam, as tais figuras começaram a envolvê-lo. Tentavam entrar em ligação com ele, mas não conseguiam. Tudo dentro dele era a mais intensa repulsa.

Nisto, ele voltou os olhos para observar seus quatro companheiros de viagem que tinham ficado para trás. Tão incólumes quanto ele, passavam também pelo tumulto, sem perceber nada daquilo tudo. A defesa deles era inconsciente, baseada em seu modo de pensar puro.

Mulheres, crianças, rapazes, se precipitaram sobre os caçadores, despojando-os de suas presas, debaixo da mais tremenda algazarra. A caça consistia principalmente em uma espécie de gazela e de aves aquáticas, sendo que estas últimas eram as preferidas.

Enquanto que as mulheres traziam em volta do corpo um ou alguns trapos imundos, que outrora tinham sido panos coloridos, os homens e as crianças se apresentavam completamente nus.

Em berrante contraste, porém, eram opulentamente enfeitados de colares e de anéis de metal. As pernas, do tornozelo para cima, eram guarnecidas de estreitas argolas de prata, de ouro, de bronze, argolas essas grosseiramente trabalhadas, sem qualquer enfeite, batendo ruidosamente umas contra as outras ao mais leve movimento do andar. O pescoço era também enfeitado de uma quantidade, maior ou menor, de argolas mais largas.

Gáutama percebeu logo que quanto mais fidalgo o homem, tanto maior o número de colares que ostentava. A cabeleira preta, de tons azulados, meio cacheada, todos traziam o mais alto possível, prendendo-a com espetos de metal ou estiletes de pau.

A Gáutama pareceu melhor deixar as montarias fora da povoação. Deu ordem aos companheiros e aos empregados que procurassem um lugar de pernoite junto do Ganges. Possivelmente, iria também depois se juntar a eles, a fim de passar a noite ao ar livre. Deviam acender uma fogueira para que pudesse encontrá-los com mais facilidade.

Os companheiros lhe pediram que a um deles ao menos fosse permitido ficar ali como seu guarda, mas ele achou mais importante resguardar os animais contra eventualidades. Pessoalmente, saberia se defender, se preciso.

Com olhares de desconfiança os *bhutanenses** acompanharam a saída dos animais. Não estariam, porventura, cobiçando aquela carne, para oferecer em holocausto a seus deuses, se possível lhes fosse se apoderarem dela? Seja como for, esses olhares cobiçosos é que induziram Gáutama a tomar aquela providência.

Nesse ínterim, acompanhado de uma turba crescente de desconhecidos, Gáutama chegou ao lugar onde estava sendo realizada a festa. Numa espécie de frigideiras espetadas sobre postes de madeira, ardiam labaredas bruxuleantes, exalando um cheiro repulsivo, que pareciam ter um duplo objetivo: iluminar o local e servir de chama votiva. Na fumaça, que subia, Gáutama via formas de pensamentos humanos e cobiças que flutuavam no ar.

Gáutama, mentalmente, pediu socorro em meio deste tumulto. Queria tentar uma aproximação com as almas desses seres humanos quase bichos. Tinha necessidade de apelar para as forças luminosas que estavam perto dele. E elas vieram sem demora. Reuniram-se em torno dele límpidos vultos espirituais e o isolaram das trevas ao redor abrindo espaço para que ele pudesse respirar livremente.

No local da festa, homens fortes, mulheres e crianças dançavam na mais nojenta promiscuidade. Cercavam a imagem de sua divindade, que era feita de madeira e colorida, muito mais alta que a altura comum das pessoas.

Os traços de Bhuta eram semelhantes ao de um porco. Presas enormes e um focinho curto e grosso tornavam ainda mais evidente a semelhança.

As pessoas que até ali haviam seguido Gáutama atiraram-se à dança selvagem, ao passo que as mulheres, junto a braseiros, cuidavam de sua tarefa, assando a caça, sem lhe retirar sequer a pele ou as penas. Insuportável mau cheiro se desprendia dali.

Nessa altura, a festa parecia estar chegando ao auge: dois sacerdotes de ídolos atravessaram a multidão, colocando-se junto de Bhuta. Um deles, envolvido em peles de variadas espécies, empunhava uma espada enorme sobre a qual se apoiava. Era uma arma de verdade, parecendo afiadíssima.

O outro vinha coberto de penas, ostentando um enorme rabo de galo, artisticamente trabalhado, trazendo, também, uma crista, como

---
* Butanenses.

se fosse um chapéu. Compassadamente, agitava os braços, onde tinha amarrado asas curtas, piando esquisito, como um corvo.

Não obstante tudo isso fosse profundamente repulsivo ao espírito de Gáutama, sentia-se ele atônito com este espetáculo selvagem, perguntando, para si mesmo, qual o significado de tão estranho quadro. De repente, sem que ninguém esperasse ou previsse, o tal "galo" saltou para detrás da imagem do deus, que para esse fim já era guarnecida de uma espécie de degrau, e deu um grito extraordinariamente alto.

Num abrir e fechar de olhos, emudeceram todos os instrumentos e os pares dançantes ficaram como que petrificados no lugar.

Por detrás da cena precipitou-se, então, para fora, um bando de homens, lançando-se sobre os homens e mulheres que se achavam mais próximos de Bhuta. Estes procuravam escapar, sendo, contudo, habilmente agarrados, manietados e conduzidos perante o sacerdote portador da espada, que, com mão certeira e golpe firme, os decapitava.

Gáutama contou vinte sacrificados. Os demais, aos gritos, avançaram para o lugar da decapitação, a fim de conseguirem ser borrifados pelo sangue das vítimas.

Espalhados que estavam ali pelo chão, foram as pobres vítimas recolhidas em macas e amontoadas a esmo umas sobre as outras. Nessa altura a turba inteira se abalou dali, dirigindo-se em procissão rumo ao Ganges, ao clarão das fogueiras.

Gáutama se sentiu, por momentos, receoso de que viessem a descobrir o acampamento de sua gente, mas ninguém se incomodou com isso. Tinham como meta um ponto todo especial, em busca do qual se dirigiam.

Enfrentavam, agora, uma vasta extensão das margens, inteiramente recoberta de lama. Nesse lodaçal, atolavam bandos de gaviais, espécie já conhecida de Gáutama; havia olhado sempre com horror esses bichos temíveis, semelhantes a crocodilos, de cauda grossa e focinho comprido.

Os cadáveres foram aí lançados para o banquete dessas feras. Goelas famintas se escancaravam abocanhando a presa, esfacelando-a, deglutindo carnes e ossos, num ruído áspero e chiante. Alguns desses monstros, deixando o lamaçal, vinham patinhando para junto das pessoas, que recuavam espavoridas, aos gritos.

Tinham desaparecido, por completo, os cadáveres; as feras, porém, não se davam por satisfeitas. Bem mais ágeis do que Gáutama poderia supor, as mais vorazes seguiam no encalço dos devotos retirantes, procurando apanhar novas presas. Aos guinchos, os selvagens fugiam, amedrontados.

Gáutama, deliberadamente, ficou para trás. Iria realizar-se agora um vasto banquete, no qual os participantes se embriagariam com bebidas alcoólicas, feitas de arroz ou de raízes. Assim, não era possível qualquer entendimento com essa gente fora de si.

Lentamente foi caminhando ao longo das margens, até que viu brilhar ao longe a fogueira de sua comitiva. Os gaviais não se aproximaram dele.

Seus companheiros ficaram radiantes de vê-lo são e salvo, retornando muito mais cedo do que haviam imaginado. Ele, porém, não se sentia com disposição para falar nem para comer. Mergulhado em profunda meditação, sentou-se junto ao fogo, imaginando a melhor maneira de conquistar as almas dessas criaturas.

Depois que os seus se recolheram, pediu ao guia que o socorresse e orientasse. Prece fervorosa e veemente. Era de suma importância fazer com que essa gente desumanizada fosse arrancada dessa podridão.

Apresentou-se-lhe, então, o guia, coisa que só em casos muito especiais se verificava. Comumente Gáutama apenas percebia sua presença e ouvia sua voz. Acompanhando o guia, porém, vinha outro vulto, um selvagem nu, com os pés e o pescoço enfeitados de argolas. Gáutama percebeu, porém, que se tratava de uma entidade espiritual. O guia tomou a palavra:

"Eis aqui o primeiro rei dos *bhutanenses,* que há um século, mais ou menos, governou este país. Amava seu povo e mesmo que nada soubesse a respeito do Eterno, introduziu entre sua gente formas condignas de adoração a Bhuta. É um grande pesar para ele ver a que extremos de rebaixamento chegou seu povo no decurso do tempo. Se alguém existe capaz de indicar o caminho para esses corações, ei-lo aqui. Fala, Bhutani!"

Hesitante e desajeitado, o rei foi dizendo o que sentia, e Gáutama pôde entendê-lo, apesar de tudo. Mostrava-se grato ao sábio doutrinador em pretender elevar seu povo.

Recomendou a Gáutama que contasse ao povo que tivera oportunidade de vê-lo em pessoa, a ele, Bhutani. Isso haveria de causar efeito, visto que a lembrança de sua pessoa ainda estava viva no meio de sua gente. Além disso, rezava uma profecia que o aparecimento de Bhutani seria indício seguro de que uma grande felicidade estaria para chegar em favor de todos.

Gáutama, porém, deveria tomar toda a cautela, pois os dois sacerdotes dominantes entre eles eram versados em coisas de magia.

"Nada tenho a temer, Bhutani", disse Gáutama, com toda a calma. "Vim ter aqui em nome do Senhor dos Mundos. Ele defenderá Seu servo."

AO MEIO-DIA do dia seguinte, quando o sol ia alto e Gáutama calculou que as pessoas já tinham curtido os efeitos da festa, pôs-se a caminho de Bhutan-Ara. Percorreu o mesmo trajeto do dia anterior, evitando passar nas margens do Ganges.

Silêncio profundo reinava na povoação. Tudo parecia dormir. O lugar da festa manchado, ainda, de sangue das vítimas; tão só a coluna de Bhuta havia sido retirada dali.

Cheio de interesse Gáutama olhou em torno de si, deparando, afinal, junto de um casebre, com um menino de olhos brilhantes, que o encarava, demonstrando curiosidade. Delicadamente perguntou-lhe pela habitação do rei, servindo-se, para isso, do linguajar tibetano.

Mesmo assim, o menino não o compreendeu, emitindo, para dentro do casebre, um grito estridente, esganiçado. Surgiu de lá um homem que encarou o estranho com visível mau humor. Gáutama repetiu a pergunta e o homem, por sua vez, indagou:

— O que pretendes dele, no caso de eu informar onde pode ser encontrado?

— Tão só a ele posso dizer, foi a resposta tranquila de Gáutama.

Por um instante o homem hesitou, mas a curiosidade terminou vencendo.

— Pois, então, vem comigo! disse imperiosamente ao forasteiro.

E seguiu na dianteira, de um lado para outro, até atingirem uma habitação maior, junto da qual estava encostada uma pequena imagem de Bhuta, no lado de fora.

Junto ao ídolo pendia um tambor que o homem se pôs a bater, com toda força, de punhos cerrados.

Tudo se movimentou em torno da habitação. Mulheres e crianças vieram correndo, surgindo, afinal, um homem que em nada se destacava dos demais senão pela quantidade incrível de argolas que ostentava no pescoço. Provavelmente nem poderia curvar a cabeça, tamanha era sua mostra de fidalga distinção.

Esse era, portanto, o rei dessa terra relativamente grande. Mostrava-se contrariado por ter sido tirado do seu sono, e mal-humorado perguntou ao estranho o que desejava.

— Tenho algo para te dizer, da parte de Bhutani, respondeu-lhe.

Ao ouvirem a menção desse nome, os presentes prorromperam numa gritaria de ensurdecer. Gáutama viu-se obrigado a calar, ninguém haveria de ouvi-lo. Finalmente, sossegou a agitação e o rei fez um aceno, indicando que o hóspede podia prosseguir.

— Não será melhor que ouças a mensagem sozinho? propôs Gáutama.

O rei, porém, decidiu o contrário:

— Todos devem ouvir o que tens a dizer! Fala com clareza: onde, em que lugar, viste Bhutani?

— Ele veio ao meu encontro esta noite.

— Estou perguntando: onde, em que lugar o viste? Isso é o que interessa, insistiu asperamente o rei.

— À margem do Ganges, cerca de cem metros daqui.

Ouviu-se outra vez o vozerio ensurdecedor e nova pergunta se impôs:

— De que jeito era ele?

Como poderia Gáutama descrevê-lo? Atrapalhado olhou em torno de si e o avistou de novo, à distância. Apontando-o rapidamente com o dedo, respondeu Gáutama:

— Lá está ele; estás vendo? É parecido contigo, rei.

Todos os olhares se dirigiram para o lugar indicado, mas, provavelmente, ninguém percebeu coisa alguma. Não obstante, a resposta deveria estar certa, uma vez que os traços de aborrecimento da fisionomia do rei se desfizeram, ao passo que ele perguntava:

— E que é que Bhutani tinha para me dizer?

"Ó Eterno, inspira-me o que devo responder!" suplicou o sábio doutrinador e, a seguir, lentamente e com toda a segurança, foi dizendo:

— Que anda muito triste porque seu povo se esqueceu do que ele ensinou. Seu desejo é que sua gente encontre a prometida felicidade. Mas enquanto continuar fazendo sacrifícios de vidas humanas e adorando Bhuta de tal modo que Bhutani se envergonhe com seu procedimento, não é possível tornar feliz o povo.

Desta vez não se repetiu o vozerio de antes. Os homens se entreolharam, sem dizer palavra. Encorajado com isso, Gáutama prosseguiu:

— Bhutani veio a mim a fim de pedir que me interesse pela sorte do seu povo. Devo ensinar-lhe costumes melhores, devo ajudá-lo a tornar-se melhor, como outrora já foi. Assim, por meu intermédio, conquistará a prometida felicidade.

O vozerio irrompeu de novo. Mas, se essa manifestação anteriormente era sinal de estranheza e de espanto, agora exprimia tão só contentamento. Cercando o forasteiro procuravam tocá-lo, demonstrando que realmente depositavam confiança nele. Tendo serenado esse momento de entusiasmo, disse o rei:

— O lugar em que Bhutani te apareceu nos foi previsto em profecia. Acreditamos em ti, estrangeiro, e te pedimos: ensina-nos e ajuda-nos! Uma vez que podes ver Bhutani, ele te dirá o que deves mostrar-nos. Nós te obedeceremos.

— Bhutani está se mostrando contente com seu povo, porque, através de tuas palavras, rei, acaba de verificar que não vos tornastes inteiramente maus. Ele ajudará a mim e a vós também.

Crescia cada vez mais o número dos ouvintes. Aos que vinham chegando os presentes contavam o que havia acontecido. De repente, abrindo caminho pela multidão, surgiu ali um brutamontes, de aspecto terrivelmente animalesco.

— Não consintas, rei, que um estranho venha influenciar o nosso povo! O que ele pretende é tão só se apossar de nossas terras. Se Bhutani quiser se manifestar, que o faça perante nós, os sacerdotes!

"Esse é, então, o tal homem da espada", pensou Gáutama. Mas, em alta voz, respondeu:

— Vim a vós inteiramente só, e desarmado. Como poderei, assim, conquistar vossas terras?

— É sincera sua intenção para conosco! exclamou a maioria dos homens ali presentes.

O sacerdote, porém, fez um sinal, com a mão, para que se calassem e, voltando-se para Gáutama, comentou:

— Se é verdade que Bhutani te apareceu, então te disse, também, o motivo por que Bhuta é obrigado a usar um focinho de porco.

Gáutama teve a impressão de que a resposta lhe foi insuflada, sendo preciso apenas repeti-la:

— Andastes com tanta ânsia e tantas vezes escavando o chão para descobrir tesouros escondidos, que os lábios do vosso deus foram se tornando cada vez mais compridos. Isso absolutamente não vos recomenda, *bhutanenses*.

— A resposta está certa, disse, surpreso, o sacerdote. Mesmo assim, continuo não acreditando em ti. Deves te submeter a mais uma prova.

A situação, porém, não deveria chegar a tanto. Um jato de sagrada força, transpassando o corpo de Gáutama, manifestou-se com extremo vigor. O sacerdote se viu obrigado a fechar imediatamente os olhos, ofuscados. E Gáutama, comumente tão suave e brando, exclamou em alta voz:

— Não compete a ti, perverso guia de um povo alucinado, colocar a provas aquele a quem o próprio Senhor dos Mundos vos envia! Na verdade, não mereceis auxílio algum, mas, em atenção ao vosso rei, que se condói com vossa situação, vou ainda tentar modificar vossas almas. Tu, porém, sacerdote comporta-te humildemente e não te coloques mais em meu caminho!

Passo a passo, o homem da espada foi recuando, atemorizado com as palavras e, mais ainda, pelo clarão que envolvia a pessoa do estrangeiro.

Gáutama explicou, então, que ia contar uma série de histórias. Quem quisesse ouvir se aproximasse. Todos se achegaram, como crianças, e se acomodaram em torno dele, prontos a ouvir o que ia narrar.

As palavras, porém, afluíam-lhe impetuosamente. Seria talvez, Bhutani que lhe relatava coisas de um passado longínquo, ou algum outro que lhe ditava argumentos que a ele só cabia reproduzir? Não lhe interessava indagar se era uma coisa ou outra, mas apenas exprimir aquilo que palpitava dentro dele.

— Em tempos imemoriais, quando nenhum de nós era nascido, e ainda viviam aqui os nossos mais longínquos antepassados, o vale compreendido entre os dois grandes rios era habitado por um povo alegre e feliz. Tinha em superabundância tudo quanto necessitava. A planície fecunda dava-lhe trigo e frutos em quantidade; os rios davam-lhe peixes, e caça as vastas e espessas matas.

Suavemente se aproximou dele o deus, a quem chamaram Bhuta. Enviou seus pequeninos servos para que se tornassem também servos dos homens. Esses pequeninos seres ensinaram, assim, aos homens como poderiam utilizar a água e o fogo. Trouxeram-lhes metais e pedras preciosas.

Nesse povo, porém, surgiu um mau instinto: a sede de sangue! Sempre que matavam um animal, bebiam-lhe o sangue quente, até que, muitas vezes, fossem levados a matar, não pela necessidade de se alimentarem da carne, mas tão só pela ânsia de sorver o sangue das vítimas.

Bhuta sentiu-se ofendido com isso e proibiu-lhes expressamente matar mais do que o estritamente necessário para a alimentação. Durante algum tempo a ordem foi obedecida, mas depois as pessoas retornaram a seu pecado antigo.

Aconteceu, então, de surgir entre eles um rei muito sábio.

— Bhutani, Bhutani! interromperam altos brados a narrativa, prova de que os ouvintes escutavam o relato com devotada atenção.

— Sim, era Bhutani esse sábio rei, continuou Gáutama, que se sentia profundamente fascinado com a própria narrativa. Ele veio a saber da ira de Bhuta e estimulou seu povo a abandonar os maus costumes, que então já se haviam transformado em vícios. Vivia também naquele tempo um sacerdote tão sábio, porém não tão bom como aquele grande rei. Estava aquele sacerdote em ligação com poderes das trevas, e o senhor das trevas ajudou-o no sentido de fazer com que o povo se afastasse de Bhuta e aderisse ao seu poder.

O sacerdote, que se chamava Wutra, contou secretamente aos homens que beber sangue os tornava fortes. Assegurou-lhes que quem bebesse sangue quente diariamente se tornaria invencível a qualquer adversário. Nessas condições, sob sua proteção, continuaram matando, a mais não poder. Bhutani, todavia, invocou o poder de Bhuta e foi mais forte do que Wutra, pois a Luz é sempre mais poderosa do que as trevas.

A fim de curar as pessoas do seu pendor pelo sangue, proibiu todos os sacrifícios. Continuaram, pois, orando a Bhuta com toda a pureza de costumes. Wutra, espavorido, fugiu dali, temendo que o matassem. Nesse ínterim, o povo tinha-se tornado melhor e Bhuta se alegrava com isso.

Assim, certo dia, prometeu ele aos *bhutanenses* que encontrariam um grande tesouro, o qual seria sua maior felicidade. Mesmo que Bhutani morresse, teria a oportunidade de aparecer de novo, a fim de provar ao povo que o dia do cumprimento da promessa tinha chegado. Um estrangeiro viria em auxílio do povo nessa ocasião.

Ficaram muito contentes, alimentando sempre a esperança do raiar do afortunado dia. Em vez de se esforçarem, porém, por se tornarem mais puros e luminosos, iam-se afundando mais e mais nos erros e no pecado. Fazia tempo já que Bhuta não achava uma pessoa sequer dentre o povo a quem pudesse manifestar-se: sentia horror a essa turba. Tinham retornado novamente aos sacrifícios sangrentos, sacrificando até mesmo vidas humanas.

Desde que não podiam mais ver Bhuta, tentavam reproduzi-lo em imagem, figuração essa que se tornava dia a dia mais bestial. Imaginem só: quase que o povo inteiro se achava mergulhado na lama e nas trevas.

Mesmo que as pessoas, porém, não o mereçam, a Luz cumpre sempre sua promessa. Enviou, agora, um estrangeiro ao povo *bhutanense,* a fim de lhe trazer a salvação e a felicidade. Olhai para mim!

Gáutama tinha-se posto em pé e estava de braços abertos diante do povo.

— Eis-me aqui para vos ajudar! Pobre gente, venho trazer-vos uma grande mensagem!

Bem poucas pessoas dentre eles compreenderam o alcance de suas palavras, mas todos sentiram que eram realmente o povo transviado, para o qual principiava a raiar o dia da redenção, o dia da grande felicidade. Cheios de confiança, agruparam-se em torno do forasteiro, o mesmo a quem, no dia anterior, de boa vontade teriam sacrificado.

Quando chegaria o momento de lhes mostrar o tesouro escondido? Pois estavam certos de que ele existia realmente, mesmo que não ousassem ainda forçá-lo a uma demonstração.

Nos dias seguintes, ele prosseguiu narrando-lhes coisas e mais coisas a respeito de Bhuta. Parecia evidente para ele que esse deus não era outro senão o mesmo e generoso Brahma. Não denominavam eles, por acaso, seu grande e caudaloso rio de "Brahma-Bhuta"?

Conversar com o rei a respeito dessas coisas também não tinha sentido, pois o mesmo se achava em não melhor nível de estupidez que seus súditos. Mas Bhutani não tardou em dar uma resposta. Mostrou que os *bhutanenses* tinham emigrado do Oriente, expulsando dali os primitivos naturais da terra, que acreditavam em Brahma.

Esses, expulsos, teriam chamado seu rio de Brahmaputra, filho de Brahma. Os usurpadores pretendendo colocar o nome de seu deus em lugar do nome de Brahma, denominaram o rio de Brahma-Bhuta.

Foi o que Gáutama contou ao povo, que se mostrou muito contente ouvindo tão curiosa explicação. Mais que isso não era capaz de imaginar. Era preciso explicar e esclarecer tudo, até os mínimos pormenores. Finalmente, compreenderam que Bhuta era um deus prestativo e assim esperava que todas as pessoas o fossem.

Agora, porém, tocava-se no ponto mais árduo do problema: mostrar às pessoas que Bhuta era apenas um servo de um deus ainda mais elevado. Aqui onde o povo, sem exceção, só conhecia a obediência ao rei, sem ideia de graduação nem de variedade de préstimos, não encontrava Gáutama terreno propício para o trabalho de regeneração. Era preciso lançar mão de outros recursos, disso estava convicto. Pedia auxílio e este lhe foi prontamente concedido.

Inesperadamente desabou um temporal como jamais se vira igual, entremeado de raios e relâmpagos. O rei, apavorado, tendo visto uma série de raios caindo aqui e acolá, apelou, cheio de medo, para Bhuta:

— Faze cessar a tempestade, ó deus!

O temporal, porém, redobrava de intensidade, desferindo raios mortíferos por toda parte.

Gáutama sabia que era chegado o momento de agir. Subiu a uma pedra, do alto da qual todos podiam avistá-lo, e erguendo os braços, suplicou:

— Eterno Senhor dos Mundos, mostra Teu poder ao povo! Faze cessar o furor da tempestade, domina o poder do raio!

Mal havia cessado a oração, eis que a tempestade amainou, os trovões silenciaram e tudo se fez paz na natureza.

As pessoas, apavoradas, então exclamaram:

— Tens um outro deus, que não é o nosso deus? É certamente mais forte que Bhuta. Queremos fazê-lo também nosso deus!

Agora, era sem dúvida mais fácil falar do Eterno, de quem Bhuta também era servo. Mas como as pessoas não podiam formar uma ideia da noção de "eternidade", improvisou Gáutama uma nova denominação: Deus-rei.

Essa ideia foi compreendida por todos. O "Deus-rei" reinava sobre os deuses, como outrora Bhutani sobre o povo. Bhuta era, apenas, um dos deuses sujeito ao Deus-rei. Os *bhutanenses,* por sua vez, eram súditos de Bhuta, de quem portavam o nome.

Todos se sentiam contentes, satisfeitos com o novo conhecimento adquirido. Tão só o rei se sentia torturado pela dúvida.

— Senhor, disse em tom lamentoso, qual é agora minha situação? As pessoas passam a considerar agora Bhuta como seu soberano, imaginando não precisar mais de um rei terreno.

Com esta queixa, porém, o rei colocava na boca de Gáutama a melhor solução com que instruir, mais adiante, o povo. Na primeira ocasião que se apresentou, estabeleceu, então, a nova disposição:

— Bem lá no alto, reina o Deus-rei, que impera sobre os outros deuses. A seguir vem Bhuta, que é o rei invisível dos *bhutanenses* e aqui, o vosso rei, representante visível de Bhuta, na Terra.

Essa explicação, todos compreenderam.

Gáutama tratou, então, de destruir os medonhos ídolos que eram, até ali, objeto de adoração, abolindo, também, as festas de sacrifício. Ele mesmo orava, juntamente com eles, a Bhuta e ao Deus-rei. Mas uma coisa ainda o preocupava: o tesouro, que todos iriam descobrir, não era mais nem menos que a revelação que acabavam de receber da existência do Eterno. Eles, porém, na sua estreiteza de espírito esperavam por um tesouro terreno e Gáutama não podia censurá-los por essa incompreensão.

Diante disso, levou mais uma vez suas preocupações ao Eterno, pedindo novos esclarecimentos.

Sua permanência ali com os *bhutanenses* já fazia longo tempo. Não queria deixá-los sem que a velha esperança tivesse se cumprido, ou antes que compreendessem o seu cumprimento, em sentido espiritual.

Na companhia de algumas pessoas, dirigiu-se até as margens do possante Brahma-Bhuta, que se precipitava, estrondoso e retumbante, das alturas abruptas das montanhas para o vale.

Já os havia instruído a respeito dos servos do Deus-rei, que, invisíveis, dirigem as possantes correntes de água, assim como operam, também, na estruturação das montanhas.

Escutavam-no com todo respeito. Eles o haviam auxiliado a propagar a mensagem do Deus-rei entre outras partes de seu povo. Comportavam-se melhor desde que se sentiam ligados com os reinos superiores.

Certo dia, vieram falar sobre construções. Gáutama explicou-lhes como eram feitas as casas em outros países. O rei manifestou desejo de possuir uma dessas moradias e Gáutama prometeu dar as necessárias instruções. Em compensação, os homens tinham de prometer queimar as velhas habitações, com toda a imundície, tão logo estivessem prontas as novas casas. Mesmo porque, assim que surgissem as primeiras casas, outras haveriam de aparecer, logo em seguida.

Em primeiro lugar, Gáutama mandou que fizessem uma cova, para servir de alicerce à nova construção. Na escavação, os homens depararam com o "tesouro".

Eram utensílios nobres, feitos de ouro e prata, adornados com pedras preciosas. Os primitivos habitantes do lugar haviam provavelmente escondido assim os seus bens, para ocultá-los da cobiça dos usurpadores da terra. Os homens ficaram radiantes e Gáutama rendeu graças ao Eterno, pela ajuda, acima de qualquer comprovação.

Propôs-lhes, então, que oferecessem as mais belas peças encontradas ao Deus-rei. Construiriam um templo e conservariam ali dentro esses preciosos utensílios. Todos se mostraram felizes com a ideia. Em vez da casa que tinham como meta construir, edificaram primeiramente um templo pequenino e gracioso.

Dois anos decorreram da permanência de Gáutama naquela região; não se sentia, contudo, arrependido disso. Muito e muito havia conseguido com ajuda do Eterno. O povo, de animalizado que era, tinha aprendido a reconhecer Deus e a viver segundo Seus preceitos.

Gáutama prometeu enviar para ali, a fim de substituí-lo, um sacerdote do Deus-rei e, a despeito das súplicas insistentes da gente do lugar, pôs-se a caminho para a viagem de regresso à pátria.

S EUS companheiros, que há muito já tinham sido enviados para casa, voltaram outra vez na hora exata, conforme lhes fora indicado pelos enteais.

Durante a viagem, iam relatando tudo o que nesse meio tempo havia acontecido na Montanha, ficando, porém, surpresos ao verificar que Gáutama estava a par de tudo. Sorrindo, comentou:

— Não vos disse, claramente, que ficaria em ligação convosco? Os invisíveis me transmitiam notícias sobre tudo quanto acontecia e levavam de volta minhas determinações.

Não ignorava, portanto, que o tibetano, atendendo a insistentes pedidos, tinha permanecido ali por mais um ano, e estava agora no firme propósito de ir-se embora. Aguardava apenas a chegada de Gáutama.

Este se encheu de alegria ao avistar ao longe a Montanha do Eterno, pois que ali era verdadeiramente sua pátria terrena; disso estava certo.

Os seus o receberam com ruidosas manifestações de apreço, sentindo como estavam sua ausência, a despeito da substituição ter sido excelentemente feita por Te-Yang. Não obstante, percebiam uma certa diferença entre ambos, que acreditavam ser devido à origem estrangeira do tibetano.

Ananda havia morrido, tendo sido sepultado numa cova simples. Na frente colocaram uma lápide, sem inscrição alguma, aguardando, para isso, a chegada de Gáutama.

Contaram que não houve meios de o discípulo se adaptar à administração de Te-Yang. Vivia sempre resmungando que as coisas eram muito diferentes nos tempos de Siddharta, motivo pelo qual o Lama terminou dispensando-o de toda e qualquer atividade. Transbordando de satisfação, Ananda começou sua nova vida de felicidade, que afinal durou pouco: dias depois foi encontrado morto na cama.

Tinham certeza que Gáutama haveria de dizer:

"Vede, foi justamente por isso que aconselhei a todos que trabalhassem."

Gáutama, porém calou-se. E o que adiantava repisar o que todos estavam fartos de saber?

Perguntado a respeito da inscrição, determinou que fossem ali gravadas as seguintes palavras:

"Ananda, primeiro discípulo de Siddharta."

Suddhôdana, o moço insistiu com o irmão para que o levasse consigo em suas futuras viagens.

— Ser teu servo será para mim a mais alta ocupação terrena! Deixa-me, Gáutama, ficar junto de ti.

O irmão prometeu atendê-lo. O jovem tinha-se feito homem, homem correto e senhor de si, companhia que Gáutama apreciava muito.

Rahula tinha vindo para a Montanha a fim de passar ali um ano. Sentia-se contente na nova acomodação, que lhe permitia ouvir e ver coisas inteiramente novas e envolver-se em seus pensamentos. Isso, no entanto, ocorreu de forma bem diferente. Pediu-lhe Gáutama que nesses meses assumisse tanto a administração como as devoções na Montanha. Quanto a ele, ia partir outra vez, a fim de acompanhar Te-Yang até certa altura do caminho.

À noitinha costumava, agora, reunir principalmente os homens no salão da escola, narrando-lhes suas peripécias entre o povo selvagem, onde estivera. Tinham sempre muito que perguntar. A maioria não podia nem imaginar tal embrutecimento.

Outras pessoas, também vindas de fora, tinham oportunidade de falar, de modo que se estabelecia ali uma intensa troca de ideias. Subitamente, Gáutama anunciou-lhes que recebera ordem de seguir viagem no dia seguinte. Desta vez, além de Suddhôdana, ninguém mais iria com ele. Tendo de ir-se embora, apenas Te-Yang, a cavalo, os acompanharia até certa altura do caminho.

Tomaram, de novo, a direção norte, ao encontro das cabeceiras do rio sagrado. Te-Yang e Gáutama mergulhavam em reflexões profundas, nas quais o moço não tomava parte. No brilho de seus olhos, porém, era fácil perceber o interesse vivo com que acompanhava essas discussões.

De um ponto para diante, conforme instruções recebidas, Te-Yang teve de tomar o rumo de Amritsar e de cruzar o rio Saletsch na montanha, ao passo que os dois irmãos rumavam para leste, cordilheira adentro.

Percebeu, então, Suddhôdana, de repente, qual o objetivo imediato desse itinerário: a meta era Kapilawastu! Jamais seria capaz de supor que Gáutama iria visitar os pais, ele que se havia desprendido inteiramente de todos os laços terrenos. Ele fez sentir isso ao irmão, ao que Gáutama contestou:

— Não, não é uma visita à família que me leva a essa região. Tenho de tomar umas tantas decisões, só não posso dizer, por enquanto, de que natureza serão. No momento oportuno, saberei. Quanto a ti, trata de aproveitar, o máximo possível, a terra natal, porque vais vê-la, ao que parece, pela última vez.

S EM se fazerem anunciar chegaram certo dia a cavalo, contudo, não podiam passar despercebidos. Seu aspecto traía a procedência deles. Estrondosa demonstração de júbilo se ergueu ao verem que o príncipe chegava.

A notícia de sua vinda precedeu-o, chegando ao palácio no alto da montanha. Carinhosamente abraçou os pais e irmãos, que se apressaram ao seu encontro, dizendo-lhes que pretendia ficar longo tempo com eles.

Pouca coisa havia mudado, quer no palácio quer na cidade. Gáutama verificou que o pai como o irmão governavam o país perfeitamente dentro dos preceitos do Eterno, exercendo benéfica influência não só sobre o povo, como, para muito além, sobre os povos vizinhos.

O príncipe se pôs logo a falar destes vizinhos, não tardando Gáutama em perceber que a sua vinda ali se relacionava com isso.

Com mão segura o pai do atual soberano tinha conseguido unificar três principados, fazendo-se seu rei. Esse título, com o reflorescimento do reino, passara ao filho.

Progrediam o reino e o povo, o bem-estar se espalhava, os costumes se conservavam puros e finos. Tudo ia bem, como melhor não poderia desejar o príncipe. Só uma coisa faltava ainda para sua completa felicidade: não tinha filho para herdeiro do trono. Uma filha extraordinariamente bela crescera na corte de Khatmandu; casar essa princesa de modo que viesse a ser uma bênção para o reino era o mais ardente desejo do velho rei.

A princesa Jananda, porém, tinha o dom de ver em sonhos coisas que depois eram confirmadas na vida real. Assim, aconteceu de ela ter visto, quando menina, aquele que futuramente deveria ser seu marido, recusando-se aceitar como esposo qualquer outro príncipe. Ela costumava descrevê-lo com tamanha exatidão que nenhum dos que conheciam Siddharta duvidaria de que fosse ele o escolhido.

O rei Khat havia conversado a respeito com Suddhôdana. Muito agradável lhe seria que um descendente dessa estirpe quisesse assumir a direção do reino. O príncipe, porém, que estava absolutamente convencido de que Gáutama, por nada deste mundo, abriria mão do empreendimento que vinha realizando, esquivou-se de mandar chamar o filho.

Estavam as coisas nesse pé, quando Gáutama chegou de surpresa, sem ser chamado. Nisso via o príncipe como que um dedo do Eterno a dirigir os acontecimentos.

— Não podes, então, casar-te e continuar sendo servo do Eterno? disse-lhe o pai.

Gáutama, porém, respondeu negativamente, apesar de o príncipe ter feito ver como seria proveitoso para o reino que desse casamento sobreviessem filhos bem-nascidos, que, por sua vez, também viriam a ser futuros servos do Eterno.

— Grande e forte é o reino, Gáutama: lembra-te disso! Serás revestido de enorme poder se te tornares rei de Khatmandu. Contribuirás então de maneira muito mais eficiente para a disseminação da doutrina. Terás riquezas e soldados à tua disposição.

— Um momento, príncipe! exclamou Gáutama, num tom enérgico que lhe não era próprio. Se o Senhor dos Mundos tiver necessidade de poder e de riquezas aqui na Terra, imediatamente os terá. Poderá entregar-me um reino de proporções tão grandes que será difícil imaginar... se o desejar, bem entendido. Que eu quebre, porém, os meus votos e me embarace com coisas terrenas, sei que isso não é de Sua vontade.

— Qual, então, o motivo de teres sido enviado para cá, agora? Que explicação dar para isso? Tu mesmo disseste que vinhas a mando do Senhor.

— Talvez para experimentar minha firmeza, comentou.

A conversa parou nessa altura, mas Gáutama percebeu que não conseguira convencer o pai. Tinha, porém, a certeza de que não poderia partir enquanto não resolvesse definitivamente a questão.

Dias depois, o príncipe retornou ao assunto:

— Escuta, Gáutama, recebi notícia de que o rei Khat deseja ver-te. Está disposto a concordar com tudo quanto exigires. Poderás te ausentar meses seguidos do reino, ficando Jananda na regência, mas, por favor, não recuses a proposta dele, o que seria para ele um golpe difícil de suportar.

Ficaria estremecido conosco e se tornaria mesmo inimigo nosso, o que, como sabes, colocaria em perigo a subsistência do nosso reino, visto que ele dispõe de muito mais guerreiros do que nós. Com certeza não há de ser da vontade do Senhor dos Mundos que sejas tão renitente a ponto de atraíres tão mau destino para tua terra natal.

Gáutama calou-se. Não queria sempre repetir a mesma coisa, embora soubesse antecipadamente que jamais concordaria com semelhante proposta.

Gáutama passou a noite em ardentes preces. Procurava um meio para convencer o príncipe. Não o conseguiu. Em compensação, algum ente prestativo segredou-lhe um plano de ação tão aventuroso, que Gáutama, inicialmente, assustou-se. No entanto, quanto mais meditava no caso, mais viável lhe parecia a execução.

Na manhã seguinte, foi procurar o príncipe, pedindo-lhe alguns dias de licença. Em plena solidão haveria de encontrar uma saída para o caso.

Suddhôdana ficou muito contente em ver que o filho levava em consideração o desejo do pai. Com isso já estaria quebrada a resistência.

Gáutama, porém, com a ajuda de um velho e leal empregado seu, vestiu-se de caçador e entrou floresta adentro. A indicação do caminho a ser seguido foi-lhe dada pelos enteais, empenhados que estavam no êxito do empreendimento.

No segundo dia de viagem, encontrou-se Gáutama às margens de um maravilhoso e azulado lago na região montanhosa, no qual se refletiam os mais altos e esbranquiçados picos da cordilheira. Estava absorto na contemplação desse quadro, quando sentiu que alguém o puxava delicadamente pelas vestes. Olhou e viu que era um pequenino enteal, que lhe fazia gestos para que o seguisse, cautelosamente.

Passos adiante depararam com uma casa de campo, toda aberta, como havia muitas espalhadas pela montanha. Deitada numa cama, achava-se uma jovem, de fisionomia simpática, dormindo, tranquilamente.

Gáutama jamais tinha visto criatura tão encantadora. Aproximando-se dela, viu que seu vestido denotava origem real. Certamente, deveria ser Jananda.

Que felicidade incrível poder chamar sua uma mulher assim!

Que felicidade viver a seu lado, governando um reino imenso, de perfeita ordem!

Foi por um momento, apenas, que esses pensamentos passaram pela mente de Gáutama. Com toda a energia sacudiu-os para longe de si. Felicidade? Que felicidade? Haveria, então, bênção maior que ser servo do Senhor dos Mundos? Ventura maior que o ensejo de trazer a verdade para o povo?

Para longe a tentação! Para trás com a tentativa que mesmo com esses tentáculos de pureza procurava envolvê-lo.

Cautelosamente como tinha vindo, Gáutama ia-se afastar dali, embora fosse sua intenção falar com a filha do rei. Ela se dirigira àquelas paragens, acompanhada de suas damas de companhia, procurando a aragem amena da margem dos lagos montanheses. Não desejava, porém, de modo algum, surpreendê-la, assim, às ocultas.

Antes mesmo, porém, de achar a saída, ela acordou. Seu espanto de não se achar sozinha foi superado por uma grande alegria. Ali estava, diante dela, a imagem que lhe aparecia em sonho!

— Meu marido! exclamou ela, ainda meio aturdida.

Vendo, contudo, que havia traído a si mesma, não sabia como esconder o desapontamento de que se via possuída.

Gáutama, contudo, que já havia dominado sua luta interior de momentos antes, aproximou-se dela e lhe dirigiu a palavra, pedindo-lhe que confiasse nele, pois muita coisa dependia apenas de ambos se entenderem perfeitamente bem, como deviam.

— Jananda, perguntou ele em tom sério, crês no Senhor dos Mundos?

— De toda minha alma, foi a resposta.

— Terias satisfação em te consagrares ao Seu serviço?

— Coisa melhor não posso imaginar.

Perguntas e respostas se encadeavam com toda a rapidez. Gáutama tomou, então, em suas mãos a mão da jovem, que estava de pé diante dele com toda a graciosidade.

— Pois, agora mesmo, neste instante, Jananda, o Eterno te chama a Seu serviço. Servirás a Ele e servirás a todo nosso grande povo, esquecendo de mim. Esquece teus sonhos, renuncia a teus desejos! Não pertenço às alegrias deste mundo, minha vida é toda consagrada ao Altíssimo. Ajuda-me, para que eu possa deixar-te sem a inquietação do remorso.

Fortemente calou essa súplica no ânimo da jovem.

Ali estavam eles, emudecidos, olhos postos nos olhos, um procurando adivinhar a alma do outro. Gáutama, porém, começou a suplicar ao Eterno que concedesse forças e energia para Jananda. Era como se todo o ardor da vontade de Gáutama houvesse se transfundido na vida da jovem. Já não sentia ela mais timidez alguma.

— Sim, eu quero, Gáutama, dize-me o que devo fazer!

Passaram a discutir, então, o plano em virtude do qual, Gáutama tinha sido chamado para ali. Jananda estava disposta a oferecer toda sua vida em sacrifício, se tal fosse a vontade do Eterno. Gáutama já tinha oferecido a sua, mas silenciava a respeito.

Separaram-se como bons amigos. Jamais uma jovem de nobre estirpe do Indo tinha tido a oportunidade de cultivar amizade com um homem, e também nunca, antes, duas almas tão puras haviam se entendido tão bem, a ponto de uma renunciar à posse da outra, por amor ao Eterno.

Só muito tempo depois de Gáutama ter desaparecido na espessura da mata é que Jananda resolveu chamar as damas de companhia para junto de si.

Poucos dias depois, Gáutama declarou ao pai que estava resolvido a desposar a princesa, caso fosse ele realmente o homem que ela havia visto em sonhos. Fazia-o apenas para livrar o povo das insídias do rei Khat.

Transbordando de contentamento, o príncipe dirigiu convites à corte e não tardou que aparecessem ali os hóspedes.

Foi um momento solene quando Jananda, pela mão do pai, entrou no vasto salão em que se achavam reunidos os nobres representantes de ambos os países, a fim de ouvirem sua decisão. Mostrava-se muito amável, embora de fisionomia muito pálida.

— Jananda, falou o rei dirigindo-se à filha, acham-se aqui reunidos os nobres descendentes de uma estirpe real, esperando merecer teu consentimento. Digna-te voltar os olhos para eles e dizer-me se acaso dentre eles avistas aquele que o destino te mostrou em sonhos.

Tomados de emoção todos olhavam para a jovem, cujas faces, empalidecidas, pareciam esboçar agora um tom rosado. Não disse palavra. Deixou apenas que seus grandes e negros olhos vagassem de uma a outra pessoa ao redor da sala.

— Está, porventura, presente aqui teu futuro esposo? perguntou o rei, ansioso pela resposta.

— Sim, meu pai.

Foi o que se fez ouvir, quase que imperceptivelmente, dos belos lábios. Um sussurro de alegria agitou todos os presentes cônscios de que Gáutama já não mais poderia se esquivar, se sobre ele viesse recair a escolha.

— E quem é ele?! insistiu o rei, com certa impaciência.

Suddhôdana, penalizado com a situação de constrangimento em que se achava a jovem, ordenou que os príncipes de um a um se ajoelhassem diante de Jananda e ela assinalaria o eleito.

O primeiro a adiantar-se foi Rahula, herdeiro presuntivo do trono; porém, tendo-se ajoelhado, teve de erguer-se, sem que Jananda mal o tivesse olhado.

Chegou, em seguida, a vez de Gáutama, mas ele arranjou as coisas de tal jeito, que Suddhôdana, o moço, o precedesse.

Entusiasmado o jovem divisou aquele rosto de rara formosura que se inclinava por sobre ele.

— Ei-lo aqui, meu pai, balbuciou a jovem.

Uma interminável salva de palmas ecoou pela sala. Embora ninguém tivesse previsto que o irmão mais moço excluiria o mais velho, agora, no entanto, parecia coisa muito natural.

Suddhôdana era extremamente parecido com Gáutama, mas bem mais acessível que este.

Nada mais compreensível que a princesa preferisse um homem como os demais, do que um religioso e sábio doutrinador. Vozes animadas tagarelavam enchendo o festivo recinto sem que ninguém suspeitasse que, neste momento, dois corações humanos tivessem atravessado um instante da mais amarga renúncia, por amor a um voto de fidelidade.

Festas foram feitas sobre festas, de que Gáutama pouco partilhava. Todos compreendiam perfeitamente que sua preocupação agora era retornar à sua tarefa.

Suddhôdana, porém, aproximando-se do irmão, perguntou:

— E agora, Gáutama, vais me dispensar dos meus compromissos? Meu desejo era servir-te a vida inteira.

— E continuarás servindo sempre, meu irmão, apenas de um modo diferente do que agora supões.

Pela primeira vez Gáutama o chamava de irmão. Suddhôdana, porém, sentia ser muito mais difícil do que pensava separar-se do jovem mestre.

Gáutama, entretanto, teve de voltar a cavalo, sozinho e abandonado, em direção ao sul.

O S ANOS haviam passado, nos quais a correnteza dos acontecimentos fluía uniformemente, levando consigo coisas gastas, depositando novas coisas em suas margens. E, então, os anos passaram tempestuosamente, nos quais os acontecimentos se precipitaram como num bramante turbilhão.

Era como se o Eterno quisesse mostrar a todos a dureza da vida, a fim de que, açoitados pelo desespero, aprendessem a erguer as mãos, súplices, para o Alto.

O rio sagrado tinha até de esquecer que era uma fonte de fecundidade para os habitantes adjacentes. Suas águas constantemente se lançavam para fora das margens, inundando campos e povoações. Em lugar da vida florescente, ia espalhando a morte e a miséria à medida que retornava ao leito normal da corrente.

Imundo lençol de lama estendia-se por todo o país, dando pasto aos nojentos gaviais, que patinhavam bem para diante de seus ninhos, até junto das habitações humanas. Depois, cessou inteiramente a chuva, antes tão implorada. Os rios secaram nos seus leitos, secaram os lagos e as cacimbas, as roldanas dos poços paralisaram à míngua de serviço, mirraram as colheitas e um tétrico período de fome martirizava ao extremo criaturas humanas e animais.

Impressionante mortandade se espalhou por todo o país, seguida de epidemias que aumentavam ainda mais o número das vítimas.

Populações inteiras sofriam. Mesmo assim, bem poucos eram aqueles que sabiam erguer as mãos em súplica para o Alto. Muitos e muitos lamentavam e gemiam, no mais negro desespero, sem procurar salvação em parte alguma.

Tinham aprendido, na sua maneira de crer, que aquilo que tem de vir, vem mesmo, sem que possa ser evitado. Era preciso sujeitar-se ao que desse e viesse, e só a morte traria a salvação. No Nirvana as pobres almas encontrariam repouso.

Outros cerravam os punhos e amaldiçoavam. Ai daqueles que não acreditam em socorro e ajuda! Vingança contra poderes que inexoravelmente seguiam, sob um plano predeterminado! Mas como seria essa vingança, nem mesmo eles sabiam. As blasfêmias, porém, aliviavam os ânimos, levando-os a pensar que ainda eram alguma coisa.

Chorando com os que choravam, impotentes e tímidos, os brâmanes procuravam ao menos consolar o povo. Mandavam que recorressem a Brahma, que, por certo, não se mostraria sempre irado: de repente, faria brilhar de novo o sol de sua piedade. Quem tivesse forças para suportar até essa oportunidade seria, então, duplamente favorecido. Quanto mais se reconheciam impotentes para aliviar o sofrimento e a miséria, mais aludiam ao mais tarde. Procuravam inventar, de mil modos, colorindo o mais possível, toda a espécie de venturas, que haveriam de vir para a humanidade.

De que modo iriam se cumprir as profecias que anunciavam, não sabiam dizer, sendo possível até que refletissem tão pouco naquilo que diziam como as próprias pessoas que blasfemavam. Todo seu cuidado se resumia apenas em abafar tudo com palavras.

Gáutama, porém, e os seus se mantiveram calados durante todos esses acontecimentos, vendo, claramente, em tudo a mão do Senhor dos Mundos. Empenhavam-se em não levar os desalentados para caminhos errados, através de falsas doutrinas. O que o Eterno desejava era sacudir o povo da situação de inércia em que se achava. Não deviam serenar o povo com cantigas de ninar.

A hora era chegada de colher as consequências de tudo quanto haviam semeado, porém consequências no bom sentido, que seriam uma bênção para todos. Não era por fúria cega de destruição que pereciam centenas de pessoas, mas por não terem dado ouvidos, na ocasião oportuna, às admoestações que lhes tinham sido feitas.

Sempre que pessoas desesperadas vinham saber algo, eram atendidas, na medida do possível, pelos servos do Eterno. Onde quer que alguém procurasse segurar a mão que lhe era lealmente estendida, era logo apoiado e posto a salvo da derrocada e da perdição.

Irmãos e irmãs trabalhavam infatigavelmente para o bem alheio, trabalhavam a serviço do Senhor.

Gáutama, por sua vez, se excedia, com dedicação sobre-humana. Onde quer que a situação tivesse atingido o auge, ali ele era sempre encontrado. Os espíritos-guias o norteavam para os piores lugares possíveis, para os mais perigosos e arriscados.

Quando ele surgia, os sofredores respiravam aliviados e os próprios maldizentes, baixando, temporariamente, os punhos ameaçadores, contemplavam aquele que se destacava como um rochedo de salvação em meio do desespero. Muitos deles chegavam mesmo a reconhecer caminhos de salvação, aceitando o novo sistema de vida.

Gáutama sempre dizia aos irmãos que era muito mais fácil converter os blasfemadores em desespero que os indiferentes, amolecidos na resignação. Destes, apenas uns raros, depois de muito esforço e dedicação, é que podiam ser erguidos, visto que os demais não queriam mesmo aceitar a salvação.

Enquanto que alguns principados e reinos tinham conseguido atravessar quase incólumes essa fase, em outros imperava impiedosamente a morte e a destruição.

O sul do país havia sido o mais poupado de todos. Na normalidade amável de sempre, o rio Krischna deixava correrem as suas águas, de modo que ali a falta de chuvas prejudicou sensivelmente menos que nas demais regiões do país.

Dos reinos unidos de Suddhôdana e de Khat, as notícias eram igualmente promissoras. Bem ao contrário, porém, foi a sorte dos *bhutanenses*. O rio, inundando, levou de arrastão a maior parte das habitações, o templo inclusive. Os campos e as criações foram dizimados. Sem ter agora quem as cultivassem, as lavouras jaziam tristes e abandonadas por toda parte.

Hordas famintas, procedentes do nordeste, invadiam as propriedades e se apossavam dos latifúndios desgovernados. Apresentavam um aspecto mais desolador do que a população de Bhuta. Traziam consigo, para suas lúgubres adorações, ídolos horríveis e seus deuses exigiam, sedentos, sacrifícios de sangue cada vez mais numerosos, sacrifícios esses que iam buscar aprisionando moradores das redondezas. Sendo eles muito maiores de porte e mais fortes que os naturais do Indo, estes iam sendo facilmente subjugados. Nessa conjuntura enviaram os torturados vizinhos um apelo a Gáutama, na Montanha do Eterno. Ele, porém, já estava a par do que acontecia e já pensava no que deveria ser feito. A ele mesmo repugnava qualquer espécie de derramamento de sangue, mas, agora, era uma imposição do momento cortar o mal pela força das armas, para que a desgraça não viesse a se espalhar por outros reinos do país afora.

Maus ventos sopravam deste recanto de leste. Teria, por acaso, o Eterno consentido nessa destruição dos *bhutanenses,* para que eles, tendo recaído em seus antigos vícios, tombassem em provações mais duras ainda, perecendo às mãos de verdadeiros demônios em forma humana, que se alastravam, maléficos, derramando sangue por toda a região?

Palavras não resolveriam nada no caso. Orava, por conseguinte, Gáutama, incessantemente, dia e noite, pedindo esclarecimento, porém, antes mesmo que um esclarecimento baixasse do alto, chegou o pedido de socorro vindo da planície.

E aconteceu, então, como se esse grito de desespero tivesse rompido os véus que impediam a passagem da iluminação desejada. De repente, Gáutama soube o que deveria fazer.

O recurso era que os primitivos se rebelassem. Com toda a firmeza e varonilidade, confiantes na ajuda que vem de cima, tinham de fazer frente ao inimigo que agia a serviço das trevas. Suddhôdana iria chefiá-los, ele, o guia experiente, que a tantos e tantos escolados guerreiros sabia dirigir no campo raso da luta.

Gáutama, em pessoa, partiu a cavalo em socorro dos torturados, inflamando-os com sua palavra, fazendo ver que até mesmo esta provação era um meio de que o Eterno se servia para despertar o povo e torná-lo mais forte.

— É preciso que em primeiro lugar vos ajudeis a vós mesmos e, então, o Senhor dos Mundos virá socorrer-vos! exclamava, energicamente, incentivando os indecisos.

E todos, de repente, se encorajaram.

Gáutama tinha enviado mensageiros para Kapilawastu e Khatmandu. Tinha certeza de que lá não havia necessidade de sua presença para incitar os príncipes ao cumprimento do dever. Efetivamente, não se enganara. Antes mesmo de os guerreiros terem vindo das montanhas, já Gáutama retornava às suas funções rotineiras onde a tarefa de regeneração das almas exigia sua orientação.

A desgraça que caiu sobre aquela região, fez brotar novas ideias no ânimo de muita gente. Muitas almas deviam ser fortalecidas, outras sacudidas de sua hesitação. Muitas vezes, aconteceu, porém, de surgirem alguns irmãos, independentes uns dos outros, que vinham fazer proposta de se estabelecer uma ponte intermediária entre a crença do Eterno e a doutrina dos brâmanes.

Gáutama não podia compreender como fosse isso possível. Sempre repetia que era bastante que os brâmanes abrissem os olhos, para logo reconhecerem que tinham ficado parados a meio caminho da verdade.

Para isso não havia necessidade alguma de ponte: era só marchar dos deuses para Deus. Tão fácil e tão evidente!

Que os brâmanes, na estruturação de sua doutrina, haviam se embaraçado numa série de considerações reconhecidamente terrenas, não querendo por isso aceitar a evidência dos fatos, isso Gáutama compreendia muito bem!

Mas que os irmãos que já tinham a verdade sentissem a necessidade de uma ponte, isso era coisa que fugia à sua compreensão.

Não os mandava embora quando vinham tratar desse assunto. Escutava-os, com toda a paciência, procurando mostrar-lhes o engano em que caíam. Eles, por sua vez, pensavam que pelo fato de um grande número de pessoas desejarem a mesma coisa, isso fosse sinal certo de uma evidente necessidade. Gáutama sacudia a cabeça, desconsolado.

— Mesmo se realmente pudéssemos e quiséssemos estabelecer uma tal ponte, o que lucraríeis vós com isso?

— Passaríamos a viver como irmãos com os adeptos dos brâmanes, e toda a gente ofereceria resistência contra outras estranhas doutrinas, como, por exemplo, aquela que Dschina vinha espalhando no país.

— Quer dizer que não viveis fraternalmente com os demais? perguntou Gáutama, surpreso. Bem sabeis que as contendas por motivo de crença não são permitidas.

Nesse ponto foram obrigados a concordar que a boa harmonia entre eles nunca fora prejudicada, embora achassem melhor uma aproximação maior.

Gáutama, diante disso, não teve o que mais responder, mas levou o problema para o Alto, em oração, ao Eterno. Bem sabia ele que outro recurso não havia senão persistir em seu ponto de vista, por amor à conservação da pureza da crença, mas como, de que modo, convencer os outros dessa verdade?

Passados alguns dias expediu uma convocação para todo o país, convidando os irmãos e irmãs que desejassem a confraternização de sua crença com a dos brâmanes, para uma reunião a ser feita na Montanha do Eterno, em determinado dia. Mas só deviam comparecer os que fossem desse modo de pensar. Os demais que continuassem normalmente em suas funções.

Ficou depois com receio de ter evidenciado demais seu modo de pensar, pelos termos em que foi redigida a convocação, temendo que, por isso, muitos que ainda se achassem em dúvida deixassem de comparecer. Tal não aconteceu, porém.

Em grupos, foram chegando os irmãos, contentes pelo fato de alguns deles terem, com isso, a oportunidade de se apresentar na Montanha. As irmãs, todavia, não vieram. Nenhuma atendeu ao convite.

Gáutama deu ordens para que fosse aplainada uma grande extensão de terra, perto do convento das irmãs, a fim de reunir ali os convidados, uma vez que o recinto do templo não comportaria a todos.

Além disso, repugnava a Gáutama tratar de um assunto dessa natureza dentro do Templo do Eterno. Sim, ele, habitualmente tão calmo, relutava consigo mesmo para não ser dominado pela indignação de que se via possuído e, reiteradamente, orava, pedindo forças, suplicando calma e moderação.

Chegou, afinal, a hora de Gáutama se dirigir aos irmãos. Estava de pé diante deles e eles acomodados em semicírculo.

Cheio de curiosidade, correu os olhos pela assembleia e ficou satisfeito vendo que aqueles que ele sempre tivera na conta de serem os melhores, se acharem agora ausentes da reunião. Era sinal de que não se achava só com seu modo de pensar.

Tendo proferido antes em voz alta, uma oração ao Senhor dos Mundos, invocando a bênção sobre todos ali reunidos, tomou a palavra e começou a falar com grande serenidade. Em poucos traços resumiu o desejo dos presentes. Estabelecer uma ponte entre a doutrina dos brâmanes e a doutrina do Eterno.

Depois, calou-se. Era preciso que reconhecessem ser impraticável o que pretendiam. Mas não reconheciam. Cheios de agitação dirigiam seus olhares para o orador, estando dispostos a ouvi-lo, se mais tinha a dizer.

Ele retomou a palavra. A princípio falando em voz baixa, foi, aos poucos, elevando o tom, até que começou a reboar como um trovão sobre a cabeça dos ouvintes. Passou a demonstrar que a água é uma bebida maravilhosa, destinada a saciar a sede dos sedentos, assim, também, como o leite é uma delícia para muitos. Misturando, porém, leite e água, a água deixa de ser um refrigério e o leite perde a sua virtude de ser fortificante para os fracos.

— Bem, isso vós compreendeis perfeitamente. Por que, então, não haveis de compreender, também, que seria uma imperdoável manifestação de fraqueza misturar a água da fonte pura e palpitante do conhecimento das coisas do Eterno com uma doutrina que, em si não sendo errada, ficou, no entanto, estacionada em seus primitivos ensinamentos?

Não há ponte de convivência possível entre os brâmanes e nós! O que eles precisam é dar o passo decisivo que os levará ao reconhecimento do Eterno. Para isso, sim, nós lhes estendemos a mão. Ir, porém, ao encontro deles não podemos, porque isso representa um recuo para nós.

Calou-se, por alguns momentos, correu os olhos pela assembleia, a fim de divisar, num relance, as fisionomias daqueles que tivessem, talvez, sido tocados pelas suas palavras. Decepcionado, continuou:

— Imaginai uma vala profunda. Nós, depois de esforços desmedidos, tínhamos vencido o obstáculo e estávamos já em chão firme do outro lado. Entretanto, no lado oposto, tinham ficado os brâmanes, sem coragem de dar o passo que lhes possibilitaria a passagem.

Nós lhes estendemos as mãos para ajudá-los, eles, porém, se negam a aceitá-las. Achais, então, que nós devemos nos lançar no buraco no qual, do outro lado, eles, talvez, queiram entrar, tão só pelo prazer de ficarmos juntos com eles? De que nos adiantaria isso? Só seria prejudicial para nós.

Suponho que agora me compreendestes, meus amigos. Percebo que vencestes as dúvidas que vos inquietavam. Dai graças ao Eterno, não a mim, que nos concedeu o privilégio de podermos reconhecer Sua grandeza! Esse privilégio, contudo, estabelece uma condição que devemos preencher: não podemos nos afastar nem um passo do caminho que nos conduz para Ele. Não podemos nos distanciar por um atalho sequer.

Tendo concluído seu discurso, convidou-os a darem um passeio pelos jardins do templo, para que cada um isoladamente pudesse meditar em suas palavras, sem conversar com os demais. Logo que fossem chamados para voltar de novo à assembleia, os que ainda tivessem dúvidas deveriam se manifestar sem o menor receio.

Não quis ir ao extremo de pensar que seria unânime a aceitação e que ninguém haveria de aparecer com objeções. De fato: vieram não só vários jovens como também alguns velhos, que desejavam melhores esclarecimentos.

Um deles queria saber a razão por que a doutrina dos brâmanes tinha tido aceitação e ainda se pregava a respeito de Schiwa, de Wíschnu e de outros deuses. Essa objeção foi recebida com vivo apoio pelos demais.

Gáutama se via de novo diante de um enigma.

— Meus caros amigos, disse, procurando aparentar calma. Acabei de vos dizer que a doutrina dos brâmanes, como era nos primeiros tempos do seu aparecimento, estava certa. Ficou, porém, estacionada, em botão. Ora, se era certa, não vejo por que não lançar mão de seus ensinamentos, se com isso podemos tornar mais clara a nossa pregação. Sabeis, perfeitamente, que Wíschnu, Schiwa e os demais são realidades, apenas não são deuses, sendo tão somente servos do Eterno!

— Não é preciso, então, descer à vala dos brâmanes, aparteou um deles. Basta estender-lhes uma tábua, para que possam passar para nosso lado.

— Sim, comentou Gáutama gentilmente. E que espécie de tábua será essa que imaginas?

— Isso não sei dizer. Só sei que se tivermos boa vontade em lhes dar ajuda, também nós receberemos ajuda.

— Pura tagarelice tudo isso! exclamou um dos irmãos, aborrecido com o comentário. Compreendo agora, perfeitamente bem, o modo de pensar de Gáutama. Não devemos nos desviar sequer um passo dos nossos ensinamentos. Se os demais pretendem possuí-los, que deem, para isso, os necessários passos. Estender uma tábua sobre a referida vala não é possível, nem pode haver uma tal ponte.

Outro irmão propôs que se conquistasse a aceitação dos brâmanes prometendo-lhes o cargo de sacerdotes, se abraçassem a crença no Eterno. Tal proposta foi acolhida com a merecida repulsa.

Depois de muitas horas, Gáutama pôde dispensar os irmãos, na firme convicção de que agora todos tinham a mesma forma de pensar, tendo superado aquelas estranhas concepções.

Sentia-se exausto das lutas do dia, ele que comumente não conhecia canseiras. Foi caminhando, lentamente, em direção ao convento dos irmãos, para o lado de um aposento afastado dos demais.

Ali estava à janela, contemplando os últimos raios do sol poente, um homem, extremamente envelhecido, que voltou o enrugado rosto para acolher com doçura o visitante.

Seus olhos refulgiram, transbordantes de infantil alegria, ao deparar com o vulto de Gáutama. Sim, aqueles olhos tinham permanecido jovens, como jovem era a alma de seu possuidor.

— Maggalana, meu pai, venho à tua procura, porque me sinto exausto, assim cumprimentou Gáutama ao velho amigo.

Apressou-se ao seu encontro, sentando-se sobre uma almofada, aos pés dele. Era seu lugarzinho costumeiro de estar. Ternamente, a mão do velho deslizou sobre a testa do jovem, que o contemplava.

— Bem vejo que estás cansado e que o dia não te satisfez, de modo algum. Não conseguiste convencer aqueles tolos?

— Sim, pai, consegui. Finalmente compreenderam do que se trata. O que mais me impressiona, porém, é que apareçam ainda com tais propostas, prova de que perderam inteiramente a noção do tesouro que têm nas mãos. Isso me entristece. Em vez de aprofundarem ainda mais o conhecimento das coisas do Eterno – e em última análise tão pouco sabemos a respeito – confundem-nas, ainda, teimando em corrompê-las com assuntos terrenos!

E agora, que afinal compreenderam como era errado tudo quanto imaginavam, ainda assim não ficarão satisfeitos enquanto não descobrirem outras questões, mais estapafúrdias ainda.

Terei aí de enfrentá-los outra vez. Mas até quando ainda estarei aqui para fazê-lo? A doutrina tenderá, então, a desmoronar depois de minha morte, como se fosse mera invenção dos homens?

— Gáutama, estou te desconhecendo com esse pessimismo, comentou Maggalana, em tom de censura. De onde vem a doutrina? Quem foi que se manifestou a Siddharta?

Por que teria agido, assim, o Eterno? Decerto, não com o objetivo de permitir que a verdade ficasse apenas por breve tempo aqui na Terra. Quando fores chamado, meu filho, outras mãos existem por aí, fadadas a recolherem os fios que acaso deixares em suspenso. Isso é coisa que não compete a ti, mas ao Senhor dos Mundos; não te esqueças disso!

— Tens razão, meu pai. Envergonho-me do meu desânimo. Não é justo que me deixe exaurir com o proceder dos meus semelhantes.

Tinha escurecido no pequenino aposento, mas os dois, que ali se achavam, gostavam de estar assim. Uma extraordinária confiança mútua havia-se desenvolvido entre ambos no decorrer dos anos, confiança que os enchia de uma grande felicidade.

Gáutama havia-se habituado a confiar a Maggalana todos os seus cruciantes problemas. O velho, por sua vez, jamais lhe impunha uma solução. Era como se Gáutama encontrasse naquela alma uma extraordinária ressonância pela mediação da qual tudo se lhe tornava mais depressa esclarecido.

Hoje, pela primeira vez, deixava transparecer esta mágoa sobre pessoas, que trazia oculta no coração, mágoa que sempre costumava suportar em silêncio.

Depois, a conversa continuou tranquila sobre outros assuntos. Maggalana contou o que havia escrito naquele dia. Gáutama quis saber, então, a respeito dos primeiros tempos da Montanha. Era um assunto ao qual o velho retornava sempre com especial predileção e com o qual Gáutama sempre tinha o que aprender.

— Logo terei de partir outra vez a cavalo, disse, de repente. É possível que siga junto com os irmãos que retornam para Magadha. Não tens vontade, Maggalana, de rever o velho torrão natal?

— Minha terra natal é aqui, Gáutama, em nenhum outro lugar do mundo, respondeu o velho. Meus dias, porém, estão contados. Trata de não ficar muito tempo fora, pois desejaria que me auxiliasses no momento de minha passagem.

— Meu pai, os enteais, meus amigos, me darão notícia quando se aproximar a hora de deixares esse invólucro terreno, comentou Gáutama.

E despediu-se do amigo.

P OUCOS dias depois, partia ele da Montanha, com os últimos hóspedes da assembleia. Estivera aguardando ainda notícias do leste. Ainda que as lutas não tivessem terminado ainda, Suddhôdana e seus aliados tinham conseguido repelir os invasores, fronteira do reino afora.

Persegui-los dali por diante era coisa que se mostrava impraticável pelo difícil acesso nas montanhas e desconhecimento da região. Suddhôdana, por sua vez, pretendia construir uma muralha ao longo das montanhas, que impediria a aproximação de gente indesejável.

Gáutama concordou com isso, deixando, tranquilamente, toda essa preocupação a cargo do rei Suddhôdana. O irmão compreendia-o plenamente e esforçava-se sempre em agir de acordo com as leis eternas.

Saberia, além disso, que espécies de sacrifícios tinha ele de fazer? Viveria mesmo feliz? Gáutama nada ousava perguntar a respeito. Saber o que se passava na vida íntima de sua família era coisa que não o afetava.

Mais do que nunca estava convencido de que não poderia ter agido de outra forma. Se, alguma vez depois, tornou a pensar em Jananda, esforçava-se para ver nela somente a rainha de Khatmandu.

Dias e dias seguidos, ia o grupo pelos caminhos, cada vez mais reduzido. A todo momento se despedia ora um, ora outro irmão, tomando atalhos que iam surgindo, ficando com ele, por último, apenas duas pessoas, muito jovens ainda, de Magadha.

Eram de tal modo respeitosas, que nem se atreviam a falar. Gáutama não percebeu isso. Andava absorto em pensamentos. Não percebeu, também, as nuvens ameaçadoras que se acumulavam no céu. Inutilmente seus amiguinhos procuraram chamar sua atenção. Não os ouvia.

De repente, desencadeou-se a tempestade, com extraordinária violência. Era impossível prosseguir na cavalgada. Perguntou então aos irmãos se sabiam de alguma localidade ali por perto.

— Povoação nenhuma existe aqui por perto, respondeu, timidamente, um dos dois. Mas lá, por trás daquela colina, existe um grande convento de brâmanes, que podemos atingir sem demora. Lá, porém, não hás de querer pedir abrigo.

— Por que não? perguntou Gáutama, muito surpreso. Achas então que eles nos vão tocar de lá para fora?!

Galoparam, rapidamente, na direção visada e logo se acharam às portas do majestoso convento. Gáutama jamais havia entrado em um deles. Emocionado, imaginava o que ia encontrar pela frente.

Foram os molhados viajantes acolhidos com toda a amabilidade, oferecendo-se-lhes roupas enxutas para trocar. Na escuridão que reinava, clareada apenas de quando em quando pelos relâmpagos, o brâmane que os recebeu não chegou a reparar nos seus trajes.

Aconteceu, assim, de serem tidos na conta de viajantes comuns, quando, providos das roupas simples que lhes tinham sido fornecidas, apareceram à mesa de refeição.

A tempestade havia passado, mas a chuva continuava caindo, de modo que não era possível pensar em prosseguir viagem senão no dia imediato.

Ninguém perguntou seus nomes. Eram amavelmente tratados e se viram rodeados de festiva alegria quando os viajantes se propuseram a partilhar das orações a Schiwa. Tendo saboreado arroz e frutas, os moradores do convento permaneceram no salão, convidando os hóspedes a fazerem o mesmo.

A conversa foi-se desenvolvendo devagar, em torno das coisas mais corriqueiras da vida. Gáutama perguntou sobre o clima da região nos anos anteriores, sendo informado de que tudo correra normalmente em Magadha.

— Isso, naturalmente, ponderava judiciosamente um dos brâmanes, porque aqui, na maior parte do reino, fomos fiéis à nossa crença antiga. Evidentemente os deuses quiseram nos recompensar por isso.

— Mas na região de Utakamand, também, nada houve de anormal, tudo correu bem, atalhou Gáutama. E lá, todos, além de acreditarem nesses deuses, creem igualmente Naquele que é Senhor de todos eles.

— Quem foi que te disse que os adeptos da nova crença permaneceram fiéis aos nossos deuses? perguntou um velho brâmane. De duas, uma: ou acreditam nos deuses, como nós e os nossos avós, ou creem no novo Deus, desprezando os antigos.

— E por que devem desprezar os antigos? perguntou Gáutama, achando divertida a conversa. Pois se todos acreditavam neles. Uma vez que encontraram Aquele que está sobre todos os demais, com isso deram apenas mais um passo para o Alto, o que deve ser para vós um motivo de satisfação.

Espantados, os brâmanes encararam o interlocutor.

— És, então, um daqueles que já deram esse passo? perguntaram eles.

Gáutama confirmou que sim. Desconfiados, olhavam todos para ele. Tinham ouvido dizer que os adeptos da nova doutrina seriam facilmente reconhecíveis pelo seu ar de desconfiança e pela sua presunção. No caso presente não viam nem uma coisa nem outra. Justamente o contrário: quanto mais conversavam com o hóspede, mais simpatizavam com ele.

— Pareces um homem sincero. Conta-nos alguma coisa de tua crença, insistiram os brâmanes.

Ninguém sabia narrar melhor que ele. Era como se todos estivessem envolvidos por véus de ouro, encobrindo algo sagrado, e que o narrador fosse tirando uma após outra essa tecitura.

Falava-lhes dos seus deuses como ninguém antes lhes havia falado. Haviam-se tornado para eles coisa cotidiana, e só agora adquiriam verdadeiro valor.

Gáutama mostrava-os em suas atividades cotidianas, no desempenho das tarefas de que eram encarregados pelo Senhor dos Mundos. Falava-lhes, também, dos pequeninos auxiliares, dos enteais, que executam por toda parte as determinações do Eterno.

Como um edifício, perfeitamente bem acabado, o quadro geral da doutrina surgia ante a visão espiritual dos ouvintes.

A noite desceu, sem que percebessem. Chegavam ali, agora, os irmãos copeiros trazendo lamparinas e vasilhames com alimentos; Gáutama ia interromper a sua explanação, quando um dos brâmanes manifestou o que todos sentiam:

— Quem quer que sejas, peregrino, sê bendito entre milhares! Edificaste um templo magnífico em nossos corações. Fica conosco até que tiveres colocado nele a imagem Daquele por quem o templo foi edificado.

Gáutama não desejava coisa melhor. Aceitou o convite com satisfação e despediu os dois jovens irmãos, inteiramente possuídos da grandeza do que lhes fora dado presenciar. Não queria tornar mais dispendiosa a gentileza da hospitalidade.

Dia a dia, anunciava o Senhor dos Mundos, acendendo no coração daqueles homens sinceros o desejo de se tornarem, também, Seus servos. Podiam apresentar as objeções que quisessem, e recebiam sempre resposta satisfatória.

Agora queriam saber como conseguir abraçar a nova crença. Esclareceu-lhes, aí, Gáutama, que já se achavam de posse da nova fé, uma vez que estavam convencidos da entidade de Deus, eterno e invisível.

— E não é necessário renunciarmos, de alguma forma, a nossa antiga crença? perguntou um dos brâmanes.

— Não, absolutamente não, porquanto havíeis conservado vossa crença antiga sem mácula, isenta de acréscimos e de ideias mundanas. Assim podeis conservar aquilo que já tínheis, acrescido ainda de uma nova dádiva.

— E como nos cabe, agora, mostrar que queremos ser servos do Eterno?

— Muito simplesmente: pelo vosso procedimento na vida! Tende fé Nele, pregai Sua palavra e conservai-vos firmes em Seu caminho. Vou pedir aos irmãos de Magadha que venham até aqui, a fim de instruir-vos, de tempos em tempos.

É possível que algum de vós ainda venha a pertencer à Montanha do Eterno. Para isso é necessário, apenas, que vos junteis aos demais irmãos da comunidade.

Ousavam, agora, fazer a pergunta que há muito os preocupava:

— Como devemos chamar-te, mestre?

Com toda simplicidade Gáutama disse-lhes seu nome, que lhes era inteiramente desconhecido. Ficou muito contente com isso, mais do que se o tivessem respeitado por causa desse nome. Ficou ainda mais uns dias na companhia deles, depois partiu dali a cavalo.

Que pena que os irmãos que desejavam lançar a referida ponte de aproximação, não tivessem tomado parte nestes acontecimentos! Como foi fácil levar estes brâmanes a dar o passo decisivo. Sem persuasão, por si mesmos, tomaram a deliberação, uma vez convencidos da realidade. Era assim mesmo que tinha de ser! Estes brâmanes, por sua vez, se comunicariam com outros da sua organização. O começo da transformação estava, portanto, assegurado.

Gáutama foi festivamente recebido na escola de Magadha, escola essa que se havia tornado uma das mais famosas do país. Os dois jovens irmãos haviam contado ali o que tinham presenciado entre os brâmanes.

Reinava, agora, a mais viva curiosidade em saber o que Gáutama havia conseguido com eles. O êxito que obtivera era a prova irretorquível da retidão de seus pensamentos. Servia, ao mesmo tempo, como exemplo e diretriz para todos.

Não se deteve por muito tempo ali, o doutrinador. Dirigiu-se logo para Utakamand, a única das escolas que deixou de mandar representante para a assembleia da ponte. Com efeito, a influência de Rahula sobre a comunidade era rigorosa e suas concepções sempre coerentes com as de Gáutama. Jamais era necessário que os dois procurassem entender-se, no entanto, o faziam com todo o prazer.

Gáutama cavalgou dali imerso em profunda meditação. Recusou toda e qualquer companhia que lhe quisessem proporcionar. Pensava em Siddharta, que tantas e tantas vezes havia feito esse mesmo trajeto. Recordava-se da mangueira sob cuja fronde o avô ilustre havia recebido tão altas revelações.

Intenso desejo brotou dentro dele de se tornar um instrumento digno da mesma graça. E esse desejo – sem mesmo tomar consciência disso – se transformou numa prece, que se alçou às alturas, enlevada pelo mais puro sentimento espiritual.

Absorto nesses pensamentos, nem tomava conhecimento do caminho que ia vencendo. A noite veio e ele não tinha a menor noção do lugar onde se encontrava. Felizmente, era uma noite clara, povoada de estrelas, prenunciando bom tempo.

Cobras e outros animais perigosos eram afastados de perto dele pelos enteais, de sorte que não tinha necessidade alguma de acender fogo, para esse fim. Alimento para a sua montaria havia de sobra, e, quanto a ele, não tinha a menor importância que ficasse sem comer.

Nessas condições, resolveu pernoitar junto a um pequeno curso d'água, em vez de prosseguir cavalgando, sujeito a extraviar-se pelas estradas.

Exausto, apeou do animal e deitou-se sobre a relva macia. Como pareciam grandes e reluzentes as estrelas! Maravilhas da Criação, como tudo o mais. Admirava-as sempre e sempre, com crescente assombro.

Nesse momento teve a impressão de que as estrelas baixavam para mais perto dele. Ao mesmo tempo, dominava-o uma sensação de leveza como se, desprendido do corpo carnal, visse a si próprio. Agora via melhor: não eram as estrelas que baixavam para a Terra, era ele que se elevava ao encontro delas. Estaria muito acima do chão?

Cheio de curiosidade olhou para baixo e viu a si mesmo, deitado sobre a relva, dormindo, estirado no chão. Ficou sabendo, então, que sua alma tinha permissão para vagar fora do corpo e uma grande alegria apossou-se dele.

Mesmo assim, a impressão era de que vagava a esmo, sem objetivo algum. Sentia-se deslizar num mundo de sons e luzes, cujos pormenores dificilmente conseguiria compreender.

Uma beleza milagrosa o envolveu, os sons foram-se enfraquecendo, as luzes coloridas se apagaram, ele não flutuava mais.

Achou-se, aí, numa espécie de campina, entremeada de algumas poucas árvores. Tudo era como se fosse irreal e tudo ao mesmo tempo verdadeiro, podendo andar sobre o chão, porém, de um modo leve e suave como se não tivesse peso algum.

Pessoa alguma, animal algum, ente algum se via nas proximidades. Tudo morto e imerso em silêncio. Onde estaria ele, então?

Pouco a pouco foi acomodando os olhos ao redor, quando aconteceu de avistar, em meio de uma vasta planície, como que um poço, cercado de muro. Para lá se dirigiu.

Avistou, ali, o vulto de um homem, reclinado sobre a amurada do poço, provavelmente tentando olhar para dentro. Nisto, o homem recuou, deu alguns passos em determinada direção, porém — como que atraído por estranha força — voltou de novo para junto do poço.

Nesse momento Gáutama conseguiu alcançá-lo: era Siddharta.

Que será que ele pretendia ver? A alma de Gáutama bem que queria falar-lhe, mas não podia. Siddharta, por sua vez, nem notou a presença dela, tão absorto estava em sua contemplação. Depois, ergueu-se, resolutamente, e andou um pouco para diante. Gáutama aproveitou esse instante para dar, também, uma olhada para dentro do poço.

Era de uma profundeza de impressionar. Lá no fundo não havia, porém, água alguma, mas uma paisagem em que pessoas se movimentavam. Era a Montanha do Eterno. Justamente no instante que acabava de reconhecer isso, Siddharta se aproximou de novo, empurrou, com um movimento inconsciente da mão, a alma que ali estava espiando, e tornou a ficar reclinado no mesmo lugar.

Gáutama ficou extremamente chocado com o que havia acontecido. Foi, então, arrebatado outra vez, pairando de novo, entre sons, cores, raios coloridos e belezas sem igual, tornando, com isso, a entrar no calor ambiente.

De repente, se achou outra vez junto ao curso d'água, sobre a relva: seu cavalo o havia tocado com o focinho.

Que queria dizer esse episódio? Queria dizer algo, disso estava seguro. Qual o motivo de Siddharta estar olhando, incessantemente, naquele profundo abismo? Estaria acontecendo algo na Montanha? Estaria sendo ameaçado por algum perigo?

Diante disso, Gáutama se sentiu inquieto e pediu insistentemente ao seu guia que viesse em seu socorro. Imediatamente, sentiu a presença do seu auxiliador, que falou:

"Siddharta estava ligado de corpo e alma a seu povo e a sua terra. Certo é que servira ao Eterno, mas apenas no círculo do seu povo. Achava-se, portanto, ainda fortemente agarrado ao pedacinho do mundo no qual vivera, e não havia como libertar a alma dessa contingência.

Muito tempo ainda haveria de custar até que, através do conhecimento, conseguisse conquistar a necessária força que, depois, pelo próprio querer, poderia levá-lo a continuar a ascensão, que apenas começara. Tinha permissão para elevar-se, porém, somente quando fossem partidos os laços e cadeias que ele, por si mesmo, tivesse conseguido romper.

Tu, Gáutama, porém, tiveste permissão de olhar e de ver!"

Calou-se a voz. Estando ele deitado, caiu em sono profundo e reparador. Ao despertar, porém, tanto as visões da noite como as palavras do guia estavam vivas ainda em sua mente.

Sabia, agora, por que tudo isso, justamente, lhe fora mostrado: também ele havia principiado a formar umas tantas concepções a respeito do destino do seu povo, e sentiu desalento ao pensar que teria de deixá-lo.

Iria, então, reincidir no mesmo erro de Siddharta? Um arrepio de horror o fez tremer: isto, de forma alguma!

"Ó Senhor Eterno, eu Te rendo graças. De agora em diante quero Te servir melhor!"

Depois de se banhar na água do regato, sentiu-se revigorado, montou a cavalo, tomou o caminho certo e, antes do cair da noite, entrava em Utakamand. A localidade parecia, agora, bem maior, foi necessário levantar ali muitas outras construções. Além das escolas e dos conventos, já existiam, também, oficinas onde eram trabalhados objetos de arte.

As mulheres tinham aprendido a tecer a seda, valendo-se das extensas plantações de amoreiras das redondezas. Coloriam, de um modo todo peculiar, os tecidos que faziam, habilidade que haviam aprendido com os enteais.

— Que é que pretendem fazer com tanto tecido, Rahula? perguntou Gáutama.

— Aquilo de que não precisamos é negociado nas cidades à beira-mar. Ali aportam, constantemente, navios que permutam mercadorias preciosas a troco de tecidos.

Obtemos, assim presas de elefantes, com as quais fabricamos taças, conchas, lâminas, vasos e setas decorativas. Gostaria que visses os nossos trabalhos de entalhe, Gáutama.

Rahula conduziu, então, o hóspede para um vasto salão, onde jovens trabalhavam ativamente. Dessas habilidosas mãos iam surgindo trabalhos de entalhes artísticos os quais, como Rahula informou, eram depois levados aos navios, obtendo-se outras mercadorias em troca.

— Por que estás fazendo assim? indagou Gáutama. Até o presente momento nossas escolas eram tão somente fontes em que íamos colher o conhecimento do Eterno. Agora, parecem centros de trabalho e comércio.

Não o disse em tom de reprovação, mas de sua pergunta percebia-se que não estava entendendo a situação.

Rahula sorriu.

— Nossas escolas continuam sendo a mesma e límpida fonte de sempre. O número de alunos, porém, aumentou demasiadamente. Como haveríamos de sustentá-los? Além disso, habituam-se facilmente à ociosidade e ao devaneio, vícios aos quais nosso povo, aliás, já é propenso.

Uma noite, foi-me comunicada a nova orientação que estou seguindo. Agora, os alunos, de um e de outro sexo, têm de trabalhar para seu sustento. Certas horas do dia são destinadas à instrução, outras ao aperfeiçoamento.

Tudo foi muito bem regulamentado, de modo que acreditamos não ter sacrificado ninguém. Desse modo, quando os jovens nos deixam, levam consigo, além do melhor, que é o conhecimento do Eterno, uma profissão que os habilita a continuar ganhando o pão. Os mais capazes, porém, nós os conservamos como mestres nas oficinas e eles aqui permanecem com todo o prazer.

Gáutama, diante disso, mostrou-se muito satisfeito, principalmente depois ao tornar, repetidas vezes, em visita às escolas e ter oportunidade de verificar que tanto professores como alunos se mantinham em elevadíssimo grau espiritual.

— Suspenderam inteiramente o serviço do socorro aos doentes e necessitados, Rahula? indagou ele certo dia.

— Não, foi a imediata resposta. Os irmãos amarelos prosseguem, como sempre, em suas atividades. Como, porém, aquilo que eles angariam dá apenas para os conventos, temos que cuidar da nossa própria subsistência.

Rahula, todavia, tinha ainda outras coisas para mostrar ao hóspede. Levou-o em visita às oficinas em que se fabricavam taças de metal precioso. Eram fundidas em tamanhos vários na forma de flor-de-loto. Em seguida, com instrumentos aguçados, rapazes esculpiam nervuras delicadíssimas nas folhas da planta obtendo, por esse processo, magníficos efeitos de luz e sombra.

Gáutama tomou nas mãos um desses mimosos trabalhos de arte e o examinou detidamente.

— É uma verdadeira beleza, disse, sendo até pena pôr isso à venda. Que é que fazem com isso?

— Pretendemos oferecer um exemplar a cada um dos templos do Eterno, informou Rahula visivelmente satisfeito. Economizamos durante muito tempo a fim de podermos comprar ouro e prata. Introduzimos um terceiro dia de jejum no mês como contribuição de todos para isso. Muitas vezes também, obtemos para nossos produtos paga muito maior que a esperada e o excesso da arrecadação é sempre entregue em minhas mãos. Agora, as taças se acham quase prontas e poderemos, então, entregá-las aos templos. Será um motivo de grande festa para todos nós.

Cada vez mais Gáutama reconhecia que Utakamand continuava, como sempre, servindo de modelo para todas as demais escolas e conventos do país. Em ponto algum se notava uma harmonia tão perfeita, tão simples, tão espontânea, entre o alto saber espiritual e a faina rotineira da luta pela vida.

— Era minha intenção, Rahula, te pedir para ires comigo até a Montanha, a fim de assumires lá a direção dos trabalhos, pelo prazo de um ano. Agora, porém, antes de estar concluída a fabricação das taças, não ouso querer teu afastamento daqui.

— Irei contigo com todo prazer, respondeu amavelmente, Rahula. Até que as taças fiquem prontas decorrerá muito mais que um ano, e existem aqui irmãos que podem substituir-me.

Gáutama contou o episódio do convento dos brâmanes, e perguntou a Rahula se já tinha passado por semelhante experiência.

— Vivemos em perfeita paz com os poucos brâmanes que ainda existem aqui em nossa região, informou Rahula. De tempos em tempos, um deles vem ter aqui conosco para se informar sobre nossa doutrina. Temos sempre o cuidado de observar se vêm movidos pela curiosidade apenas, ou se pelo desejo mesmo de saber. Conforme o caso, assim nossa resposta.

Alguns dos velhos brâmanes aceitaram o Senhor dos Mundos e pregam a Seu respeito. Seus alunos têm vindo muitas vezes fazer entre nós um estágio de meses e até de anos. Os outros, os que temem aceitar novas ideias, não nos incomodam.

Indagou Rahula, por sua vez, quem dos discípulos de Siddharta ainda era vivo.

— Apenas os dois de Magadha, respondeu Gáutama. E estão velhíssimos. Enquanto que Maggalana ainda se mantém, de modo surpreendente, em atividade, o "rei" Bimbísara, que agora faz outra vez questão de ser chamado assim, não cuida absolutamente de nada.

Nós o instalamos, de propósito, em um pequenino e incômodo quarto do convento, para obrigá-lo a colaborar em algo; ele, porém, transporta sempre o seu catre, à vontade, ao ar livre ou dorme num cantinho de uma das salas de aula. Espiritualmente falando, está cada vez mais fraco, ao passo que Maggalana se conservou jovem e ativo.

— Ainda escreve contos?

— Mui raramente. Costuma dizer que secou a fonte. Em vez disso faz cópias de escritos preciosos, que transmitimos às demais escolas. Tentou, também, escrever uma biografia de Siddharta, mas parou logo no começo.

— No entanto, valeria a pena possuirmos justamente essa biografia. Como foi maravilhosamente guiado nosso mestre! Eu e tu nada somos comparados com ele.

— Gostarias, então, de trocar de vida? perguntou Gáutama, relembrando suas visões de uma noite anterior.

— Absolutamente não!

Rahula como que desejou acrescentar algo à sua frase, mas conteve-se.

DIAS depois, partiram dali a cavalo em direção norte, acompanhados de um empregado. Rahula preferia seguir para o lado do ocidente, ao longo do mar, a fim de mostrar a Gáutama a maravilha das rochas costeiras.

Contornaram, a cavalo, uma montanha relativamente alta em cujas encostas cresciam plantas inteiramente desconhecidas. Davam ideia de pequeninas árvores que lançavam galhos, partindo das raízes. Folhas cordiformes balançavam-se em hastes delicadas, frescas e verdejantes.

Enquanto que Rahula, passada a primeira surpresa, não se incomodou mais com os arbustos, Gáutama não podia afastar os olhos nem o pensamento dessa contemplação.

Assim, fez questão de estabelecer o próximo ponto de parada em lugar que pudesse continuar apreciando aquela vegetação exótica. "Pequenos guardas das plantas, mostrai-me de que maneira são urdidas", pediu ele aos enteais.

Já vinha observando, momentos antes, como os enteais se esgueiravam por entre os estranhos troncos do arvoredo. De boa vontade, atenderam ao seu chamado. Trouxeram nas mãos um pequeno fragmento daqueles troncos, mostrando-lhe como era composto de uma espécie de fibras semelhantes a ráfia, fortes e pardacentas. Gáutama retorceu os fios entre os dedos, e os homenzinhos alegraram-se, comentando:

"É assim mesmo que se faz!"

Foram, então, trazendo fios mais compridos, pois Gáutama, tendo-os amarrado firme em torno de um galho, começou a tecer uns cordões que prometiam ficar extraordinariamente resistentes. Seria um amarrilho útil para muitos fins. Entrelaçando as fibras se poderia também aproveitar para fazer um tecido

Rahula despertou da sesta e olhou, surpreso, para o companheiro em plena atividade de tecelão.

— Vê, só, Rahula, o que eu achei! exclamou Gáutama radiante. Os homenzinhos me arranjaram fibras daqueles arbustos. Esta corda vai ficar muito mais resistente do que as que nós tecemos de algodão. São fibras, também, muito melhores que as de ráfia, com que as mulheres tecem redes. Muito obrigado, meus bons pequenos!

Quando nos dias seguintes conseguiram, afinal, contornar inteiramente o espigão da cordilheira, deixando as montanhas à sua direita, depararam com planícies fertilíssimas cobertas de plantações imensas de arroz e de um cereal de grãos pequenos, parecido com milho. À esquerda, porém, quanto mais avançavam para os lados do poente, mais se descortinava o azul fulgurante do mar.

Um certo dia, atingiram a praia. Sobre um dos muitos arrecifes, ali existentes, puseram-se a contemplar a agitação das ondas que se sucediam, incessantes e majestosas, ora inundando a praia, ora rebentando contra os rochedos, desfazendo-se em alva espuma.

— Consegues ver os entes que cavalgam nas ondas? perguntou Gáutama ao outro.

Rahula, sorridente, deu, negativamente, a resposta com a cabeça.

— Tenho, apenas, intuição de sua presença. Quando eu era criança cheguei muitas vezes a enxergar os homenzinhos que se aproximavam, alegres, mas agora se retraem de mim. Contento-me, porém, em saber que tu podes vê-los. São parecidos com aqueles que nestes dias te arranjaram aquelas fibras?

— Não, são inteiramente diferentes. Corpos vaporosos aderem ao movimento das ondas, ao passo que suas cabeleiras, claras e flutuantes, se misturam com a brancura fugitiva da espuma. Mãos delicadíssimas se alçam, carregando conchas e plantas marinhas ou, mais para dentro, no alto-mar, andam atrás de peixes e outros animais das águas. Tenho a impressão que esses entes são figuras femininas.

Outras, de aspecto mais rude, mas sempre de uma consistência lindamente translúcida, impelem as ondas. Numa alegria delirante, erguem os braços para cima. Se acontece de alguma onda arremessá-las sobre os arrecifes, sobem o mais que podem e, com gritos de alegria, tombam de novo no elemento líquido. É uma beleza contemplar tudo isso! Quanto mais se olha, mais queremos ver! Se me fosse dado mostrar isso a todos! comentou Gáutama, depois de longo silêncio. Se soubessem compreender isso como devem.

Por esse meio, deviam estar tão intimamente ligados a todas as demais coisas da Criação, que se tornaria praticamente impossível viver contra as suas leis. Por certo terá alguma vez existido esse tempo, em que os homens eram unos com as forças da natureza. O que foi que os levou a se extraviarem, assim, em outras direções?

— O funesto querer saber, Gáutama, respondeu Rahula ponderadamente. Basta contar às pessoas alguma coisa, tratam logo de envolvê-la com as próprias ideias; turvam a visão da simplicidade, da naturalidade, envaidecem-se logo com o próprio saber, cortando todo contato possível com aquilo que não é terreno como elas mesmas. Podes crer que faria obra de benemerência aquele que conseguisse destruir o entendimento humano.

— No entanto, é o entendimento um dom de Deus, comentou Gáutama. Poderias então, da mesma forma, argumentar: uma vez que o fogo, quando não é dirigido pelo homem, produz muitos desastres, acabemos, então, inteiramente, com o fogo no mundo. Não, Rahula, o caso não é de destruição, mas de empregá-lo devidamente, não achas?

Hora a hora, nos dias seguintes, as montanhas iam-se tornando mais próximas do mar. Foi preciso que os cavaleiros tratassem de achar a tempo uma passagem, a fim de não serem impedidos de seguir viagem rumo norte. Com pesar, tiveram ambos de deixar atrás de si o azul imenso das águas, que se estendiam, sem fim, para os lados do ocidente.

Sem mais tardar, foram-se aproximando de regiões já suas conhecidas, de escolas, conventos e localidades em cujo centro sempre se via um templo do Eterno. Por toda parte eram festivamente recebidos, com insistência para se demorarem no lugar. Havia sempre muitos assuntos para tratar.

No primeiro trajeto que fizeram a cavalo, a seca tinha esturricado os algodoais.

Ali, Gáutama instruiu a gente do lugar que fosse buscar nas montanhas aquela planta indicada pelos enteais. Pediu a Rahula que seguisse à frente da expedição e assumisse a direção do serviço de seleção das plantas. Ele também, em pessoa, foi com um grupo até a cordilheira, para que achassem a referida planta, que os enteais-auxiliares chamavam de "juta".

Mostrou-lhes que não deviam preferir os caules tenros, mas sim, os endurecidos. Fizeram grandes amontoados da planta e retornaram com os cargueiros cheios para casa.

Começou, então, o trabalho. Sob a direção de Gáutama, as fibras foram separadas dos caules e retorcidas para formarem fios. Quanto mais bem-feito saía o trabalho, maior a alegria reinante. As mulheres, por sua vez, procuravam entrelaçar e tecer esses fios, conseguindo obter uma fazenda grosseira que se prestava muito bem para esteiras e coisas congêneres.

— Esse tecido áspero pode ser muito bem aproveitado para o enfardamento de cargas, explicava um dos trabalhadores. Tenho a impressão de que é refratário à chuva.

Foram fazer a experiência e a suposição confirmou-se. Desde que não se tratasse de uma chuva persistente, de vários dias, o tecido realmente resistia à umidade.

Aconteceu, também, de algumas mulheres terem feito um tecido frouxo, com as malhas meio soltas umas das outras.

— Que fazer com isto, agora? indagaram, indecisas.

Quem respondeu foi a diretora do convento vizinho.

— Vamos tentar empregar esse tecido na obtenção do sal. Até agora costumávamos embeber varetas de árvore com água salgada e pô-las ao sol, para secar. O mesmo serviço pode ser feito com esse tecido.

Essa sugestão também foi boa. Gáutama contou, então, às pessoas que ali se achavam tão contentes e, portanto, abertas para o contato com o Alto, o episódio do seu encontro com os homenzinhos que o ensinaram a lidar com as fibras. Todos escutaram a história com muito interesse, mas apenas alguns conseguiram formar uma ideia desse contato entre as pessoas e os pequenos servos do Eterno.

Decorridas algumas semanas, Gáutama, que tinha sido precedido por Rahula, partiu para a Montanha em viagem direta, sem parar no caminho. Aguardava-o ali a notícia do passamento de Bimbísara. Sua alma teve que sustentar uma grande luta para deixar o corpo. Era como se teimasse em não querer deixar a Terra.

Maggalana, quando se viu só com Gáutama, contou-lhe que Bimbísara, no último dia de vida, fora ter com ele, queixando-se que estava perdendo as forças.

— É possível que nos últimos tempos não devesse ter levado esta vida de inércia, comentava ele. Vejo, no teu exemplo de vida, como o trabalho te conserva forte e disposto, entretanto tu és mais velho que eu. Se existe mesmo um Além, como Gáutama nos procura mostrar, provavelmente terei de compensar esta falha de minha parte. Mas acredita em mim, Maggalana, apesar desta minha propensão para o ócio e comodismo sempre fui um crente fiel do Senhor dos Mundos.

Gáutama encarava, com toda a seriedade, seu interlocutor.

— Bem, ele reconheceu seus erros, mas lá é que terá de sentir isso em todo seu peso, Maggalana. Lamento não ter obrigado o velho a se movimentar. Talvez lhe poupasse muita coisa que terá de suportar agora.

— E em que termos deve ser seu epitáfio? inquiriu Maggalana.

— "Rei Bimbísara, de Magadha", respondeu prontamente Gáutama. Dava tanto valor ao seu título que, afinal, terminou se esquecendo de como ser um verdadeiro servo de Deus.

G ÁUTAMA tornou a partir outra vez a cavalo. Desta vez ia tomar rumo leste, de onde os intrusos já tinham sido expulsos. Queria ver a nova muralha e saber em que condições tinha ficado a terra devastada pela guerra.

Não desejava chegar a Kapilawastu, nem a Khatmandu. Contudo, involuntariamente, seu pensamento, por vezes, se voltava para lá e uma vaga intuição chegou até ele. Suddhôdana, o velho, teve de desencarnar, assim, também, como o rei Khat, de modo que há muito tempo já o governo tinha passado às mãos de Suddhôdana, o moço.

Em Kapilawastu reinava Rahula, contente com a presença de um filho robusto, ao passo que o casamento de Jananda com Suddhôdana até agora não contava com um príncipe herdeiro. Várias filhas muito graciosas eram o encanto do casal, entretanto, o desejo de terem um filho varão não tinha ainda sido satisfeito.

Teria Jananda feito, inutilmente, o inaudito sacrifício? No mesmo instante em que esse pensamento brotou na sua mente, Gáutama tratou de afastá-lo de si. Nada de cismar! O que estava feito, estava feito e não podia mais ser modificado. Não obstante, foi feito na mais pura intenção.

A terra dos *bhutanenses* apresentava ainda o mais desolador aspecto, resultante da guerra de que fora teatro. Nem um templo sequer havia sido reconstruído, raros campos cultivados, embora a região fosse muito fértil. Vastas extensões de mata pareciam ter sido devoradas pelo fogo.

Pessoas interrogadas a respeito, confirmaram que os nativos efetivamente tinham ateado fogo às matas, a fim de estabelecerem uma barreira intransponível entre eles e os guerreiros intrusos. A estação do ano era de estiagem e, assim, as árvores também pereceram, atingidas pela seca. Foi preciso uma luta descomunal para dominar o incêndio.

— Suddhôdana, contudo, teve o poder de invocar os espíritos do fogo, comentou um velho. Pediu-lhes que não devorassem senão o que fosse estritamente necessário. Dentro de poucos dias o incêndio foi extinto, embora estivesse se propagando ainda pouco antes de um modo espantoso.

Os espíritos do fogo, porém, teriam dito a ele que não removessem as cinzas do lugar, pois, após as próximas chuvas, o chão, devido a esse cuidado, se apresentaria dobradamente fértil.

Por esse motivo, também, os tocos das raízes remanescentes não haviam ainda sido arrancados, para que o solo tivesse tempo de se revigorar. Somente agora, segundo determinação dos invisíveis, essa tarefa ia começar.

Mais uma vez ainda teve Gáutama a oportunidade de chamar a atenção das pessoas para o auxílio maravilhoso prestado pelos pequeninos servos – os enteais.

Aqui conseguiu encontrar, também, ouvidos receptivos e almas de boa vontade. Todas elas tinham sido testemunhas vivas desse extraordinário auxílio.

Admirava-se, Gáutama, de não encontrar em parte alguma aquelas fisionomias medonhas que em outros tempos chamavam a atenção dos hóspedes da terra. Seria o caso dos *bhutanenses* terem todos sucumbido?

Indagando a respeito, veio a saber que aqueles que se esgueiraram durante os terríveis acontecimentos, haviam se bandeado para o lado dos adversários, tendo, assim, sido expulsos da terra, juntamente com os invasores.

Posteriormente Suddhôdana dividiu o reino entre pessoas pertencentes a todas as tribos que haviam compartilhado da luta.
— Viveis em paz uns com os outros? indagou Gáutama.
E a resposta foi esta:
— Oramos sempre para o Senhor dos Mundos, e assim não é possível discórdia entre nós.
— E quem é que vos governa?
— O filho de um príncipe vizinho. Suddhôdana mandou que escolhêssemos. Apresentaram-nos três príncipes e nós elegemos este, porque sabíamos que é bom e justo.

Nessas condições, a ordem nessas terras era completa e Gáutama podia ir-se embora, tranquilo. Teve vontade de seguir para as montanhas e cedeu a esse desejo. Por grande que fosse a diferença entre uma coisa e outra, entre o mar eterno e rugidor, em perpétuo movimento, e a montanha estática, uma coisa havia entre elas em comum: ambas dão testemunho, na mesma linguagem, da sempiterna força criadora do Senhor dos Mundos!

— Poderíamos pensar, ó titãs, que sois firmes e inabaláveis em vossos fundamentos! exclamou Gáutama, movido de admiração, contemplando a majestade dos altos cumes nevados.

"Sim, já passaram por transformações profundas e por outras muitas terão ainda de passar, antes que a terra termine seu movimento giratório", foi o que ouviu em resposta, como um eco.

Entre duas altas pontas da cordilheira divisava-se uma fisionomia gigantesca, corroída pelo tempo. A barba branca escorria montanha abaixo como uma torrente, despenhando-se no vale. Era uma cabeça enorme que, entretanto, não despertava medo.

— Eu te saúdo, guardião das montanhas! bradou Gáutama, dirigindo-se à aparição.

"Eu te saúdo, servo do Eterno!" ouviu ele em resposta.

— Tendes o poder de abalar os montes? perguntou Gáutama.

"Quando é da vontade do Senhor, agitamos o interior da Terra. Afrouxamos os fundamentos que sustentam os montes, formamos o vácuo e o tornamos a encher. Comprimimos e distendemos."

A visão desapareceu. Gáutama olhou em redor.

Tinha subido a cavalo muito mais alto do que pretendia, nem era possível retornar mais no mesmo dia a qualquer povoação próxima. Logo adiante, porém, avistou uma espaçosa cova, como se fosse uma gruta, cavada na montanha, que lhe serviria perfeitamente de abrigo, e à sua montaria. Poderiam pernoitar muito bem ali, uma vez que a noite não estava fria. Assim se acomodaram os dois, para descansar.

Gáutama começou a rememorar a fisionomia que acabara de ver. De que proporções gigantescas eram esses entes da montanha, servos de Deus, e como eram pequeninos os outros, os homenzinhos, que lidam dentro da montanha com as pedras preciosas e as trazem à luz do dia!

No entanto, como tudo se entrosa maravilhosamente bem! Era como se ainda estivesse vendo os homenzinhos, ágeis, andando por ali. Antes que pudesse reconhecê-los, adormeceu cansado.

Durante a noite, acordou. A gruta se achava toda iluminada, sem que pudesse perceber a origem dessa claridade. Sentou-se no seu leito improvisado de musgo, e olhou em redor. Veio, então, ao seu encontro um vulto de mulher, vestida de branco. "Jananda!" exclamou ele, pasmado, pondo-se de pé. "Que vens fazer aqui?"

"Pedi que me fosse concedido te achar e falar contigo, Gáutama", dizia a voz de Jananda, num tom apagado, como que vindo de muito longe.

Ele ia perguntar qualquer coisa, mas a mão, fina e branca, de Jananda, fez sinal que se calasse.

"Não me perguntes nada, por ora, meu querido. Ouve, apenas, o que tenho para te dizer. Não posso prosseguir em minha ascensão, enquanto teus olhos não forem abertos para reconhecer aquilo que nós fizemos de errado.

Agimos na melhor das intenções, mas pecamos contra as leis eternas de Deus."

"Disseste que não podes continuar tua ascensão, ó Jananda, então, não estás mais entre os viventes deste mundo?"

"Não, Gáutama, não estou mais. O Eterno me chamou porque eu já estava demais aqui na Terra. Mas, deixa-me falar. Disponho de muito pouco tempo:

Nós dois tínhamos uma interpretação errada daquilo que as pessoas costumam chamar de 'dever'. 'Dever' é o cumprimento incondicional da vontade de Deus nos limites da missão que temos por cumprir. Meu dever era dar herdeiros ao reino e educá-los na adoração do Altíssimo. Não pude cumprir esse papel porque se afastou de mim aquele a quem eu podia dar um filho.

Afastou-me de si, para um outro, que era bondoso e me queria bem. Nunca, porém, pude esquecer daquele que me fora mostrado em sonhos, e imaginava que isso fosse um pecado. Fui para o outro uma boa mulher, porém, atravessei noites e noites chorando, ao reconhecer cada vez mais que o Eterno não pode ser servido com mentiras.

Se achavas que era teu dever não casar, viver sozinho, tínhamos que arcar nós dois com essa resolução. Não tínhamos o direito de, para resguardar a paz do reino, procurar refúgio numa inverdade.

Eis o pecado que cometemos, que aliás não seria menor se o sacrifício tivesse mesmo sido necessário. O que eu aqui na Terra apenas suspeitava, é para mim agora a mais dura certeza: nosso sacrifício foi inútil! Achas, então, que tua imagem teria sido revelada em meus sonhos se não fôssemos destinados um para o outro? Tu e eu, unidos, daríamos ao reino o herdeiro que, depois da tua passagem para o Além, regeria com mão firme o reino e a doutrina. Quem, agora, te substituirá quando fores chamado?"

"É o que também me preocupa", exclamou Gáutama, contrariado. "Estou certo, porém, de não dever me perturbar com isso. O Eterno proverá."

"Já o tinha provido, Gáutama! Nós pensamos que podíamos ser mais inteligentes que Ele, não indagando se aquilo que fazíamos era realmente a vontade Dele. Qualquer um dos teus espíritos auxiliares, provavelmente algum de visão muito estreita, é que te insuflou a ideia, uma vez que não te sentias capaz de te libertares daquela concepção de dever que tinhas na conta de verdadeira.

Se tivéssemos dado ouvidos ao que o Eterno pretendia de nós, não teria sido necessário o sacrifício que fizemos com a renúncia. Poderias, perfeitamente, ter continuado em tua carreira como Seu servo e, sem que te escravizasses a nós, provarias que o eras de modo certo.

Teríamos, assim, vivido uma vida exemplar diante do povo, como deve ser todo casamento que repousa no Senhor. Era mais fácil renunciar de antemão, do que fazer diariamente o sacrifício de não pensar na separação.

Compreendes-me, Gáutama?"

Essa pergunta Jananda a fez com toda a veemência.

Um suspiro foi a resposta. Na visão espiritual de Gáutama como que se rasgou um véu, e diante de seus olhos surgiu, com toda a clareza, sua falha, na qual havia arrastado Jananda conjuntamente. Poderia ainda ser perdoado por isso?

De novo prosseguiu Jananda:

"Quando comecei a perceber que havia errado, pedi logo perdão ao Eterno, do fundo do meu coração. Supliquei que, pelo menos, Suddhôdana não viesse a sofrer as consequências do meu proceder. E a minha oração foi ouvida. O Senhor dos Mundos me levou e concedeu a meu marido uma mulher condigna que lhe dará um herdeiro.

Como sou grata ao Senhor, por isso! Reconheço, cada vez mais, que minha culpa foi perdoada, antes mesmo de eu ser castigada. Numa outra vida terei de resgatar o que deixei de cumprir nesta. Tenho, é verdade, a permissão de subir até certo grau, a fim de aprofundar meus conhecimentos. Mas não poderia iniciar essa ascensão enquanto não tivesse despertado teu espírito para o reconhecimento desses fatos.

Reconhece teu pecado, Gáutama, e penitencia-te agora mesmo, para que isso não venha a atrapalhar tua vida no Além!

Deves gozar de muita consideração diante do Eterno, uma vez que ainda me consentiu vir falar contigo. Vive feliz!"

Leve e suave, como tinha vindo, desapareceu o vulto de Jananda. Gáutama, porém, ficou chorando em seu leito. Incrível o que tinha feito: na mais pura das intenções havia pensado que deveria renunciar!

Equivocara-se? Pode, então, cair em erro o espírito bem-intencionado? Se pode, já não nos cabe mais confiar sequer em nós próprios; e tudo quanto pensamos ou fazemos será também erro, somente erro. Onde se encontrar o critério?

O que havia dito Jananda?

"Não indagamos se aquilo que fazíamos era realmente a vontade de Deus."

De fato, tinha sido assim mesmo. Na cegueira da pressa não pensamos em nada. No entanto, não costumava sempre pôr tudo primeiro nas mãos do Senhor, antes de decidir? Daquela vez, porém, sentia-se seguro de si, tão só porque lhe custou a mais dura renúncia. E o Senhor, porém, não desejava esse sacrifício.

Agora depois que ele, Gáutama, morresse, ninguém estava preparado para continuar pregando a palavra do Senhor, e ele, somente ele, era o culpado pela situação! Terrível perspectiva!

O Eterno havia eleito e preparado um anunciador da verdade, para isso havia mandado instruí-lo e guiá-lo e eis que esse servo falha em sua missão!

O desespero de Gáutama se acentuava cada vez mais.

"Podias perfeitamente sabê-lo, tinhas a obrigação de sabê-lo!" ouvia balbuciar dentro de si.

Por que, então, não teria sido advertido pelo espírito-guia? Porque tão só a ele competia tomar a decisão!

Assim decorreu a noite, com martirizantes recriminações, transbordantes de queixas e de torturante arrependimento. Um homem arrasado era o que, de manhã, se via sobre a esteira de musgo. Seria melhor que tivesse implorado:

"Leva-me aqui do mundo, meu Senhor! Não sou digno de continuar sendo Teu servo!"

Ao passo que sentia tudo isso, de um modo confuso, dentro de si, e andava em busca de palavras para formular uma prece, apareceu, de novo, diante dele, uma imagem resplandecente. Era o seu guia que raramente se manifestava.

"Não queiras acrescentar, involuntariamente, ao teu pecado ainda uma ofensa, Gáutama!" advertiu severamente. "Só e unicamente ao Senhor é que compete resolver se és ou não és mais digno de continuares servindo. Vamos, levanta-te! Medita só nisto: o Senhor te abandonou, alguma vez, quando Dele solicitavas algo? Qual dos teus empreendimentos Ele impediu que se consumasse?!

Se, acaso, se irou contra ti, há muito, também, já teria retirado Sua sagrada mão de ti. Indagas, e queres saber, se a intenção pura também pode cair em erro. Tu mesmo és um exemplo disso. Erraste, sim, dentro do mais puro querer, erraste, Gáutama. Por quê? Porque tu mesmo, da tua própria imaginação, engendraste uma errada concepção do dever.

Essa concepção rígida do dever não vale perante o Eterno. Aprende a interrogá-lo sempre, e em tudo, quanto ao que possa ser ou não a Sua vontade. Depois de perguntar, trata, aí, de cumprir o teu dever do melhor modo possível, tão bem quanto possa fazê-lo um espírito humano.

Não peques, Gáutama, mergulhando teu sentir num errado sentimento de pesar! Reconhece a graça do Eterno e a Sua bondade infinita, que consiste em te mandar exortar. Tempo é ainda de recompor uma parte do teu erro, ensinando a outros como devem colocar em primeiro lugar a vontade de Deus. Assim conseguirás a redenção.

Quanto ao que atraíste sobre ti no rolar dos acontecimentos, nada mais conseguirás modificar. Morrerás sem herdeiro, sem sucessor de tua obra. Dentre os irmãos mais jovens procura preparar um que te suceda, quando fores chamado."

Desapareceu o guia. Como que aturdido, Gáutama deixou-se permanecer longo tempo sentado sobre o leito. Desejaria ficar ainda mais alguns dias ali na gruta, mas se lembrou do seu cavalo, que pereceria sem alimento, e essa lembrança fê-lo pôr-se a caminho. Não queria ver mais criatura alguma padecer por sua causa. Por amor ao animal voltava à procura das habitações humanas, mas como homem quase arrasado e mais circunspecto é que regressava, outra vez, para a planície.

A beleza e a sublimidade das montanhas já não lhe falavam mais aos sentimentos. Já não via mais em seu caminho os pequeninos enteais, seus auxiliares, nem mais ouvia vozes. Sua alma estava, por inteiro, tomada das recriminações, das censuras contra si mesmo!

Juntou-se, então, de novo, a ele o seu guia. Mais exigente ainda que da outra vez.

"Levanta o ânimo, Gáutama! Tão só pelo fato de teres cometido um erro do qual não tomaste consciência durante tantos anos, não é por isso que, agora, tens o direito de espezinhar e de tornar imprestável o servo do Senhor que ainda és! Sirva-te de lição o que fizeste e trata de zelar para que outros, e tu mesmo, não repitam coisa semelhante. E, com isso, basta.

Quando o Senhor dos Mundos vê que alguém se arrepende dos seus erros e se esforça seriamente para se ver livre desses erros, cessa a Sua ira. Não quer com isso dizer que interfira na marcha dos acontecimentos, para impedir os efeitos que necessariamente atraíste sobre ti e sobre teu povo. Isso Ele nunca fará! Mas, Ele te perdoa e permite que O continues servindo. Alegra-te com a graça que te concede!"

Lentamente foi Gáutama cavalgando, remoendo essas palavras em sua alma. Cessara a tempestade contra a qual teve de procurar proteção. Agora, felizmente, vencido o temporal, já se ouvia jubiloso o cantarolar dos passarinhos aqui e acolá.

"Olha para nós", segredavam-lhe essas doces vozes. "Passada a tempestade rendemos graças a Deus, que nos guardou, e tornamos a cantar tão alegres como antes. Deves fazer o mesmo, servindo ao Senhor ainda melhor!"

"Tendes razão, passarinhos!" exclamou Gáutama, com ânimo firme. "O que passou, passou, até que bata à porta da minha alma a mão inexorável que virá resgatar meu erro. Quando chegar essa hora não fugirei à responsabilidade."

Apesar desse seu firme propósito, Gáutama sentia-se indeciso para onde prosseguir a sua marcha. Sentia-se como que diante de um vazio. Tarefa alguma o esperava em ponto algum. Suplicou, então, ao Eterno, que lhe enviasse uma ocupação, ocupação essa em que pudesse se absorver inteiramente. Tinha apeado do animal, a fim de orar. Depois, aproximou-se outra vez do cavalo, que o encarou, interrogativamente, com os grandes olhos.

— Já sei, meu velho, disse, acariciando o animal. Queres saber para onde vamos agora, não é isso?! Justamente o que eu, também, estou querendo saber.

"Em direção à Montanha do Eterno!" disse uma voz, com toda a firmeza. "Maggalana está chamando; tem necessidade da presença afetiva de Gáutama."

Tinha chegado, portanto, o momento de Maggalana, o discípulo fiel, ter de se despedir do mundo.

O mais rápido que foi possível tocar o animal, Gáutama se pôs a caminho da Montanha, onde ninguém o esperava. Pediu a Rahula que o continuasse substituindo, como se ele não estivesse presente.

Este percebeu imediatamente que algo de profundo havia abalado a alma de Gáutama. Achou o sábio inteiramente mudado. Um véu de profunda melancolia turvava agora aqueles olhos, outrora tão cheios de sol, e uma tranquilidade e discrição ainda maiores transpareciam de cada uma de suas atitudes.

Quanto antes, Gáutama foi à procura de Maggalana. Foi encontrá-lo, como sempre, no costumeiro lugar, junto à janela, somente as mãos, habitualmente ocupadas e diligentes, estavam agora inertes e vazias. O olhar do velho, pensativo, se perdia ao longe. À chegada de Gáutama, um clarão de viva alegria perpassou aquela fisionomia, de aspecto tão tranquilo.

— Vieste, mesmo, conforme havias prometido, Gáutama?! exclamou ele. Creio ter chegado a hora em que posso me preparar para deixar a Terra. Estava ansioso que viesses!

— Vim com tanto gosto, meu pai, ao receber tua comunicação, afirmou Gáutama. Não precisas, porém, de mim. Servo fiel do Eterno, como tu foste, podes, sem receio algum, passar de um lugar para outro.

— Creio, também, Gáutama, que minha passagem vai ser muito fácil. Sinto-me desejoso de partir. A morte não tem horrores para mim. Queria, porém, falar-te, porque guardo uma mensagem para te dar. Senta-te junto a mim, para ouvires o que tenho a dizer. Mas, há de ser devagar, estou velho e as ideias muitas vezes fogem, como se fossem sombras.

Gáutama sentou-se aos pés daquele em quem sempre tinha visto o mais perfeito dos homens. Maggalana começou a falar:

— Há algumas semanas atrás comecei a receber a visita de vultos luminosos de outros reinos, como se quisessem preparar minha alma para os esplendores que a esperam no Além. Cada um desses diálogos afrouxava mais os laços que ainda me queriam prender por aqui. Finalmente, restou apenas um: minha amizade por ti, Gáutama.

Melhor, talvez, que tu mesmo, sei ler em tua alma. Sem mesmo falar contigo sobre o assunto, compartilhava de tuas lutas íntimas. Nunca me havias falado do sacrifício que havias feito, na melhor boa intenção, por amor da tua carreira missionária.

Meu filho, meu coração sangrava por ti, que assim atraías uma culpa contra ti.

Com profundo suspiro, Gáutama interrompeu o velho.

— Agora, já estou sabendo, meu pai. Reconheci essa minha culpa e me arrependo sinceramente.

— Pois sofri muito por ti em pensamentos, no momento em que ias chegar a esse reconhecimento. Ajudar... não podia te ajudar, apenas dirigir, sempre e sempre, preces ao Alto em teu favor. Essa preocupação por ti era, assim, a única coisa que ainda me prendia à Terra. Ora eu pedia ao Eterno que chegasses a esse reconhecimento antes mesmo de eu partir deste mundo, ora eu pedia para me desprender daqui, a fim de poder estar junto de ti, quando fosse chegado esse momento crucial de tua existência.

— Quer dizer que também te fiz sofrer, meu pai! interrompeu Gáutama, visivelmente aflito.

Mas um gesto de Maggalana o fez calar.

— Minha preocupação por ti, Gáutama, era uma felicidade para mim. Mas, continua a ouvir: há poucos dias uma imagem, de maravilhoso resplendor, trouxe-me a comunicação de que à própria Jananda fora concedido dizer-te no que consistia teu erro. "Está passando por uma dura provação", disse-me a entidade espiritual, "isso, porém, servirá para seu amadurecimento. Se ele realmente reconhecer seu erro, como deve, terá ainda a permissão de vir ter contigo. Dize-lhe então que..."

A voz de Maggalana assumiu, aí, um tom solene, e seus olhos começaram a brilhar, de um brilho supraterreno.

"Dize-lhe, então, que não desanime! Essa provação servirá para livrá-lo de si mesmo. Quanto mais se diminuir com ela, tanto mais o Eterno será engrandecido nele e por meio dele. Um derradeiro reconhecimento lhe será, ainda, concedido!"

Ambos permaneceram calados. Pela alma de Gáutama perpassava algo da grande tranquilidade de que Maggalana se via possuído.

Só, então, é que Gáutama se abriu inteiramente. Era uma íntima necessidade sua poder contar ao velho tudo que o inquietava. Com isso, desatavam-se os motivos de aborrecimento que teimavam em torturá-lo. Ao falar da aparição de Jananda e de suas palavras, reconhecia, cada vez mais, a graça infinita que lhe fora concedida com essa comunicação.

Em um dos dias seguintes Gáutama compreendeu, de maneira bem clara e vergonhosa para ele, qual, sob o ponto de vista da Luz, teria sido a impressão causada, quando ele, reiteradamente, pedia ao Senhor que despertasse alguém para ser seu continuador na obra iniciada! Era como se o próprio culpado ainda se atrevesse a fazer exortações. Quando a culpa era dele, somente dele, que faltasse agora um sucessor! Quanta paciência o Senhor dos Mundos não precisa ter com os Seus servos!

A intervenção serena de Maggalana conseguira de novo aplacar essa onda revolta que se erguia.

Quando Gáutama não estava junto do velho, perambulava com Rahula pelos jardins e pelas matas da comunidade. Ambos tinham muitos assuntos da grande obra em comum por discutir.

Viviam em Utakamand, assim como na Montanha, alguns jovens entre os quais podiam ser criados futuros instrutores da organização.

Rahula propôs que Gáutama atraísse, para perto de si, esses jovens, a fim de que eles, através da convivência estreita, se capacitassem para futuras tarefas.

Era o que o mestre sistematicamente vinha evitando. Via agora, no entanto, como parte de sua penitência e em atenção ao seu sucessor, a necessidade de abandonar o isolamento em que vivia. Antes, porém, consultou o guia se esse sacrifício de sua parte era realmente medida acertada.

Como a resposta fosse afirmativa, pediu ele a Rahula que mandasse vir os três jovens de Utakamand. Chamava, desde logo, para junto de si os três que havia selecionado dentre os irmãos da Montanha. Não como "discípulos", mas como simples "alunos" deviam acompanhá-lo sempre, de agora em diante.

Maggalana alegrou-se com essa resolução.

— Era a última coisa que eu desejava, confessou ele.

Perguntou-lhe, então, Gáutama por que motivo não o dissera antes, mas ele se esquivou de responder. Além disso, já não estava quase falando, preferindo permanecer calado, junto de Gáutama. Ficando, assim, os dois em silêncio, era possível que seres luminosos, visíveis a ambos, se manifestassem. Sons e cores de outros planos pairando em torno deles os atrairiam para o Alto.

Em certa ocasião, Gáutama surpreendeu Maggalana falando com um desses enviados. Conversavam, e o vulto luminoso respondia de modo que era possível ouvir perfeitamente bem suas palavras:

"Siddharta está lutando muito. Não quis reconhecer ainda em que consiste seu erro. Teima em não querer ver. Sua alma continua presa à Terra, embora pudesse ter realizado já a sua ascensão. Se quisesse desprender-se, nenhum obstáculo a impediria."

— E não podes ajudá-lo? perguntou Maggalana, brandamente.

"Não, Maggalana, todos os auxílios possíveis se acham à disposição dele, mas ele próprio é que tem de clamar por socorro; antes disso ninguém poderá ajudá-lo. No momento em que ele, reconhecendo o seu erro, desesperar consigo mesmo, então, daremos prontamente o nosso apoio; antes, porém, não."

Gáutama lembrou-se, então, de que Siddharta continuava, ainda e sempre, olhando para dentro daquele poço, que era um abismo sem fundo. Depois que os seres luminosos se retiraram, Gáutama contou ao velho sua visão noturna.

— E há de demorar muito ainda até que sua alma se aperceba dos laços que a puxam para baixo, comentou Maggalana. Vamos interceder por ela em nossas preces.

Decorreram mais alguns dias.

Gáutama tinha ido com os alunos a uma outra escola, a fim de lhes mostrar como, de acordo com as necessidades locais, os dirigentes tinham sentido a urgência de introduzir-se, ali, certas modificações, de ordem externa. Conversaram muito a respeito, no trajeto de volta. Um dos moços era de opinião que seria mais garantido não se desviar do caminho previamente traçado, para evitar erros futuros.

Demonstrou-lhe, aí, Gáutama, que, justamente nesse sistema de querer persistir é que tinham sido cometidos os piores enganos. O principal é que permaneçamos vivos, evitando nos entorpecer em fórmulas rígidas.

No calor da conversa tinham ficado parados, por várias vezes, no caminho, de maneira que entardeceu até que chegassem. A hora costumeira de Gáutama procurar Maggalana já há muito havia passado. Dirigiu-se apressado para o quarto e lá foi deparar com o velho absorto num êxtase tão profundo, que sua entrada ali nem sequer foi percebida.

O pequenino recinto estava profusamente iluminado, de um clarão maravilhoso, e sons musicais de uma extraordinária harmonia inundavam o aposento.

— Que bênção extraordinária! balbuciaram os lábios do velho. Tens, então, mesmo, preparado para mim, uma missão, nos Teus reinos eternos, Altíssimo Senhor dos Mundos? Poderão as minhas fracas forças servir-Te nos planos luminosos? Senhor, rendo-Te graças, por tudo isso!

Já Gáutama imaginava que a vida houvesse se exaurido daquele corpo, quando Maggalana se pôs, de novo, a falar:

— Gáutama, filho meu, onde quer que estejas, escuta-me: o Senhor te perdoou! Rende-Lhe graças por isso, porque assim estás livre de continuares mergulhando em duras indagações. Grandes coisas vai Ele te revelar: prepara-te, ó Gáutama!

Em seguida, uma voz, quase imperceptível, se esvaneceu no ar:

— Santíssimo e eterno Pai, que me destinaste para ser Teu servo, eis-me aqui, Senhor, pronto para seguir!

Em prece profunda ajoelhou-se Gáutama junto do invólucro do qual aquela alma havia-se libertado, sem o menor padecimento, levada ao Alto por luminosas mãos.

Ao lado de Sarípútta, foi preparada a cova para Maggalana, túmulo que iria conter os restos mortais desses dois leais servos do

Senhor. Uma demonstração de sincero pesar acompanhou-o até a derradeira morada, e sincera estima cobriu de flores o chão de seu último leito. Fechada a sepultura, mandou Gáutama que ali fosse colocada uma lápide com a sugestiva inscrição:

"Ele serve na Luz."

Poucos dias depois do sepultamento chegaram os jovens de Utakamand e Gáutama partiu, acompanhado dos seis alunos, a fim de lhes mostrar o reino. Deviam ficar conhecendo os mais variados povos de que se compunha a grande comunidade.

No trajeto houve oportunidade de sobra para instruí-los, especialmente porque todos eles eram espiritualmente despertos e sabiam aprofundar os debates com vivas objeções.

Gáutama, porém, sentia que estar rodeado de alunos era coisa bem maçante. Sentia falta das silenciosas horas de recolhimento diário. Quanta coisa não havia já aprendido nas longas caminhadas a cavalo, agora, no entanto, tinha de se sacrificar inteiramente ao bem dos outros.

Toda vez, entretanto, que no seu íntimo ia já se esboçando uma queixa, uma reclamação qualquer contra essa circunstância, lembrava-se, de novo e logo, do motivo pelo qual havia assumido esta enfadonha incumbência. A este pensamento, resignava-se, suportando tudo.

Tinha, portanto, de descobrir um sucedâneo, uma compensação, para a falta das doces horas de meditação. Buscava-as durante a noite. Tornou-se-lhe um hábito despertar automaticamente à mesma hora e levantar-se no mesmo instante, a fim de poder aprofundar-se em meditações, tanto quanto possível ao relento, sob o céu estrelado.

Suavemente, foi desvendando conhecimento após conhecimento. Parecia já poder olhar fundo no âmago da engrenagem da natureza. Toda a Criação palpitava de vida, tudo lhe falava de perto, através dos pequeninos seres, os enteais que agiam sob as ordens de Deus.

De manhã, ao retornar à companhia dos alunos, narrava-lhes tudo quanto havia assimilado de noite. Um deles, Nagardschuna, principalmente, ouvia-o sempre com especial alegria.

Logo se evidenciou que também ele tinha o dom de ver os enteais, embora nem sempre, nem nas mesmas condições de Gáutama.

Não conseguia, por exemplo, entendê-los. Assim sendo, perguntava sempre, repetidas vezes, o que devia fazer para chegar a esse ponto.

Gáutama ponderava:

— É preciso gostar deles, Nagardschuna... Sim, é preciso que, com toda a bondade, aprendas a compreender seu modo de ser, pois somente dessa maneira é que poderão se comunicar contigo. Não sei que outro conselho te dar...

Toda vez que Gáutama comparecia a outras escolas na companhia de seus alunos, estes invariavelmente eram admirados pelos outros, como figuras excepcionais, de muito maior valor. Até ali o mestre havia dispensado comitiva e, portanto, estes seis jovens deviam gozar de sua especial estima.

Mas o apreço em que eram tidos não se limitava a uma simples admiração: prestavam-lhes todas as homenagens possíveis, procurando conquistar irrestrita simpatia.

A princípio, o mestre observava em silêncio o comportamento dos rapazes. Apenas dois dentre eles pareciam não perceber o intenso esforço de aproximação desenvolvido pelos colegas. Seguiam calmamente seu caminho, indiferentes a distinções ou elogios.

Nagardschuna percebeu o que estava acontecendo e tratou logo de repelir esse comportamento. Quando chegavam a alguma escola ou convento, retraía-se. Deram-lhe, em vista disso, o apelido de "Muno, o eremita".

Três deles, porém, se aproveitavam de tudo que lhes ofereciam, gozando da oportunidade de serem considerados como pessoas muito boas aos olhos dos demais. No final, eles mesmos acreditavam que eram os tais, uma vez que Gáutama não os haveria certamente escolhido se não o merecessem.

Em certa ocasião, porém, Gáutama, estando sozinho com eles, repreendeu-os, severamente. Fez-lhes ver o grande perigo que existe, para o reto desenvolvimento das almas, o deixar-se levar por homenagens e elogios, pois só poderá atingir o verdadeiro conhecimento aquele que intimamente consegue desapegar-se dessas influências.

Nem é certo, também, retrair-se agora, aborrecido ou contrariado, do convívio humano. Todos eles tinham sido escolhidos para servir indiferentemente a todos. Isso só é possível mediante um ininterrupto convívio com as pessoas. Um eremita, pelo seu egoísmo, põe a perder sua missão.

É preciso aprender a tratar com as pessoas, a despeito de louvor ou censura, fazendo com que cada qual firme em seu próprio "eu" o ponto de apoio do seu círculo de atividades. Firmado que seja esse ponto, verá que descansa na mais perfeita tranquilidade. Daí partem, também, os fios de ligação que nos prendem ao Alto. Quanto mais nos disciplinarmos nesse ponto de concentração, mais firmes e coesos se tornam os fios de conexão com a vida. Quem assim se fortalece em si mesmo, esse, sim, poderá ajudar e guiar os outros.

— Já conseguiste encontrar a flor-de-loto que Siddharta conquistou? indagou um dos alunos. Rahula disse que qualquer um que verdadeiramente se esforce poderá alcançá-la.

— Devo confessar que jamais procurei conquistar flores-de-loto, comentou Gáutama. Procuro sempre me abrir da melhor maneira possível, recebendo forças na medida de minhas necessidades de momento. Acredito que isso se efetue de modo diferente de pessoa para pessoa.

Com grande satisfação Gáutama pôde verificar que suas exortações tinham produzido fruto. Os rapazes passavam a se preocupar muito menos com as manifestações de elogio. Onde quer que os louvores surgissem, de modo mais ou menos intenso, tratavam de afastá-los, jeitosamente, para longe de si.

Em sua peregrinação, chegaram um certo dia a uma localidade ao sul da cordilheira Vindhja, onde ainda não existiam templos do Eterno. Pernoitaram no lugar. Enquanto que Gáutama, seguindo seus hábitos, passou a noite ao relento, os demais procuraram abrigar-se em casebres, por ali.

Na manhã seguinte, trouxeram a notícia de que tinham tido conhecimento da existência de um afamado doutrinador que pregava ali nas redondezas o conceito de que Deus, em absoluto, não existe. Pediram a Gáutama que fosse ter com o homem.

Ainda que preferisse aguardar que o tal homem viesse à sua procura, cedeu à solicitação dos alunos. Estavam perfeitamente cientes de como encontrá-lo. Morava na cordilheira, num lugar ermo.

Após uma caminhada não muito longa, depararam com uma cabana muito bem construída, na esplanada saliente da montanha. Duas cabras, amarradas, pastavam na frente. Junto da entrada, via-se um grande bloco de pedra, coberto de uma pele de cabra, sobre o qual estava sentado um homem trajando uma roupa de pele pardacenta. A cabeleira e a barba estavam bem tratadas.

Pôs a mão sombreando os olhos, observando quem chegava. Esperavam que ele, seguindo os hábitos, perguntasse o que pretendiam; contudo, o homem não disse nada, preferindo aguardar que lhe dirigissem a palavra.

— És tu o Vindhja-Muno? perguntou um dos rapazes.

O homem riu-se.

—Não estás vendo?

Gáutama tinha chegado à beira da esplanada e corria os olhos pela paisagem. Uma vez que seus alunos é que tinham manifestado desejo de ver o homem, que tratassem, também, de atendê-lo. Quanto a ele, já à primeira vista, estava senhor da situação.

Os seis jovens, porém, ficaram parados diante do velho, atrapalhados, sem saber como começar a conversa.

Vindhja-Muno parecia estar-se divertindo. Riu-se novamente e fez uma careta.

Nagardschuna irritou-se:

— Posso agora compreender que não acreditas mesmo na existência de Deus, disse revidando.

O homem se espantou com a reação, perguntando logo:

— Por que dizes isso?

— Quem, como tu, pela ociosidade, rouba de Deus as horas do dia e, embora gozando de saúde, vive dependendo de esmolas, sem dar nada em retribuição, não pode mesmo crer em Deus; do contrário, haveria de ter medo do castigo que Deus lhe infligiria.

O homem ficou perplexo, mas empenhava-se em não deixar transparecer sua confusão. Gáutama, movido de curiosidade, queria só ver que rumo o assunto ia tomar.

— E crês tu, acaso, na existência de um deus? perguntou Muno, em tom de zombaria.

Nagardschuna respondeu secamente:

— Sim!

— Pois olha, amigo, prosseguiu o homem, é muito incômodo acreditar num deus. Temos de lhe dirigir preces; temos de lhe oferecer sacrifícios; não podemos fazer isto nem podemos fazer aquilo. Muito mais fácil é atravessar esta vida sem uma tal crença, despreocupado e livre.

Voltando-se, subitamente, Gáutama, com toda a severidade, disse:

— E qual o objetivo da tua vida, Muno?

O velho se assustou.

— Quem és tu? Não me olhes com esses olhos, que esses olhos me transpassam!

— Vamos, responde, qual o objetivo da tua vida? insistiu Gáutama, com uma inflexão penetrante de voz, fixando em Muno seus olhos brilhantes.

—Não sei, nem quero saber! O que me interessa é levar uma vida a mais cômoda possível. Se existe, depois, uma continuidade, terei de me desvencilhar de qualquer modo, mais adiante, em face da nova condição de vida.

— Eu te digo, homem, virá depois uma situação que te será cruel! exclamou Gáutama.

Muno baixou a cabeça e calou-se.

Ouviram-se passos de alguém que se aproximava. Por um dos atalhos da montanha desceram dois homens carregando volumes amarrados. Percebia-se que, nesse momento, Muno sentia-se contrariado de ter diante de si aquelas sete pessoas estranhas.

Gáutama fez um sinal aos alunos e eles recuaram um pouco. Podiam ouvir, porém, perfeitamente bem o que os dois estavam dizendo.

Os homens desataram os volumes, pondo toda a sorte de objetos aos pés de Muno.

Ele agradeceu, visivelmente constrangido. Era como se não estivessem acostumados a isso. Depois de breve silêncio, começaram a animá-lo.

— Desejávamos receber de ti, pai, palavras de sabedoria! Ensina-nos como receber os mensageiros da nova doutrina. Dizem eles que existe um Deus, que reina sobre todos os mundos. Se existe realmente um Deus, temos certamente de obedecê-lo.

— Podeis fazer como quiserdes, falou o velho, fugindo do assunto.

Surpresos, os homens o encaravam.

— Comumente não é assim que nos falavas. Sim, tu nos ensinaste que os homens são a coisa mais alta que existe engendrada pela Criação e que, portanto, todas as coisas devem ficar sujeitas à nossa soberania. Quando, porém, acontece de afirmarmos isso aos irmãos dos conventos, eles logo nos contestam: "Não conseguis sequer governar a vós mesmos". O que devemos responder a isso?

— Isso são intrigas, disse, aborrecido. O melhor é não dar resposta alguma.

Nesse instante, seu olhar se voltou, contrariado, para os estranhos, que somente agora eram vistos pelos recém-chegados.

— É por causa desses aí que estás tão aborrecido, hoje? perguntou um deles. São também adeptos da doutrina? Se são, poderiam nos responder ao que perguntamos. Teríamos muito que aprender com a resposta.

O eremita calou-se e cravou os olhos no chão. Gáutama, porém, aproximou-se.

— Por que motivo pretendeis recusar a doutrina da crença em Deus, minha gente? perguntou gentilmente. Vede: esse nada nos pode dizer a respeito, uma vez que realmente não temos provas que Deus não existe. A natureza, no entanto, é um livro aberto que nos fala de Sua existência. Tudo quanto vedes em redor dá testemunho Dele.

— Mas, ele nos ensinou que acreditar em Deus é escravizar a vida e transformá-la em cárcere. Nós queremos, porém, gozar nossa vida.

— Bem pensado, elogiou Gáutama. E sois, mesmo, capazes disso?

Os homens se entreolharam. Em seguida, respondeu o mais velho deles:

— Faça o que fizer, não consigo me livrar de minhas preocupações, de minhas angústias. Com o meu vizinho, aqui, acontece o mesmo.

— Se tendes, porém, poder sobre toda a Criação, basta ordenar e as preocupações e aborrecimentos desaparecerão imediatamente.

— Senhor, isso pessoa alguma consegue fazer, argumentou o mais moço. Temos de suportar aquilo que nos é imposto.

— E de onde parte essa imposição? De que modo veio essa imposição atingir a vossa vida, aqui na Terra?

— Isso não sabemos dizer. Talvez haja mesmo um deus, que nos atormenta e tortura.

— Não, minha gente, exclamou Gáutama em alta voz, um deus, assim, é que não existe!

— Nesse caso estás simplesmente repetindo o que o outro já disse, argumentou o mais velho, em tom jubiloso. Dize-nos, então, ao menos, como será possível obter uma situação de segurança nessas coisas.

— Não, não existe um deus que atormente a humanidade, reafirmou Gáutama. Existe, sim, um Deus bom, piedoso e misericordioso que ajuda os homens. A ninguém Ele sobrecarrega de cargas além daquelas que as próprias pessoas atraem sobre si.

O que dizeis a isto: se um homem, levianamente, põe fogo em sua casa, de modo que as chamas crescem e devoram a habitação, quem é o responsável por isso?

— Ninguém mais que ele, comentou o mais moço dos homens.

— E bem feito será se as chamas destruírem tudo, acrescentou o mais velho.

— Portanto, não podereis dizer: um deus que atormenta os homens ateou o fogo.

Ambos concordaram que não. Mostrou-lhes, então, Gáutama, que tudo que acontece aos homens não é senão o resultado daquilo que eles mesmos semearam. Isso, os dois interlocutores entenderam perfeitamente bem.

Nesse instante, Muno, pela primeira vez, tornou a abrir a boca, dizendo num riso sardônico:

— Conseguiste provar, admiravelmente bem, ó sábio, que o homem é quem faz tudo, que não existe mesmo Deus!

Gáutama argumentou imediatamente:

— E quem, porventura, criou os homens? Criaram-se, acaso, por si mesmos?

Com toda a franqueza, interveio o mais velho dos dois contendores:

— Realmente, muitas vezes tenho perguntado a mim mesmo quem teria feito os montes e os rios, as plantas e os animais.

— Sim, confirmou Gáutama, gentilmente pensando assim percebeste claramente que deve existir, por força, um Ser que está acima de todos nós. Homem algum conseguiria realizar essas obras. A esse Ser é que nós chamamos "Deus". Ao reconhecer quão maravilhosas são as Suas obras, emudecemos, também, de respeito por Ele, e O adoramos.

Proferindo uma imprecação, Muno ergueu-se:

— Vieste aqui somente para atrapalhar os meus rendimentos, forasteiro! Que temos nós contigo?!

— Seria muito melhor que desses ouvido ao que estamos anunciando, respondeu Gáutama, com toda a serenidade.

Num abrir e fechar de olhos, porém, o eremita apanhou uma pedra do chão, arremessando-a contra Gáutama. A pedra voou e passou de raspão junto à cabeça do mestre.

Os alunos fizeram menção de investir contra Muno, mas uma advertência rápida de Gáutama os impediu de fazê-lo.

— Deixai-o, disse. Nada me poderá fazer de mal. Deus mesmo me protege, disse Gáutama, em alta voz e de modo bem claro.

Em seguida, voltou-se para ir-se embora, e os dois homens estranhos se juntaram a ele e aos rapazes da comitiva. Pediram a Gáutama que fosse com eles, a fim de anunciar também aos seus vizinhos a mensagem de Deus.

Ele o fez, prazerosamente.

A situação reinante, por ali, era como se todas as almas a quem Muno conseguira tirar a ideia de Deus, nada tendo que a pudesse substituir, estivessem presas, acorrentadas, gemendo por libertação, e que só agora vinha a intervenção de Gáutama, para romper as correntes escravizadoras.

Das localidades vizinhas, acorreram pessoas em quantidade e, assim, Gáutama teve de repartir seus alunos, de modo que fossem pelo país afora até onde houvesse se estendido a influência de Muno.

Isso durou algumas semanas. Um certo dia, Muno se encontrou, de novo, com Gáutama quando este, num lugarejo, anunciava a mensagem de Deus a um grupo de homens.

— Tive o prazer de ouvi-lo, comentou, cinicamente, o eremita.

Gáutama não se dignou dar-lhe uma resposta, mas prosseguiu firme no que ia dizendo. Foi quando Muno o interrompeu, gritando para os ouvintes:

— Não lhe deis crédito! É um impostor em busca de lucros!

Um homem do povo, porém, contestou:

— Não é assim! Tu, sim, exigias de nós pagamento pelas tuas blasfêmias. Tínhamos de te vestir e de te sustentar. Este nada nos pede e nos ensina aquilo que nos torna felizes.

— Deixai-me, apenas, fazer-lhe uma pergunta, insistiu Muno. Se ele for capaz de responder, prometo ir-me embora daqui e não vos procurar mais.

As pessoas acenaram que sim.

— Dize-me, então, ó sábio, o que é a alma?

— A alma, Muno, é aquilo que dia e noite chora dentro de ti, porque tu a deixas faminta, e a maltratas. A alma é a melhor porção do nosso "eu", que vem do Alto e não descansa enquanto nós não a reconduzimos outra vez para lá. Se não a tratamos assim, chora, então, nossa alma, como chora, agora, a tua, Muno.

O homem cobriu, nesse momento, o rosto com as mãos, e rompeu em amargo pranto. Perplexos, os presentes o contemplavam. Gáutama, porém, fez um sinal para que o deixassem em paz.

Depois de Muno ter estancado a torrente de lágrimas, Gáutama colocou o braço sobre os ombros dele:

— Pobre homem! Como deves ter sofrido! Como teria padecido tua alma, a ponto de não achares outro caminho, senão o de pretenderes matá-la.

A alma, porém, meu amigo, não se deixa matar. É mais forte que tudo: porque vem de cima. Traz consigo a ideia de Deus, mas essa ideia só nos pode ser transmitida, se dermos ouvido ao que ela nos diz.

Continuou Gáutama conversando com o homem, que o seguia, como criança. Não faltava mais a reunião alguma. Tinha sempre muitas perguntas por fazer. Afinal terminou pedindo:

— Sábio, leva-me contigo!

Gáutama, entretanto, mostrou a ele que a sua missão estava ali mesmo.

— Aqui por onde espalhaste tua falsa doutrina, aqui tens de permanecer, a fim de dares testemunho de Deus! Conseguirás, assim, redimir tua culpa!

O ANO que Rahula desejava permanecer à frente dos trabalhos da Montanha passou. Tinha deixado outro dirigente em seu lugar e voltado para Utakamand. Para lá se dirigiu Gáutama, no decorrer dos meses seguintes, com seus alunos.

Tinha prazer em conversar com Rahula sobre a questão do sucessor. O único nome considerado para o cargo era Nagardschuna; temia no entanto, Gáutama, que o moço não conseguisse na medida do necessário, dominar seu temperamento, facilmente sujeito a descontrolar-se.

Quem se dispusesse a dirigir quase cinquenta escolas e trinta conventos, teria de ter, forçosamente, segurança junto a uma serenidade acima de qualquer influência.

— Deixa Nagardschuna aqui, Gáutama, propôs Rahula. Tenho, também, de ir pensando em escolher meu sucessor, pois não continuarei por muito tempo mais em atividade. Talvez o moço se acostume aqui, e sua aptidão não será frustrada. Para tua companhia, entretanto, como queres, tenho duas pessoas para oferecer. São dois indivíduos altamente dotados, mais não é preciso dizer.

Gáutama concordou com isso, mesmo assim pediu a Rahula que chamasse de volta o menos dotado dos referidos seis alunos, que por sinal era, também, procedente de Utakamand.

— Mais do que seis alunos, não quero ter, declarou ele. Logo em seguida, levantou-se para continuar sua viagem.

Rahula despediu-se dele nessa vida terrena.

— Não te mandarei chamar, Gáutama, quando chegar a hora de meu passamento. Tens coisas muito mais importantes para tratar.

Aqui, onde passei toda a minha vida trabalhando, desejo ser sepultado. Mesmo porque, é tão só o envoltório terreno que aqui deixo. Quando chegar o momento de minha partida, tu o saberás. Lembra-te, então, de mim, fazendo votos para que nada mais me prenda a este mundo.

Foi doloroso para Gáutama separar-se, para sempre, de Rahula, a última pessoa a que se sentia ligado por um irrestrito sentimento de confiança. De agora em diante, disso estava certo, tinha de continuar sua caminhada sozinho. Certo estava, também, de que assim é que deveria ser, pois que esse caminho é que deveria conduzi-lo para o Alto.

Os novos alunos o preocupavam muito. Eram espíritos vivos e ativos, uns bem diferentes dos outros, iguais apenas no firme propósito de servir.

O mais idoso, Wanadha, tinha aprendido muito. Sabia dizer de cor muitos escritos, bem como explicá-los e comentá-los. Mesmo assim, havia conservado um modo infantil de crer, que o resguardava de todo o perigo que porventura lhe pudesse advir de tamanha erudição. Olhava, com todo o respeito, para Gáutama tomando sobre si, com toda a naturalidade, a incumbência de todos os trabalhos, até daqueles que eram menos agradáveis aos outros.

O mais moço, Siddha, era um verdadeiro sol personificado. Parecia irradiar do íntimo uma fonte de luz e de alegria que nada deste mundo conseguia turvar. Mesmo quando seguia em silêncio com os demais, uma corrente de alegria se espalhava por sobre todos.

Certa vez, perguntaram a Gáutama como explicar isso. Não podiam compreender de que modo Siddha podia exercer essa influência. O interpelado respondeu-lhes que os pensamentos de Siddha eram de tal modo cheios de luz que transbordavam, beneficiando os que estavam ao redor.

— Sabeis, perfeitamente, que sentimentos baixos podem produzir verdadeiros demônios, que, devidamente alimentados por nós mesmos, podem se tornar independentes e atacar outras pessoas.

Já tinham conhecimento do fato. Em parte, já tinham até visto isso.

— Pois bem, continuou Gáutama, imaginai, então, o mesmo processo em face da Luz. Pensamentos bons, alegres ou belos, geram seres luminosos, os quais, na medida da força de cada um, procuram sempre um ponto em que possam encontrar sua igual espécie. Acolhei, sem hesitar, esses pensamentos bons, visto que uma pessoa alegre pode fazer muito mais que uma pessoa teimosa ou triste.

Todos queriam muito bem a este jovem, que era não só alegre como profundamente bom.

Mesmo que não tivesse o dom de ver os enteais, sentia-se, porém, ligado a eles, pelo grande afeto e cuidado que manifestava para com tudo. Tinha os sentidos francamente abertos para tudo quanto Gáutama dizia aos alunos e, melhor que ninguém, sabia transmiti-lo a outras pessoas, com irrepreensível exatidão.

Logo percebeu Gáutama que ali estava o desejado sucessor, intuição confirmada pelo seu guia, que o aconselhou a voltar à Montanha do Eterno, a fim de reassumir a direção da comunidade e fazer Siddha trabalhar sob suas ordens.

Por mais de três anos, Gáutama andara peregrinando longe da Montanha. Sentia-se, agora, satisfeito de poder deixar essa vida errante; e os irmãos, por sua vez, sentiam-se felizes de tê-lo novamente entre eles. Não tardou, porém, que reconhecessem quanto Gáutama os havia superado em espírito. Mostrava uma tal serenidade, própria tão só da mais alta maturidade espiritual.

Quase não falava, mas o pouco que dizia impressionava tanto porque tocava justamente no ponto nevrálgico daquilo que desejava transmitir. Tinha envelhecido visivelmente, embora conservasse o porte ereto e ágil o andar. Seus olhos haviam readquirido de novo aquela luminosidade solar, que há muito tempo tinha desaparecido.

Integrado no seu meio, não obstante separado de todos num círculo de inacessibilidade, passava Gáutama os dias numa sucessão intensa de trabalho. Ninguém se dirigia a ele sem ser chamado, embora comparecer diante dele sempre fosse motivo de alegria.

Enquanto fazia Siddha colaborar em tudo, tanto na direção administrativa da comunidade como no ensino da doutrina, mandou que Wanadha organizasse uma relação de todas as escolas e conventos, de mulheres e de homens espalhados por toda a vasta extensão do reino, e juntasse à denominação de cada entidade uma referência sobre sua localização.

Além disso, devia acrescentar todos os informes que pudesse reunir sobre cada uma das escolas ou conventos. Um dos alunos deveria ajudá-lo nessa tarefa, de que resultou volumosa obra capaz de prestar os mais relevantes serviços.

Reinava na Montanha intensa atividade. Cada qual, incentivado pela presença do mestre, procurava fazer o melhor possível. Novos projetos foram surgindo para reformas, melhorias e acréscimos, chegando mesmo a surgirem outras instalações, estimulados por umas poucas palavras de Gáutama, que não tolerava apatia em parte alguma.

Com especial satisfação, ele aceitou cooperação na esfera de atividade do grupo das mulheres. Sisana, igualmente de espírito previdente, havia preparado sucessoras para seu posto, queixando-se, no entanto, dos homens da direção da Montanha que jamais, nem sequer Rahula, tinham dado apoio a seus empreendimentos.

"Isso de mulheres não é conosco; isso é coisa tua, Sisana." Foi sempre o que, na maioria das vezes, lá obteve como resposta.

Sua administração, no entanto, se mostrou de tal modo robusta, que ela, mesmo sem a ajuda dos irmãos, conseguiu disciplinar o trabalho das mulheres, ampliando seu raio de ação. Ao lado das escolas para crianças e meninas, havia instalado creches para criancinhas órfãs e centros de trabalho para mulheres, em que cada qual, segundo a região do país, preparava o algodão ou a seda. Muitos desses produtos o próprio Gáutama já havia visto, com grande satisfação, num lugar em outra parte do reino. Essas mulheres, que lá trabalhavam, chamavam por toda parte a atenção pela sua conduta irrepreensível e pelo seu gênio alegre.

— Desde que começamos a ajudar essas pobres mulheres a tomar conta dos filhos, já não é mais um fardo ser mãe, explicou Sisana. Esperamos que surja daí uma geração mais alegre e mais livre.

Para onde quer que Gáutama voltasse os olhos só via progresso e mais progresso, da melhor maneira. O Eterno havia abençoado ricamente sua obra. Sempre e de novo, rendia graças ao Alto, certo de que sem essa proteção nada poderia ter feito.

Agora começava a ter tempo outra vez para suas meditações e, voltando-se para si mesmo, reencontrava a fonte das forças de que precisava. Eram suas horas prediletas, suas melhores horas, que nunca deixaram de produzir os mais abundantes frutos.

EM UMA ocasião, achava-se ele mergulhado em meditações, estando prestes a receber uma pequena revelação dos planos do Além, de que já obtivera concessão para ver alguma coisa ou de, pelo menos, receber vagas noções, através da intuição.

De repente, Rahula apareceu junto dele. Essa presença estava de tal modo ajustada ao encadeamento das suas ideias, que não soube discernir, de momento, se era o próprio Rahula, em corpo físico, ou uma aparição dele, desencarnado.

Cumprimentou-o amavelmente e foi por ele correspondido, porém numa saudação como que vinda de muito longe. Só, então, pôde enxergar, como deveria, e aí viu que o vulto era de uma delicadeza quase translúcida.

— Tiveste mesmo de partir, Rahula?! exclamou, comovido. Acaso te terei prendido à Terra por qualquer procedimento errado, que agora te impede de livremente seguir na escalada para o Alto?

"Não Gáutama", disse a aparição, sorrindo. "Iniciei perfeitamente bem a subida que me conduzirá aos reinos luminosos. Tenho, porém, uma mensagem para te dar:

Trata de organizar tuas atividades tendo em vista a meta final, ficando pronto e disposto a tempo de abrires mão de teus afazeres, quando vier o chamado do Alto. Deixa que outros trabalhem sob tua orientação. O Senhor te chamará para outras incumbências. Alegra-te, pois, com isso!"

Gáutama se alegrou realmente, sendo como era, esta mensagem, uma nova prova de que o Senhor dos Mundos o havia perdoado. Era também a confirmação de que estava agindo direito dedicando-se à meditação, a fim de ver e de receber muita coisa que poderia ainda anunciar.

Sua impressão era que, desse dia em diante, uma nova força descia sobre ele, toda vez que se recolhia em oração. Impregnava-o a visão suprema das coisas, percebia claramente as correlações de tudo e um horizonte imenso se abria ao seu espírito.

Entidades diversas dirigiam-se a ele, fazendo-o ver as várias gradações que existem, também, em outros reinos. Mostravam-lhe que se distinguiam não só quanto à forma, quanto à capacidade de trabalho, como também quanto à origem.

À medida que ia recebendo essas comunicações era como se estivesse vendo círculos coloridos movendo-se em torno de um ponto central. Quanto mais vibravam avizinhando-se desse centro, tanto mais delicados e luminosos se tornavam de um lado e mais radiantes de outro.

"Onde estão as pessoas?" perguntou, certa vez, sem querer, vendo um quadro desses.

"Vê", respondeu uma voz, e uma mão mostrou a parte externa, a mais pesada e densa do círculo, a qual, mesmo assim, se esforçava, procurando vibrar e brilhar. "Eis, aí: são as pessoas de boa vontade."

"E quem é aquele em torno do qual todos gravitam? Será Deus, talvez?" perguntou com certa hesitação.

"Não é o Senhor dos Mundos, e sim uma parte Dele, Sua Santa Vontade! Ainda não podes divisá-la, Gáutama. Mas ainda te será dado vê-la."

Gáutama sentia, até o mais íntimo recesso do seu ser, que uma revelação imensa baixara até ele. Mas sempre meditava e repetia para si mesmo: "A Vontade de Deus, uma parte de Deus?"

Não era, então, o Sagrado Querer o próprio Deus? Sim ou não, deve ser a mais possante manifestação Dele. Sim, porque a vontade humana é aquilo que nos instiga, que gera os nossos atos. E a Vontade de Deus, o que será?

Teria sido ela que criou os mundos? Forçosamente. No seu íntimo Gáutama sentia que lhe fora concedida a visão verdadeira.

Que denominação daria a essa "parte" de Deus, quando chegasse o momento de anunciá-la às pessoas? Por certo que não tinha recebido, pela graça, esse conhecimento só para guardá-lo consigo. Tinha de anunciá-lo, sem dúvida alguma, enquanto tivesse forças. Mas, como denominar o radiante ponto central dos círculos?

"A Vontade de Deus, o Sagrado Querer", tinha dito a voz.

As pessoas, contudo, não haveriam de entender isso, pois isso queria naturalmente dizer que Deus destacaria uma "parte" de si, que depois se tornaria uma entidade autônoma. Poderia, acaso, dizer: "O Filho de Deus"?

Sempre retornavam suas ideias para o mesmo ponto. Quanto mais meditava no caso, mais era dominado pela impressão de estar tocando em coisas santíssimas.

Tinha o dever de falar a respeito com os outros, mas não podia fazê-lo, antes de ter bem clara, diante de seu próprio espírito, a visão esclarecedora do todo. Do contrário, transmitiria aos homens não a verdade perfeita, mas incompleta.

"Senhor, não consintas que minhas ideias divaguem. Faze com que eu veja cada vez melhor a Tua magnificência! Mostra-me se estou ou não sentindo como devo. Dá-me a percepção clara do que seja 'A Sagrada Vontade'!"

Reiteradas vezes orou de um modo ou de outro, sentindo-se sempre cheio de uma grande força, mas o "nome" mesmo, que desejava ouvir, não ouvia.

Em compensação, percebia cada vez melhor a imagem dos círculos em vibração. Começaram eles a ressoar harmoniosamente, seus raios se entrelaçavam, conservando-se, não obstante, nitidamente, separados uns dos outros.

Do ponto central, porém, aparentemente encoberto, irradiavam por vezes feixes de luz, raios claríssimos que saltavam para fora dos círculos iluminando-os, unindo-os em sua refulgência. Uma visão maravilhosa que lhe falava profundamente ao espírito!

"É possível que eu possa anunciar todas essas coisas, sem fazer menção do ponto central", pensava ele. "Se não posso ainda oferecer o que é melhor, por que me abster de ensinar outras coisas que posso perfeitamente transmitir?"

Nessas condições, começou a falar aos alunos a respeito da Divina Providência, como tudo é organizado nas mínimas coisas da Criação.

— Por que tens a visão de círculos? perguntou-lhe um dos alunos. Sempre imaginei que fossem planos.

Siddha contestou-o.

— É claro que existem também degraus. Temos de subi-los, um a um, se quisermos atingir o ponto de onde viemos.

Mas, observa bem isto, meu irmão: tudo quanto se move dentro da criação descreve círculos. Somos procedentes de cima e para cima queremos retornar. A semente transforma-se em árvore, a árvore lança, por sua vez, sementes à terra, para que não cesse a circulação.

Para onde quer que olhes por toda parte encontrarás círculos, sempre círculos. Poderia até mesmo dizer: movimento, no sentido espiritual, é circulação. Não achas, Gáutama? acrescentou, buscando confirmação.

O mestre acenou a cabeça, concordando:

— Sim, podes dizer, também, Siddha, que todas as nossas ideias, palavras e atos retornam para nós, depois de terem completado um ciclo favorável ou prejudicial para nós, conforme as circunstâncias. Contudo, é preciso notar – nessa altura seu espírito parecia estar vagando longe daquilo que lentamente, mas cheio de entusiasmo, ia dizendo – que todo círculo ou ciclo, precisa ter um ponto central, que naturalmente nós não podemos ser. Está encoberto, por enquanto: é a Vontade, por excelência, a Sagrada Vontade! Mais tarde saberemos qual o nome certo. Quando chegarmos lá, nossa felicidade será perfeita.

Os alunos se entreolhavam, impressionados. Era por demais elevado aquilo que ele dizia; não conseguiam compreender. Porém, o modo pelo qual lhes falou a respeito, deu-lhes a entender que estavam tocando o limiar do Santíssimo.

Gáutama se retraiu novamente, por uns dias, da companhia deles. Sua alma andava preocupada com a sagrada força que estava prestes a revelar-se nele.

A origem do ser humano era agora seu tema de meditação. Sempre havia imaginado que o ser humano fora criado como todas as demais criaturas. O ser humano, porém, tinha de voltar novamente à Terra para redimir-se, para aprender. Isso não acontece com os outros seres.

No ser humano existe aquela tendência para o Alto, que ele chamava de "alma". A alma tem de ser imortal. No decurso de apenas uma pobre existência humana não consegue completar o ciclo que provém de cima e volta para cima; muitas vidas são para isso necessárias. Por que, então, não tinha sabido disso antes?

Muito e muito mais coisas, se o soubesse, poderia ter ensinado ao povo.

"De onde vem isso, agora, para mim?" perguntava, dando a si mesmo a resposta: "Deus é que concede que isso me seja revelado!"

Se Deus permitia que ele o soubesse agora, é porque o momento propício tinha chegado. Com isso se dava por satisfeito, preferindo esforçar-se para receber tudo quanto Deus assim lhe concedia.

A alma é imortal, ela vem de cima, refletia ele. Divina, porém, ela não é, do contrário teria uma noção perfeita de Deus, poderia até mesmo enxergá-lo. Logo, ela é também criada pela Vontade de Deus, por aquele sagrado ponto central em torno do qual gravitam todas as coisas.

Wanadha entrou, trazendo nas mãos um escrito. Vinha pedir instruções sobre o que declarar a respeito de um convento que ele não conhecia.

Gáutama deu-lhe os informes, amavelmente, e, quando Wanadha já se dispunha a retirar-se, o mestre o interrogou, em expressivo tom de voz:

— Wanadha, de onde é que vem a alma humana?

O interpelado, recebendo a pergunta inesperadamente, ficou surpreso, tão absorto estava em seu trabalho. Pensou um momento e respondeu:

— Creio que ela cresce em nós, como o coração.

— Mas o coração não sobe conosco, quando deixamos o corpo, contestou Gáutama.

Wanadha tornou a ficar pensativo.

— Mestre, não sei mesmo. Vamos perguntar a Siddha, ali vem ele.

Antes mesmo de Gáutama poder concordar com ele, chamou Siddha, muito satisfeito de haver conseguido livrar-se da pergunta:

— Siddha, de onde é que vem a alma humana?

— De cima, Wanadha, foi a imediata resposta.

Gáutama prosseguiu, então, perguntando:

— Nesse caso, achas que ela é de origem divina?

— Não, mestre, não disse isso. Todos os seres que nos rodeiam, tanto os grandes como pequenos auxiliares, vêm de cima, contudo, não são de origem divina. De onde eles vêm, vem dali, também, a nossa alma.

— E que ideia formas tu da alma? perguntou Gáutama, contente com as respostas de Siddha.

— Faço a ideia de uma espécie de anjo, delicado e translúcido, um ser luminoso que se acha prisioneiro dentro de nós e espera libertação. Tem de ser um ente vivo, uma vez que pode sentir alegria, chorar, cantar ou entristecer-se.

Não puderam prosseguir, pois entrou um dos rapazes que fabricava para o templo lindíssimos objetos de ouro: vinha mostrar algo de extraordinário, que os três se puseram a ver, com todo o interesse.

Era uma flor de loto colocada na ponta de uma haste alongada e ereta. Algumas folhas revestiam a haste, deixando a flor inteiramente livre. O delicado recipiente da parte de cima servia para conter óleo aromático, para ser queimado, produzindo belíssimo efeito, como se da flor emergisse uma chama votiva.

— Vejam só a nossa alma, comentou Wanadha, mas logo ficou desapontado.

Era natural nele sempre esconder dos outros seu íntimo sentir.

Gáutama elogiou o artista. Este contou então que, durante três dias, os pequenos auxiliares lhe mostraram flores-de-loto, apresentadas nesse arranjo, pois lá em cima na Montanha não existiam dessas flores.

— Tendo as flores por modelo, foi muito fácil trabalhar. Não mereço os elogios, Gáutama.

Acompanhando o moço, o mestre se dirigiu para a oficina em frente, a fim de apreciar os outros trabalhos. Um dos alunos mais moços tinha feito uma estatueta de prata. O vestido da figurinha, amplo e longo, caía com naturalidade e leveza extraordinárias, ao longo do corpo. Duas pequenas asas de filigrana de prata, guarnecidas de pedras preciosas de cor, colocadas sobre os ombros da figurinha, completavam a beleza da peça.

Gáutama ficou encantado.

— Como foste encontrar esse lindo modelo, meu irmão? perguntou ele ao rapaz.

Este enrubesceu, envergonhado.

— Vejo sempre essas figurinhas junto das flores, mestre.

— Muito me alegro com isso, comentou Gáutama.

Ficava sempre satisfeito quando encontrava algum irmão que tinha os olhos abertos para as realidades que estão além da dura materialidade, pois que, assim, se prendem a uma ordem de coisas mais delicadas e não se tornam grosseiros.

Reanimado, Gáutama voltou a seus aposentos.

Intensa cooperação, cheia de espiritualidade, reinava entre as pessoas. Firmemente ancoradas, as almas buscavam sua pátria no mundo do Alto. Reunidos em torno do mesmo ideal, os irmãos, para além dos limites dos principados, congregavam-se num todo de grande firmeza.

Claro é que ainda existiam, aqui e acolá, núcleos de brâmanes, ou conventos, disseminados entre os adeptos do Eterno, como manchas numa pele de pantera. Gáutama, porém, deixava-os em paz, considerando-os, ainda assim, uma espécie de degrau para a verdadeira doutrina. Além disso, não eram turbulentos. Viviam quietos no seu canto. Todas as outras correntes ou pregações, que iam surgindo, não conseguiam fazer-lhe frente. Já vivia, forte demais, no coração do povo a ideia da mensagem do Senhor dos Mundos, de forma que ninguém se deixava abalar.

"Oh! Senhor Eterno", orava Gáutama fervorosamente, "com que sabedoria dirigiste o povo, acendendo em todos nós a chama da verdadeira fé, edificando entre nós o Teu reino, nós que não passávamos de meros sonhadores!"

O que ele não proferia, embora o sentisse palpitante dentro de si, era o desejo de passar inteiramente suas ocupações a mãos mais jovens, para poder se retrair e, no silêncio, mergulhar em profundas meditações. Era o ideal que o havia acompanhado por toda a vida.

O Senhor, contudo, sabia da aspiração do Seu servo fiel e, assim, enviou-lhe um mensageiro para lhe anunciar que seu ideal ia ser satisfeito.

"Gáutama", falou o enviado, solenemente, "serviste fielmente ao Senhor dos Mundos. Ele quer te conceder a solidão do recolhimento para o final de tua vida terrena, como aspiravas.

Escolhe um dos teus alunos e um empregado e, logo que a Lua se arredonde, monta a cavalo, seguindo rumo norte, em direção à cordilheira. Qual o caminho a tomar, isso te será mostrado."

Pouca coisa faltava para o prazo indicado, pois a Lua já era crescente. Sem dizer nada a respeito dos seus planos, Gáutama, normalmente, ainda distribuiu trabalho para Siddha e para todos os outros.

Siddha percebeu que a viagem, sobre a qual o mestre só vagamente se referia, ia ser de uma importância enorme. Os olhos de Gáutama brilhavam com um novo brilho, seus gestos eram ágeis como se uma nova juventude quisesse baixar sobre o ancião.

Siddha de modo algum, nem pelo olhar, nem falando, dava a entender que sabia daquilo que o mestre queria guardar silêncio. Os outros nada percebiam, procurando por vários modos, dissuadi-lo de empreender aquela viagem a cavalo, coisa que na sua idade, contando ele quase oitenta anos, seria por demais arrojada. Mas, quando viram que ele ficava cada vez mais animado, silenciaram os admoestadores.

Radiantes de alegria, Lidandha, um dos alunos mais moços e Wada, antigo empregado que há muito merecia confiança de Gáutama, se preparavam para acompanhar o mestre. Sentiam-se orgulhosos de terem sido escolhidos para essa tarefa.

— Vamos levar dois burros de carga, com tendas e mantimentos, ordenou Gáutama, um dia antes da partida. Quero primeiro achar um lugar bem sossegado, onde possamos nos estabelecer.

NA MANHÃ seguinte à noite de Lua cheia, partiram eles, a cavalo, acompanhados durante uma longa extensão do trajeto por irmãos e alunos. A despedida foi muito alegre, para ele não haveria retorno nesta vida terrena. Siddha, também, fazia todo o possível para se mostrar contente.

No começo, contrariando seu costume, Gáutama conversava com os companheiros de viagem. Chamava-lhes a atenção sobre as lindas cores da natureza, e explicava-lhes como os pequenos auxiliares se ajustam, num sentido perfeito, a essas cores e a seu ambiente.

— Isso nos mostra, dizia ele, que é dos planos do Senhor que tudo se engrene naturalmente, sem transições abruptas. A nós, seres humanos, é que compete nos orientarmos cada vez mais de acordo com a natureza, muito mais do que estamos habituados a fazê-lo.

A cavalgada seguia rumo norte, em direção à cordilheira. Fazia já algum tempo que Gáutama via que um enteal luminoso, de grande porte, guiava seu cavalo e a esse guia se entregava inteiramente.

Quando, à noite, interrompiam a marcha para descansar, o enteal desaparecia, para reassumir o posto logo de manhãzinha, no dia seguinte.

Sem que fosse ouvido, Gáutama se pôs a falar com o guia, não indagando, contudo, qual a meta final da viagem. Aproveitava para pedir explicações sobre muita coisa que lhe chamava a atenção pelo caminho.

O guia, prazerosamente, ia explicando tudo. Com isso Gáutama, sem querer, se mostrava inteiramente calado para com os companheiros. Estes davam largas aos próprios pensamentos, satisfeitos de caminharem em silêncio.

Passados dez dias, depararam os viajantes com um lindo gramado cercado de altas montanhas, em que se via uma habitação humana colada na encosta. Era uma cabana resistente e muito bem construída, de pedras e madeira, em que não faltavam até mesmo assentos e uma cama larga.

"Chegamos ao destino", informou o guia. "Instala-te nesta cabana. Mais adiante há uma outra, mais espaçosa, que servirá de abrigo a teus companheiros. Para o lado de lá, existe uma localidade maior, onde poderão encontrar víveres. Fica feliz!"

O guia desapareceu e Gáutama olhou, maravilhado, ao redor. Era uma paisagem magnífica, entre as montanhas e o céu. Um regato ruidoso corria para o vale; flores surgiam por entre a grama, e um maciço de pinheiros se erguia não muito distante, com promissoras sombras.

Enquanto Wada preparava a cama, abrindo cobertores, estendendo esteiras macias pelo chão, Gáutama, acompanhado de Lidandha, seguia na direção indicada pelo guia, indo encontrar, poucos passos adiante, uma outra cabana, bem mais espaçosa que a primeira.

Era, sem dúvida, já meio estragada, mas podia muito bem passar por um conserto e servir perfeitamente de abrigo aos dois acompanhantes de Gáutama. Ao lado havia uma espécie de estrebaria, parecendo que o antigo morador do lugar ali criava cabras.

— É o que também pretendemos fazer, se Gáutama quiser se demorar por aqui, comentou Lidandha.

Depois de terem resolvido as coisas, Gáutama retornou para o próprio abrigo.

— Está esplêndido isto aqui! exclamou, entusiasmado. Falta-me apenas um bloco de pedra aqui no centro deste espaço verde, para fazermos as devoções; trouxe comigo uma taça flor de loto.

Logo no dia seguinte, já se achava colocada ali uma pedra, servindo de altar, no ponto indicado por Gáutama. Rostos sorridentes, porém, se mostravam por entre as pedras ao redor, para ver o efeito, se o mestre ficava ou não satisfeito com a obra.

Gáutama, ao voltar-se, percebeu-os ali perto.

— Muito agradecido, meus ajudantes! exclamou ele.

Daí em diante, sentiu-se perfeitamente adaptado a esse novo ambiente.

Seus companheiros trataram logo de consertar a cabana que lhes era destinada e, depois, saíram em trabalho de inspeção pelas redondezas. Na subida, em direção oposta, viram uma localidade maior, resolvendo chegar até lá.

Sobressaltou-os, no entanto, a lembrança de que não tinham suficiente dinheiro consigo, caso a permanência ali tivesse de se estender por longo tempo.

Impossível retornar à Montanha para arranjar meios. Os caminhos, que tinham passado despercebidos, eram quase impraticáveis, caso fosse mesmo ideia deles retornar para aquele fim. Mas não pensaram nessa eventualidade, de maneira nenhuma.

Timidamente, foram à procura de Gáutama, que, bem-humorado, perguntou pelos motivos de sua preocupação. Quando lhe disseram, Gáutama pôs-se a rir.

— Que achais vós que faremos aqui com nossos cinco cavalos?

Perceberam eles aí, de repente, a saída para a dificuldade que defrontavam.

— Mas não vendais todos de uma só vez, aconselhou Gáutama. Há capim de sobra aqui por cima, para alimento dos animais. Levai primeiro só dois. Depois resolveremos o que fazer, mais adiante.

Logo no dia seguinte, ambos seguiram, com o objetivo de explorar as redondezas, levando consigo os dois cavalos para vender.

Carregados de experiência, de quanto haviam visto e ouvido, voltaram ao cair do sol, tendo vendido os dois animais em ótimas condições.

— Perguntaram-nos se apareceu de novo outro eremita por aqui. Dissemos que sim. Toda a gente ficou, então, muito contente, porque todos, aqui das redondezas, já são crentes do Eterno.

— Dissestes, também, o meu nome? perguntou Gáutama, meio preocupado.

Não haveria de gostar disso, pois tinha vindo com o propósito de não entrar em contato com ninguém.

— Pretendia fazê-lo, confessou Wada; mas Lidandha se adiantou, dizendo que eras um eremita da estirpe dos Tschakja. Começaram, por isso, a chamar-te Tschakjamuno.

Lentamente, Gáutama repetiu:

— Tschakjamuno – que belo nome! Vou continuar a usá-lo, de agora em diante. Pois considerai: só quando criança é que tive nome próprio. Pela vontade do Eterno adotei depois o nome de minha estirpe: Gáutama. Vejo-me, agora, ainda mais profundamente entrosado na estirpe, da qual eu já me havia separado interiormente.

Lidandha ficou muito satisfeito de o mestre não se ter zangado com seu atrevimento e prosseguiu falando, com entusiasmo:

— A localidade chama-se Kusinara; é a capital do principado de igual nome, que se limita com o reino de Khatmandu.

Deu a informação, ignorando que o irmão de Gáutama era o rei do país vizinho. Gáutama, porém, nada comentou a respeito.

Antes que a Lua voltasse de novo à fase crescente, já os três haviam se adaptado perfeitamente ao lugar. Todas as manhãs principiavam as atividades do dia com um ato de culto junto da pedra da cabana, ato esse para o qual compareciam incontáveis entidades invisíveis, que Gáutama chegava a enxergar e gostava mesmo de ver.

A seguir, o mestre dava um prolongado passeio pelas montanhas, absorvendo-se em profundas meditações.

Wada se encarregava da alimentação geral e cuidava dos cavalos, agora acompanhados também de algumas cabras. Lidandha, por seu lado, procurava tomar nota de tudo que havia aprendido com o mestre no dia anterior.

De tarde, Gáutama estava em casa de novo e transmitia a seus acompanhantes as experiências diárias do seu mundo interior. Uma vida simples, porém rica, era a vida que eles levavam.

Uma tarde, Gáutama encontrou os seus acompanhantes meio inseguros, como se estivessem, com medo de contar alguma coisa. O que teria acontecido?

Perguntou do que se tratava e Lidandha informou que duas mulheres tinham aparecido ali, desejosas de falar com Tschakjamuno, mas que ele, Lidandha não quis perturbar o sossego de Gáutama.

Disse-lhe que Muno não podia atender qualquer pessoa. Estava agora em meditação com o Eterno. Se, porém, as mulheres estivessem dispostas a ouvir a um seu aluno, estava pronto a responder às suas perguntas. Mostraram-se contentes com a solução, fizeram algumas perguntas e, como recompensa, haviam deixado umas frutas magníficas.

Gáutama sorriu.

— Ainda és jovem demais para seres um instrutor, Lidandha, observou Gáutama, porém, como as mulheres ficaram satisfeitas, satisfeito fico eu também. Além disso, não gostaria mesmo que tivesses ido me chamar. Mas, pensa bem: não seria melhor que tivesses mandado embora as mulheres sem ter feito o que desejavam? Agora mais pessoas virão até aqui, comentou Gáutama, dando um suspiro.

— Não, mestre, contestou o aluno. Mandar as mulheres embora, sem resolver, isso é que não: o outro Muno que vivia aqui sempre atendia a todos; é uma obrigação integrante do cargo. Disse-lhes, porém, que tinham tido sorte; pois, só de sete em sete dias é que costumávamos atender pessoas. Disposição essa que todos têm de obedecer.

Gáutama divertiu-se com a esperteza do rapaz. Mas queria saber o que as mulheres tinham perguntado.

— Perguntaram, em primeiro lugar, se acreditávamos no Senhor dos Mundos. Ao receberem confirmação de minha parte, perguntou, então, uma delas, se é mesmo verdade que o grande mestre Gáutama concede direito prioritário às mulheres. Confirmei, também, isso.

Surgiu, em seguida, uma questão difícil de resolver: por que não existe, nesse caso, uma entidade divina que se interesse pela mulher? Forçosamente, tem de existir uma mulher nas proximidades de Deus! Ela e suas amigas tinham perfeita noção disso. Havia já acontecido, mesmo, de uma delas ter tido, certa vez, a visão de um vulto celeste de mulher!

— E que foi que respondeste a isso? perguntou Gáutama, que ainda se sentia muito indeciso nessa questão de mulheres.

— O que havia de dizer-lhes? Nada sei a respeito disso. Respondi que era um simples aluno de Muno. Falaria com o mestre sobre isso e se, passados os sete dias, quisessem voltar, lhes transmitiria a resposta.

Wada riu-se.

— Como é sabido o nosso pequeno! exclamou, em tom divertido. Quando não sabe responder empurra logo o caso para o mestre.

— Está claro, contestou Lidandha defendendo-se, é muito mais certo assim do que se eu respondesse errado.

Gáutama concordou com ele, mas observou, em tom sério:

— As mulheres perguntaram uma coisa que sempre temos menosprezado. Elas têm razão: se for da vontade do Eterno que as mulheres sejam colocadas em grau superior a nós, homens, forçoso é, também, que lá nos jardins celestes se encontre, por sua vez, uma entidade feminina, que seja a orientadora de suas irmãs aqui na Terra. Curioso, que eu jamais tenha me preocupado com isso!

A seguir, calou-se Gáutama e, durante a tarde inteira, não proferiu mais palavra.

Seus acompanhantes já estavam habituados a isso, de forma que, só em casos muito especiais é que ousavam romper esse silêncio.

Quando Gáutama se viu só em seu aposento, mergulhou em prece. Depois saiu ao relento, na impressão de que, sob o céu aberto, acharia com mais facilidade o que procurava.

Vultos luminosos flutuavam nos raios do luar e estes baixavam tão suavemente sobre a Terra como se fossem véus que envolviam esses vultos.

"Olha para nós, Gáutama!" murmuravam vozes delicadíssimas. "Somos entidades femininas. Muitas vezes nos viste, porém nunca pensaste sobre nossa existência, nós que sempre estamos presentes ao lado das entidades masculinas."

"E existe por toda parte essa dualidade?" perguntou Gáutama.

"Tanto quanto podemos alcançar com a vista, sim", balbuciaram, suavemente, as vozes. "Por toda parte a mulher está ao lado ou em grau superior ao homem."

"Por toda parte?" perguntou Gáutama para si mesmo. Mas, em alta voz, contestou:

— Não, por toda parte, não! Deus, o Eterno, Deus o Senhor dos Mundos está só!

"Tens razão, Gáutama", soou a voz do seu guia. "Deus, o Senhor, foge à nossa capacidade de imaginá-Lo. Ele abarca tudo. Nele não há separação possível em masculino e feminino, porque Ele é tudo em tudo ao mesmo tempo. Mas, abaixo Dele, outras altas entidades espirituais existem, muito acima de Brahma e de Schiwa. Nestes já deparamos com a dualidade. Há entidades femininas e masculinas; a entidade espiritual feminina, porém, é a mais alta de todas."

"Qual o nome dessa entidade, para que eu possa transmitir às mulheres que perguntaram e o desejam saber? Como devo anunciar-lhes tais entidades?" perguntou Gáutama, com ansioso interesse.

"Tens de adivinhá-las, de conhecê-las pela intuição, Gáutama. Então, tu mesmo acharás o nome para elas, o nome que há de melhor servir para teu povo. Tem ela muitos nomes, porque é uma entidade espiritual multiforme. É o modelo da mulher perfeita. Bendito aquele a quem for dado contemplá-la!"

"Quando, quando terei a graça de vê-la?" suplicou Gáutama.

"Não sei. Ora e espera!"

Fiel à exortação, Gáutama passou os dias seguintes em persistente oração. Procurava absorver-se em intensa indagação no tocante à Mulher Suprema, porém sem conseguir formar a imagem dela. Todas as noites, sob o céu, de um profundo e constelado azul, saía ao relento e orava.

Numa dessas noites, sentiu Gáutama como que uma completa paralisação da natureza. Nenhuma folha se movia, e até o agitado regato da montanha como que estancara o incessante rumorejar. Pairava, por sobre tudo, uma grande expectativa, tão grande, que uma sagrada esperança inundou, também, a alma de Gáutama. Dirigiu-se para a pedra da cabana, depôs sobre ela as mãos, apoiando-se e, ao mesmo tempo, procurando estabelecer contato com o Alto.

Suavemente, quase imperceptível, a luz do luar foi-se tornando rosada. A Lua estaria mudando de cor? Gáutama olhou para cima. Justamente sobre sua cabeça pairavam nuvens translúcidas, do mais delicado cor-de-rosa, sob o azul profundo do céu.

Movimentavam-se, de um ponto para outro, comprimiam-se, irrequietas, para os lados, abrindo espaço para dar vazão a largos raios dourados, que surgiam, num esplendor supraterreno. À luz desses raios, as nuvens diminutas eram como que tenras e mimosas criancinhas.

Gáutama, porém, não pôde mais continuar olhando para elas. O quadro maravilhoso, que se desenhava no centro dessa aparição, absorvia-o agora, inteiramente.

Os raios dourados caíam céu abaixo, rosados, esplendorosos, e resplandecentes. A princípio, tinham o aspecto de uma grande nuvem, mas depois, transformando-se, tomavam formas e, sobre a cabeça do vidente, pairou afinal a imagem da mulher mais sublime que olhos humanos jamais puderam ver.

Um manto azul, de um azul profundo de céu noturno, parecia envolver a doce aparição, a qual, como um segundo manto, ostentava grande cabeleira prateado-cintilante.

Sobre a face, cuja ternura só é possível sonharmos o que fosse, pendia um véu através do qual os olhos fulguravam como sóis. Essa maravilhosa figura de mulher trazia, sobre a esplendorosa cabeça, uma coroa de ouro, com sete pedras preciosas coloridas, lançando reflexos para cima.

Gáutama caiu de joelhos.

"Senhora de todos os Céus!" exclamou, exultante. E, em torno dele, com a harmonia de mil vozes que ressoassem, ternamente, a mesma invocação se fez ouvir: "Senhora de todos os Céus!"

Ergueu os braços para o Alto. Um anseio profundo se apossou de todo o seu ser.

"Sublime Senhora! Rendo-te graças porque me foi concedido ver-te, graças te dou porque posso anunciar-te aos seres humanos!"

As ressonâncias, que o envolviam, avolumaram-se, e era como se torrentes de forças, partindo da aparição sublime, transpassassem-no, vigorosamente.

Em meio dessa ressonância, ouviu ele uma voz de inexprimível beleza.

"Anuncia às mulheres da Terra que existe um Jardim da Pureza nos jardins de Deus! É preciso que se esforcem para subirem até lá!"

As cores foram empalidecendo e silenciando os sons. A imagem maravilhosa aos poucos esmaeceu, desaparecendo suavemente, como tinha vindo. Gáutama, porém, rendeu graças ao Eterno. Sua alma transbordava de alegria.

Dois dias depois completava-se o prazo para as mulheres retornarem. Gáutama desejava ele mesmo falar com elas, mas, arranjou as coisas de tal modo que seus companheiros pudessem ficar perto e ouvir o que ele ia dizer.

Antes de o dia aquecer, as mulheres subiram. Desta vez, eram três que vinham buscar a resposta.

— Tschakjamuno! exclamaram, cheias de alegria, ao avistá-lo. Agora, sim, vamos saber direito o que desejávamos!

Mostrou-lhes, Gáutama, umas pedras, que havia por ali, dizendo-lhes que se sentassem para descansar, o que fizeram de muito bom grado, pois que a caminhada tinha sido muito extenuante para elas.

Tornaram, então, a repetir as dúvidas da outra vez e Gáutama confirmou que eram justas as suposições que alimentavam. Em um dos jardins sagrados, que, naturalmente, está situado em plano muitas vezes inferior à habitação do Eterno, reina uma mulher sublime, a Mulher Sagrada, Soberana de todos os Céus.

É tão bela que pessoa alguma será capaz de contemplar sua maravilhosa face, razão por que a traz sempre encoberta por um transparente véu. Essa mulher sublime se preocupa com as mulheres da Terra, guiando-as e admoestando-as a conservarem-se puras, para que possam procurar e encontrar o Jardim da Pureza.

Sem o menor esforço, as palavras fluíam dos seus lábios, brotando do espírito de abnegação de que se via possuído. Bem sabia ele, no entanto, que era quase nada tudo quanto havia conseguido captar, caso pretendesse ensinar mais coisas a respeito.

Talvez nem fosse mesmo bem exato aquilo que dizia. Não obstante, as mulheres precisavam de uma resposta e, estando a visão da Soberana dos Céus ainda tão nítida diante de seus olhos, outra coisa não tinha a fazer senão descrever o que via.

As mulheres, contudo, sentiam-se imensamente felizes, mostrando-se profundamente gratas por tudo quanto tinham aprendido.

— Agora, sim, temos a certeza de que existe nos Céus uma mulher que se interessa por nós. Foi ela, naturalmente, que levou Gáutama, o grande mestre, a tirar as mulheres da situação de desprezo em que viviam, para distingui-las, colocando-as em grau de superioridade em relação aos homens. Só uma coisa estranhamos: por que motivo não nos anunciou, então, a existência dessa Soberana dos Céus?

— É que talvez não soubesse de nada disso, respondeu Gáutama com certa hesitação.

Mas logo se viu fortemente contestado:

— Sim, sei disso, argumentou a mais moça, ele tinha de esperar até que nós mesmas perguntássemos a respeito. Só então teríamos a resposta. Achas, pois, Tschakjamuno, que devemos ir, em visita, aos conventos das mulheres, para que falemos ali sobre a Soberana dos Céus?

— Sim! Deveis mesmo ir! exclamou Gáutama, cheio de contentamento. Isso, sim, que é verdadeira cordialidade de irmãs: passar para diante tudo quanto recebem de bom, de esplêndido para a vida! Vosso modo de pensar está certo, e eu me alegro com isso! Mas, acrescentou ainda meio pensativo, elas não lhes darão crédito, pois não sabem quem é Tschakjamuno.

Encarou-o, então, a mais moça, com olhos profundamente penetrantes.

— Se consentes, lá nos conventos não te chamaremos Tschakjamuno, mas daremos teu verdadeiro nome. Assim, acreditarão. Porém, não é preciso que te preocupes, que não trairemos tua presença neste lugar. Compreendemos, perfeitamente, que vieste em busca da solidão e saberemos respeitá-la.

— E de onde sabes tu quem sou? perguntou Gáutama, surpreso.

— Via-te sempre durante a noite em minhas meditações sobre o Eterno. Vendo-te, agora, foi fácil reconhecê-lo.

Concedeu-lhes, então, Gáutama, que transmitissem essa mensagem, em seu nome, a todas as demais mulheres. Pediram-lhe, em despedida, que lançasse sua bênção sobre o trabalho que iam empreender e ele invocou as forças do Eterno sobre elas.

Foi um acontecimento muito impressionante para todos.

Tendo ido embora as mulheres, Lidandha observou, com certa mágoa:

— Que pena! Nem sequer perguntamos os nomes delas.

Gáutama, porém, achou que os nomes não importavam. Lá nos planos da Luz sabem quem são as mulheres que receberam a sagrada revelação, para beneficiarem suas irmãs aqui na Terra. Isso é o bastante.

Cada vez com maior profundidade Gáutama penetrava em novos conhecimentos. A Soberana dos Céus fora como que uma preocupação indefinida por toda sua vida, no entanto, só agora se manifestava em sua plenitude.

Não era seu propósito continuar meditando a respeito do assunto, porém, suas reflexões sempre e de novo voltavam ao mesmo ponto. Invocava, nesses momentos, a imagem sublime daquela aparição, rememorava sua maravilhosa voz e lá, nas profundezas do seu "eu", um nome se esboçava, que ele não conseguia reter.

Era um nome que o tornava infinitamente feliz. Com este nome, um outro despontava, cuja força o revigorava inteiramente.

Tudo isso era maravilhoso, ainda que se esforçasse, sem resultado satisfatório, para captar os nomes, como queria. De repente, haveria de consegui-lo, disso estava certo, ainda que fosse no momento extremo de sua partida deste mundo.

M ESES se passaram. Completou-se um ano sem que os três, na solidão, se apercebessem da marcha do tempo. Às vezes apareciam ali pessoas, vindas da planície, com todo o tipo de indagações.

Certa vez, trouxeram uma criança enferma, para que Muno a abençoasse. Ficou penalizado com o menino. Dirigindo-se, em ardente prece, ao Eterno, colocou a sua mão sobre a testa febril da criança: a febre desapareceu e o menino sarou. Proibiu, então, às pessoas de divulgarem o fato, a fim de evitar que uma multidão de suplicantes aparecesse na montanha.

Elas bem que o prometeram, mas, como a criança se restabeleceu imediatamente, não conseguiram guardar segredo. Diante disso, Gáutama, de sete em sete dias, de manhã, muito cedo, ia procurar recolhimento nas montanhas, deixando a Lidandha a tarefa de atender os suplicantes. Ele, porém, não tinha o dom de curar e, assim, a procissão foi-se desfazendo por si mesma.

As pessoas costumavam trazer víveres como retribuição de serviço, coisa que era sempre bem-vinda, uma vez que o dinheiro arrecadado com a venda dos cavalos já estava acabando.

Wada, muito preocupado, perguntou:

— Mestre, que havemos de fazer? Se vendermos os cavalos que nos restam, nunca mais poderemos voltar.

— Guardai vossas montarias e vendei a minha, foi a resposta, diante da qual ficaram estarrecidos, porque acrescentou: nunca mais vou precisar dela.

Isso encheu de tristeza os companheiros, sendo, como era, um sinal de que Gáutama pretendia desligar-se da Terra ali nas montanhas, e que talvez já sentisse mesmo, bem próxima, sua morte.

Começaram a pensar, de todo o jeito, como evitar a venda dos animais. Ouviram então, nitidamente, um tom de voz que lhes falava baixinho. Por mais que Wada olhasse em torno de si, não conseguia saber de onde provinha essa voz.

Lidandha, porém, deparou com um homenzinho minúsculo, de cor morena, diante de si. Conduziu-o a um lugar onde se encontravam pedras preciosas em várias cores.

"Toma lá, Lidandha", disse com ânimo alegre, "vais conseguir um dinheirão com elas. Se o mestre precisar de alguma coisa chama por nós, nós atenderemos."

Lidandha, involuntariamente, pegou as pedras e o homenzinho desapareceu feito um relâmpago. Wada ouviu tudo, porém sem conseguir ver o doador. Ambos ficaram, assim, profundamente emocionados com o episódio, rendendo graças ao Eterno pelo favor recebido.

Lidandha levou as pedras a Gáutama, que, dentre elas, achou uma que ele nunca tinha visto antes. Era um cristal amarelo, de viva fulguração. As demais, de um azul carregado e de um vermelho magnífico, já eram suas conhecidas, através dos enteais que costumavam mostrá-las aos irmãos que cuidavam de mineração. A pedra amarela, porém, foi um encanto para ele.

— Onde é que conseguistes achar isto?! perguntou, vibrante de entusiasmo.

Contou-lhe, aí, Lidandha, a história do homenzinho e para que fim havia mostrado as pedras.

Gáutama mostrou-se muito contente com o fato, mas ficou pensativo, refletindo de que modo poderia enviar para a Montanha do Eterno essa pedra, que lhe parecia extremamente valiosa.

Logo que o aluno o deixou, Gáutama chamou pelo homenzinho, que apareceu sem mais demora.

"Eu bem sabia que haverias de ficar contente com essa pedra", comentou o homenzinho, com vivacidade. "Vamos preparar-te uma coroa com o engaste dessas pedras preciosas."

"Não tenho mais necessidade de coroa", argumentou o mestre. "Mas desejaria saber aonde é que ides buscar essas pedras."

"Depositadas na areia dos nossos rios. Quem sabe descobri-las, encontra-as frequentemente, e são lindíssimas."

"Desejaria muito que fossem engastadas pedras dessa qualidade na taça sagrada do templo da Montanha do Eterno. Não sei, contudo, como fazer chegar a notícia até lá. Terias gosto em servires de mensageiro, meu pequeno?"

"Mestre", perguntou o homenzinho, "tu nunca chamaste a alma de Siddha, não é mesmo? Pois, ela sempre procura por ti. Chama Siddha, fala-lhe das pedras e aí poderemos ajudar os irmãos a encontrar outras iguais. Os nossos companheiros estão a par de lugares no rio sagrado onde eles mesmos guardaram essas maravilhas amarelas."

O homenzinho foi-se embora. Gáutama ficou pensativo. Chamar a alma de Siddha? Se o fizesse, entraria de novo em contato com pessoas, ouviria falar outra vez em coisas da Montanha. Não; queria evitar isso.

A ideia, porém, de ornamentar com aquelas pedras a taça litúrgica do templo sagrado, era por demais tentadora, de maneira que o mestre pensava e tornava a pensar no que devia fazer.

Com essa indagação persistente, porém, já havia, inconscientemente, lançado a ponte pela qual Siddha viria a seu encontro. E assim foi. Durante a noite, surgiu diante dele a alma de Siddha, pura e solar, como sempre costumava transparecer no próprio Siddha, em pessoa.

A alegria de Gáutama foi imensa. Todas as dúvidas desapareceram. Que satisfação verificar que este jovem era seu sucessor! Siddha, por sua vez, estava radiante, podendo ali encontrar de novo o mestre, depois de uma separação de catorze meses.

"Inúmeras vezes me aproximei de ti, Gáutama", falou o moço, "mas tu havias-te fechado de tal modo em ti mesmo que não me era possível estabelecer contato".

Gáutama contou, então, a Siddha o achado da pedra amarela, mostrou-a, instruindo-o sobre o emprego que devia fazer dessa joia no templo.

Nada foi dito sobre episódios da vida do mestre ou dos irmãos na Montanha. Siddha, como de costume, mostrava-se discreto, à espera de ser questionado pelo mestre, e este, por sua vez, nada mais queria saber de coisas que pudessem desviá-lo da profundeza de suas meditações.

Amavelmente despediu-se da alegre e luminosa alma. Siddha, no entanto, pediu:

"Posso vir ter contigo, mestre, quando chegar o momento de teu desligamento? Consente que eu fique junto de ti?"

Foi um acontecimento muito grande para Gáutama ficar sabendo que lhe era dado chamar junto de si uma alma humana, ou, também, deixar que sua alma se desprendesse de si, indo ao encontro de outras almas. Já tinha ouvido, é certo, falar nisso e que grandes instrutores tinham o dom de fazê-lo, mas a ele jamais tinha ocorrido tentar pô-lo em prática.

É verdade que, no caso presente, era tudo natural. Mas uma vez que a alma pode vagar em altas e longínquas esferas, por que, igualmente, não poderá, consciente, dirigir-se a outros lugares seus conhecidos, ao redor? Por que motivo não tinha seu guia, até agora, chamado a atenção para isso?

Porque era indispensável que ele mesmo passasse por essa experiência, em vista de alguma circunstância que fazia parte de sua própria realidade individual. A dedicação de Siddha abria-lhe o caminho. Mas teria de descobrir outras e novas coisas que surgiriam ainda do tesouro de sua pureza, coisas que auxiliam muito o homem na escalada do aperfeiçoamento.

Poderia ter-lhe contado a visão da Soberana dos Céus, mas, infelizmente, não se lembrara disso. Ou talvez fosse necessário que as mulheres viessem a saber em primeiro lugar? Decerto sim, porque o ser sublime de mulher, que lhe fora dado contemplar, era a celeste auxiliadora da feminilidade.

Ela, então, surgia, outra vez, bem nítida, ante seus olhos espirituais. Acreditava estar ouvindo de novo aqueles sons harmoniosos e de estar vendo, também, aquelas nuvenzinhas de rósea luminosidade. Ouvia de novo o nome, o estranho nome, que antes nunca ouvira pronunciar sobre a Terra, e lhe era, não obstante, tão familiar. Sentia, igualmente, o outro nome que lhe conferia desusado vigor.

Gáutama estava de joelhos e, orando, suplicava: "Ó Eterno Senhor, consente que eu possa reter este nome, que enche toda a minha alma! Serei eu tão culpado, a ponto de um tênue véu ter ainda o poder de me separar da revelação que é a vida por excelência?"

Foi-lhe, então, posto diante dos olhos outro quadro, apresentando a visão de uns pórticos imensos, que se estendiam até o imensurável, banhados de raios de luz vindos de cima e convergindo outra vez para o centro, onde se concentravam num ponto para dali subirem de novo para o alto, num incessante movimento circulatório, do mais glorioso esplendor.

A Gáutama foi concedido apreciar demoradamente esse quadro. Mais não pôde ver, mas a visão penetrou fundo em sua alma, despertando nela vibrantes recordações.

Quando, em que lugar, já tinha visto aqueles pórticos? Quando, em que circunstâncias, tinha ele próprio sentido o contato daqueles raios em refluxo? Não saberia dizê-lo ainda, mas de sua alma transparecia a lembrança profunda de uma taça, sobremaneira preciosa, em que pulsava aquela força irradiante.

E Alguém, que ele não sabia dizer Quem fosse, erguia essa taça. Neste momento, foi como se tivesse sido removido um véu de suas recordações. Sabia agora que aquele Alguém era também o ponto de convergência de todos os círculos que já lhe fora dado contemplar. Esse Alguém ele teria de encontrar se é que sua alma quisesse mesmo viver.

A visão desse quadro não o deixou mais. Os pórticos luminosos o saudavam, tão logo mergulhasse numa prece. Os raios, candentes, pareciam traspassá-lo, revestindo-o sempre de um novo vigor.

Certo dia, descobriu ele uma certa conexão: se esse Alguém, que erguia a taça, era o centro para o qual convergiam todos os círculos, não podia ser outra coisa senão a Santa Vontade de Deus.

Santa Revelação, que era dada ao homem contemplar na prece! Mais um passo ainda até que conseguisse chegar ao conhecimento daquele Alguém, a quem ele estava convicto de que já conhecia. Minha alma conhece-o, tenho a certeza disso!

"Reconhece-o, sim, ó minha alma, para que encontres a verdadeira Vida!"

Sua vida exterior sofreu, então, profunda mudança. Frequentemente passava o dia inteiro dormitando. Envolvia-o demorada sonolência, que depois se transformava num estado de quase vigília, no qual mantinha contato com o invisível.

Os homenzinhos conduziam-no às origens dos mananciais, às minas subterrâneas, a seus tesouros ocultos. Contava ele, depois, tudo isso aos companheiros, por ocasião da única refeição diária que tomava.

Inutilmente, Wada procurava trazer-lhe frutas, de que ele outrora gostava tanto. Gáutama não lhes dava a menor importância. A hora de jantar era ainda a única mantida com regularidade, hora em que, contra seus hábitos, se tornava loquaz, tão logo tivesse visto algo de extraordinário para contar.

— Guardai bem, vós deveis anunciar isto aos outros, costumava ele, então, exortá-los.

Quando os dois se recolhiam em suas respectivas cabanas para dormir, só então é que começava, propriamente, para ele, a verdadeira vida. Atravessava a noite em orações e meditações. Sua alma empreendia longas peregrinações, mas nunca o fazia de modo arbitrário. Até nisso Gáutama se deixava conduzir.

Obteve, nessa altura, nova permissão para ver Siddharta. Já não mais olhava ele tão apegadamente para baixo, embora não tivesse conseguido ainda desprender-se da beira do poço.

Um leve indício de reconhecimento começava a brotar nessa alma presa às coisas da Terra, uma leve percepção de que era preciso se desligar, e desligar-se podia, da dependência com o seu povo.

Em Gáutama surgiu, então, o ardente desejo de ajudar esse servo do Eterno a libertar-se. O desejo se fez prece, à qual foi concedida a força de sacudir a alma do outro. Siddharta recebeu o influxo. Surpreso, olhou em torno de si, e seu olhar, interrogativo, perdeu-se ao longe.

"Ó Senhor dos Mundos, faze com que ele encontre a libertação!" suplicava Gáutama.

L IDANDHA e Wada tinham seguido outra vez juntos para Kusinara, a fim de fazer compras. Nos últimos tempos, costumavam organizar as coisas de tal jeito, que um deles sempre ficava ao lado de Gáutama, na ausência do outro, mas, desta vez, rindo-se, Gáutama fez questão que ambos seguissem juntos, a cavalo.
— O que me há de acontecer? perguntou. Além disso, se tiver necessidade de alguma coisa, tenho uma infinidade de enteais à minha disposição.
Como apresentassem outras ponderações, ele contestou:
— É muito mais fácil que aconteça alguma coisa a vós, quando sozinhos desceis a cavalo as íngremes encostas da montanha. É um sossego, para mim, quando sei que estão juntos.
Assim, partiram eles. Não tinham o propósito de demorar-se fora. Estenderam um pano, ao lado da pedra do altar, para fazer sombra. Era ali onde Gáutama gostava de passar a maior parte do tempo.
Hoje ele tinha arrumado, com cobertores, um lugar cômodo para estar, colocando o pano de tal modo que ficou uma fenda, por onde pudesse enxergar uma nesga do céu.
Ali estava, pois, Gáutama com as costas amparadas na pedra, de mãos postas, olhando pela fenda da cortina, contemplativo, em oração.
Imperceptíveis, suavemente, vultos luminosos surgiram atrás dele. Não os viu. Em vez disso, enxergou raios luminosos que vinham de cima, como uma chuva de ouro. Nos primeiros momentos, eram apenas três raios, que pareciam vir a seu encontro, depois outros, muitos outros, cada vez mais numerosos.
Em seguida, sons harmoniosos se fizeram ouvir, sons terníssimos, delicados, suaves, e depois tonitruantes, tão cheios de júbilo, que faziam palpitar agitadamente seu coração, como se fosse estalar dentro do peito. Ondas coloridas começaram a fluir, de cima para baixo, prenunciando extraordinária revelação.
O quadro que ele já havia contemplado de outra vez, se mostrava de novo, porém não mais como quadro. O pórtico foi vivificado com todo o tipo de vibrações. Ardente, luminosa, a taça estava sobre o altar. Enteais se aproximavam.
A alma de Gáutama sentia conexão com tudo aquilo. Num ímpeto teve o desejo de se achar no meio dos outros. De leve, sem que ele mesmo tivesse consciência disso, sua alma se viu

suspensa e, num transbordamento de sentimentos, balbuciava palavras, nomes seus conhecidos, de que Gáutama nada sabia, no corpo terreno.

Em cima, pareceu que uma cortina de ouro era afastada para um lado. Magníficos acordes ressoaram, majestosos, solenes e, por detrás da cortina, surgiu Alguém que tomou a taça nas mãos. Sua vestimenta era branca, prateados os cachos da cabeleira, os olhos como que irradiando fogo.

"Parsival, meu rei e meu Senhor!" exultou, assim, a alma de Gáutama.

"Inconsciente eu te servia. Tu, sim, Tu és o centro de convergência de todos os círculos e de todos os acontecimentos. Tu és a sagrada Vontade de Deus, a sagrada Vontade do Teu eterno Pai!"

A grande e augusta revelação foi ainda a última graça que lhe concedeu seu Deus. Exultando, a sua alma pôde recebê-la, liberta, enfim, de toda ansiedade, convicta da eterna, imperecível Verdade.

Seu corpo, porém, não pôde suportar esse transbordamento de forças. Mãos luminosas, suavemente, o separaram da alma em ascensão, que se apressava para lá, onde seu Rei a chamava. Entes luminosos ampararam-na pelo caminho da recepção, auxiliando-a.

Desfez-se a luz celeste. O corpo de Gáutama jazia sob as cobertas que o protegiam. Um traço de infinita paz transfigurou sua face, que retornou à suave beleza da infância.

A seu lado, de pé, viam-se duas almas, que se tinham desprendido, passageiramente, de corpos humanos, e ali estavam em peregrinação, a fim de permanecerem junto dele, neste momento supremo de vivências.

Era uma graça que lhes concedera o Eterno. Disso estavam bem cientes e se sentiam agradecidas por esse grande privilégio. Tinham presenciado tudo, a fim de poderem anunciar a todos o caminho que nos leva para a Luz.

Eram elas Suddhôdana, o rei, e Siddha, o superior dos irmãos. Sim, eram eles dois, as pessoas que Gáutama – o mestre – mais amara nesta vida, os maiores pela sua pureza e luminosidade, que agora eram chamados para seus derradeiros instantes, chamados pela grandeza de sua irrepreensível lealdade.

Cheios de gratidão, retornaram, logo depois, para os corpos terrenos, anunciando o passamento de Gáutama.

Agora, tornou-se também um Buddha. Despertou em outros páramos. "Gáutama Buddha é maior que Siddharta Buddha!"

Tais foram as palavras que ecoaram por todo o povo filho do Indo, dos píncaros do Himalaia até as praias do encapelado mar.

Ao se retirarem dali as duas almas, os invisíveis se aproximaram do inanimado corpo do amigo. Homenzinhos apareceram, trazendo a prometida coroa, com as pedras preciosas amarelas.

"Eis a homenagem que lhe compete, porque a ele foi dado contemplar o Rei!" balbuciaram eles, e cingiram com a coroa a testa que esfriava.

Sobre o peito, porém, colocaram uma joia que olho humano algum havia visto igual naquele país: uma cruz de braços iguais com uma pedra branca no centro.

"Ele servia à Cruz Eterna, à Verdade", comentavam entre si, "por isso, também, merece trazer a imagem dela, ao ser sepultada sua forma terrena para o final repouso".

Ao retornarem os dois companheiros à montanha, pouco antes do cair do sol, encontraram ali o mestre, adormecido para a vida terrena. Lidandha viu logo a guarda de honra que os homenzinhos e outras grandes entidades luminosas tinham organizado em redor do corpo do mestre. Abrindo-se-lhes a visão supranormal da vida, em consequência da emoção que tinham sofrido pela inesperada perda do mestre, ambos contemplaram, admirados, os preciosos ornamentos que nunca antes haviam visto com ele e que não eram terrenalmente visíveis.

"Na qualidade de servo do Supremo Rei ele tem o direito de usá-los", cochichou um dos homenzinhos, aos ouvidos de Lidandha.

— Devíamos ter ficado com ele, murmurou Wada. Teve de morrer tão sozinho.

— Pôde desprender-se sozinho, corrigiu Lidandha a frase do outro.

Ele próprio, no entanto, sentia o coração impregnado de angústia e de difícil resignação.

Passaram a noite velando os restos mortais de Gáutama. Tão só ao clarear do dia é que se lembraram que deviam transmitir a notícia aos irmãos da Montanha, a fim de que pudessem providenciar o transporte do corpo inanimado para a Montanha do Eterno. Como seria possível isso?

Lidandha resolveu perguntar a um dos homenzinhos o que devia fazer. A resposta não se fez esperar:

"Aguardai um pouco mais: já está tudo providenciado."

Lidandha depositava confiança tamanha nos auxiliadores que imediatamente falou a Wada que não se preocupasse, pois já haviam sido tomadas todas as medidas em dignificação ao mestre.

Ao meio-dia chegou àquele local um suntuoso cortejo. Aos raios do sol apresentavam-se brilhantes cavaleiros montando cavalos ricamente adornados, tendo à frente uma imponente figura varonil, como se fosse um outro Gáutama, rejuvenescido.

Com admiração, e como que atordoados, os dois companheiros fitaram aquele vistoso séquito. Quem seriam eles?

Os cavaleiros saltaram dos corcéis e, cheios de respeito, aproximaram-se da pedra do altar, ao pé da qual jazia ainda o corpo de Gáutama, coberto por um pano de seda bordado.

Alguém já estava a par desse passamento? Parecia que sim. Os recém-chegados formaram um círculo em torno da pedra devocional, ao passo que o chefe da comitiva, aproximando-se do corpo inerte, ergueu a ponta do pano, descobrindo, cheio de afetuosa devoção, aquela fisionomia imobilizada pela morte.

— Homens de Khatmandu, começou ele a falar, e essa voz perpassou junto aos ouvidos dos dois companheiros de Gáutama com tamanha força, como que relembrando a voz dele – Gáutama se transfigurou em Buddha! Ele foi, dentre milhares, o eleito para servir o Senhor dos Mundos. E o cumpriu, entregando-se de corpo e alma à sua missão. Nisso era animado exclusivamente pela consagração de que se sentia devedor a Deus. A humanidade jamais terá uma ideia perfeita do quanto ele teve de renunciar, para poder proclamar a grandeza do Eterno. Mas, era como se não tivesse abdicado de coisa alguma, pois se sentia sempre regiamente compensado pelo simples fato de poder servir.

Todos nós lhe devemos gratidão. Que ele nos conceda o dom de nunca nos afastarmos daquilo que ele nos ensinou!

Em seguida, Suddhôdana perguntou onde estavam os companheiros de Gáutama. Eles se apresentaram, dando informações sobre tudo quanto sabiam.

Retomou o rei, de novo, a palavra, relatando aos ouvintes, maravilhados, as circunstâncias da morte do grande Buddha. Não sabia todas as conexões, não obstante receberam tudo como especial revelação, que sacudia e elevava suas vidas acima da rotina. Ninguém se esqueceu mais desses momentos vividos ao lado do Buddha morto.

Ato contínuo, o rei mandou trazer o esquife em que o corpo do irmão devia ser conduzido montanha abaixo. Lá embaixo, uma carruagem de entalhes dourados, atrelada a quatro magníficos cavalos, aguardava pela preciosa carga.

Nesse momento, Lidandha encheu-se de coragem e indagou:

— Rei, para onde pretendes levá-lo?

Suddhôdana teve um momento de hesitação, mas, dominando-se, replicou:

— Teria gosto em levá-lo para Kapilawastu, mas tens toda a razão: o lugar dele é na Montanha do Eterno. Tua pergunta teve o dom de revelar que eu estava sendo egoísta!

— É preciso, porém, primeiro embalsamá-lo ao chegarmos em Khatmandu, do contrário, o corpo entrará em decomposição antes de atingirmos o destino.

Assim foi feito. Os companheiros de Gáutama juntaram-se ao cortejo, que conduzia o corpo inanimado para Khatmandu e de lá para a Montanha do Eterno.

Quando o cortejo fúnebre chegou à planície do rio sagrado, um outro cortejo, menos suntuoso que aquele, veio ao seu encontro: era Siddha, acompanhado de um grupo de irmãos, que vinha buscar o corpo do mestre desaparecido.

Na Montanha do Eterno foram encontrar uma quantidade de instrutores, de irmãos e de irmãs de todos os quadrantes do grande reino. Por onde quer que cavaleiros não tivessem conseguido levar a notícia, os enteais se encarregaram de fazê-lo.

Tinham eles, também, forrado o interior do túmulo com preciosas pedras brancas, colocando à cabeceira do leito, que devia receber o corpo do mestre, uma taça, em que ardia a chama votiva, taça de ouro, guarnecida de sete pedras amarelas, obra-prima de ourivesaria.

Bem nítido, para todos quanto já tinham a capacidade de ver, bem como para outras pessoas às quais naquele dia foi aberta a visão supranormal, pequenos enteais e grandes entidades espirituais tomaram parte no sepultamento.

Junto à pedra das devoções, Siddha proferiu as palavras de despedida do mestre e, como Suddhôdana antes o fizera em Kusinara, narrou os pormenores do desligamento terreno de Gáutama.

De um modo muito mais expressivo que o rei, ele soube dar forma ao acontecimento, de maneira que todos puderam compreender tudo, perfeitamente bem. Sentiram de um modo extraordinário a grandiosidade da graça do Senhor dos Mundos revelada para com o servo que se despedia do mundo, magnanimidade que agora se patenteava diante de todos.

Siddha havia mandado preparar uma lápide branca ornamentada de ramas, gravadas a ouro. No centro, com letras bem destacadas, liam-se apenas estas palavras:

"Gáutama – Buddha."

A pergunta de muitos irmãos, que estranharam o laconismo dos dizeres, Siddha respondeu prontamente:

— Foi ele mesmo que assim o quis.

Não lhes contou porém, que havia recebido uma mensagem de Gáutama, pedindo-lhe que nada acrescentasse a esse epitáfio. Quanto às demais recomendações, que o mestre ainda tivesse por fazer a seu sucessor, era coisa que ficava guardada em segredo, no íntimo de sua alma.

G ÁUTAMA-BUDDHA teve permissão para subir até os planos luminosos do Além, conforme tinha sido na vida terrena a aspiração de sua alma.

Siddha, de comum acordo com os irmãos mais altamente colocados, começou a dirigir as escolas e os conventos, nos moldes da orientação recebida de Gáutama. Dava ouvidos às recomendações recebidas, procurando ao mesmo tempo aconselhar-se com os enteais, que tinham feito amizade com ele.

Depois de sua morte, porém, toda uma série de interferências humanas se introduziu na doutrina, tão pura, vinda de cima em outros tempos. Quase imperceptíveis, a princípio, depois mais pronunciadas e, afinal, grandemente alteradas, iam surgindo as várias correntes. Cuidavam de se adaptar ao espírito da época, quando, na realidade, o que faziam era se acomodarem às trevas, que tudo empenhavam para empanar a limpidez da primitiva harmonia.

Chegaram mesmo a uma fusão, embora passageira, da crença da Eternidade com a do bramanismo.

De repente, caíram em si, lembrando-se alguns instrutores da determinação expressa da tradição, segundo a qual Gáutama-Buddha se opunha, terminantemente, à fusão de ambas as doutrinas. Deram, então, de novo, acolhimento à orientação do Mestre, separando-se dos brâmanes, conferindo à sua doutrina a denominação expressa de Buddhismo.

Sua propagação foi ganhando terreno para fora, encontrando acolhida no Reino do Centro, onde, pela mediação de Lao-Tse, que outrora disseminara a doutrina do Altíssimo, foi encontrado terreno propício. Mas que adiantava ao budismo contar cada vez mais com maior número de adeptos se estava se desvalorizando internamente?

Não havia ninguém, na Terra, que pudesse impedir esse desmoronamento. Cada qual só tratava de impor sofregamente seu ponto de vista pessoal, contribuindo para lançar uma onda de lodo sobre a pureza da primitiva doutrina. E, assim, aconteceu de a doutrina ser sepultada sob a enxurrada escura do saber terreno.

Na Terra ninguém se apercebia do que estava acontecendo, porém, no plano da matéria fina, alguém estava sofrendo profundamente ao contemplar a derrocada espiritual do seu povo.

Esse alguém era Siddharta, que, dia a dia, ano após ano, num prolongar sem fim de tempo, tinha de acompanhar o que se passava lá embaixo.

O que seria da doutrina do Eterno se ninguém surgisse para salvá-la, arrancando-a do lodaçal em que jazia? Vivera, então, sua vida terrena exclusivamente pelo seu povo, estando, por isso, obrigado a continuar na eternidade ligado sempre ao destino desse povo?

Nem bem lhe ocorrera esse pensamento e já se desprendia como um véu que caísse do seu espírito essa visão da realidade. Sim, ligado à Terra! Era como, realmente, se achava! Não, porém, para favorecer seu povo, mas por sua própria culpa. Em verdade: ao tempo de sua vida terrena, pensava que estivesse servindo exclusivamente ao Senhor quando, de fato, toda sua preocupação era voltada exclusivamente para seu povo.

Talvez... sim, talvez fosse um Buddha, realmente, mas um Buddha erradamente despertado em outro plano. Agora, sim, começava a ver-se como na verdade era, reconhecendo o erro que até agora fora o duro impedimento de sua ascensão para mais alto.

Clamando, gritou pelo Eterno, mas se via forçado a continuar olhando tudo quanto se passava com seu povo. Via, sim, ele via como as duas figuras de Buddha se transformavam numa visão de lenda, um confundindo-se com o outro.

Procurava, então, gritar para baixo: "Glorificai o grande, o verdadeiro Buddha, não a minha vida terrena! Ele, sim, que foi mais puro e melhor que eu! Nunca teve necessidade de ser sacudido ou admoestado pelo Senhor!"

Sua voz desesperada, porém, não chegava até embaixo. Era forçado a ver como tudo se deturpava e corrompia. Um desespero sem nome se apossou dele, e sua ânsia interior que agora era motivada não mais pelo amor a seu povo em decadência, mas por amor à verdade destruída, impeliu-o a desviar finalmente o rosto de contemplar o fundo daquele poço medonho, em cuja beira estivera paralisado, cumprindo séculos de provação.

No mesmo instante, porém, em que se afastou dali, com a firme resolução de não mais continuar olhando aquele quadro, viu brilhar, ao longe, uma luzinha. Apressado, correu em direção daquela luz, que foi crescendo, crescendo, até se tornar uma radiosa cruz. Viu, aí, que estava no caminho certo.

"Senhor Eterno de Todos os Mundos, perdoa-me! Consente que cesse a penitência: deixa-me servir-Te, para que assim possa resgatar minhas culpas!"

Partia essa súplica do mais íntimo recesso de uma alma purificada, e foi logo ouvida. Um mensageiro luminoso, aproximando-se dele, tomou-o pela mão, guiando-o ao longo de amplos caminhos, que conduziam para o Alto.

Depois, foi como se tivesse caído em profundo sono. Ao despertar, sentiu-se mais leve. Envolvia-o uma claridade sem igual. Via-se dentro de uma gruta em meio a um imenso e maravilhoso jardim, em que floresciam árvores e plantas de esplendor e opulência nunca vistos. Servos diligentes corriam de um lado para outro, transportando frutas, colhendo água das fontes...

Sentiu-se atordoado. Onde estaria, afinal? Em primeiro lugar não se recordava mais da sua triste permanência junto do poço, por sua vez, também, a lembrança de sua vida terrena fora como que varrida da memória.

Almas diferentes aproximavam-se dele, chamavam-no de "Buddha" e "Mestre" e falavam com ele sobre as coisas eternas. Aos poucos, ia reconhecendo uns e outros. Haviam sido seus discípulos, há muito, muito tempo.

Parecia contar eternidades atrás de si e, com efeito, estava revivendo eternidades. De vez em quando, aproximava-se dele uma ou outra alma, trazendo-lhe notícias de baixo.

Despertou, assim, em Siddharta a memória de tempos de outrora. Aos poucos foi recuperando a lembrança, até que teve a visão perfeita de sua vida terrena, há séculos passados.

Nesse instante, uma agitação, como nenhum dos seus habitantes havia visto antes, sacudiu todos os planos. Um clamor profundo, de júbilo e de glorificação, fez-se ouvir. Sons de trombetas e de cânticos sagrados vibraram por toda parte. Mensageiros luminosos do Eterno juntavam-se às almas que aguardavam novo acesso ali na matéria fina.

Eles anunciavam que a Vontade de Deus, a própria Justiça personificada, havia baixado à Terra pela última vez, a fim de trazer à Terra a revelação da Verdade e vencer as trevas com a Luz. Sim, Ele havia acorrentado o príncipe das trevas e desejava salvar a humanidade.

Inaudita Mensagem! As almas exultavam de alegria.

A seguir, os Mensageiros começaram a ler o nome daqueles que se haviam oferecido para auxiliar seus respectivos povos, quando soasse a hora da salvação. A menção desses nomes ecoava através de todos os Planos e através de todos os Céus.

Baixou, então, da mais sublime Altura um vulto triunfante, feito tão só de claridade e de resplendente luz. "Saríputta!" balbuciou Siddharta-Buddha.

É que se havia esquecido desse discípulo fiel dentre os seus fiéis discípulos, o mesmo acontecendo com Maggalana. Mas o nome deste fiel dentre os fiéis não fora mencionado.

Da mesa, porém, junto da qual se achavam Buddha e seus discípulos, dois deles se levantaram: Ananda e Bimbísara. Não era a primeira vez que seguiam juntos para uma nova missão terrena, desde o momento em que se haviam encontrado aqui em cima com Siddharta, mas sempre retornavam outra vez para junto dele, ao terminarem cada missão.

Ele perguntou: "Não sois capazes de subir mais alto?" Então, responderam: "Damos, contudo, graças de já termos conseguido chegar onde estamos. Toda vez que retornamos em missão para a Terra, temos a impressão de que a vida se torna cada vez pior, lá embaixo."

Agora tinham permissão de retornar outra vez. Além deles iriam também muitos outros. Apenas não se mencionou o nome de Siddharta-Buddha. Este criou coragem e aproximou-se do Mensageiro do Eterno.

"Eu também me dispus, por ocasião da passagem de Saríputta, a estar ao lado dele, quando chegasse a hora da salvação do meu povo. Por acaso, tornei-me indigno disso?"

O Mensageiro do Eterno fitou bondosamente seu interlocutor.

"Alegra-te, pois, que agora vais começar tua missão junto do Senhor. Poderás, assim, ser o guia de Saríputta quando ele, na nova encarnação, baixar para servir o povo e, por esse meio, servir ao Eterno. Aguarda, por enquanto, até que seu novo corpo terreno adquira a necessária maturidade."

O prazo de espera foi mais rápido do que Buddha esperava. Sempre vinham mensageiros luminosos trazendo notícias do Filho de Deus que se encarnara na Terra. Era tão maravilhoso e sagrado o que eles diziam que Siddharta ficava por longo tempo alegre com isso.

Aproximando-se dele, também, um outro mensageiro luminoso, ordenou que o seguisse. Caminharam até uma construção anexa. Foi ordenado que Siddharta olhasse para baixo. Olhou e viu como Saríputta se extenuava de novo pela poeira das estradas.

Nessa ocasião, não levava serpentes consigo. Sua tarefa, agora, era pregar e instruir. Esclarecia o pervertido povo e falava-lhe dos bons costumes, de uma vida mais pura. E o povo o aceitava como seu guia. Pobre povo que se sentia tão espezinhado sob a miséria do jugo estrangeiro, olhando como que para um deus para aquele que vinha ajudá-lo.

O mensageiro luminoso recomendou a Siddharta que guiasse Saríputta, mantendo-o sempre na convicção firme de que não era ele que trazia a missão de libertar o povo, não passando de um simples precursor, encarregado de preparar o caminho para aquele que haveria de vir para romper todos os laços, tanto os terrenos como os espirituais, a estes principalmente.

Siddharta-Buddha prometeu fazer como lhe havia sido recomendado. Dedicava-se fielmente ao discípulo de outrora que havia subido mais alto que ele na escala da evolução e que, no entanto, envolvido pela agitação e pelo tumulto das trevas, que oprimiam a Terra como uma atmosfera maléfica, parecia haver-se esquecido Daquele que o enviara, a Quem prometera servir.

Sempre e de novo, Buddha procurava despertar em Saríputta, que reencarnara outra vez na Índia, o conhecimento do Eterno e dos sublimes auxiliadores.

Encontrou mesmo um discípulo que supunha ser ele mesmo o referido salvador. Chegou a ser aclamado por uma parte da população. Os opressores serviam-se dele para conquistar maior influência sobre as massas. Tudo isso era pesadume. Tudo se apresentava fortemente comprometido. Como, de que modo invocar para o caso a Sagrada Vontade de Deus, se até aquele que fora chamado para salvar a pervertida humanidade entregava-se dessa maneira?

"Onde, onde está o Divino?" indagou Siddharta-Buddha.

Foi permitido que O visse.

Fora construído outra vez um templo na montanha, dedicado à adoração do Eterno. Era uma construção simples e sóbria. Como era possível, então, que as pessoas não Lhe oferecessem o melhor? Tão sóbrio como o templo era seu sacerdote, o Rei dos Reis, o Filho do Senhor dos Mundos.

Tão só agora é que Siddharta-Buddha reconhecia quão grande teria sido a revelação que já teria tido oportunidade de obter aqui embaixo, na Terra, se tivesse sido mais devotado.

Balbuciou, quase imperceptivelmente, o Santo Nome, que muitos não seriam capazes de pronunciar sem um tremor de sagrado respeito.

Viu, então, que Ananda e Bimbísara tinham sido considerados dignos de servir ao Filho do Homem. Ao Rei de Magadha fora concedido viver junto de Sua Sagrada Presença, ao passo que Ananda fora designado para propagar o conhecimento das coisas eternas lá embaixo, na planície.

Ambos eram nomes benditos por milhares de pessoas. Siddharta, porém, não os invejava. Tinha sua missão a cumprir em outro lugar e, desta vez, não queria perder um momento sequer de cumpri-la à risca.

E aí começou uma luta intensa pela alma de Saríputta.

Esse precursor ia incidir fatalmente nos mesmos erros pelos quais Siddharta-Buddha teve de sofrer tanto. Talvez fosse um sofrimento muito maior ver que o magnífico discípulo resvalava para fora do caminho. Levado por sua própria experiência, Buddha não só desejava, como podia também ajudá-lo.

Pediu, assim, ao Eterno que lhe concedesse a graça de poder chamar para cima, ao plano dos jardins da matéria fina, os discípulos de outrora, onde em meio já seu conhecido fossem mais acessíveis para receberem instruções de que precisavam para sua missão, e que para eles estava preparando.

Obteve a desejada permissão. Foi, porém, preciso chamar e tornar a insistir até que a alma de Saríputta achasse um momento para atendê-lo. Imaginava ele que ela, toda satisfeita, fosse, rapidamente, para cima, entretanto foi assim que ela respondeu:

"Vê meu povo! Quantas e ininterruptas noites de vigília passo imaginando o melhor modo de ajudá-lo. Para mim mesmo não tenho tempo."

Profundamente decepcionado, Siddharta-Buddha emudeceu. Mas, não era possível que isso continuasse assim. Não podia, de modo nenhum, faltar com seu dever. Talvez em outra oportunidade o discípulo estivesse disposto a ouvi-lo melhor. O povo, num crescendo, ia-se agrupando em torno dele. Seu prestígio aumentava a olhos vistos. Tudo dependia agora de saber tirar partido do fato com certa habilidade.

No silêncio da noite Siddharta veio ao seu encontro.

"Irmão, eu também sei o que é nosso povo. De um ponto de vista mais alto, vivo a olhar sobre todos aqui embaixo. Deixa-me apenas mostrar-te como é vista tua atividade lá de cima."

Nesse momento, conseguiu tocar no ponto nevrálgico. Saríputta acompanhou-o.

Os jardins deslumbrantes não causaram impressão, não conseguiram despertar recordações. O discípulo permaneceu firme, pondo-se a olhar apenas do ponto de onde podia contemplar a vida do seu povo. Olhou e ficou horrorizado.

"Mas quem é que ousa te dirigir tão erradamente, assim, meu povo?!" exclamou penalizado. "Despertando estás apenas para as coisas e pensamentos terrenos. Todo teu querer é libertar-te apenas dos laços da opressão, entretanto não percebes que os laços do príncipe das trevas te escravizam de maneira muito pior. O modo por que levas tua pobre vida terrena não é o que interessa, o que interessa é que salves as almas do Juízo que virá inevitavelmente recair sobre ti."

Profundamente abatido, Saríputta afastou-se do ponto de observação sem querer trocar palavra com quem quer que fosse. Siddharta viu-se compelido a lhe mostrar que era ele, e ninguém mais, que assim dirigia o povo, mas a alma não quis atender, fechando-se.

Nesse ínterim, foi encontrado um meio de ficar em ininterrupto contato com ela. Vinha frequentemente, durante a noite, sem ser chamada, a fim de poder contemplar como o povo se ia desorientando.

Siddharta, então, encontrou uma oportunidade para perguntar:

"Irmão, bem percebo que o povo está seguindo caminho errado. Quem é que o dirige senão tu mesmo? Pois olha para teu próprio caminho: de que é que tu falas a essas massas apavoradas, turbas de gente esgotada pelo cansaço?"

O outro o interrompeu. Era a primeira vez que ousava fazê-lo com o antigo mestre, o mestre de outrora: "Sim, estão de tal modo torturadas, que seu coração não tem como se voltar senão primeiramente para a liberdade terrena. É nesse ponto que tenho de surpreendê-las, para depois, num segundo tempo, mostrar-lhes algo de melhor."

"Irmão, já não há mais tempo para isso!"

"Terei sim, ainda, o tempo necessário. Não creio que o tempo corra tanto. Claro é que não posso viver gritando para as pessoas: Salvai-vos! visto que só vivem pensando na libertação terrena. Se o fizesse, aí é que seria erro ainda maior."

"Irmão, pensa nisto: uma casa está em chamas. Irias, então, nesse caso, falar primeiro às pessoas sobre quem seria o causador do incêndio? O teu primeiro ímpeto não seria escancarar as portas e gritar a plenos pulmões: Salvai-vos?!"

Mais não foi possível fazer desta vez. Nas próximas vezes, Saríputta não quis falar com ninguém. Acenava negativamente com a mão, e só queria continuar olhando.

Um outro discípulo começou, então, a pesar grandemente sobre a alma de Siddharta-Buddha.

Via ele uma cobra reluzente, em movimentos sinuosos, enrolar-se no corpo de Ananda que ainda não dava a devida atenção à serpente, embora pudesse, de um momento para outro, tornar-se perigosa para ele.

Chamou, então, Buddha também essa alma para cima, aos seus jardins. Ela ouviu o chamado e com muita satisfação tê-lo-ia atendido, contudo, sem apoio não conseguia encontrar o caminho. Era fraca e submissa, imaginando-se, no entanto, extraordinariamente livre e forte.

Muitas e muitas vezes teve Siddharta de chamar esta alma para junto de si, até que soubesse bem o caminho em direção dos jardins da matéria fina.

Diante do privilégio de poder contemplar tudo isso, ela se sentia como que embriagada. Não era o que Siddharta queria. Seu intuito era o de conseguir a possibilidade de falar com ela.

Assim, pediu:

"Conte-nos, Ananda, algo a respeito Daquele a Quem te é dado servir no plano da matéria grosseira!"

Sorridente, o discípulo recusou-se a atendê-lo. "Isso todos vós podeis ver daqui de cima mesmo. Aqui é que desejo ficar sabendo, aqui é que quero ver tudo e tudo observar. Só me resta verificar qual de nós todos já conseguiu o direito de estar aqui."

"Já te esqueceste, Ananda, de que já estavas aqui em cima quando te foi dirigido o chamado do Rei dos Reis? Aqui ficas conhecendo tudo, tão logo entregues tua alma ao influxo das impressões, ao invés de correres atrás de importantes e múltiplas ocupações. Senta-te ao nosso lado, Ananda, e fala a respeito do teu, do nosso Senhor."

Ananda, então, ficou contente de o Buddha ter sido levado a pedir. Dependia dele, agora, conceder uma graça ao mestre de outrora. Com isso podia mostrar a todos como se havia tornado importante.

Começou a contar e, narrando, sua alma se abria revelando todo o tesouro das profundezas do seu ser. Sim, transbordava do seu íntimo o grande amor que nutria por aquilo que era objeto de sua missão, sufocando tudo quanto, como ervas daninhas, estivesse ameaçando desenvolver-se. Siddharta alegrou-se, vendo que nem tudo estava perdido, e redobrou de interesse pela alma de Ananda.

Certo dia, aconteceu de Saríputta estar mais acessível que comumente. Seu povo tinha andado muito além do que previra no caminho que lhe havia traçado. Notou, então, que era muito mais fácil libertar as massas, que pacificá-las, depois.

Fatigado, sentou-se à mesa junto da qual também se achava Ananda. Siddharta pediu, então, à alma de Ananda que instruísse aquele espírito cansado a respeito do Salvador e Juiz de todos os mundos.

Ananda fez o que lhe era pedido. E como sempre acontecia, toda a vez que uma alma era pela primeira vez encarregada de fazê-lo, utilizava as mais ardentes palavras. O Preparador do Caminho da Índia, então, esqueceu-se inteiramente do seu cansaço. Sentou-se, vivamente alerta. Ia deduzindo da explanação que ouvia, aquilo que lhe tocava de perto:

"O Juízo Final está próximo, bem mais perto do que eu pensava. Não podemos perder mais um dia que seja ou sequer uma hora."

Surgia também em sua alma a imagem daquilo que ele devia anunciar ao povo. Não era, contudo, um quadro muito nítido, uma vez que era apresentado através das palavras de Ananda. Mas conseguiu, assim mesmo, despertar em Saríputta esse ardente desejo:

"Obtém para mim, Buddha, a possibilidade de eu ver, pelo menos uma vez, o Rei. Consente que eu possa ver a Montanha Sagrada, lá embaixo!"

"Eis aí uma graça que terás de merecer primeiro", respondeu Ananda, em lugar de Siddharta, percebendo-se, claramente nisso, como ele se sentia orgulhoso de possuir o dom de ver o Eterno.

Saríputta, porém, fitou-o com tristeza. "Ananda, um verme está roendo tua alma, tua luminosa alma: numa vaidosa superficialidade tu te superestimas, colocando-te numa altura grande demais. Aprende a ser humilde, do contrário tua alma se encherá de sombra."

Viu, porém, Siddharta que já não devia mais advertir Ananda. Uma alma com mácula não podia, de modo algum, continuar vivendo nos jardins da matéria fina.

Quando, da próxima vez, voltou ali sem ser chamada, encontrou ela o portal fechado.

Começou, então, Ananda a proferir imprecações contra os guardas do portal e contra Siddharta-Buddha. Não percebeu que se havia excluído dali por sua própria culpa.

Sua alma, enchendo-se de ira, atraiu mais ainda para si o verme que a corroía. Em sua fúria ficou cego. O animal, porém, crescia e, com lisonjas e mais lisonjas, envolvia-o, como uma serpente.

Isso dava-lhe uma sensação de bem-estar. Não percebia que estava sendo arrastado ao pântano de onde esta provinha.

Siddharta estava vendo isso, mas nada podia impedir. Via bem como a alma de Ananda, outrora luminosa e pura, ia lentamente afundando na lama e na imundície. Via como arrastava consigo as outras pessoas que haviam acreditado nele.

Porém, tinha de ver ainda coisas piores. O próprio Ananda se transformou em serpente, uma serpente que cuspia veneno e baba sobre a luminosa e fulgurante imagem Daquele a Quem ele deveria servir.

Mãos de enteais, contudo, impediram a tempo que essa sujeira medonha atingisse o alvo. Auxiliares luminosos se achavam, também, alertas para, ao menor sinal vindo de cima, fazer afundar na lama do pântano as cabeças das serpentes, a fim de que ali perecessem, sufocadas.

Cheio de horror, Siddharta recuou. Seu firme propósito, agora, era dedicar todas as suas forças, todo o seu tempo, ao serviço de Saríputta.

Ainda não tinha chegado a hora. Não lhe havia sido consentido ainda dar um olhar que fosse à Montanha da Salvação, mas bem sabia ele que o nome do Eterno vivia na alma do discípulo.

Via como o Preparador do Caminho se esforçava em despertar na alma do seu povo a saudade dos planos luminosos, ao passo que anunciava os horrores do Juízo Final. Via, também, como todas essas almas haveriam de se consagrar ao Rei dos Reis, tão logo fossem inteiramente despertadas dos seus erros.

Aqui e acolá brilhavam minúsculas labaredas, corriam umas em busca das outras e, fortalecendo-se, formavam uma pequena e vívida chama. Previa Siddharta-Buddha, no decorrer do tempo, a hora em que o seu amado povo haveria de destacar-se como o clarão de um incêndio, pelo amor do Senhor e Rei a Quem ele servia!

AO LEITOR

A Ordem do Graal na Terra é uma entidade criada com a finalidade de difusão, estudo e prática dos elevados princípios da Mensagem do Graal de Abdruschin "**NA LUZ DA VERDADE**", e congrega as pessoas que se interessam pelo conteúdo das obras que edita. Não se trata, portanto, de uma simples editora de livros.

Se o leitor desejar uma maior aproximação com as pessoas que já pertencem à Ordem do Graal na Terra, em vários pontos do Brasil, poderá dirigir-se aos seguintes endereços:

Por carta
ORDEM DO GRAAL NA TERRA
Rua Sete de Setembro, 29.200 – CEP 06845-000
Embu das Artes – SP – BRASIL
Tel.: (11) 4781-0006

Por e-mail
graal@graal.org.br

Pela Internet
www.graal.org.br

NA LUZ DA VERDADE

Mensagem do Graal

de **Abdruschin**

Obra editada em três volumes, contém esclarecimentos a respeito da existência do ser humano, mostrando qual o caminho que deve percorrer a fim de encontrar a razão de ser de sua existência e desenvolver todas as suas capacitações.

Seguem-se alguns assuntos contidos nesta obra: O reconhecimento de Deus • O mistério do nascimento • Intuição • A criança • Sexo • Natal • A imaculada concepção e o nascimento do Filho de Deus • Bens terrenos • Espiritismo • O matrimônio • Astrologia • A morte • Aprendizado do ocultismo, alimentação de carne ou alimentação vegetal • Deuses, Olimpo, Valhala • Milagres • O Santo Graal.

vol. 1 ISBN 978-85-7279-026-0 • 256 p.   vol. 2 ISBN 978-85-7279-027-7 • 480 p.
vol. 3 ISBN 978-85-7279-028-4 • 512 p.

ALICERCES DE VIDA
de Abdruschin

"Alicerces de Vida" reúne pensamentos de Abdruschin extraídos da obra "Na Luz da Verdade". O significado da existência é tema que permeia a obra. Esta edição traz a seleção de diversos trechos significativos, reflexões filosóficas apresentando fundamentos interessantes sobre as buscas do ser humano.

Edição de bolso • ISBN 978-85-7279-086-4 • 192 p.

OS DEZ MANDAMENTOS E O PAI NOSSO
Explicados por Abdruschin

Amplo e revelador! Este livro apresenta uma análise profunda dos Mandamentos recebidos por Moisés, mostrando sua verdadeira essência e esclarecendo seus valores perenes.

Ainda neste livro compreende-se toda a grandeza de "O Pai Nosso", legado de Jesus à humanidade. Com os esclarecimentos de Abdruschin, esta oração tão conhecida pode de novo ser sentida plenamente pelos seres humanos.

ISBN 978-85-7279-058-1 • 80 p.
Também em edição de bolso

RESPOSTAS A PERGUNTAS
de Abdruschin

Coletânea de perguntas respondidas por Abdruschin no período de 1924-1937, que esclarecem questões enigmáticas da atualidade: Doações por vaidade • Responsabilidade dos juízes • Frequência às igrejas • Existe uma "providência"? • Que é Verdade? • Morte natural e morte violenta • Milagres de Jesus • Pesquisa do câncer • Ressurreição em carne é possível? • Complexos de inferioridade • Olhos de raios X.

ISBN 85-7279-024-1 • 192 p.

Obras de Roselis von Sass

A DESCONHECIDA BABILÔNIA

A desconhecida Babilônia, de um lado tão encantadora, do outro ameaçada pelo culto de Baal.

Entre nesse cenário e aprecie uma das cidades mais significativas da Antiguidade, conhecida por seus Jardins Suspensos, pela Torre de Babel e por um povo ímpar – os sumerianos – fortes no espírito, grandes na cultura.

ISBN 978-85-7279-063-5 • 288 p.

A GRANDE PIRÂMIDE REVELA SEU SEGREDO

Revelações surpreendentes sobre o significado dessa Pirâmide, única no gênero. O sarcófago aberto, o construtor da Pirâmide, os sábios da Caldeia, os 40 anos levados na construção, os papiros perdidos, a Esfinge e muito mais... são encontrados em "A Grande Pirâmide Revela seu Segredo".

Uma narrativa cativante que transporta o leitor para uma época longínqua em que predominavam o amor puro, a sabedoria e a alegria.

ISBN 978-85-7279-044-4 • 352 p.

A VERDADE SOBRE OS INCAS

O povo do Sol, do ouro e de surpreendentes obras de arte e arquitetura. Como puderam construir incríveis estradas e mesmo cidades em regiões tão inacessíveis?

Um maravilhoso reino que se estendia da Colômbia ao Chile.

Roselis von Sass revela os detalhes da invasão espanhola e da construção de Machu Picchu, os amplos conhecimentos médicos, os mandamentos de vida dos Incas e muito mais.

ISBN 978-85-7279-053-6 • 288 p.

ÁFRICA E SEUS MISTÉRIOS

"África para os africanos!" é o que um grupo de pessoas de diversas cores e origens buscava pouco tempo após o Congo Belga deixar de ser colônia. Queriam promover a paz e auxiliar seu próximo.

Um romance emocionante e cheio de ação. Deixe os costumes e tradições africanas invadirem o seu imaginário! Surpreenda-se com a sensibilidade da autora ao retratar a alma africana!

ISBN 85-7279-057-8 • 336 p.

ATLÂNTIDA. PRINCÍPIO E FIM DA GRANDE TRAGÉDIA

Atlântida, a enorme ilha de incrível beleza e natureza rica, desapareceu da face da Terra em um dia e uma noite...

Roselis von Sass descreve os últimos 50 anos da história desse maravilhoso país, citado por Platão, e as advertências ao povo para que mudassem para outras regiões.

ISBN 978-85-7279-036-9 • 176 p.

FIOS DO DESTINO DETERMINAM A VIDA HUMANA

Amor, felicidade, inimizades, sofrimentos!... Que mistério fascinante cerca os relacionamentos humanos!

Em narrativas surpreendentes a autora mostra como as escolhas presentes são capazes de determinar o futuro. O leitor descobrirá também como novos caminhos podem corrigir falhas do passado, forjando um futuro melhor.

ISBN 978-85-7279-045-1 • 208 p.

LEOPOLDINA, UMA VIDA PELA INDEPENDÊNCIA

Pouco se fala nos registros históricos sobre a brilhante atuação da primeira imperatriz brasileira na política do país.

Roselis von Sass mostra os fatos que antecederam a Independência e culminaram com a emancipação política do Brasil, sob o olhar abrangente de Leopoldina.

Extraído do livro *Revelações Inéditas da História do Brasil*.
Edição de bolso • ISBN 978-85-7279-111-3 • 144 p.

O LIVRO DO JUÍZO FINAL

Uma verdadeira enciclopédia do espírito, onde o leitor encontrará um mundo repleto de novos conhecimentos.

Profecias, o enigma das doenças e dos sofrimentos, a morte terrena e a vida no Além, a 3ª Mensagem de Fátima, os chamados "deuses" da Antiguidade, o Filho do Homem e muito mais...

ISBN 978-85-7279-049-9 • 384 p.

O NASCIMENTO DA TERRA

Qual a origem da Terra e como se formou?

Roselis von Sass descreve com sensibilidade e riqueza de detalhes o trabalho minucioso e incansável dos seres da natureza na preparação do planeta para a chegada dos seres humanos.

ISBN 85-7279-047-0 • 176 p.

OS PRIMEIROS SERES HUMANOS

Conheça relatos inéditos sobre os primeiros seres humanos que habitaram a Terra e descubra sua origem.

Uma abordagem interessante sobre como surgiram e como eram os berços da humanidade e a condução das diferentes raças.

Roselis von Sass esclarece enigmas... o homem de Neanderthal, o porquê das Eras Glaciais e muito mais...

ISBN 978-85-7279-055-0 • 160 p.

PROFECIAS E OUTRAS REVELAÇÕES

As pressões do mundo atual, aliadas ao desejo de desvendar os mistérios da vida, trazem à tona o interesse pelas profecias.

O livro traz revelações sobre a ainda intrigante Terceira Mensagem de Fátima, as transformações do Sol e o Grande Cometa, e mostra que na vida tudo é regido pela lei de causa e efeito e que dentro da matéria nada é eterno!

Extraído de *O Livro do Juízo Final*.
Edição de bolso • ISBN 85-7279-088-8 • 176 p.

REVELAÇÕES INÉDITAS DA HISTÓRIA DO BRASIL

Através de um olhar retrospectivo e sensível, a autora narra os acontecimentos da época da Independência do Brasil, relatando traços de personalidade e fatos inéditos sobre os principais personagens da nossa História, como a Imperatriz Leopoldina, os irmãos Andrada, Dom Pedro I, Carlota Joaquina, a Marquesa de Santos, Metternich da Áustria e outros...

Descubra ainda a origem dos guaranis e dos tupanos, e os motivos que levaram à escolha de Brasília como capital, ainda antes do Descobrimento do Brasil.

ISBN 978-85-7279-112-0 • 256 p.

SABÁ, O PAÍS DAS MIL FRAGRÂNCIAS

Feliz Arábia! Feliz Sabá!

Sabá de Biltis, a famosa rainha que desperta o interesse de pesquisadores da atualidade. Sabá dos valiosos papiros com os ensinamentos dos antigos "sábios da Caldeia".

Da famosa viagem da rainha de Sabá, em visita ao célebre rei judeu, Salomão. Em uma narrativa atraente e romanceada, a autora traz de volta os perfumes de Sabá, a terra da mirra, do bálsamo e do incenso, o "país do aroma dourado"!

ISBN 85-7279-066-7 • 416 p.

TEMPO DE APRENDIZADO

"Tempo de Aprendizado" traz frases e pequenas narrativas sobre a vida, o cotidiano e o poder do ser humano em determinar seu futuro.

Fala sobre a relação do ser humano com o mundo que está ao redor, com seus semelhantes e com a natureza.

Não há receitas para o bem-viver, mas algumas narrativas interessantes e pinceladas de reflexão que convidam a entrar em um novo tempo. Tempo de Aprendizado.

Livro ilustrado • *Capa dura* • ISBN 85-7279-085-3 • 112 p.

Obras de Diversos Autores

A VIDA DE ABDRUSCHIN

Por volta do século XIII a.C., o soberano dos árabes parte em direção aos homens do deserto. Rústicos guerreiros tornam-se pacíficos sob o comando daquele a quem denominam "Príncipe". Na corte do faraó ocorre o previsto encontro entre Abdruschin e Moisés, o libertador do povo israelita. "A Vida de Abdruschin" é a narrativa da passagem desse "Soberano dos soberanos" pela Terra.

ISBN 85-7279-011-X • 264 p.

A VIDA DE MOISÉS

A narrativa envolvente traz de volta o caminho percorrido por Moisés desde seu nascimento até o cumprimento de sua missão: libertar o povo israelita da escravidão egípcia e transmitir os Mandamentos de Deus.

Com um novo olhar, acompanhe os passos de Moisés em sua busca pela Verdade e liberdade.

Extraído do livro *Aspectos do Antigo Egito*.
Edição de bolso • ISBN 978-85-7279-074-1 • 160 p.

ASPECTOS DO ANTIGO EGITO

O Egito ressurge diante dos olhos do leitor trazendo de volta nomes que o mundo não esqueceu – Tutancâmon, Ramsés, Moisés, Akhenaton e Nefertiti.

Reviva a história desses grandes personagens, conhecendo suas conquistas, seus sofrimentos e alegrias, na evolução de seus espíritos.

ISBN 85-7279-076-4 • 288 p.

BUDDHA

Os grandes ensinamentos de Buddha ficaram perdidos no tempo...

O livro traz à tona questões fundamentais sobre a existência do ser humano, o porquê dos sofrimentos, e também esclarece o Nirvana e a reencarnação.

ISBN 978-85-7279-072-7 • 336 p.

CASCA VAZIA

de Sibélia Zanon, com ilustrações de Paloma Portela

"Casca vazia" passeia pelas memórias de uma menina, que gosta de assistir a vida acontecer. Aos 12 anos ela acompanha os perigos que uma família de tico-ticos enfrenta ao fazer seu ninho numa samambaia. Aos 13, ela descobre que corpo de

gente é igual a casca de ovo. Ao deparar com cascas e ninhos vazios ela pergunta:
– Para onde vocês VÃO com tanta pressa?

"Casca vazia" é um livro sem idade. A delicadeza das primeiras experiências com a separação e o luto possibilitam a reflexão sobre os ciclos, sobre as trajetórias de vida, sobre uma existência que abriga renascimentos.

Todos merecemos refletir sobre os ciclos de vida dos seres vivos, sobre o nosso ciclo de vida. Ter a liberdade de falar sobre a morte aumenta a potência da vida.

Livro ilustrado • ISBN 978-65-5728-013-3 • 28 p.

CASSANDRA, A PRINCESA DE TROIA

Pouco explorada pela história, a atuação de Cassandra, filha de Príamo e Hécuba, reis de Troia, ganha destaque nesta narrativa. Com suas profecias, a jovem alertava constantemente sobre o trágico destino que se aproximava de Troia.

Edição de bolso • ISBN 978-85-7279-113-7 • 240 p.

ÉFESO

A vida na Terra há milhares de anos. A evolução dos seres humanos que, sintonizados com as leis da natureza, eram donos de uma rara sensibilidade, hoje chamada "sexto sentido".

ISBN 85-7279-006-3 • 232 p.

ESPIANDO PELA FRESTA
de Sibélia Zanon, com ilustrações de Fátima Seehagen

"Espiando pela fresta" tem o cotidiano como palco.

As 22 frestas do livro têm o olhar curioso para questões que apaixonam ou incomodam. A prosa de Sibélia Zanon busca o poético e, com frequência, mergulha na infância: espaço propício para as descobertas da existência e também território despretensioso, capaz de revelar as verdades complexas da vida adulta.

ISBN 978-85-7279-114-4 • 112 p.

JESUS ENSINA AS LEIS DA CRIAÇÃO
de Roberto C. P. Junior

Em "Jesus Ensina as Leis da Criação", Roberto C. P. Junior discorre sobre a abrangência das parábolas e das leis da Criação de forma independente e lógica. Com isso, leva o leitor a uma análise desvinculada de dogmas. O livro destaca passagens históricas, sendo ainda enriquecido por citações de teólogos, cientistas e filósofos.

ISBN 85-7279-087-X • 240 p.

JESUS, FATOS DESCONHECIDOS

Independentemente de religião ou misticismo, o legado de Jesus chama a atenção de leigos e estudiosos.

"Jesus, Fatos Desconhecidos" traz dois relatos reais de sua vida que resgatam a verdadeira personalidade e atuação do Mestre, desmistificando dogmas e incompreensões nas interpretações criadas por mãos humanas ao longo da História.

Extraído do livro *Jesus, o Amor de Deus*.
Edição de bolso • ISBN 978-85-7279-089-5 • 192 p.

JESUS, O AMOR DE DEUS

Um novo Jesus, desconhecido da humanidade, é desvendado. Sua infância... sua vida marcada por ensinamentos, vivências, sofrimentos... Os caminhos de João Batista também são focados. "Jesus, o Amor de Deus" – um livro fascinante sobre aquele que veio como Portador da Verdade na Terra!

ISBN 85-7279-064-0 • 400 p.

LAO-TSE

Conheça a trajetória do grande sábio que marcou uma época toda especial na China.

Acompanhe a sua peregrinação pelo país na busca de constante aprendizado, a vida nos antigos mosteiros do Tibete, e sua consagração como superior dos lamas e guia espiritual de toda a China.

ISBN 978-85-7279-065-9 • 304 p.

MARIA MADALENA

Maria Madalena é personagem que provoca curiosidade, admiração e polêmica!

Símbolo de liderança feminina, essa mulher de rara beleza foi especialmente tocada pelas palavras de João Batista e partiu, então, em busca de uma vida mais profunda.

Maria Madalena foi testemunha da ressurreição de Cristo, sendo a escolhida para dar a notícia aos apóstolos.

Extraído do livro *Os Apóstolos de Jesus*.
Edição de bolso • ISBN 978-85-7279-084-0 • 160 p.

NINA E A MONTANHA GIGANTE
de Sibélia Zanon, com ilustrações de Paloma Portela e Tátia Tainá

Nina faz um passeio pelas montanhas. No caminho encontra tocas habitadas e casas abandonadas. Mas o que ela quer mesmo é chegar bem lá no alto.

Uma menina e uma montanha com a cabeça nas nuvens... As duas maravilhadas com as casas habitadas e outras tantas casas abandonadas. Quem habita essas moradias? A montanha gigante parece cuidar de todos. E quem cuida da montanha?
Literatura Infantojuvenil • ISBN 978-85-7279-171-7 • 32 p.

NINA E A MÚSICA DO MAR • SEREIAS
de Sibélia Zanon, com ilustrações de Tátia Tainá

Nas férias, Nina faz uma viagem com a vovó Dora. O Cabelinho vai junto, é claro. Eles visitam o mar! É a primeira vez da Nina e do Cabelinho na praia. Nina está muito curiosa... o que tem dentro das ondas?

Existem inúmeras coisas que não podemos ver nem tocar. Você já viu o tamanho da sua fome? E já enxergou o tamanho do amor que sente? Um universo invisível nos envolve. Mas como apreciar a grandeza daquilo que não vemos?
Literatura Infantojuvenil • ISBN 978-85-7279-150-2 • 32 p.

NINA E O DEDO ESPETADO • DOMPI
de Sibélia Zanon, com ilustrações de Tátia Tainá

Num dia ensolarado, Nina decide dar uma voltinha pelo jardim.

No caminho, ela sente uma espetada. Aaaai!!

Mas Nina não está sozinha. Seu amigo Cabelinho está por perto e a joaninha Julinha vai fazer com que ela se lembre de alguém muito especial.
Literatura Infantojuvenil • ISBN 978-85-7279-136-6 • 36 p.

O DIA SEM AMANHÃ
de Roberto C. P. Junior

Uma viagem pela história, desde a França do século XVII até os nossos dias.

Vivências e decisões do passado encontram sua efetivação no presente, dentro da indesviável lei da reciprocidade. A cada parada da viagem, o leitor se depara com novos conhecimentos e informações que lhe permitem compreender, de modo natural, a razão e o processo do aceleramento dos acontecimentos na época atual.
Edição nos formatos e-pub e pdf. • ISBN 978-85-7279-116-8 • 510 p.

O FILHO DO HOMEM NA TERRA. PROFECIAS SOBRE SUA VINDA E MISSÃO
de Roberto C. P. Junior

Profecias relacionadas à época do Juízo Final descrevem, com coerência e clareza, a vinda de um emissário de Deus, imbuído da missão de desencadear o Juízo e esclarecer à humanidade, perdida em seus erros, as Leis que governam a Criação.

Por meio de uma pesquisa detalhada, que abrange profecias bíblicas e extrabíblicas, Roberto C. P. Junior aborda fatos relevantes das antigas tradições sobre o Juízo Final e a vinda do Filho do Homem.

Edição de bolso • ISBN 978-85-7279-094-9 • 288 p.

OS APÓSTOLOS DE JESUS

Conheça a grandeza da atuação de Maria Madalena, Paulo, Pedro, João e diversos outros personagens.

"Os Apóstolos de Jesus" desvenda a atuação daqueles seres humanos que tiveram o privilégio de conviver com Cristo, dando ao leitor uma imagem inédita e real!

ISBN 85-7279-071-3 • 256 p.

QUEM PROTEGE AS CRIANÇAS?

de Antonio Ricardo Cardoso,
com ilustrações de Maria de Fátima Seehagen e Edson J. Gonçalez

Qual o encanto e o mistério que envolve o mundo infantil? Entre versos e ilustrações, o mundo invisível dos guardiões das crianças é revelado, resgatando o conhecimento das antigas tradições que ficaram perdidas no tempo.

Literatura Infantojuvenil • *Capa dura* • ISBN 85-7279-081-0 • 24 p.

REFLEXÕES SOBRE TEMAS BÍBLICOS

de Fernando José Marques

Neste livro, trechos como a missão de Jesus, a virgindade de Maria de Nazaré, Apocalipse, a missão dos Reis Magos, pecados e resgate de culpas são interpretados sob nova dimensão. Obra singular para os que buscam as conexões perdidas no tempo!

Edição de bolso • ISBN 978-85-7279-078-9 • 176 p.

ZOROASTER

A vida empolgante do profeta iraniano, Zoroaster, o preparador do caminho Daquele que viria, e posteriormente Zorotushtra, o conservador do caminho.

Neste livro são narrados de maneira especial suas viagens e os meios empregados para tornar seu saber acessível ao povo.

ISBN 85-7279-083-7 • 288 p.

Veja em nosso site diversos títulos disponíveis em formato e-book.

Correspondência e pedidos

ORDEM DO GRAAL NA TERRA

Rua Sete de Setembro, 29.200 – CEP 06845-000
Embu das Artes – SP – BRASIL
Tel.: (11) 4781-0006
www.graal.org.br
graal@graal.org.br

Fonte: Times
Papel: Pólen Soft 75g/m²
Impressão: Mundial Gráfica